Hubert Gogl

Das Tiroler Vierjahreszeiten-Wanderbuch

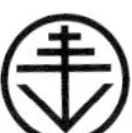

HUBERT GOGL

Das Tiroler *vier Jahreszeiten* Wanderbuch

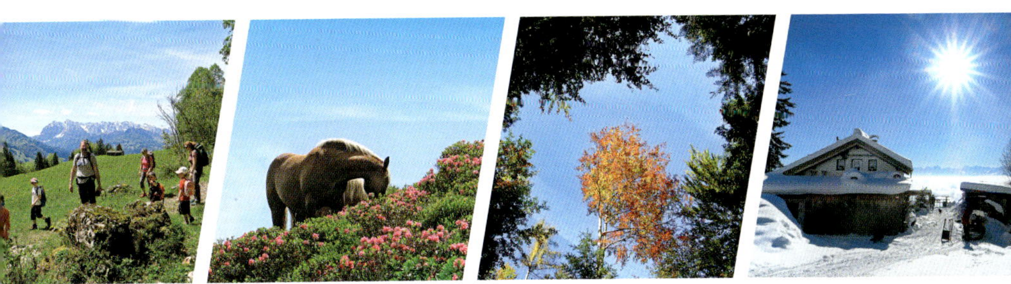

Tyrolia-Verlag · Innsbruck-Wien

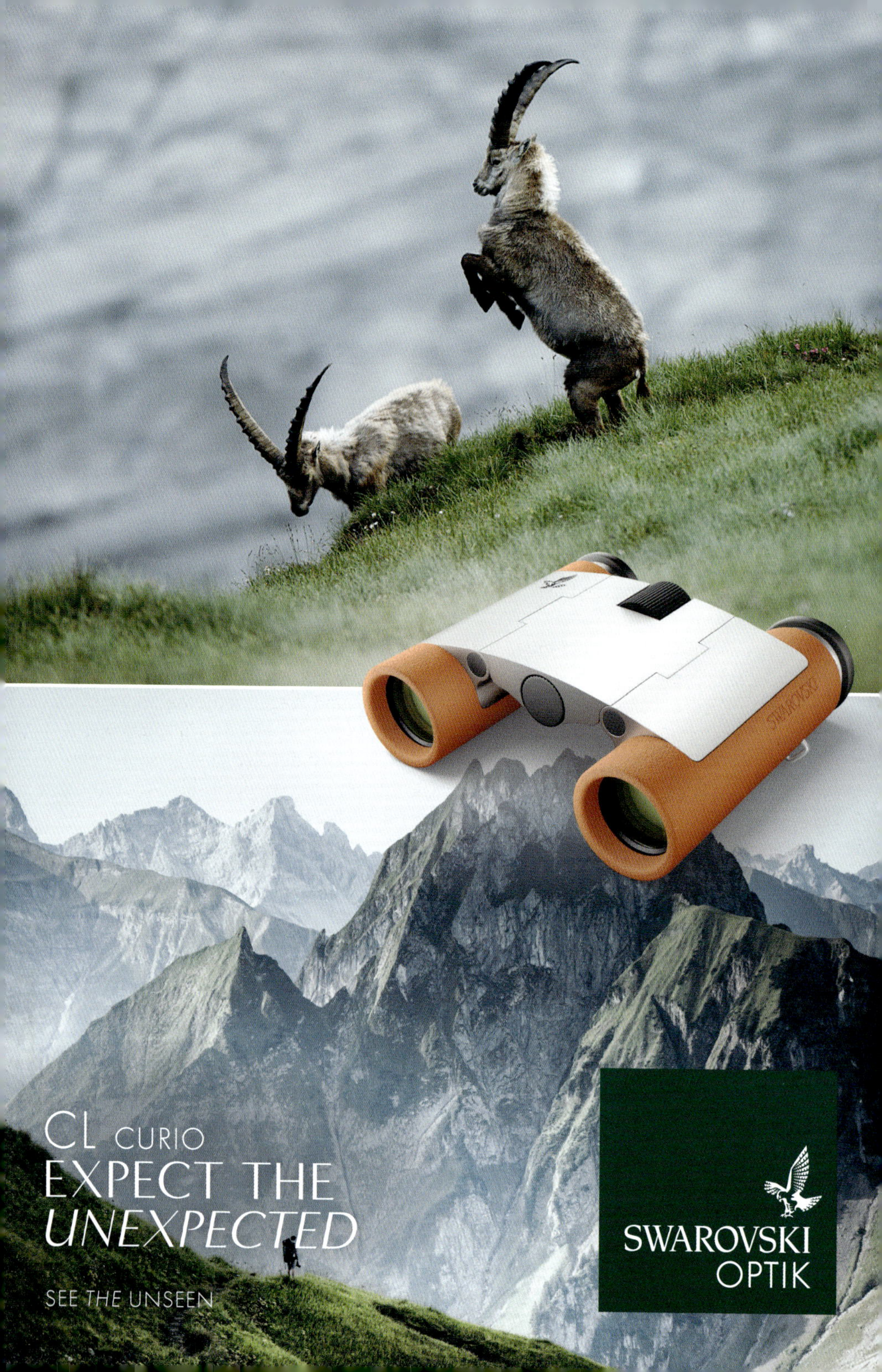

SWAROVSKI
CL CURIO
EXPECT THE
UNEXPECTED
SEE THE UNSEEN
SWAROVSKI
OPTIK

Vorwort

Tief verschneit in hellem Weiß die Berge. Im Tal das Violett der ersten Leberblümchen. Sie erfrischen das Braun des Waldbodens. Die ersten Frühlingsblumen bringen Farbe und Freude am Beginn eines neuen Wanderjahres. Die Sonne erweckt die Natur und damit auch uns Wanderer zu einem neuen Jahreslauf, der bei uns in Tirol über alle Tage, Wochen, Monate und Jahreszeiten hinweg mit jeweils besonderen Reizen die Lust am Leben erblühen lässt.

Die frische, duftende Luft bei einer der ersten Wanderungen durch das erwachende Tirol ist so wohltuend. Frühlingswanderungen bringen pure Lebensfreude. Im Inntal, auf südgerichteten Hängen, stellt sich die Frühlingspracht zuerst ein. Mit Fortlauf der Wochen wandert das Frühjahr allmählich nach oben. Damit beginnt aber schon meist sanft und unspektakulärer in tiefen Lagen der Frühsommer sich breitzumachen. Während oben die Küchenschellen noch ungeduldig auf die Schneeschmelze warten, sind im Tal die Wiesen bereits saftig grün. Diese Übergänge sind für mich ein alljährlich faszinierendes Schauspiel der Natur und ein spannendes Spiel, die richtigen Ziele zu wählen.

Wenn die ersten Kuhglocken die Almsaison einläuten, beginnt die Zeit der nahezu unbegrenzten Möglichkeiten, um die Bergwelt in ihrer vollen Pracht zu erwandern. Der Sommer ist für mich jene Zeit, in der ich Plätze in der Natur aufsuche, an denen ich bislang noch nie oder schon lange nicht mehr gewesen bin. Diese Jahreszeit lässt mich dabei aus einer Fülle an Wanderzielen wählen, die bei noch so vielen Unternehmungen wohl immer unerschöpflich bleibt.

Das Tourenangebot scheint nicht abzunehmen, wohl aber die Tageslänge, die Kraft der Sonne und damit auch wiederum die Möglichkeiten. Die Schatten werden länger, die Morgen frisch und wir Wanderer suchen meist ab September die Steige und Wege wieder vor allem auf den Südseiten – ein untrügliches Zeichen, dass sich der Herbst eingestellt hat. Die Almen sind wieder ruhig, die Kühe im Tal. Die Möglichkeiten für genussvolle Ziele, vor allem mit Einkehrmöglichkeiten, werden rarer. Man saugt die Sonne

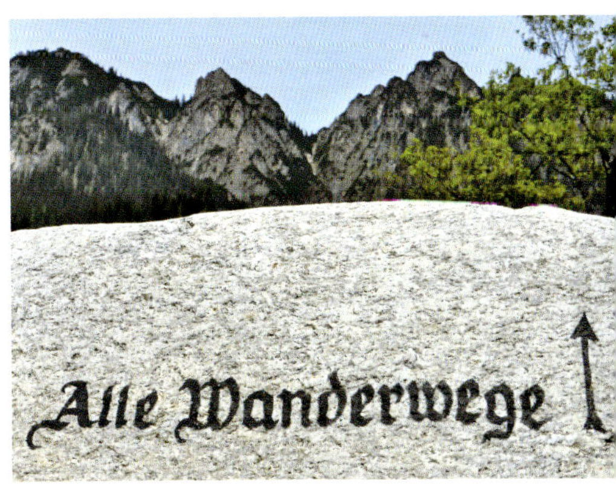

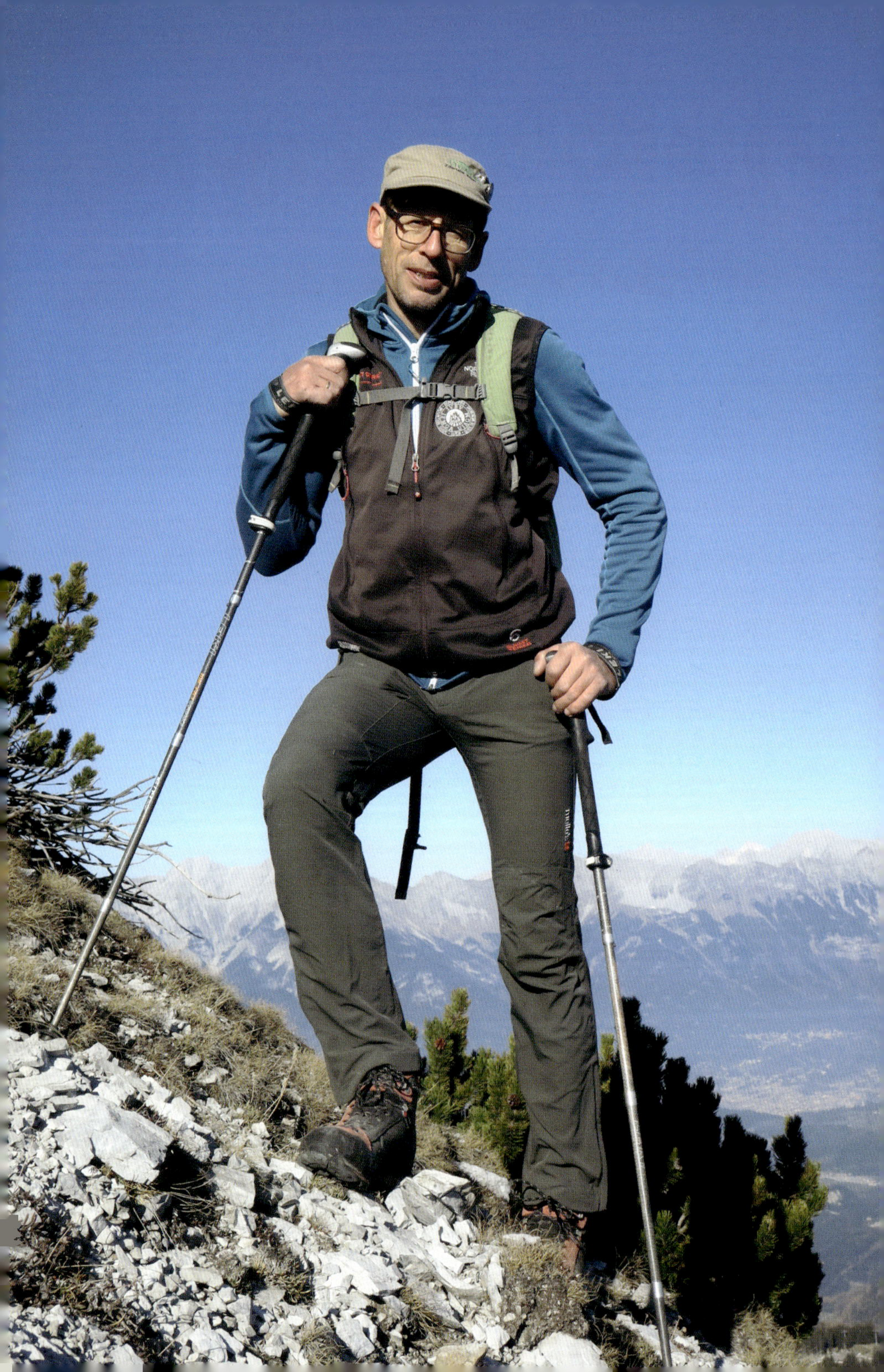

geradezu auf, als ob es gilt, eine Vorratskammer zu füllen für eine lange, karge Zeit. Mögen auch viele von uns ungeduldig den ersten Schnee herbeisehnen, für mich ist jeder dieser Spätherbsttage, der mit Sonne gesegnet ist und nicht Regen oder Nebelschwaden bringt, ein Geschenk. Schließlich war das erste Weiß früher die Zielflagge für die Wandersaison. Inzwischen ist aber davon keine Rede mehr. Der Reiz der Winterwanderungen ist längst erkannt. Der Schnee dämpft alles Laute, einzig das Knirschen der Kristalle bei jedem Schritt begleitet uns. Sehr viele Ecken lassen uns den Winterzauber auch ohne Tourenskier erleben. Bei manchen dieser Ausflüge in den kältesten Wochen des Jahres sind Schneeschuhe oder eine Rodel von Vorteil, aber längst kein Muss.

Lässt die Kälte langsam nach und die Tage werden wieder deutlich länger, schließt sich der Jahreslauf, der uns Wanderern in Tirol eine immense Fülle und Abwechslung schenkt, die es nur zu nützen gilt. Ich hoffe, ich kann mit meinen Tourenvorschlägen aus allen Teilen Nordtirols dazu etwas beitragen.

Die Auswahl habe ich mit viel Überlegung und Erfahrung getroffen. Eine spezielle Freude hat mir dabei die Möglichkeit bereitet, die Touren mit öffentlichen Verkehrsmitteln anfahren zu können. Die Vorzüge der „Öffis" schätze ich als Pendler, der täglich von St. Jodok nach Innsbruck zur Arbeit fährt, schon seit Jahrzehnten. Nun mache ich dank des stark verbesserten Ausbaues des öffentlichen Verkehrsnetzes auch viele Wanderungen, ohne das Auto starten zu müssen. Damit erhöht sich für mich der Erholungswert in freier Natur um ein Vielfaches.

In diesem Sinn wünsche ich allen viel Freude, Tirol zu allen Jahreszeiten zu erleben und zu entdecken!

Hubert Gogl, St. Jodok

Inhalt

Frühling

Sommer

Herbst

Winter

Sicher Bergwandern

10 Empfehlungen des Alpenvereins

Als Natursport bietet Bergwandern große Chancen für Gesundheit, Gemeinschaft und Erlebnis. Die folgenden Empfehlungen der alpinen Vereine dienen dazu, Bergwanderungen möglichst sicher und genussvoll zu gestalten.

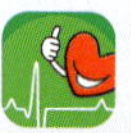

1
Gesund in die Berge

Bergwandern ist Ausdauersport. Die positiven Belastungsreize für Herz und Kreislauf setzen Gesundheit und eine realistische Selbsteinschätzung voraus. Vermeide Zeitdruck und wähle das Tempo so, dass niemand in der Gruppe außer Atem kommt.

2
Sorgfältige Planung

Wanderkarten, Führerliteratur, Internet und Experten informieren über Länge, Höhendifferenz, Schwierigkeit und die aktuellen Verhältnisse. Touren immer auf die Gruppe abstimmen! Achte besonders auf den Wetterbericht, da Regen, Wind und Kälte das Unfallrisiko erhöhen.

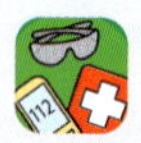

3
Vollständige Ausrüstung

Passe deine Ausrüstung deiner Unternehmung an und achte auf ein geringes Rucksackgewicht. Regen-, Kälte- und Sonnenschutz gehören immer in den Rucksack, ebenso Erste-Hilfe-Paket und Mobiltelefon (Euro-Notruf 112). Karte oder GPS unterstützen die Orientierung.

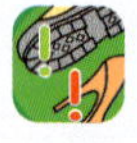

4
Passendes Schuhwerk

Gute Wanderschuhe schützen und entlasten den Fuß und verbessern die Trittsicherheit! Achte bei deiner Wahl auf perfekte Passform, rutschfeste Profilsohle, Wasserdichtigkeit und geringes Gewicht.

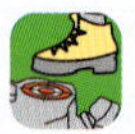

5
Trittsicherheit ist der Schlüssel

Stürze, als Folge von Ausrutschen oder Stolpern, sind die häufigste Unfallursache! Beachte, dass zu hohes Tempo oder Müdigkeit deine Trittsicherheit und Konzentration stark beeinträchtigen. Achtung Steinschlag: Durch achtsames Gehen vermeidest du das Lostreten von Steinen.

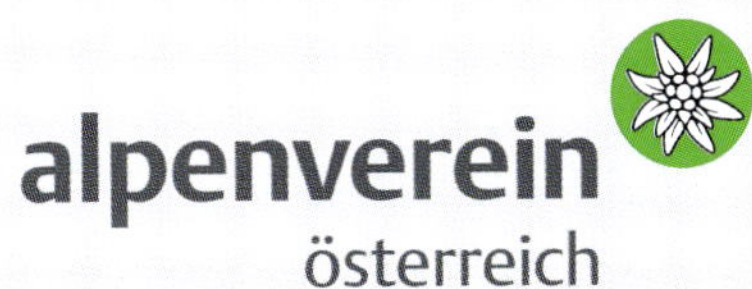

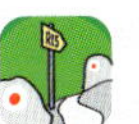

6
Auf markierten Wegen bleiben

Im weglosen Gelände steigt das Risiko für Orientierungsverlust, Absturz und Steinschlag. Vermeide Abkürzungen und kehre zum letzten bekannten Punkt zurück, wenn du einmal vom Weg abgekommen bist. Häufig unterschätzt und sehr gefährlich: Steile Altschneefelder!

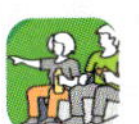

7
Regelmäßige Pausen

Rechtzeitige Rast dient der Erholung, dem Genuss der Landschaft und der Geselligkeit. Essen und Trinken sind notwendig, um Leistungsfähigkeit und Konzentration zu erhalten. Isotonische Getränke sind ideale Durstlöscher. Müsliriegel, Trockenobst und Kekse stillen den Hunger unterwegs.

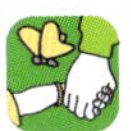

8
Verantwortung für Kinder

Beachte, dass Abwechslung und spielerisches Entdecken für Kinder im Vordergrund stehen! In Passagen mit Absturzrisiko kann ein Erwachsener nur ein Kind betreuen. Sehr ausgesetzte Touren, die lang anhaltende Konzentration erfordern, sind für Kinder nicht geeignet.

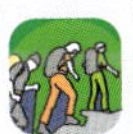

9
Kleine Gruppen

Kleine Gruppen gewährleisten Flexibilität und ermöglichen gegenseitige Hilfe. Vertraute Personen über Ziel, Route und Rückkehr informieren. In der Gruppe zusammen bleiben. Achtung Alleingänger: Bereits kleine Zwischenfälle können zu ernsten Notlagen führen.

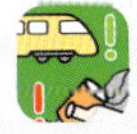

10
Respekt für Natur und Umwelt

Zum Schutz der Bergnatur: Keine Abfälle zurücklassen, Lärm vermeiden, auf den Wegen bleiben, Wild- und Weidetiere nicht beunruhigen, Pflanzen unberührt lassen und Schutzgebiete respektieren. Zur Anreise öffentliche Verkehrsmittel verwenden oder Fahrgemeinschaften bilden.

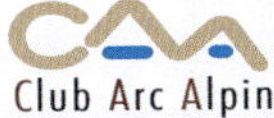

Diese Empfehlungen wurden im CAA international abgestimmt und von der Mitgliederversammlung 2012 beschlossen. Mitglieder des CAA: Alpenverein Südtirol (AVS), Fédération Française des Clubs Alpins et de Montagne (FFCAM), Club Alpino Italiano (CAI), Deutscher Alpenverein (DAV), Liechtensteiner Alpenverein (LAV), Österreichischer Alpenverein (ÖAV), Planinska Zveza Slovenije (PZS), Schweizer Alpen-Club (SAC).

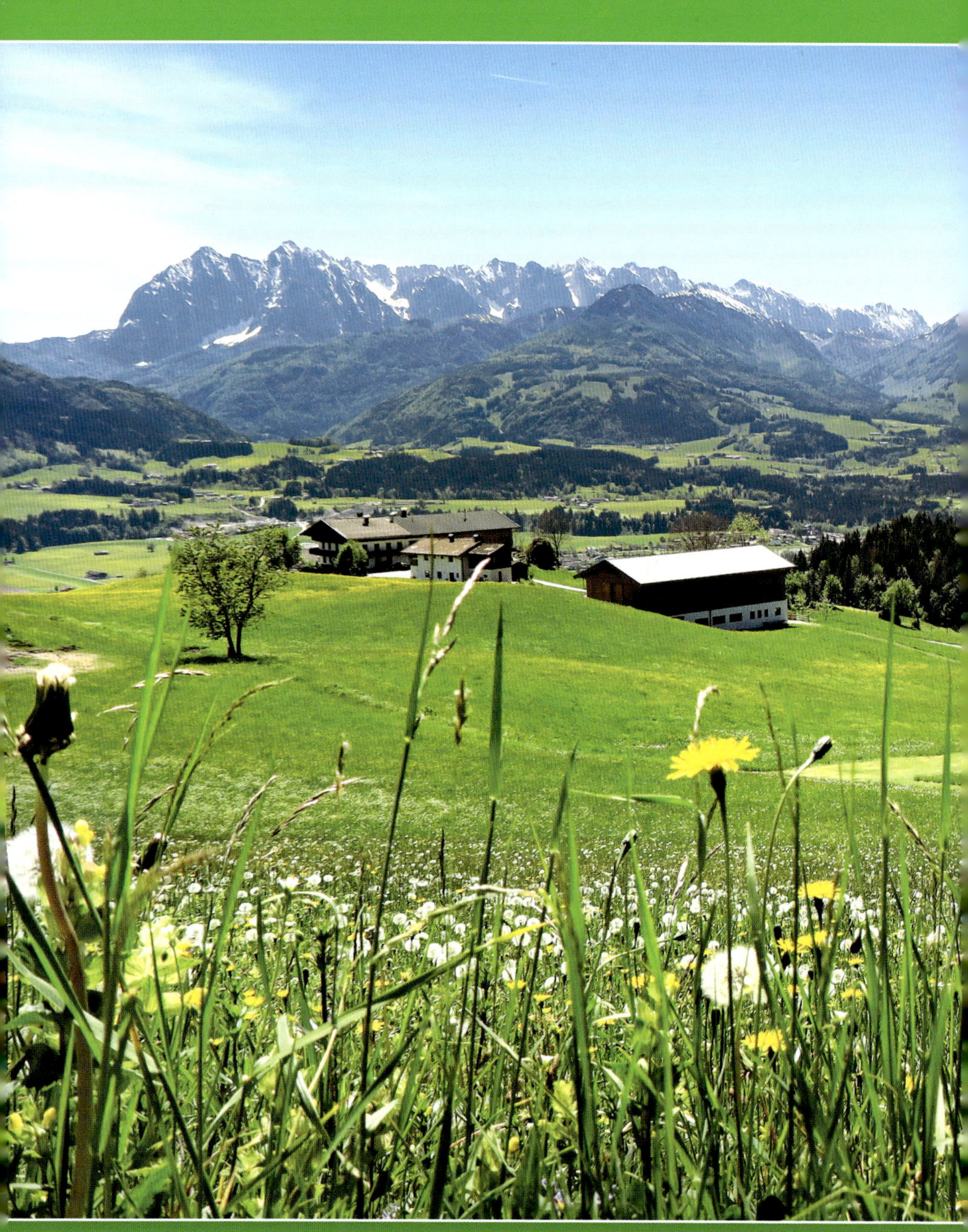

Frühling am Mühlberg oberhalb von Kössen mit Blick zum Kaisergebirge

Frühling

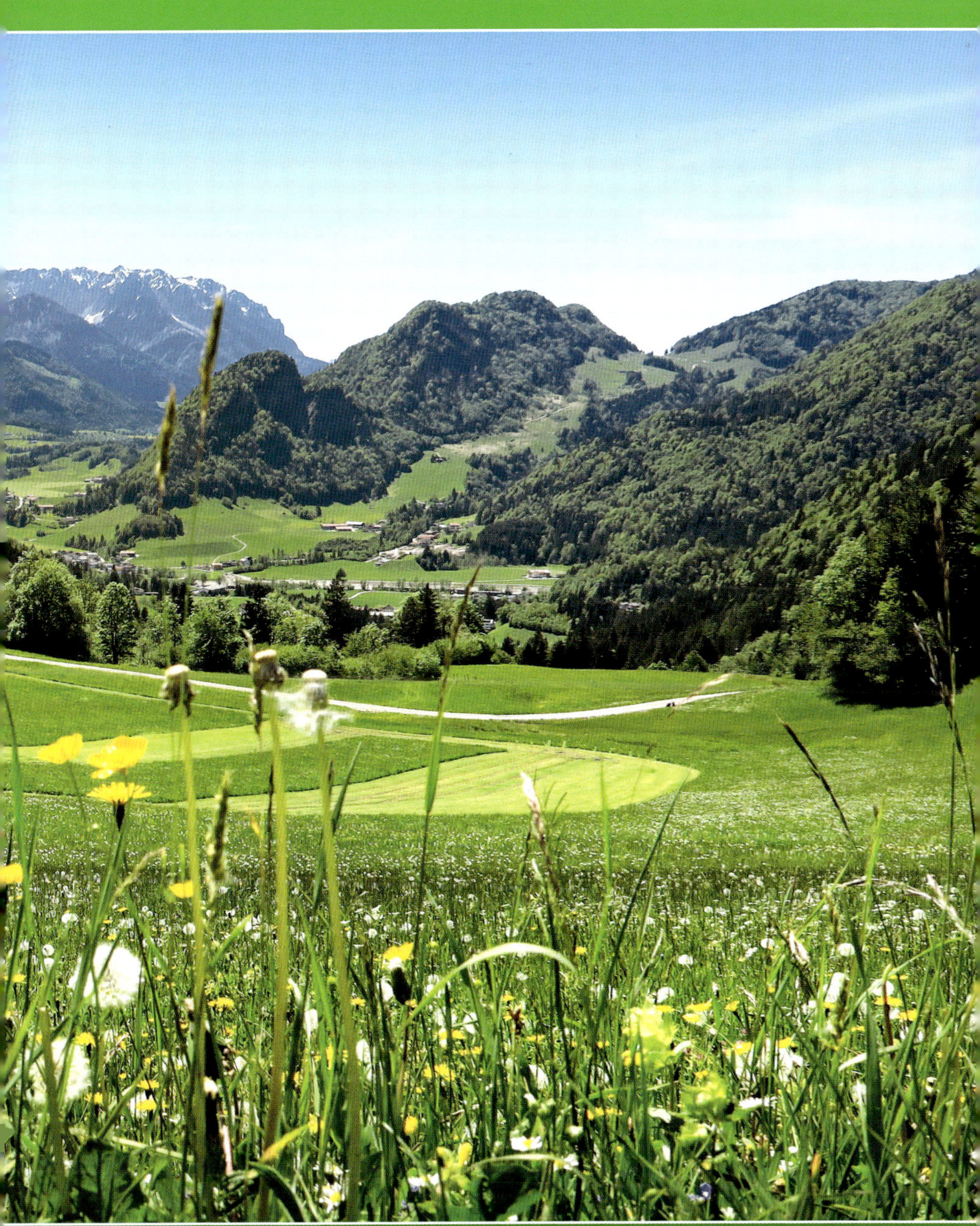

1 Kranzhorn (1368 m)

Der Erler Hausberg mit zwei Gipfelkreuzen

Erl 475 m	Scheiben 475 m	Kranzhornalm 1222 m	Kranzhorn 1368 m	Kranzhornalm 1222 m	Bubenau Alm 1049 m	Erl 475 m
0,6 km, 10 Min.	3,8 km, 2¼ Std. ↑ 750 Hm	0,5 km, 20 Min. ↑ 150 Hm	0,5 km, ¼ Std. ↓ 150 Hm	0,7 km, ¼ Std. ↓ 175 Hm	5,3 km, 1¼ Std. ↓ 575 Hm	

4½ Std. | 11,4 km | ↑↓ 900 Hm

Ausgangsort: Erl, Parkplatz Dorfzentrum, Auffahrt Erlerberg

Anfahrt mit Öffis: Mit dem Regionalbus 4036 (von Kufstein Bahnhof), Haltestelle „Erl Dorf"

Anfahrt mit Pkw: Von der Autobahnausfahrt Oberaudorf nach Erl oder von Kufstein über Ebbs kommend. Kleiner, gebührenfreier Parkplatz an der Abzweigung der Erlerbergstraße mitten im Ort

Charakter: Einfacher, aber steiler Aufstieg auf schmalem Steig

Einkehrmöglichkeit: Kranzhornalm, www.kranzhorn.at, geöffnet ab Anfang Mai bis ca. Mitte November, Tel. +43/664/90 53 983

Gleich zwei Gipfelkreuze stehen unmittelbar nebeneinander am Kranzhorn, in dieser Art einzigartig in Tirol. Wobei: Diese Formulierung stimmt so gar nicht, denn zwischen den Kreuzen verläuft die bayerisch-tirolerische Grenze. Ein Gipfelkreuz gehört also zu Bayern, eines zu Tirol. Der wunderbare Aussichtsgipfel am Rande der Chiemgauer Alpen ist leicht zu erreichen und zählt nicht zuletzt auch wegen der schön gelegenen Kranzhornalm zu den beliebtesten Bergen der Region. Wie ein weithin sichtbarer Pförtner steht das Kranzhorn am Ausgang des Inntales in das bayrische Alpenvorland.

Der beliebteste, da kürzeste und absolut familientaugliche Aufstieg (1¼ Std.) führt vom Erlerberg zum Gipfel. Allerding ist dabei die öffentliche Anreise ausgeschlossen. Länger, dafür einsamer geht's vom Dorf Erl über das Erler Herz auf den Hausberg des Grenzortes. Der Steig eignet sich auch besonders dann, wenn zum Beispiel die Ausdauer in einer

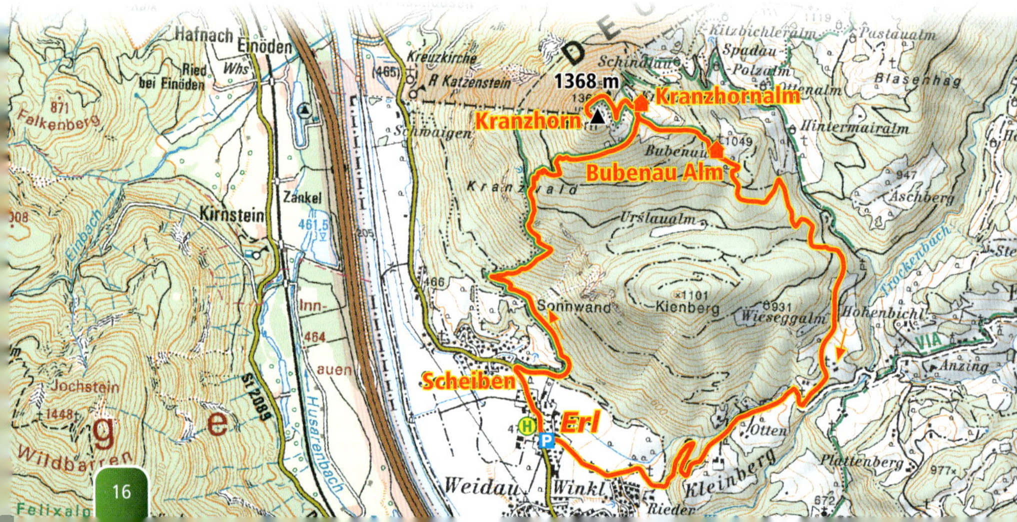

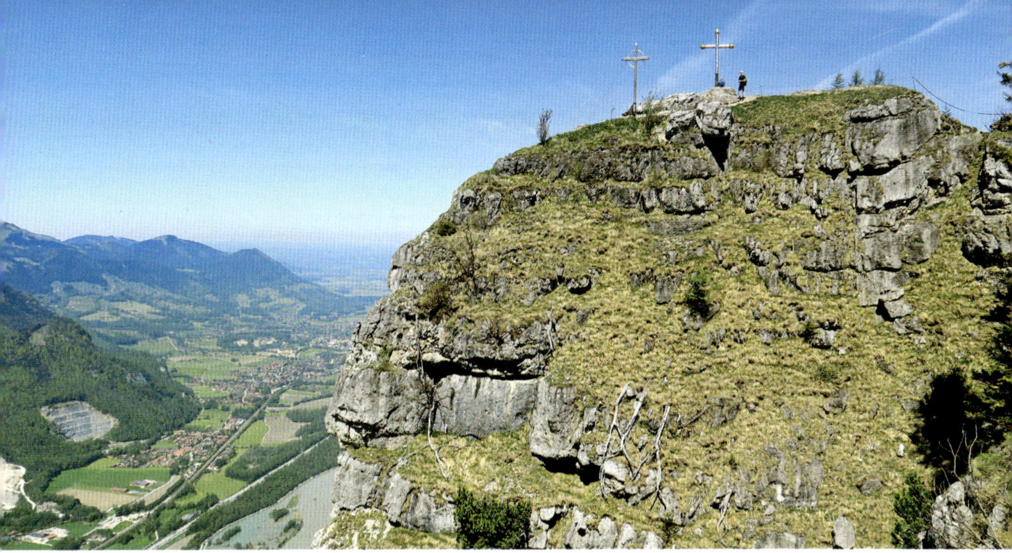

Ob Tiroler oder Bayer: Am Kranzhorn findet jeder sein Gipfelkreuz hoch über dem Inn.

Gruppe ungleich stark ist. Die Ausdauernden können dabei übers Erler Herz zum Gipfel gelangen, die anderen wählen die leichte Route.

Wegverlauf: Während die allermeisten Wanderer in Erl auf die Erlerbergstraße bergwärts einbiegen, um oben am Wander-Parkplatz der Kranzhornalm den kurzen Aufstieg zu starten, parkt man für den Aufstieg von Erl weg am Abzweig dieser Straße oder startet gleich an der Bushaltestelle im Dorf. Der Hauptstraße entlang wandert man nun das kurze Stück in den Weiler **Scheiben**, der letzten Ansiedelung vor der Grenze. Dort geht's dann gut beschildert am Steig über das **Erler Herz** bergwärts. Der Name Erler Herz rührt von einer herzförmigen Felsformation oberhalb von Scheiben her. Sowohl der Hang als auch der Steig sind ordentlich steil, wobei die Schwierigkeiten mäßig sind. Bei Nässe kann der Steilaufstieg eventuell etwas unangenehm sein. Erst ab der Querung zur Kranzhornalm wird es etwas weniger anstrengend. Der abschließende Aufstieg zum **Gipfel** erfolgt dann meist in Begleitung von Wanderern, die von der Kurzvariante kommen.

Die letzten Meter noch etwas anregend, geht es zum exponierten Gipfel hoch überm Inn. Golden glänzt das bayerische, in schlichter Holzausführung steht das Tiroler Kreuz am aussichtsreichen Kranzhorn. Nach Norden blickt man ins weiß-blaue, ebene Alpenvorland und nach Süden zu den schroffen Bergen des Kaisergebirges und den noch südlicheren Gipfeln der Hohen Tauern.

Der Rückweg führt zunächst zur **Kranzhornalm**, wo man sich in gemütlicher Atmosphäre im Biergarten von den bewältigten Strapazen erholen und für die bevorstehenden letzten rüsten kann. Von der Alm steigt man über die Bubenau Alm zum Fahrweg der Erlerbergstraße ab. Auf dieser geht's nun zurück zum Ausgangspunkt nach Erl.

2

Taubenseerunde

Der halbbayerische, halbtirolerische Bergsee

P Schaffler 820 m	Stoibenmöseralm 1240 m	Taubensee 1140 m	Taubenseehütte 1165 m	P Schaffler 820 m
4,3 km, 1¾ Std. ↑ 470 Hm ↓ 50 Hm	1,9 km, ½ Std. ↑ 40 Hm ↓ 140 Hm	0,6 km, ¼ Std. ↑ 35 Hm ↓ 10 Hm	2,3 km, ¾ Std. ↓ 345 Hm	

3¼ Std. | 9,1 km | ↑↓ 545 Hm

Ausgangsort: Kössen, Parkplatz am Mühlberg

Anfahrt mit Öffis: Mit dem Regionalbus 4030 (von Bahnhof Kufstein), Haltestelle „Kössen VZ Kaiserwinkl" im Ortszentrum und dann 2,8 km auf Fahrwegen und Steig zum Parkplatz Mühlberg (2,8 km, 220 Hm, ¾ Std.)

Anfahrt mit Pkw: Von Kufstein über Walchsee nach Kössen. Vom Ortszentrum Kössen den Wegweisern „Mühlberg", „Taubensee" folgend zum gebührenpflichtigen Parkplatz Schaffler am Mühlberg

Charakter: Einfache, beliebte Rundwanderung, bestens beschildert

Einkehrmöglichkeit: Stoibenmöseralm, www.stoibhof.de, geöffnet ab ca. Ende Mai bis Anfang Oktober, Tel. +49/8640/79 79 819; Taubenseehütte, www.taubensee.at, geöffnet von April bis ca. Ende November, Montag Ruhetag, Tel. +43/664/12 46 925

Oberhalb von Kössen bettet sich auf Grathöhe der Taubensee in eine Mulde, durch welche die bayerisch-tirolerische Grenze verläuft. Unmittelbar in der Nähe des Sees logiert die Taubenseehütte. Die Eindrücke der Rundwanderung von Kössen zum Taubensee und zur Taubenseehütte sind vielfältig, bestechend und kontrastreich: im Norden die Segelboote am Chiemsee, im Süden der Wilde Kaiser, dahinter zeigt sich der Großglockner am Horizont. Und mittendrin der Taubensee als „schwimmende" Staatsgrenze. Es ist eine familientaugliche Wanderung, die begeistert. Der Name des Sees hat übrigens nichts mit den befiederten Tieren

Eine „verwässerte" Staatsgrenze: der Taubensee

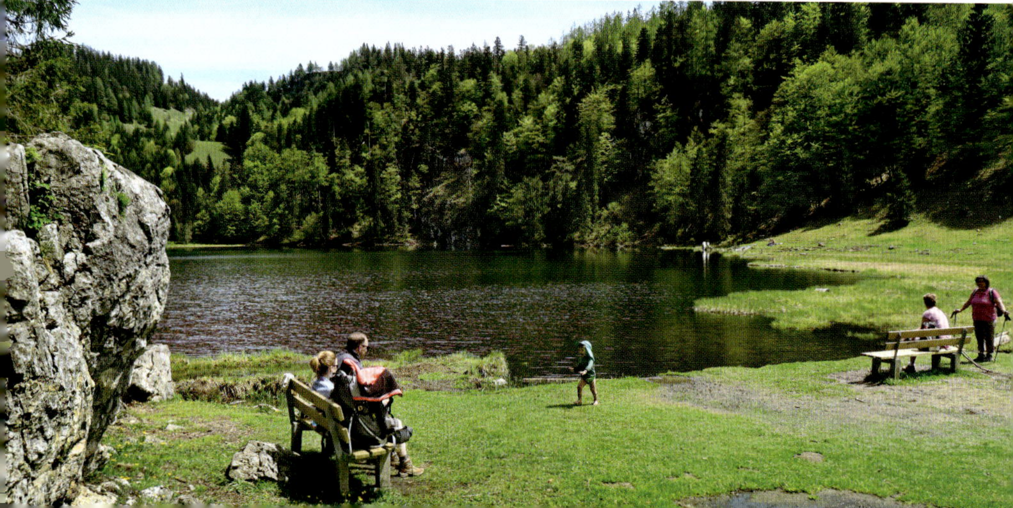

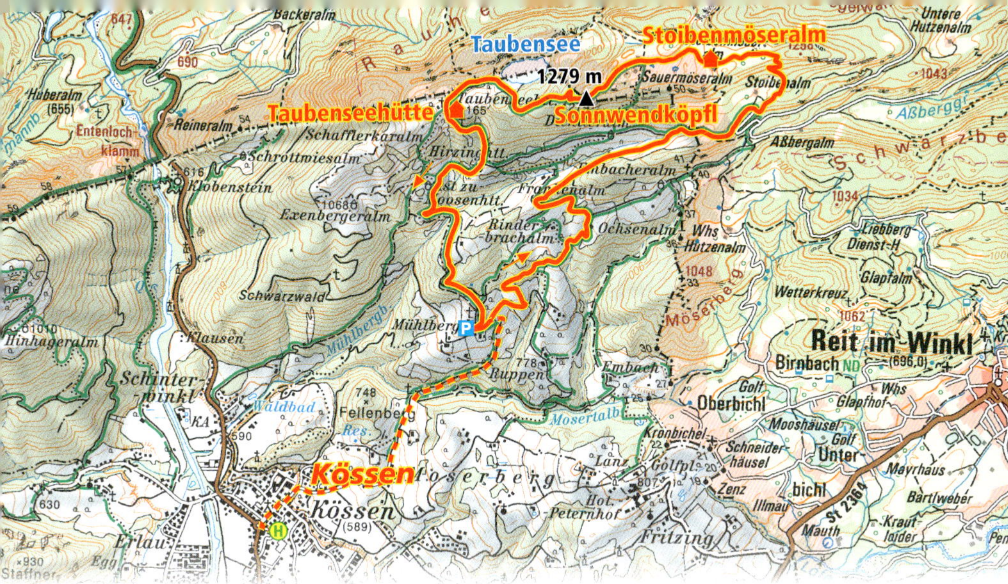

zu tun, sondern rührt von im See lebenden Krebsen her, die man einst als „Dauppen" bezeichnet hat.

Wegverlauf: Vom Parkplatz Schaffler am Mühlberg kann bzw. könnte man natürlich auch in direkter Linie zur Taubenseehütte aufsteigen (ca. 1 Std.), doch ungleich schöner ist es, die Schleife ostwärts über die Stoibenmöseralm (auf bayerischer Seite) zu ziehen. Damit erleben Sie die Ausblicke ins flache Alpenvorland und zur Tiroler Bergwelt. Außerdem ist ein „richtiger" Gipfel auch noch dabei.

Vom Parkplatz gehen Sie der Zufahrtsstraße entlang ein kurzes Stuck zurück und biegen auf den Forstweg mit Schranken ein (Schilder Taubenseehütte, Frankenalm, Rinderbrachalm, Weg Nr. 21a). Die Beschilderung im Wald in Richtung **Stoibenmöseralm** ist vorbildlich. Ohne Orientierungsschwierigkeiten werden Sie kurz vor Erreichen der bewirtschafteten Alm vom Ausblick zum Chiemsee überrascht werden. Zum Greifen nahe scheint der See zu sein, selbst die Segelboote lassen sich zählen. Der weitere Weg folgt dem breiten „boarisch-tirolerischen" Grenzrücken an der Sauermöseralm vorbei in Richtung Taubensee. Dabei begeistern nun die Tiroler Berge, allen voran der nahe „Koasa", und weiter im Süden die Hohen Tauern mit dem Großglockner. Am Weg zum Taubensee überschreiten Sie das **Sonnwendköpfl** (1279 m, Gipfelkreuz, herrlicher Rastplatz), bevor es im Wald bergab zum Taubensee geht. Der See, geadelt als das „Auge vom Chiemgau", bettet sich wunderbar in eine Mulde und ist mit bis zu 24 Grad Wassertemperatur im Sommer auch zum Schwimmen geeignet. Die Grenze Bayern – Tirol verläuft mitten durch den **Taubensee**.

Mit kurzem Anstieg wird die Taubenseehütte auf rein Tiroler Boden erreicht, ein überaus gemütlicher Logenplatz hoch über Kössen. Wie der Ausblick und die Lage lässt auch die Bewirtung auf der **Taubenseehütte** keine Wünsche offen. Von der Hütte geht's schließlich „nur" noch bergab zurück zum Ausgangspunkt.

3 Juffinger Jöchl (1182 m) und Stallhäusl

Unterwegs auf der Söller Sunnseit

Söll 700 m	Lengauer Kapelle 910 m	Juffinger Jöchl 1182 m	Gh. Stallhäusl 980 m	Söll 700 m
3,3 km, 1 Std. ↑ 240 Hm ↓ 30 Hm	2,1 km, 1 Std. ↑ 320 Hm ↓ 50 Hm	1,7 km, ½ Std. ↑ 30 Hm ↓ 230 Hm	4,9 km, 1½ Std. ↑ 50 Hm ↓ 330 Hm	

4 Std. | 12 km | ↑↓ 640 Hm

Ausgangsort: Söll, Parkplatz Ortszentrum (700 m)

Anfahrt mit Öffis: Regionalbus 4060 (vom Bahnhof Wörgl oder St. Johann), Haltestelle „Söll Dorf"

Anfahrt mit Pkw: Von Wörgl in Richtung St. Johann bis nach Söll. Parkplätze im Ortszentrum (Achtung: teilweise Kurzparkzone)

Charakter: Ausgedehnte, aber einfache Wanderung

Einkehrmöglichkeit: Gh. Stallhäusl, www.stallhaeusl.at, Montag und Dienstag Ruhetag (Feiertage ausgenommen), nach den Weihnachtsferien bis Anfang März geschlossen, Tel. +43/5332/76 342; Gastronomie in Söll

Das Juffinger Jöchl ist ein unscheinbarer, teils bewaldeter Gipfel am Bergrücken, der – von Wörgl aus gesehen – dem markanten Großen Pölven vorgelagert ist. Von Söll lässt sich der kleine Gipfel in einer wunderschönen Rundwanderung auf der „Sunnseit" erreichen. Durch die südseitige Lage ist diese Runde bereits früh im Jahr möglich. Mit dem Stallhäusl ist zudem auch eine beliebte Einkehr dabei.

Wegverlauf: Im Dorfzentrum von **Söll** orientiert man sich an den Wegweisern zum Gasthaus Stallhäusl und hält sich an die Gemeindestraßen bis zum Ortsteil Reit. Von dort geht's auf Steigen und Forstwegen („Sunnseitweg") im Wald in Richtung Lengauer Kapelle und Lengauer Sattel. Die **Lengauer Kapelle** (erbaut 1727) steht am Rand einer Wiese kurz vor dem Lengauer Sattel, der den Übergang zwischen dem Pölven und dem Juffinger Jöchl nach Bad Häring bildet. Vom alleinstehenden Bauernhof am Sattel geht's auf einem Forstweg und später auf einem gut beschilderten Waldsteig zum **Juffinger Jöchl**. Der Gipfel überrascht trotz „Teilbewaldung" mit guter Aussicht auf die zumeist sanften Gipfel der Kitzbüheler

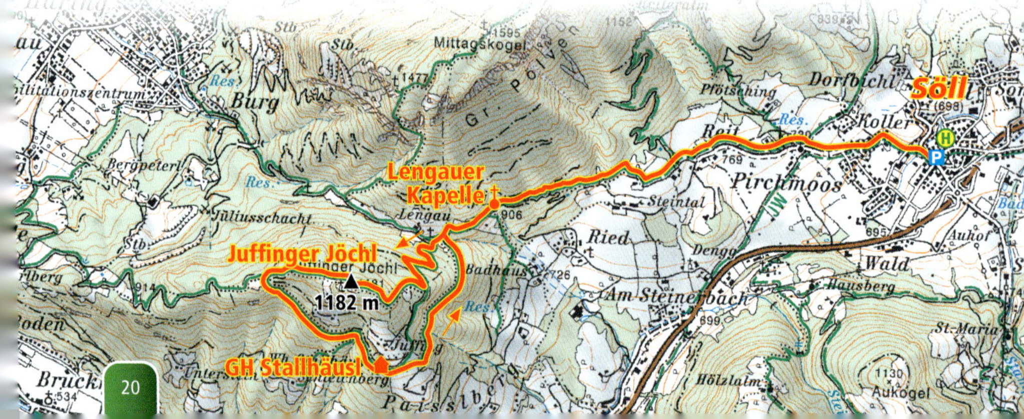

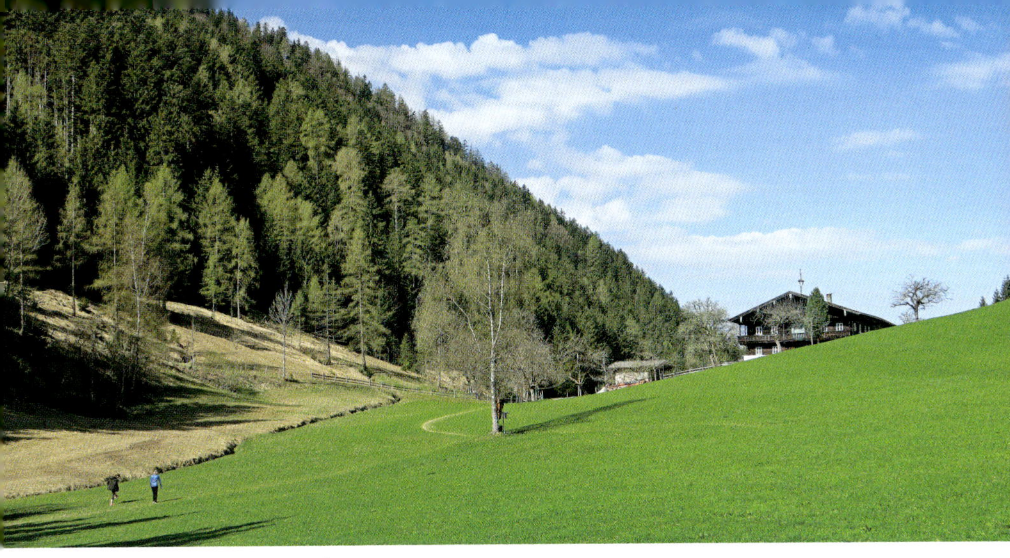

Bergbauernidylle am Lengauer Sattel

Alpen, deren Nordseiten im Frühjahr noch lange weiß sind, während man selbst die Sonne samt Frühlingserwachen auf der Südseite genießt. Zur Osterzeit gibt es hier alljährlich eine kleine Überraschung: Einige Sträucher und kleine Bäume sind mit Ostereiern verziert.

Zum Gasthaus Stallhäusl: Möchte man die Tour abkürzen, kann man das Juffinger Jöchl auslassen, indem man vom Lengau-Teich (923 m) direkt zum Gasthaus Stallhäusl geht. Nimmt man den kleinen Gipfel mit, so wird dieser „überschritten". So wird ein Waldsteig erreicht, der in teils exponiertem Waldgelände (mit Kindern Vorsicht!) zum Gasthaus Stallhäusl zieht. Der Gasthof steht als eines der höchstgelegenen Gehöfte im Umkreis auf einem aussichtsreichen und sonnigen Platz.

Zurück nach **Söll** geht es eine „Etage" tiefer. Auf der asphaltierten Straße abwärts erreicht man die erste Abzweigung eines Steiges am Beginn des Waldes. Diese lässt man im wahrsten Sinne des Wortes links liegen und biegt wenig weiter in der ersten Rechtskehre der Straße auf den leider nicht (mehr) beschilderten, schönen Waldsteig ein, der dort talwärts leitet und eine querende Forststraße knapp oberhalb der Wiesen in Talnähe erreicht. Kurz geht's nun auf diesem Fahrweg ostwärts und dann über wunderbare Wiesen weiter in Richtung Söll. Hier sind die blühenden Obstbäume, die verstreuten Häuser und der Blick zum Wilden Kaiser eine besondere Augenweide. Beim Gasthaus Alpenschlössl bleiben Sie am asphaltierten Weg und kommen so wieder zum Weiler Reit und schließlich nach Söll zurück.

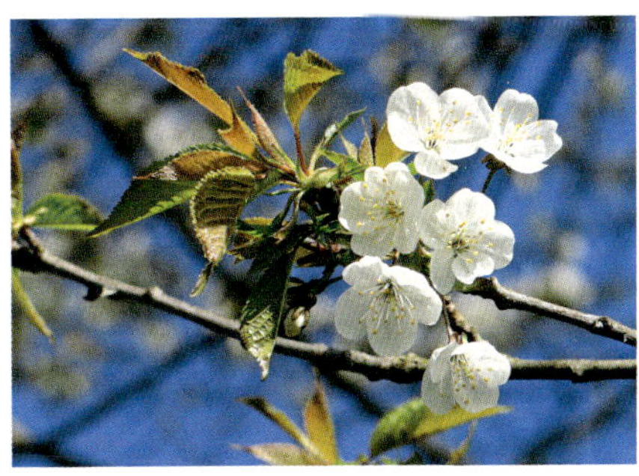

4 Buchensteinwand (1462 m)

Ohne Lift zum größten begehbaren Gipfelkreuz weltweit

Fieberbrunn 780 m		Tennalm 1057 m		Buchensteinwand 1462 m		Pfaffenschwendt Bhf. 900 m		Fieberbrunn 780 m
	2,7 km, 1 Std. ↑ 275 Hm		1,5 km, 1¼ Std. ↑ 410 Hm		4,7 km, 1½ Std. ↓ 565 Hm		3,8 km, 1 Std. ↓ 160 Hm ↑ 40 Hm	

4¾ Std. | 12,7 km | ↑↓ 725 Hm

Ausgangsort: Fieberbrunn, Ortszentrum

Anfahrt mit Öffis: Mit dem Zug (REX oder S-Bahn von Bahnhof Wörgl), Haltestelle Fieberbrunn, Pfaffenschwendt oder auch Hochfilzen, je nach Zeit und folgender Regionalbusanbindung. Regionalbuslinien 8301, 8302 bis zur Haltestelle „Fieberbrunn Zentrum"

Anfahrt mit Pkw: Von St. Johann nach Fieberbrunn und dort im Bereich der Tourismusinformation im Ort parken (gebührenfrei)

Bergbahn Pillerseetal: www.bergbahn-pillersee.com, geöffnet ab ca. Mitte Mai bis 26. Oktober von 9:00 bis 16:45 Uhr, außer bei Regen, Tel. +43/5354/77 077

Charakter: Sehr steiler Anstieg mit selektivem, ausgesetztem Abschluss; Trittsicherheit unbedingt nötig

Einkehrmöglichkeit: Tennalm, www.tennalm-fieberbrunn.at, ganzjährig geöffnet, Montag Ruhetag, Tel. +43/664/23 33 628; Alpengasthof Buchensteinwand, ab ca. Mitte Mai bis 26. Oktober geöffnet, Tel. +43/5354/77 077

Die Buchensteinwand, ein einzelnstehender Berg zwischen dem Pillerseetal und Fieberbrunn, ist schon lange bekannt für ihre großartige Aussicht und in jüngerer Zeit auch für das weltweit größte begehbare Gipfelkreuz. Seit 2014 steht ein 30 m hohes Jakobskreuz am Gipfel, das gegen Gebühr innen bestiegen werden kann und von dem man das Gipfelpanorama genießen kann. Auf die Buchensteinwand führen von allen Seiten Wanderwege, die allermeisten Besucher kommen strapazfrei mit der Bergbahn von St. Jakob in Haus direkt zum Gipfel. Der Aufstieg von Fieberbrunn ist hingegen gut für Figur und Fitness und überdies alles andere als überlaufen. Durch die Südausrichtung ist die Bergwanderung im Frühjahr schon zeitig machbar. Solange die Bergbahn von St. Jakob noch nicht in Betrieb ist, wird es am Gipfel überraschend ruhig sein. Mit der Überschreitung des freistehenden Berges ergibt sich eine sehr ausgedehnte, schöne Frühjahrswanderung.

Typisch für Unterinntaler Bauernhäuser: der Glockenturm am Dach

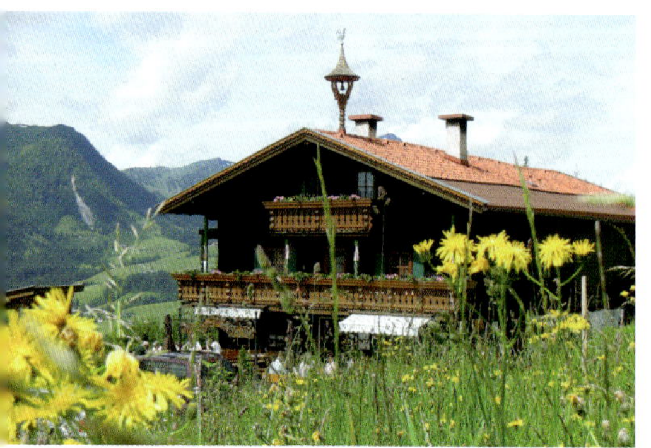

Wegverlauf: Vom **Ortszentrum** geht man kurz westwärts und unmittelbar nach dem Feuerwehrhaus über die Achen-Brücke auf der Asphaltstraße

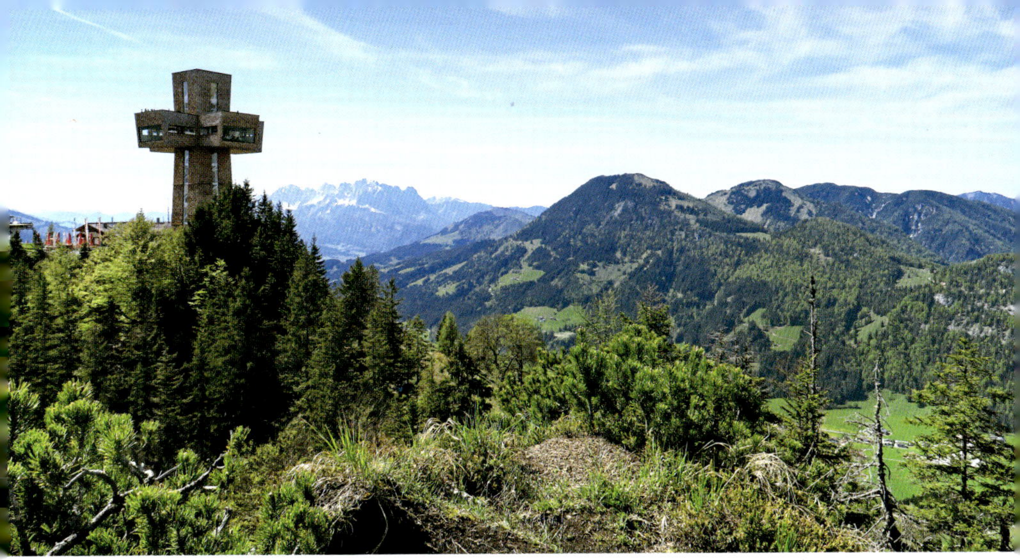

Gipfelkreuze zu besteigen gilt als ungehörig – begehen ist hier ausdrücklich erlaubt, allerdings gegen Entgelt.

bergwärts. Die Straße führt bis zur **Tennalm**, kann aber einmal beschildert abgekürzt werden. Vom Ausflugsgasthaus an hat man das Ziel stets im Blick. Teilweise im Wald, dann wieder auf aussichtsreichen Rücken wandert man am Steig über sanftes Gelände bergwärts zum **Jakobskreuz**. Vor Mitte Mai, vor Beginn des Sommerbetriebes der Bergbahn, kann man das Innenleben des 30 m hohen Kreuzes zwar nicht bewundern, aber der schöne Ausblick leidet darunter nicht: auf die ganz nahen Loferer Steinberge, den Wilden Kaiser, zum Kitzbüheler Horn, dem Wildseeloder im Süden, dem Pillersee, zur Waidringer Steinplatte und so weiter. Am schmalen Bergkamm nach Osten befindet sich ein interessanter und gut gestalteter Blumenweg, dem man folgt. Gleich am Ende des Blumenweges beginnt der Abstieg. Über Steige und Forstwege kommen Sie in den Weiler **Pfaffenschwendt**, von dem Sie durch Wiesen auf einem breiten, kaum befahrenen Weg zurück zum Ausgangspunkt gelangen. Ist man öffentlich angereist, kann man in Pfaffenschwendt auch in den Zug oder Bus einsteigen.

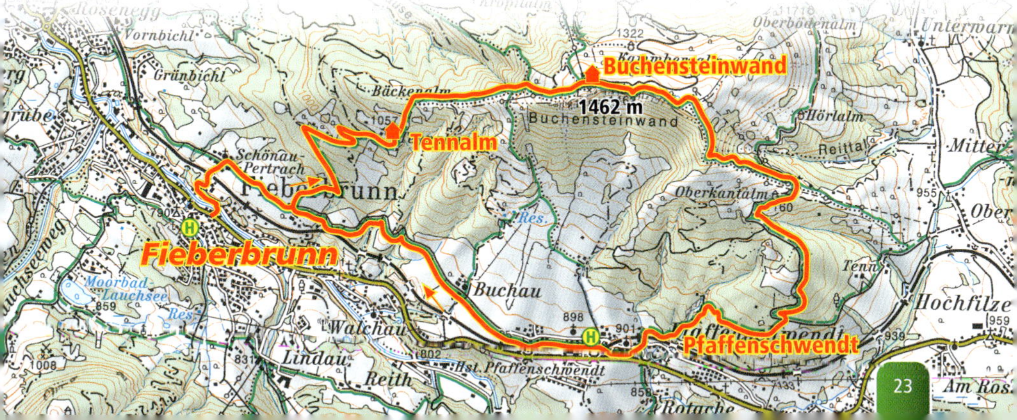

5 Schneerosenwanderung am Pendling

Üppiges Rosenmeer im Thierseetal

Schneeberg 960 m — 2,3 km, 1½ Std., ↑ 420 Hm — Kala Alm 1380 m — 2,6 km, 1 Std., ↑ 200 Hm ↓ 40 Hm — Pendlinghaus 1537 m — 3,0 km, 1¼ Std., ↓ 580 Hm — Schneeberg 960 m

3¾ Std. | 7,9 km | ↑↓ 620 Hm

Ausgangsort: Thiersee, Mitterland, Gh. Schneeberg

Anfahrt mit Öffis: Mit dem Regionalbus 4046 (von Bahnhof Kufstein), Haltestelle „Thiersee Pfarrwirt Mitterland" und dann zu Fuß zum Gh. Schneeberg (1,6 km, 170 Hm, ca. 30 Min.)

Anfahrt mit Pkw: Von Kufstein nach Thiersee bis Mitterland (zwischen Vorder- und Hinterthiersee) und dort links ab zum gebührenpflichtigen Parkplatz beim Gh. Schneeberg

Charakter: Je nach Routenwahl gute Steige oder Forststraßen

Einkehrmöglichkeit: Kala Alm, www.kala-alm.at, nur Anfang Mai ca. 3 Wochen geschlossen, Montag Ruhetag, Tel. +43/664/39 44 284; Pendlinghaus, www.pendlinghaus.at, Ende April bis Anfang November geöffnet, Tel. +43/664/21 40 710; Gh. Schneeberg, www.gasthof-schneeberg.at, im Frühjahr Montag Ruhetag, Tel. +43/5376/52 88

Alljährlich fasziniert die üppige Schneerosenblüte in Thiersee an der Nordseite zum Pendling. Zu Tausenden überziehen die weiß blühenden Frühjahrsboten meist zwischen Mitte bis Ende April den lichten Waldboden. Kaum apert der Schnee, zeigen sich im nordgerichteten Wald unterhalb der Kala Alm schon die ersten Blüten. Der Boden mit der dünnen Humusauflage auf den Kalkfelsen und der lichte, nordseitige Mischwald lassen die Schneerosen zu Abertausenden sprießen. Viele Wanderer aus nah und fern kommen ins Thierseetal, um sich am einzigartigen Naturschauspiel zu erfreuen. Die Schneerosenwanderung lässt

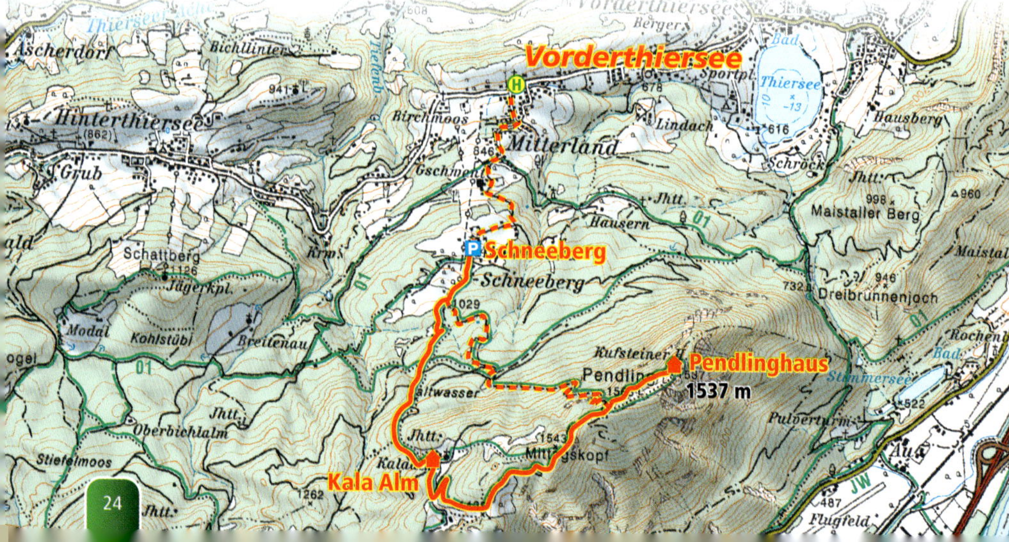

sich auf verschiedenen Wegen und Längen gestalten. Mit der Kala Alm gibt es eine zünftige Einkehr. Ab Mai ist auch das exponiert gelegene, aussichtsreiche Pendlinghaus geöffnet.

Wegverlauf: Gut ausgeschildert erreicht man vom **Gasthof Schneeberg** aus nach wenigen Minuten den Wald und damit tauchen schon die ersten Schneerosen auf. Je nach Lust, Laune oder Möglichkeit wählen Sie entweder den Forstweg oder den Steig in Richtung Kala Alm. Schneerosen sieht man bei beiden Varianten zur Genüge, wobei sich der Steig sicherlich besser zum Erleben und Fotografieren der besonderen Blüte eignet. Die großen Blüten (ca. 5 cm) sind anfangs weiß und werden mit der Zeit etwas gelblich. Mit Gewinn an Höhe werden die Blüten weniger zahlreich, aber dafür öffnet sich der Blick ins Bayerische mit den noch schneebedeckten letzten Alpengipfeln. Der Steig (2,3 km) und der Fahrweg (3,2 km) erreichen die bewirtschaftete **Kala Alm**, aussichtsreich in einer Lichtung gelegen. Für viele ist dies der Endpunkt der Wanderung. Wer aber noch Lust hat, dem ist der Weiterweg zum **Pendlinghaus** sehr empfohlen.

Schneerosenblüte: Ein Naturschauspiel, sobald der Schnee schmilzt

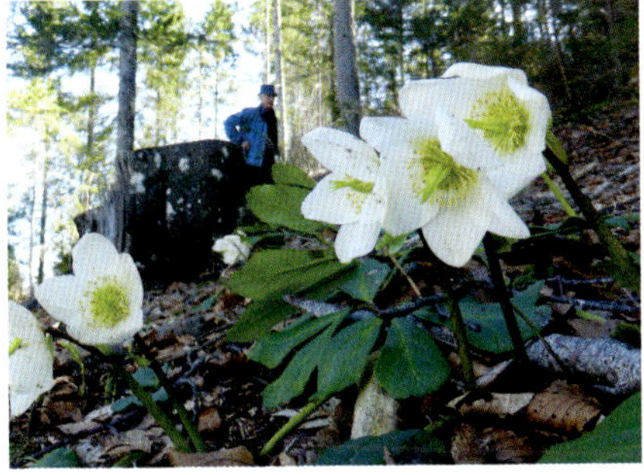

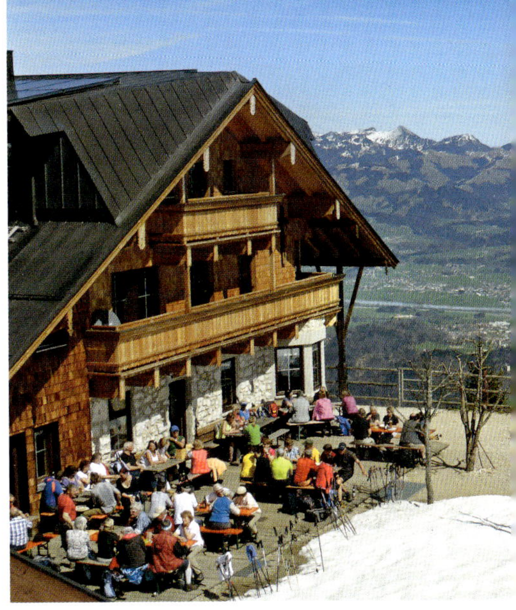

Das Pendlinghaus hoch über Kufstein

Wiederum kann man zwischen Forstweg oder Steig wählen. Am Steig übers Heimkehrerkreuz gibt es den einzigen Blick auf den Thiersee als besonderes Zuckerl. Später mündet dieser Steig in den sogenannten Kammweg, den Forstweg zum Pendlinghaus, ein.

Der Fahrweg am Kammverlauf bietet schöne Inntalblicke, die allerdings vom Ausblick am Pendlinghaus, das exponiert knapp unterhalb des Pendlinggipfels steht, noch übertroffen werden. Der Blick auf die direkt unterhalb vom Schutzhaus gelegene Festungsstadt Kufstein mit dem Inn, zum nahen, gegenüberliegenden Kaisergebirge, ins bayerische Alpenvorland und zu unzähligen Gipfeln bis zu den Hohen Tauern ist einfach genial.

Zurück geht's am bekannten Weg, oder am **Pendlingsteig**, der bald von der Forststraße am Rückweg abzweigt und in direkterer Linie zum Ausgangspunkt zieht.

6 Kundler Klamm

Das Werk eines Drachen

Klammeingang 540 m	Gh. Kundler Klamm 560 m	Brücke Klammausgang 690 m	Mühltal 790 m	Klammeingang 540 m
0,8 km, ¼ Std. ↑ 70 Hm ↓ 50 Hm	2,0 km, ¾ Std. ↑ 130 Hm	3,2 km, 1 Std. ↑ 100 Hm	6,0 km, 1¾ Std. ↓ 300 Hm ↑ 50 Hm	

3¾ Std. | 12,0 km | ↑↓ 300 Hm

Ausgangsort: Kundl, Parkplatz am Eingang der Kundler Klamm

Anfahrt mit Öffis: Vom Bahnhof Kundl ca. 1,7 km zu Fuß bis zum Klammeingang. Von Wörgl mit dem Regionalbus 8311 bis zur Haltestelle „Kundl Klammstraße/Unterführung" und dann zu Fuß ca. 500 m zur Klamm

Anfahrt mit Pkw: In Kundl gut beschildert westlich der Brücke über die Wildschönauer Ache auf der Klammstraße zum großen, gebührenfreien Parkplatz

Charakter: Einfache Wanderung, auch für Kinderwagen geeignet; an Regentagen und von Mitte November bis Ende März gesperrt

Einkehrmöglichkeit: Gasthof Kundler Klamm, www.kundlerklamm.at, April und Mai Montag Ruhetag, ansonsten bis Ende September täglich geöffnet, Tel. +43/5338/20 620; Gh. Klammrast, ab ca. Anfang Mai bis Ende September geöffnet, Dienstag Ruhetag, Tel. +43/5339/8893; Jausenstation Waidmannsruh, ab ca. 20. Mai bis Anfang Oktober geöffnet, Donnerstag Ruhetag, Tel. +43/5339/8591

Die Kundler Klamm zählt zu den schönsten Klammen Österreichs. Sie bildet die kürzeste Verbindung zwischen Kundl und der Wildschönau, durch die die Wildschönauer Ache aus dem Hochtal herausfließt, während die Straße weiter ostwärts von Wörgl aus die Wildschönau erschließt. Einer Sage nach soll es nicht die Ache gewesen sein, der wir die Kundler Klamm zu verdanken haben. Vielmehr habe ein Drache die Kundler Klamm aus dem Fels gebissen.

Am Klammeingang der Kundler Klamm

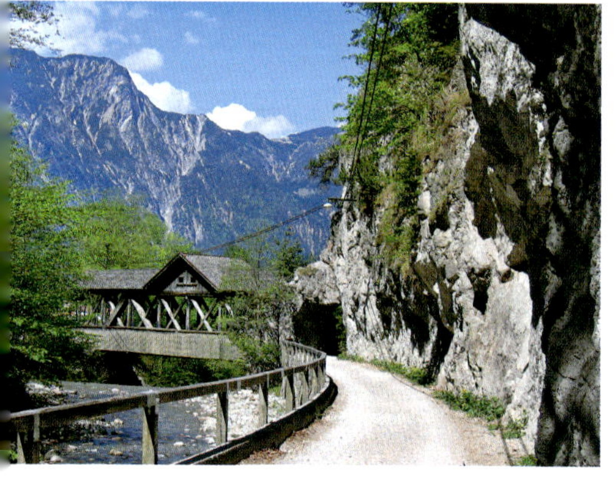

Entlang der Ache und inzwischen steiler Felsflanken wandert man bequem von Kundl aus durch die Klamm. Immer wieder – gerade zu Beginn und am südlichen Ende der Klamm – laden zahlreiche Plätze zum Spielen und Plantschen ein. Am Klammeingang wird an manchen Plätzen auch gern gegrillt. Der breite Schotterweg steigt sanft an und ist auch hervorragend für Kinderwägen geeignet.

Wegverlauf: Bald nach dem Start wird die Wildschönauer Ache von einer denkmalgeschützten **Holzbrücke** überspannt. Die Brücke wurde 1914 feierlich eröffnet und befindet sich noch nahezu im Originalzustand. Die Brücke hatte damals eine gewisse verkehrstechnische Bedeutung, denn der wenige Jahre zuvor errichtete Klammweg war für Pferdefuhrwerke die ideale Verbindung in die Wildschönau, da dieser Weg viel flacher war als jener von Wörgl, sodass mehr geladen werden konnte.

Bald nach der Brücke erreicht man das **Gasthaus Kundler Klamm**. Auch dieses Gebäude ist bereits vor über 100 Jahren entstanden. Es war das ehemalige Zollhaus, bei dem die Fuhrwerke für die Benützung des Weges einen Straßenzoll berappen mussten. Die Wanderer und Erholungssuchenden von heute haben hingegen keinen Obolus für das Erleben der Kundler Klamm zu entrichten.

Nun wird die Klamm erst richtig eindrucksvoll. Umgeben von bizarren Felsgestalten und steil aufragenden Felswänden geht es unter Felsvorsprüngen, durch Tunnel und über Brücken stets entlang der Ache taleinwärts. Das eigentliche Ende der Klamm ist nach ca. 1 Stunde Gehzeit an der Brücke am **Klammausgang** erreicht.

Der weitere Weg bis nach **Mühltal**, dem ersten Wildschönauer Weiler mit Einkehrmöglichkeiten bleibt ein gemütliches Spazieren, nun in offener Umgebung. Auf dieser rund 3 km langen Strecke verkehrt stündlich ein besonders bei Kindern beliebter Bummelzug. Zurück geht es auf bekanntem Weg.

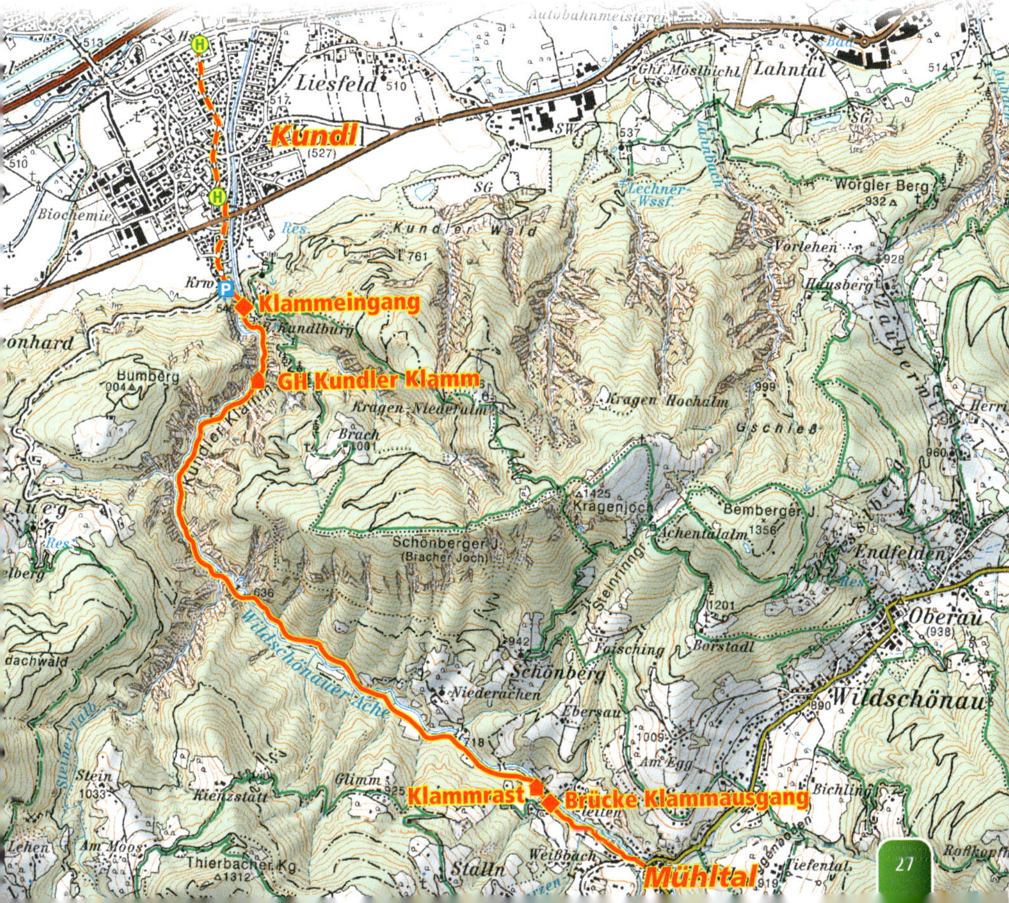

7 Von Niederau zur Möslalm

Von „hinten" auf den Wörgler Gesundheitsberg

P Bergbahn 830 m	Möslalmkogel 1090 m	Möslalm 964 m	Gh. Schrofen 830 m	P Bergbahn 830 m
4,1 km, 1¼ Std. ↑ 260 Hm	0,3 km, ¼ Std. ↓ 125 Hm	1,6 km, ½ Std. ↑ 35 Hm ↓ 170 Hm	3,5 km, 1 Std. ↑ 80 Hm ↓ 80 Hm	

3 Std. | 9,5 km | ↑↓ 375 Hm

Ausgangsort: Niederau, Parkplatz Bergbahn Markbachjoch (830 m)

Anfahrt mit Öffis: Mit dem Regionalbus 4064 von Wörgl Bahnhof bis Haltestelle „Niederau Berglift"

Anfahrt mit Pkw: Von Wörgl nach Niederau, der ersten Ortschaft in der Wildschönau. Als Orientierung dient der Kirchturm. Also in Richtung Hopfgarten fahren und unmittelbar nach der Kirche am Parkplatz der Markbachjoch-Bergbahn parken (gebührenfrei)

Charakter: Leichte, bestens beschilderte Wanderung auf Straßen und guten Wegen

Einkehrmöglichkeit: Möslalm, Montag und Dienstag Ruhetag, Tel. +43/664/89 06 000; Gh. Schrofen, www.schrofen.at, Samstag, Sonntag und an Feiertagen geöffnet, Tel. +43/5339/2722

Auch wenn es Wörgl eigentlich an „richtigen" Bergen mangelt, besitzt die Stadt mit dem Möslalmkogel einen überaus beliebten Gipfel, der zu Recht als „der Gesundheitsberg" der Wörgler bezeichnet wird. Folglich könnte die bewirtschaftete Möslalm als die Ordination Wörgls gelten, die sich das ganze Jahr über starken Zulauf erfreut.

Der sich bescheiden ausnehmende Spitz südlich von Wörgl ist die östliche Eingangspforte in die Wildschönau. Als Alternative zum am stärksten frequentierten Aufstieg von Wörgl bietet sich der Startpunkt Niederau in der Wildschönau an, wodurch sich eine wunderbare, abwechslungsreiche Rundtour ohne große Anstrengungen ergibt.

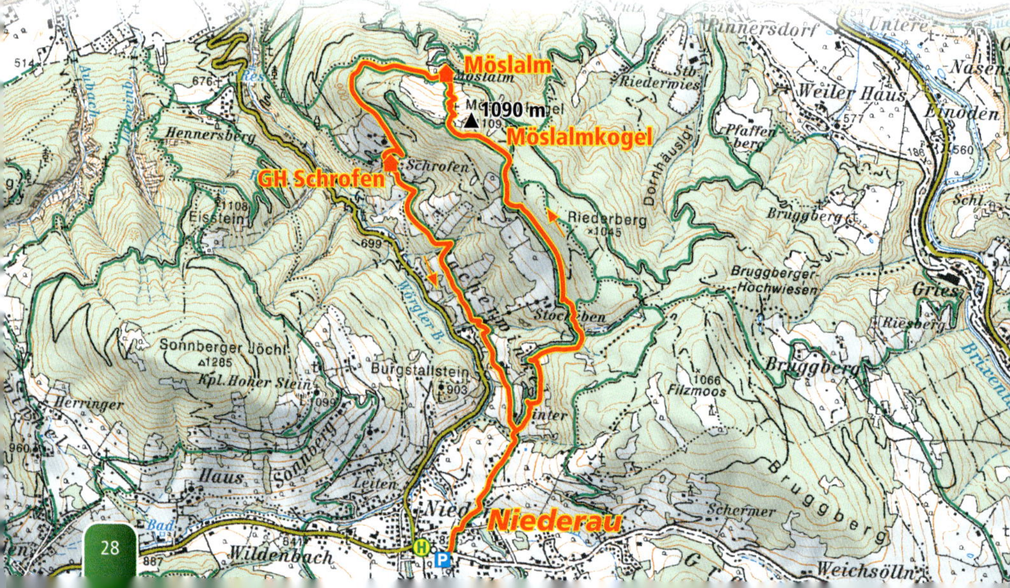

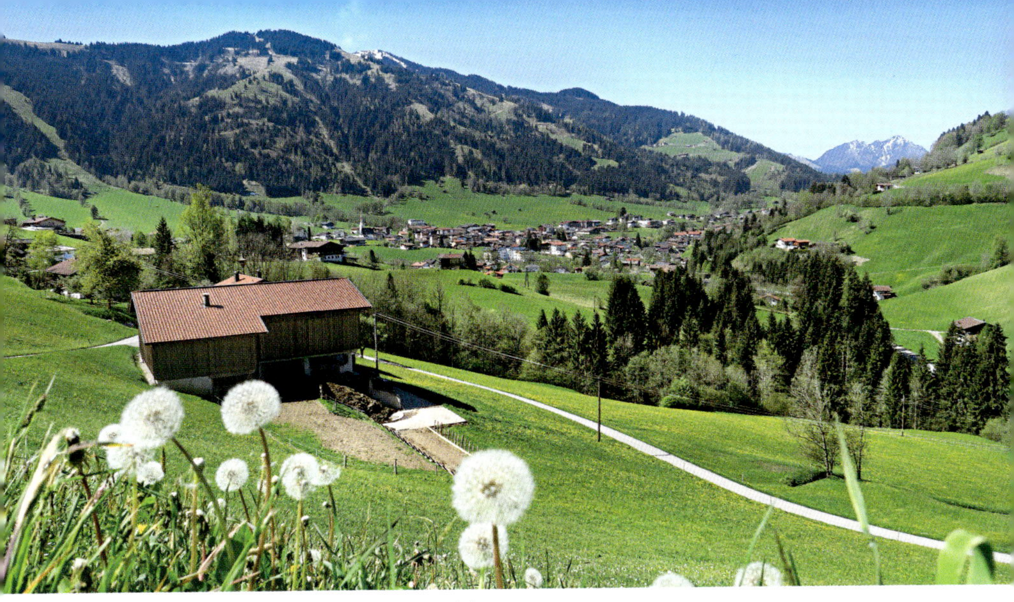

Ein Blick zurück nach Niederau auf dem Weg zur Möslalm

Wegverlauf: Vom Parkplatz der Bergbahn im Ortszentrum von **Niederau** wandert man talauswärts. Beim Hotel Austria sehen Sie bereits die Schilder „Sonnenhangweg" in Richtung Möslalm. Die angegebene Gehzeit von 2½ Stunden ist weit überzogen. Sie folgen dem „Sonnenhangweg" in Richtung **Möslalm** und gewinnen zunächst auf asphaltierten Hofzufahrten talauswärts an Höhe. Dabei gibt es schöne Ausblicke nach Niederau und talauswärts übers Inntal. Besonders schön sind die gepflegten Bauernhäuser und Wiesen in diesem ersten Wegabschnitt.

An der Waldgrenze geht's gemütlich mit wenig Steigung auf Forstwegen und Steigen hinaus Richtung Inntal zum **Möslalmkogel**. Vom Gipfelkreuz überrascht ein ungemein begeisternder Ausblick: natürlich auf die Heimatstadt Wörgl und das Inntal in Richtung Rosenheim, wobei auch die Festung Kufstein in den Blick rückt. Über dem Inntal ragt die Bergkette der Brandenberger Gipfel auf bis zum Pendling, dem Kufsteiner Hausberg. Weiter rechts, also südlicher schiebt sich das Kaisergebirge ins Panorama. Natürlich bannt aber auch der Gastgarten der **Möslalm**, einen großen Steinwurf unterhalb. Mit wunderbarem Blick aufs Inntal steigen Sie also die wenigen Meter dorthin ab. Dort treffen sich Wanderer und Radfahrer, die über allerlei Wege zur Alm strömen.

Der Rückweg führt von der Möslalm über die Jausenstation Schrofen zurück nach Niederau. Ein wunderschöner Steig führt im Mischwald von der Möslalm in leichtem Auf und Ab in Richtung Wildschönau. Auf der asphaltierten Hofzufahrt erreichen Sie die Jausenstation **Schrofen**. Wiesensteige und Hofzufahrten wechseln sich im weiteren Verlauf ab. Nach insgesamt 3 Stunden schließt sich die genussvolle Frühjahrsrunde wieder im Ortszentrum von Niederau.

8 Tiefenbachklamm

Auf den Spuren der einstigen Holztrift

Beginn Klammweg 581 m	Aussichtsplattform 625 m	Gh. Tiefenbachklamm 649 m	Aussichtsplattform 625 m	Ende Klammweg 581 m
1,4 km, 20 Min. ↑ 45 Hm	2,2 km, 40 Min. ↑ 70 Hm ↓ 45 Hm	2,2 km, 40 Min. ↓ 70 Hm ↑ 45 Hm	1,4 km, 20 Min. ↓ 45 Hm	

2 Std. | 8,4 km | ↑↓ 160 Hm

Ausgangsort: Kramsach, Parkplatz Tiefenbachklamm

Anfahrt mit Öffis: Mit dem Regionalbus 4070 von Bahnhof Brixlegg bis Haltestelle „Kramsach Tiefenbachklamm". Die Busse fahren zum Teil zuerst nach Aschau im Brandenberg und steuern die Haltestelle am Rückweg an, womit man sich auch überlegen kann, in Aschau (Haltestelle „Stegerstall") zu starten.

Anfahrt mit Pkw: Von Kramsach in Richtung Aschau i. B. fahren. In Kramsach folgen Sie den Wegweisern Tiefenbachklamm/Kaiserklamm und fahren westseitig der Brandenberger Ache bis zum Parkplatz „Tiefenbachklamm" (4,9 km ab dem Kreisverkehr in Kramsach).

Charakter: Einfache Wanderung ohne nennenswerte Steigungen auf guten Wegen

Einkehrmöglichkeit: Jausenstation Tiefenbachklamm, geöffnet Mai bis Oktober, Tel. +43/5331/200 86

Die Tiefenbachklamm zwischen Brandenberg und Kramsach zählt zu den schönsten und geschichtsträchtigsten Klammen in Tirol. Durch diese Klamm wurde von 1412 bis 1966 das Holz aus dem waldreichen Brandenberg ins Inntal getriftet. Der überwiegende Teil wurde als Brennholz für die Verhüttung von Silber und Kupfer in Brixlegg benötigt. Bis zu 35.000 Festmeter Holz wurden alljährlich durch die Tiefenbachklamm getriftet. Dabei kam es immer wieder zu Verklausungen. Die Holztrifter mussten dann am Triftsteig, den heute die Wanderer für genussvolles Entspannen nutzen, in die enge Schlucht steigen, um die verklausten Baumstämme zu lösen: ein oft lebensgefährliches Unterfangen. In-

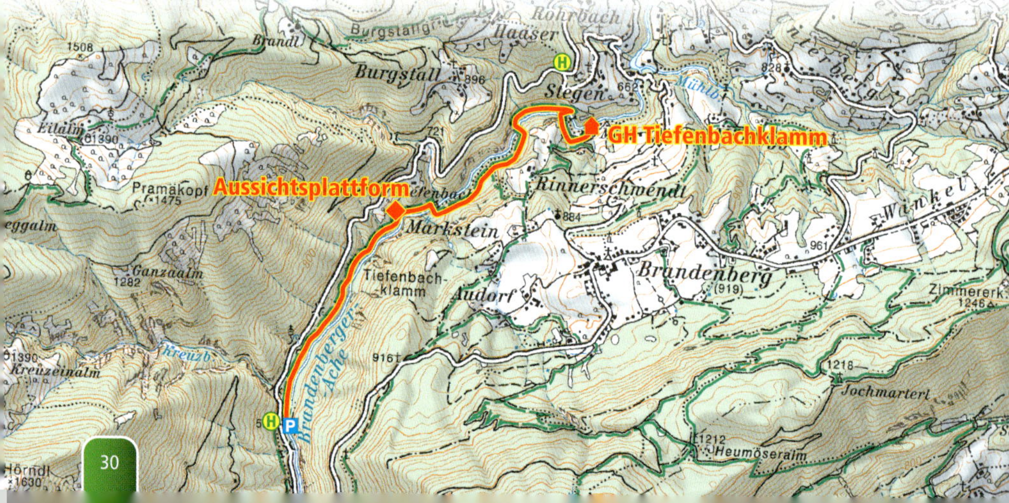

zwischen ist der Triftsteig durchgehend mit einem Geländer versehen und ermöglicht damit Groß und Klein einen spannenden Ausflug, bei dem nur wenig Höhenunterschied zu meistern ist.

Wegverlauf: Vom Parkplatz Tiefenbachklamm an der Straße von Kramsach nach Aschau geht's sozusagen zum Aufwärmen ganz gemütlich entlang der breiten Ache. Langsam wird es aber enger und spannender, bis sich die Klamm auf wenige Meter verengt. Links und rechts sind hohe, teils überhängende Felswände, in die anno dazumal die Holztrifter den **Triftsteig** gehauen haben, um die gesamte Strecke der Holztrift zugänglich zu machen.

Der ganz enge Abschnitt der Tiefenbachklamm erstreckt sich über ca. 500 m. Hier gibt es eine **Aussichtsplattform**. Danach wird die Klamm wieder breiter. Insgesamt überspannen drei schmale Eisenbrücken die Brandenberger Ache. Nach der dritten Brücke weitet sich das Gelände, damit hat man das Nadelöhr der ehemaligen Holztrift passiert und befindet sich im immer noch holzreichen Bran-

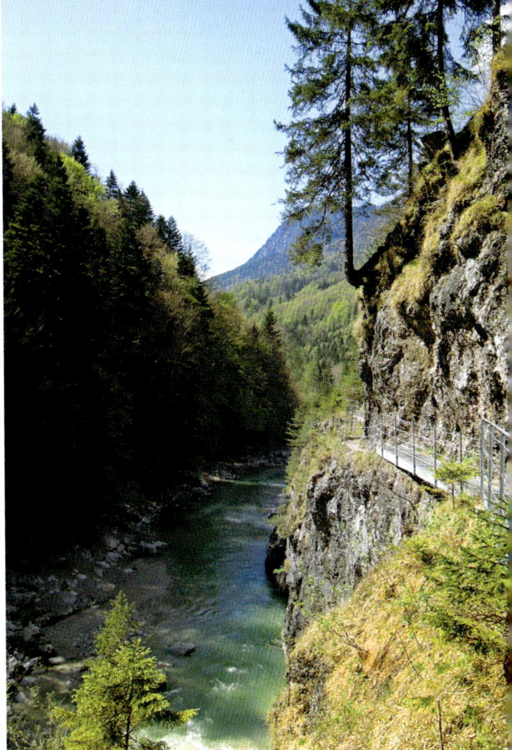

Triftsteig: Die Holztrifter mussten einst ohne Geländer auskommen.

Wald-Sauerklee liebt den Schatten.

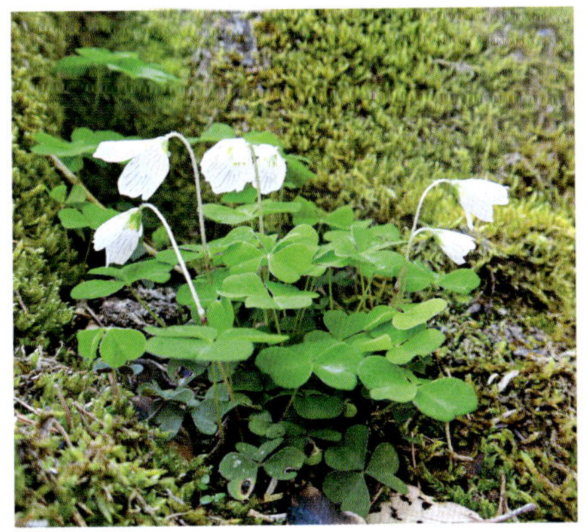

denberg. Die beiden Orte sind vom tief gelegenen Punkt an der Brandenberger Ache nicht zu sehen. Westlich oberhalb liegt Aschau, östlich Brandenberg. Weiter im Tal verengt sich dort das Gelände wieder zu einer Klamm: der Kaiserklamm. Zu sehen ist nach einer Stunde Gehzeit allerdings die Jausenstation **Tiefenbachklamm**.

Nach der Einkehr geht man, nun in Triftrichtung, wieder durch die Klamm auswärts und erlebt die Tiefenbachklamm in einer überraschend neuen Perspektive. Alternativ kann man auch mit dem Bus zurückfahren: je nach Fahrplan von Aschau, Haltestelle „Jausenstation Stegerstall" (1,8 km), oder von Brandenberg, Haltestelle „Kirche" (2,6 km).

9 Von Stans zum Schloss Tratzberg

Familienfreundlicher Bummel zu einem der schönsten Schlösser Tirols

Laurentiuskirche 565 m		Schloss Tratzberg 630 m		Schlosswirt 550 m		Laurentiuskirche 565 m
	2,9 km, 1 Std. ↑ 140 Hm ↓ 75 Hm		1,0 km, 20 Min. ↓ 80 Hm		2,3 km, 40 Min. ↑ 30 Hm ↓ 15 Hm	

2 Std. | 6,2 km | ↑↓ 170 Hm

Ausgangsort: Stans, Parkplatz bei der Laurentiuskirche

Anfahrt mit Öffis: Mit der S-Bahn nach „Stans Bahnhaltestelle" (250 m zum Ausgangspunkt) oder mit dem Regionalbus 4111 (von Bahnhof Schwaz oder Bahnhof Brixlegg), Haltestelle „Stans Volksschule" (1 km zum Ausgangspunkt)

Anfahrt mit Pkw: Von Schwaz nach Stans zum Parkplatz bei der Laurentiuskirche (das ist von den zwei Kirchen von Stans jene, die näher bei Schloss Tratzberg steht). Fast am Dorfende von Stans (in Richtung Ost) biegen Sie nach links zur Kirche ab.

Charakter: Kinderwagentauglicher Spaziergang

Einkehrmöglichkeit: Schlosswirt Tratzberg, www.schlosswirt-tratzberg.at, Tel. +43/5242/67 389

Die Wanderung von Stans zum Schloss Tratzberg ist ein gemütlicher, idyllischer Ausflug für Jung und Alt und vor allem für Familien mit Kleinkindern ideal. Herrliche Wege, die kaum ansteigen und sich auch bestens für den etwas geländegängigen Kinderwagen eignen, Frühlingsblumen, Vogelgezwitscher, eines der schönsten Schlösser Tirols, ein Spielplatz und eine Einkehr sind die großen Pluspunkte der einfachen und deshalb auch sehr beliebten Rundwanderung: ein zweistündiger Frühlingsspaziergang, der meist schon zeitig im Jahr möglich ist.

Vom Parkplatz bei der Laurentiuskirche an ist der Weg gut beschildert, allerdings gegen den Uhrzeigersinn. Schöner ist es jedoch, gerade wenn man mit Kindern

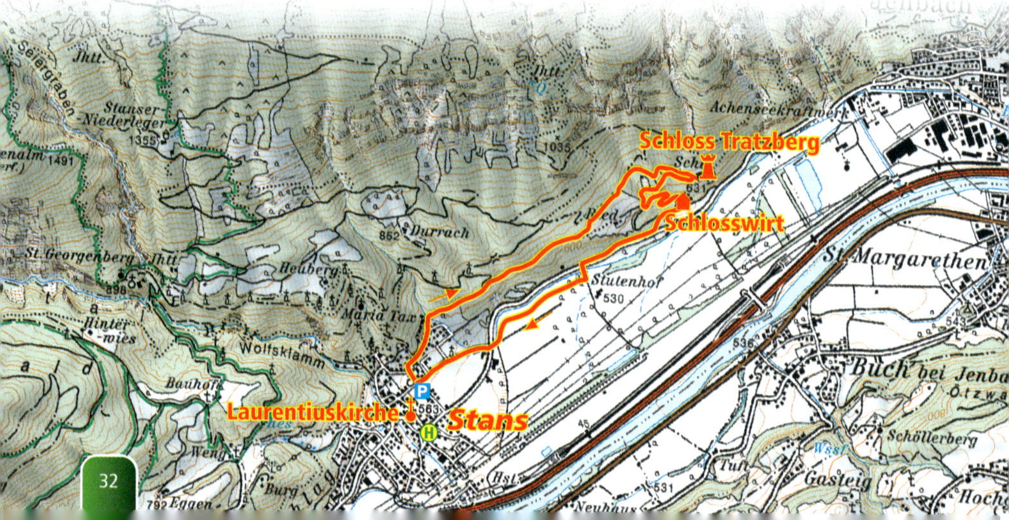

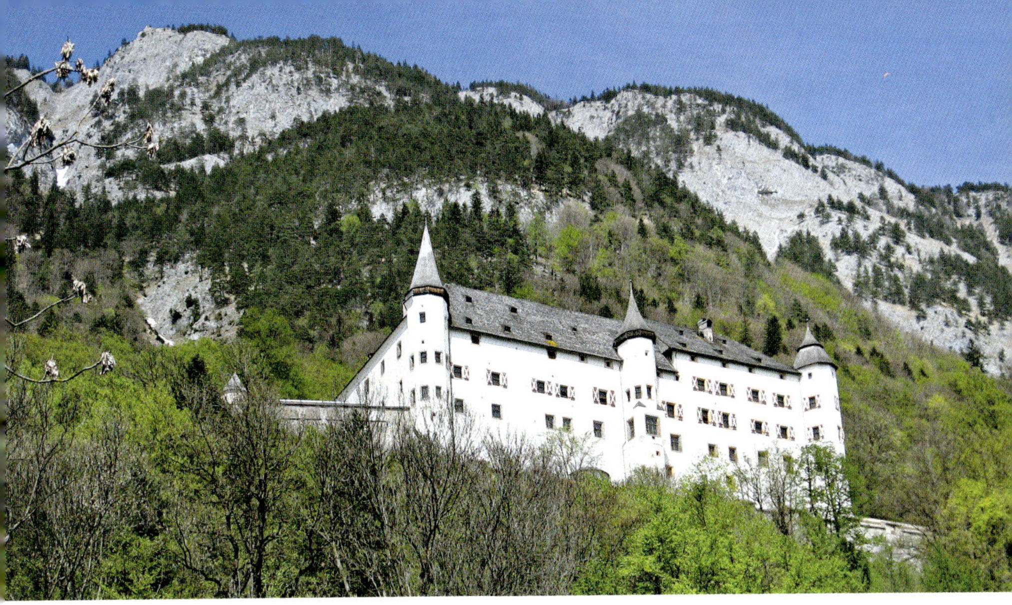

Schloss Tratzberg: einst ein Jagdschloss Kaiser Maximilians, heute Wohnsitz der Familie Goess-Enzenberg und Museum

unterwegs ist, die Runde im Uhrzeigersinn zu machen. Denn dann haben die Kinder nicht ständig das noch „sooo" weit entfernte Schloss vor Augen. Außerdem wartet dann erst nach dem Schlossbesuch die Einkehr und der Rückweg verläuft ohne Anstiege.

Wegverlauf: An der **Kirche** vorbei folgt man der Asphaltstraße ca. 100 m gerade weiter und steigt in der Rechtskurve der Straße rechts aufwärts (Denkmal für Freiheitskämpfer) an. Nach den letzten Häusern der Siedlung immer noch der Straße entlang, bis gut beschildert in einer Linkskurve der Waldweg zum **Schloss Tratzberg** abbiegt (ca. 1 km ab Start). Genussvoll wandert man nun etwas an- und absteigend durch den lichten Wald zum Schloss.

Es ist absolut empfehlenswert, dieses Renaissance-Ensemble, ehemals ein Jagdschloss Kaiser Maximilians, im Zuge einer Führung zu besichtigen. Die Details, die man dabei erfährt, sind überaus interessant und spannend. Für Kinder werden ganz spezielle, unterhaltsame Führungen angeboten.

Am asphaltierten Schlossweg, auf dem der Schlosszug (ein Zubringer vom Parkplatz unterhalb vom Schloss) verkehrt, geht's abwärts zum **Schlosswirt**, wo es für Kinder einen Spielplatz gibt.

Der Rückweg nach Stans führt über den **Wiesenweg**. Man geht vom Gasthaus westwärts, quert die Straße und folgt dann dem Wanderweg entlang vom **Gießen**. Dort ist noch allerhand zu entdecken: Zum Beispiel von Bibern angenagte und dadurch geknickte Bäume oder die pfeilschnellen Fische im glasklaren Wasser, auch so manches Entenpaar zeigt am seichten Wasser Frühlingsgefühle. Nach der Querung der Hauptstraße geht's in wenigen Minuten zum Ausgangspunkt bei der Laurentiuskirche zurück.

10 Von Mayrhofen nach Finkenberg

Eine Rundtour von der Zillertaler „Hauptstadt“ ins vorderste Tuxertal

P Klettersteig 620 m		Zimmereben 853 m		Finkenberg 840 m		P Klettersteig 620 m
	1,0 km, ¾ Std. ↑ 235 Hm		4,0 km, 1¾ Std. ↑ 260 Hm ↓ 275 Hm		4,1 km, 1½ Std. ↑ 60 Hm ↓ 280 Hm	

4 Std. | 9,1 km | ↑↓ 555 Hm

Ausgangsort: Mayrhofen, Parkplatz unterhalb von Zimmereben

Anfahrt mit Öffis: Mit der Zillertal-Bahn (R 151) zur Endstation Bahnhof Mayrhofen und von dort zu Fuß nordwärts und über den Ziller in 10 Min. zum Beginn des Steiges nach Zimmereben

Anfahrt mit Pkw: Durchs Zillertal nach Mayrhofen. Am Kreisverkehr am Ortseingang die erste Ausfahrt ab- und über den Ziller fahren. Wegweiser leiten Sie an der Talstation der Versorgungsseilbahn Zimmereben vorbei zum gebührenpflichtigen Parkplatz.

Charakter: Problemlose Wanderung auf schönen Steigen, zu Beginn im sehr steilen Gelände

Einkehrmöglichkeit: Gh. Zimmereben, www.zimmereben.at, Tel. +43/664/38 06 203; Gastronomie in Finkenberg

Das Berggasthaus Zimmereben logiert in exponierter Lage gut 200 Höhenmeter über Mayrhofen und ist nur zu Fuß erreichbar. Neben dem Wanderweg führen auch mehrere Klettersteige durch die Felswände unterhalb des beliebten Ausflugsziels. Am steilen, aber sehr schönen Waldaufstieg lässt sich Zimmereben in 45 Minuten erwandern. Von dort gibt es dann ein herrliches, sonnenbegünstigtes Wegenetz im Wald hoch überm Talboden taleinwärts nach Finkenberg und von dort dem Ziller entlang zurück. Je nach Lust und Laune kann der Ausflug auch an einigen Stellen abgekürzt werden.

Wegverlauf: Vom Parkplatz gehen Sie zurück zur **Seilbahn** (200 m), wo der Aufstieg nach Zimmereben beginnt. Lassen Sie sich nicht irritieren: Er ist nur für Klettersteiggeher, aber nicht für Wande-

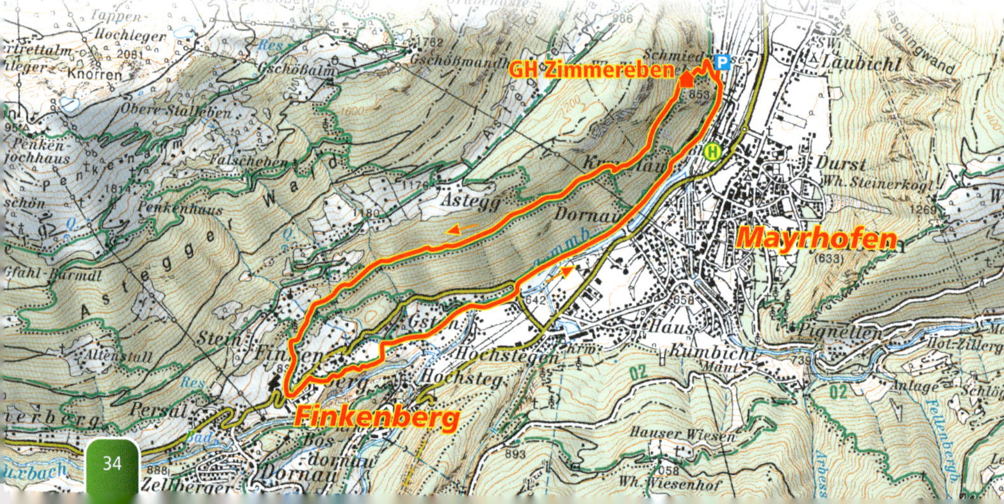

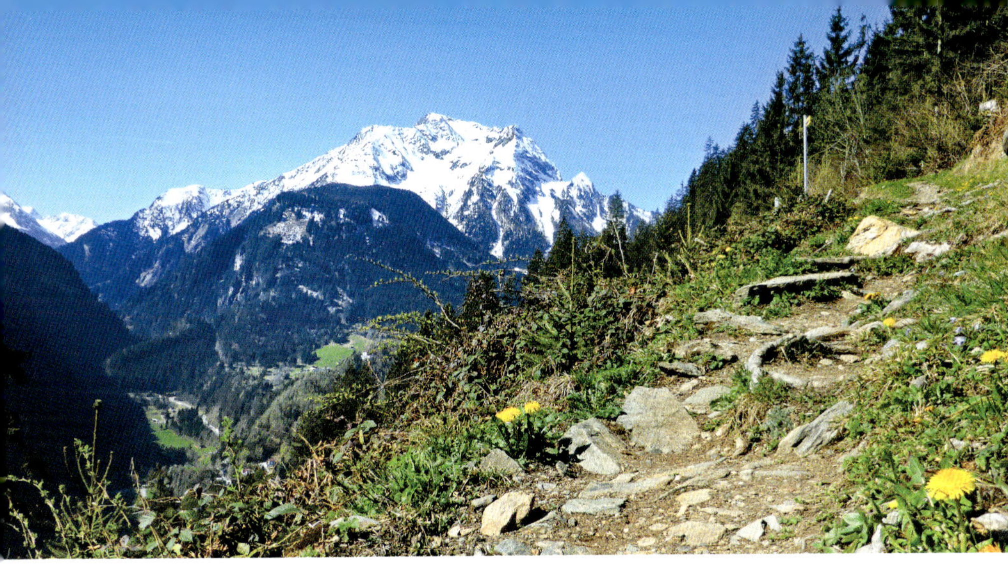

Die Grinbergspitze leuchtet noch ganz in Weiß, während es herunten schon blüht.

rer ausgewiesen. Folgen Sie einfach dem Steig, der bald schon in engen Serpentinen im steilen Gelände an Höhe gewinnt. Einige Abschnitte führen über Stiegen bergwärts. Es gibt wunderbare Ausblicke auf Mayrhofen. Der Steilaufstieg bringt die Wanderer zwar etwas ins Schwitzen, dafür aber rasch und ohne Umschweife zum Etappenziel, dem **Gasthof Zimmereben**. Von der Terrasse gibt es einen exzellenten Blick auf die „Hauptstadt vom Zillertal", aber auch auf die aufragenden Berge, allen voran die Ahornspitze.

Es folgt der Weiterweg taleinwärts. Nach 600 m und weiteren 400 m gibt es Möglichkeiten abzusteigen, womit sich eine 1½-stündige Rundwanderung ergibt. Empfehlenswert ist es aber, die Runde bis Finkenberg auszudehnen. Man bleibt am Steig, der weiter taleinwärts in Richtung „Penken Astegg" führt. Der breite Waldsteig hält keine großen Steigungen bereit und bietet genussvolles, erholsames Wandern mit immer wieder schönen Tal- und Ausblicken zu den imposanten Bergen über dem Talkessel wie zum Beispiel Brandberger Kolm, Ahornspitze, Tristner, Grinbergspitze. Nachdem der bergseitige Abzweig zum Gh. Astegg passiert ist, wandert man auf dem Leonhard-Stock-Weg, benannt nach dem Finkenberger Olympia-Abfahrtssieger von 1980.

Kurz vor Finkenberg ließe sich der Weg abermals abkürzen. Bald nach zwei kleinen Wasserfällen ist man in **Finkenberg**. An der Kirche vorbei geht's im Ort abwärts, kurz auf der Hauptstraße und dann rechts ab, um gut beschildert zum Weiler **Gstan** am Talboden zu gelangen. Links vom Zemmbach schlendern Sie nun Richtung Mayrhofen. Bevor eine kleinere Brücke den Zemmbach überspannt, bleiben Sie am Steig, der nun wieder etwas ansteigt (Schilder Penken/Astegg; Zimmereben, Hippach, Schwendau ...) und als wunderbare Waldpromenade über dem Fluss, der nun der Ziller ist, zurück zum Ausgangspunkt leitet.

11 Panoramaweg Terfens

Das Frühjahr „atmen" auf gemütlicher Wald- und Wiesentour

Terfens 590 m	Terfens 590 m	Mairbach 820 m	Umlberg höchster Punkt 885 m	Terfens 590 m
1,0 km, 20 Min. ↑ 100 Hm	2,0 km, 40 Min. ↑ 130 Hm	3,4 km, 1¼ Std. ↑ 100 Hm ↓ 35 Hm	3,2 km, ¾ Std. ↓ 295 Hm	

3 Std. | 9,6 km | ↑↓ 330 Hm

Ausgangsort: Terfens, Parkplatz beim Gemeindehaus

Anfahrt mit Öffis: Mit der S-Bahn zur Bahnhaltestelle „Terfens-Weer" und anschließend zu Fuß in den Ort aufwärts (1,2 km, 20 Min.) oder je nach Anschluss auch mit dem Regionalbus 4 direkt an den Ausgangspunkt. Dieser Bus fährt auch ab Schwaz Bahnhof bzw. Schwaz Terminal Wopfnerstraße.

Anfahrt mit Pkw: Von Wattens ostwärts bis nach Weer und dort nordwärts nach Terfens ins Ortszentrum. Von Schwaz kommend nach Pill (auch Autobahnausfahrt Vomp) und über Vomperbach nach Terfens bzw. wie von Westen kommend über Weer

Charakter: Familientauglicher, einfacher Ausflug

Einkehrmöglichkeit: Unterwegs keine, Gastronomie in Terfens

Am Panoramaweg Terfens spaziert man vom Dorf auf das ausgedehnte Plateau von Gnadenwald. Durch Wälder und über Wiesen erreicht man den östlichen Teil der flachen Geländestufe. Nach dem Aufstieg kommt man in den Weiler Mairbach und von diesem bis zum östlichsten Rand zum Weiler Umlberg am Eingang ins Vomper Loch. Den genussvollen, einfachen Ausflug zeichnen schöne Ausblicke südwärts übers Inntal aus. Die südseitige Lage begünstigt schon zeitig im Jahr das Frühlingserwachen, das zahlreiche Frühlingsboten wie Huflattich, Krokus oder Leberblümchen ankünden, während jenseits des Inntales die Bergspitzen noch ihre Schneelast tragen müssen. Die schöne Runde lässt sich aber fast das ganze Jahr über machen.

Wegverlauf: Vom Parkplatz beim **Gemeindehaus** geht's, den Schildern „Panoramaweg, Maria Larch, Besinnungsweg"

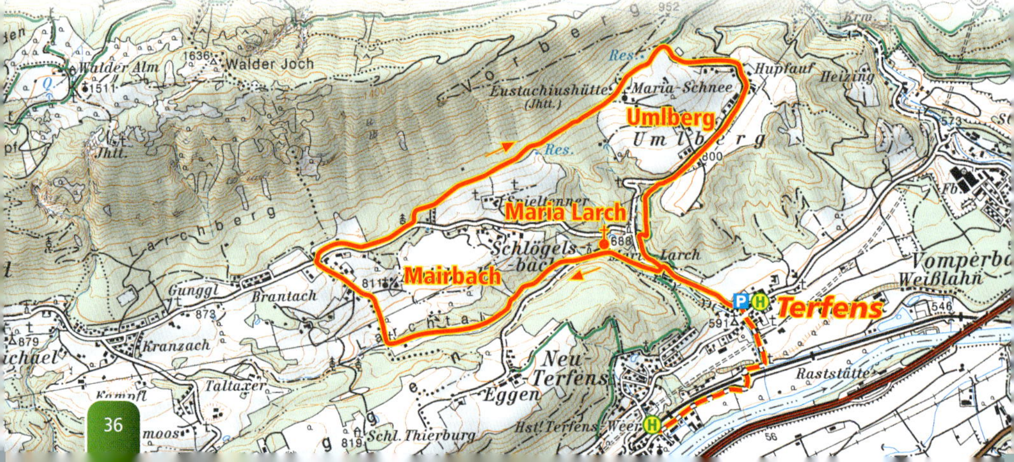

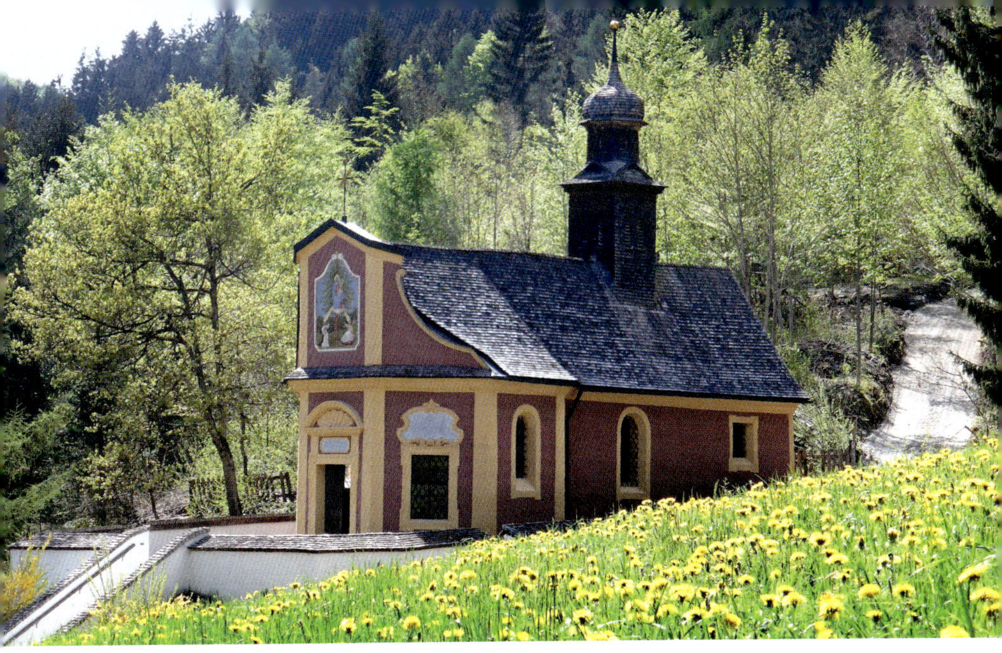

Maria Larch: traditionsreicher Wallfahrtsort und als Kraftplatz geschätzt

folgend, am Lebensmittelgeschäft vorbei aufwärts. Man wandert rechts des Baches durch das kleine Tal unterhalb der Gnadenwalder Straße, trifft dann auf diese und hält sich links, um gleich wieder im Tal, abseits der Straße zur **Wallfahrtskirche Maria Larch** zu kommen. Für viele gilt sie als Kraftort, zumal das in einem barocken Brunnenhäuschen gefasste Quellwasser von besonderer Heilwirkung sein soll.

Nun westwärts spazierend, geht es kaum ansteigend durch das unbesiedelte Larchtal in Richtung Gnadenwald: ein besonderer Ort der Ruhe und Abgeschiedenheit zwischen dem Inntal und dem Plateau oberhalb. Kurz nach einer Scheune geht's bei einer Wegkreuzung rechts hinauf zum Weiler **Mairbach**, wo stattliche Bauernhäuser, Pferde und schöne Ausblicke warten. Die Gnadenwalder Straße wird erreicht, dieser entlang geht's in Richtung Unterland. Sie passieren einen Reitstall und bald (schon im Waldabschnitt) zweigt links ein Fahrweg zum Weiler Umlberg/Vomper Loch (Schild „Panoramaweg Terfens – Ganalm") ab.

Am Forstweg schlendern Sie nun am Waldrand oberhalb schöner Felder ostwärts. Einmal wird noch ein kurzes Waldstück durchschritten, bevor der Panoramaweg dann wieder dem Waldrand folgend am Ende der Hochfläche einen Bogen abwärts macht. Auf der kaum befahrenen Straße zwischen den Wiesen und den wenigen Häusern von **Umlberg** geht's nun wieder westwärts.

Nach den letzten Häusern kürzt im Wald die Rodelbahn die Straße ab und man trifft wieder auf jene Stelle, bei der man im Aufstieg nach Maria Larch abgezweigt ist. Am bekannten Weg (Besinnungsweg) geht's das kurze Stück abwärts zum Ausgangspunkt im Ortszentrum von Terfens.

12 Schlossbachklamm

Der früheste Frühling in Tirol

Parkplatz P9 660 m		Ruine Fragenstein 720 m		Schlossbachquerung 920 m		Parkplatz P 9 660 m
	0,5 km, 20 Min. ↑ 60 Hm		3,6 km, 1½ Std. ↑ 340 Hm ↓ 140 Hm		3,4 km, 1 Std. ↑ 100 Hm ↓ 360 Hm	

2¾–3 Std. | 7,5 km | ↑↓ 500 Hm

Ausgangsort: Zirl, Parkplatz P9 (920 m)

Anfahrt mit Öffis: Regionalbus 4123 und 4176 (von Innsbruck Hauptbahnhof bzw. Telfs), Haltestelle „Gemeindeamt", kurzer Fußmarsch nordwärts bis zur Unterführung

Anfahrt mit Pkw: Von Osten kommend fährt man Richtung Seefeld, aber noch vor der Steigung der Zirlerberg-Straße biegt man bei den Schildern „Hochzirl", „Zirl" rechts ab. Der beschilderte Parkplatz P9 befindet sich südlich der Hauptstraße. Sie fahren unter der Brücke in Richtung Ortszentrum, biegen aber sofort wieder links ab und kommen zum leider kleinen, aber gebührenfreien Parkplatz P9 in der Kalvarienbergstraße. Weitere Parkplätze gibt es im Ort, zum Beispiel auch beim Schwimmbad.

Charakter: Ausgedehnte Wanderung auf guten Steigen

Einkehrmöglichkeit: Gastronomie in Zirl

Nur an ganz wenigen Plätzen in Tirol zeigt sich so zeitig der Frühling wie bei Zirl. Die Hänge im Bereich der Ruine Fragenstein sind durch die exponierte Föhn- und Südlage klimatisch äußerst begünstigt und nehmen in Nordtirol eine besondere Stellung ein. Ein bekanntes Zeugnis dafür ist der Weinanbau in Zirl, dessen Ursprünge bis ins 14. Jahrhundert zurückgehen. Sogar im Wappen von Zirl findet sich ein Weinstock. Das besondere Klima ermöglicht also im Herbst die Weinlese und dem frühjahrshungrigen Wanderer einen überaus frühen Frühlingsbeginn im Bereich der Schlossbachklamm.

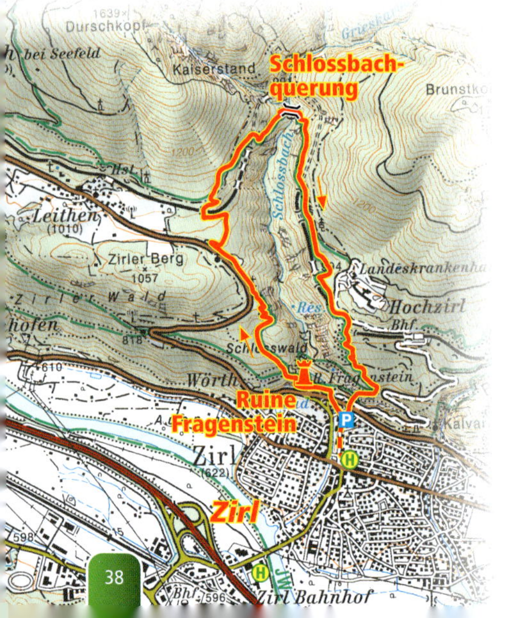

Wegverlauf: Der Ausgangspunkt ist in **Zirl** im Bereich der Auffahrt nach Hochzirl und nach Seefeld (Zirler Berg). Die beiden Türme der Ruine Fragenstein sind weithin sichtbar und dienen als Anhaltspunkt, sie erreicht man kurz nach dem Start. Vom Parkplatz P9 geht man westwärts und kommt zur Unterführung (oberes Ende der Mühlgasse). Dort gibt es an der Brücke über den Schlossbach erste Wegweiser zur Schlossbachklamm/Ruine Fragenstein. Sie folgen dem **Schlosssteig**

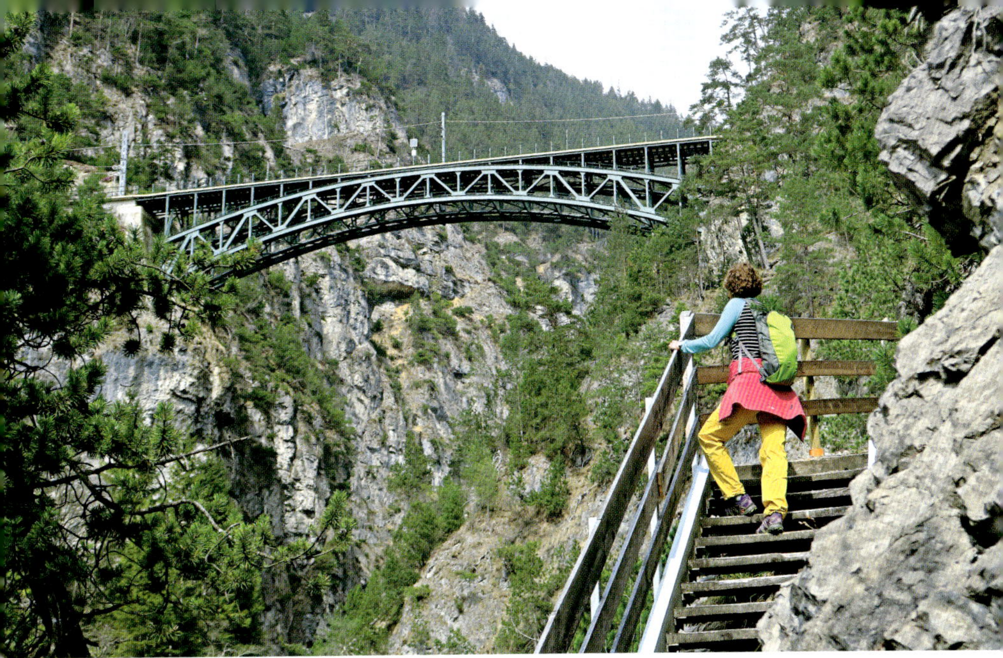

Unter Denkmalschutz: die Schlossbachgrabenbrücke, erbaut im Jahr 1912 durch die k. u. k. Hof-Eisen-Construktions-Werkstätte

(Nr. 13) bergauf zur Ruine (20 Min.). Hier gibt es schöne Blicke über Zirl, die allerdings noch von reichlich Autolärm begleitet werden. Die ehemalige Burg wurde 1200 bis 1220 erbaut und war landesfürstlicher Ansitz, später wurde sie auch von Kaiser Maximilian im Zuge seiner Jagdausflüge bewohnt.

Von der Burg zieht der Steig weiterhin östlich der Schlossbachklamm im Schlosswald bergwärts. Der Verkehrslärm verliert sich im lockeren Föhrenwald, wo bald Vogelgezwitscher und blühende Frühlingsboten erfreuen.

Die Frühlingsidylle wird jäh unterbrochen, denn der Steig trifft auf die **Zirlerberg-Straße**. Rund 350 m müssen Sie neben der stark frequentierten Straße gehen, um dann nach einem auffälligen Bienenhaus wieder rechts in den Wald abzubiegen (gut beschildert). Bald stoßen Sie das erste Mal auf die Karwendelbahn, die mittels Unterführung gequert wird. Der Weg leitet später abwärts zum **Schlossbach**, wo eine eindrucksvolle Bogenfachwerkbrücke der Karwendelbahn die Klamm überspannt. Sie queren den Schlossbach am Klammgrund und folgen jenseits dem Weg bergan in Richtung **Bahnhof Hochzirl**.

Noch vor Erreichen des Bahnhofes wählen Sie für den Abstieg nach Zirl den **Vogellehrweg**, der in angenehmer Steigung mit ausholenden Serpentinen talwärts zieht. Dabei sind auf Stationen zahlreiche Vögel abgebildet und erklärt. Bald schon zeigen sich zwischen den Bäumen hindurch die Dächer der Marktgemeinde. Sie treffen auf die Hochzirler Bergstraße und wählen dann die Fußgänger-Unterführung, die direkt zum Parkplatz P9 führt.

13 Kaiser-Max-Grotte

Wohin sich einst Kaiser Maximilian verstiegen hat

P Rettung 630 m		Steigbeginn 740 m		Kaiser-Max-Grotte 795 m		Gspan-Sperre 820 m		P Rettung 630 m
	0,9 km, 20 Min. ↑ 110 Hm		0,8 km, 40 Min. ↑ 100 Hm ↓ 45 Hm		2,0 km, 1 Std. ↑ 175 Hm ↓ 150 Hm		1,1 km, ½ Std. ↓ 190 Hm	

2½ Std. | 4,8 km | ↑↓ 385 Hm

Ausgangsort: Zirl, Parkplatz bei der Rettung

Anfahrt mit Öffis: Mit dem Regionalbus 4123 (ab Innsbruck Hauptbahnhof) nach Zirl, Haltestelle „Gh. Schwarzer Adler" und anschließend zu Fuß (500 m) zur Rettung. Oder mit der S-Bahn nach Zirl, dann mit dem Bus „Telfs 2" zur Haltestelle „Gh. Schwarzer Adler"

Anfahrt mit Pkw: Von Osten kommend die Autobahnausfahrt Zirl-Ost wählen. Kurz in Richtung Zirlerberg-Straße und dann rechts abbiegen zum gebührenpflichtigen Parkplatz neben der Rettung Zirl (Geistbühelweg 19). Bei Anfahrt vom Ort: Von der Hauptstraße (Meilstraße) ca. 200 m östlich vom MPreis nordwärts auf den Geistbühelweg einbiegen

Charakter: Einfache, besonders auch für Kinder erlebnisreiche Wanderung; exponierte Abschnitte sind mit Zäunen abgegrenzt.

Einkehrmöglichkeit: Unterwegs keine; Gastronomie in Zirl

Wir schreiben das Jahr 1484. Kaiser Maximilian ist wieder einmal in der Martinswand beim „Gamsjagern". Er folgt einer Gams und steigt dabei höher und höher, versteigt sich dabei in der nahezu senkrechten Felswand und kommt in einer Grotte, 200 m über dem Talboden, nicht mehr vor und zurück. Zwei Tage lang ist Kaiser Max in der Martinswand gefangen, wird dann aber von einem Bauern-

Die Ruine Fragenstein (Tour 12) wacht über Zirl.

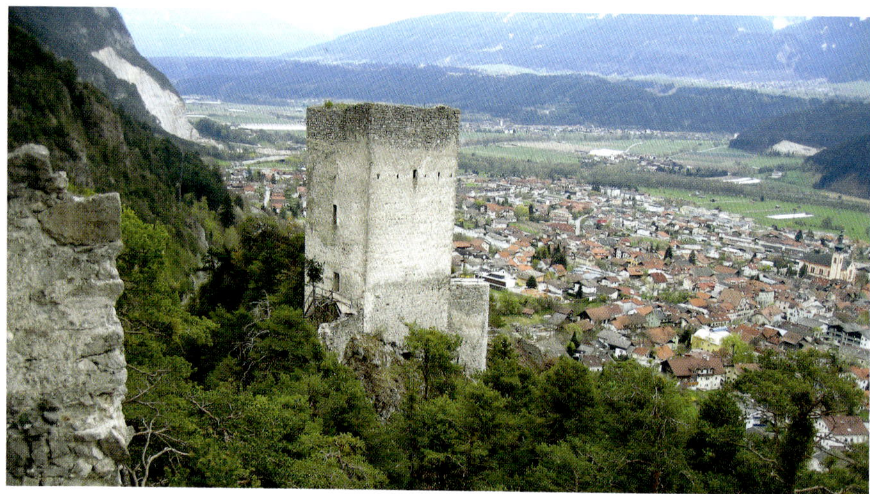

burschen gerettet, der allerdings unauffindbar verschwindet. Man vermutete daher, dass ein Engel den Kaiser aus der misslichen Lage befreit haben könnte. Als Dank lässt Maximilian den ersten Grottensteig und ein Kruzifix in der 46 m breiten und 19 m hohen Grotte errichten. Dieser besondere Ort in der Martinswand lässt sich von Zirl aus am gut abgesicherten Steig besuchen und bietet ein eindrucksvolles Erlebnis für Groß und Klein.

Wegverlauf: Vom Parkplatz bei der **Rettung** folgt man zunächst dem geschotterten Fahrweg Richtung Brunntal. Unmittelbar nach der ersten Linkskehre zweigt der eigentliche **Grottensteig** ab, der im obersten Bereich des Steinbruchs selbigen nahezu waagerecht quert. Damit gesellen sich zu den schönen Ausblicken auf Zirl und das Inntal auch jene in den weniger ansehnlichen Steinbruch. Aber schon bald entschwindet der Steinbruch dem Blick und Sie erreichen am bestens mit Zäunen abgesicherten Weg die große **Kaiser-Max-Grotte** in der senkrechten Wand.

Eindrucksvoll wölbt sich der Fels über die Besucher der Grotte. Kein Wunder, dass hier Kaiser Maximilian keinen Ausweg mehr gefunden hat, wohl aber verwundert es, wie er überhaupt an diese exponierte Stelle gelangen konnte, ohne abzustürzen. Ein großes Kruzifix sowie die Skulptur des betenden Kaisers samt Armbrust erinnern an seine zweitägige Notsituation. Der geschichtsträchtige Platz erfreut den Wanderer von heute mit wunderbaren Ausblicken auf das westliche Mittelgebirge mit den dahinter aufragenden Kalkkögeln. Geradeaus liegt Kematen – „Wenn sie nur kemmatn!" soll

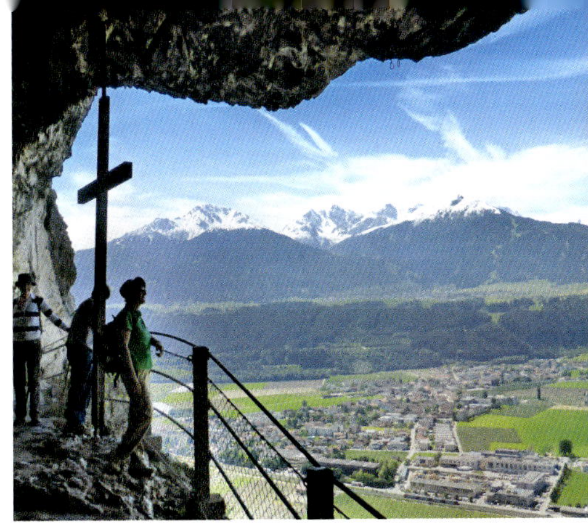

Grottenausblick: ein Genuss ohne Not

ja Maximilian in seiner Not gefleht haben und damit dem Ort den Namen gegeben haben. Der Abstieg erfolgt auf bekanntem Weg.

Eine schöne Erweiterung des Grottenausfluges ist der Aufstieg (zusätzlich ca. 30 Min.) zum oberen Ende der **Ehnbachklamm** und der Abstieg durch diese. Nachdem man die Forststraße erreicht hat, folgt man dieser weiter bergauf und verlässt sie in einer Rechtskurve, um so zur „Gspan-Sperre" am oberen Ende der Ehnbachklamm zu kommen. Nach Querung der Geschiebesperre geht's am schmalen Steig durch die sehr schöne Ehnbachklamm nach Zirl hinunter. Zu beachten ist, dass der Steig durch die Ehnbachklamm immer wieder offiziell kurzzeitig gesperrt wird, meist während und unmittelbar nach starken Regenfällen.

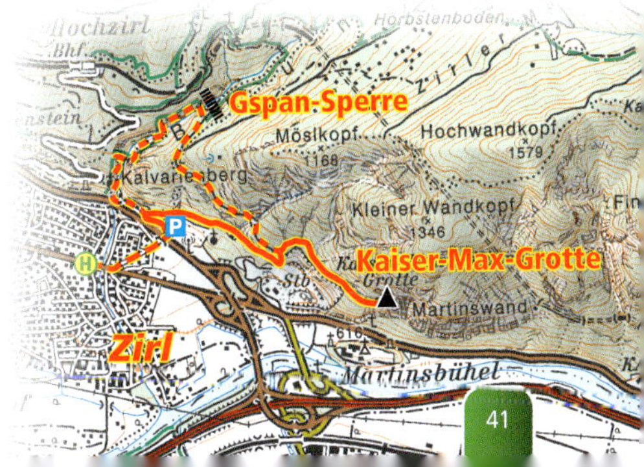

14 Sumpfkopf (2317 m)

Im Reich der Küchenschelle und des Enzians

St. Jodok 1129 m	Hochgenein 1643 m	Hochgeneinerjöchl 1961 m	Sumpfkopf 2317 m	Übergang 2037 m	Edelraute 1596 m	St. Jodok 1129 m
3,0 km, 1½ Std. ↑ 515 Hm	1,2 km, ¾ Std. ↑ 320 Hm	2,1 km, 1¼ Std. ↑ 355 Hm	1,2 km, ½ Std. ↓ 280 Hm	1,6 km, ¾ Std. ↓ 440 Hm	3,5 km, 1¼ Std. ↓ 470 Hm	

6 Std. | 12,6 km | ↑↓ 1190 Hm

Ausgangsort: St. Jodok, Parkplatz im Dorf

Anfahrt mit Öffis: Mit der S-Bahn von Innsbruck nach St. Jodok und direkt zum Ausgangspunkt

Anfahrt mit Pkw: Von der Brenner-Bundesstraße zwischen Steinach und Gries bei Stafflach nach St. Jodok abzweigen. Gebührenfreie Parkplätze im Ort. Kurzvariante ab Hochgenein: Nach Schmirn bis zum Ortsteil Aue fahren und dann wieder talauswärts bis nach Hochgenein (um Parkerlaubnis fragen, kein offizielles Parken möglich! Evtl. auch 800 m vorher beim ehemaligen Gh. Edelraute parken, wo auch ein Steig Richtung Sumpfkopf startet).

Charakter: Bekannte und beliebte Blumenwanderung, problemlos, im ersten Teil aber sehr steil

Einkehrmöglichkeit: unterwegs keine

Als Blumen- und Aussichtsberg der Sonderklasse zieht der Sumpfkopf gerade im Frühjahr viele Wanderer an. Die südgerichtete Lage begünstigt ab der Schneeschmelze eine lange Blütezeit. Abschnittsweise leuchtet es mitunter blitzblau am Weg zum Sumpfkopf: Der stängellose und kurzblättrige Enzian blüht tausendfach, aber auch die Küchenschellen bieten ein farbenprächtiges Frühlingsspektakel. Zur Blumenschau gesellen sich die erfrischenden Ausblicke auf die noch teils weißen Brennerberge und das „ergrünte" Wipptal samt Sei-

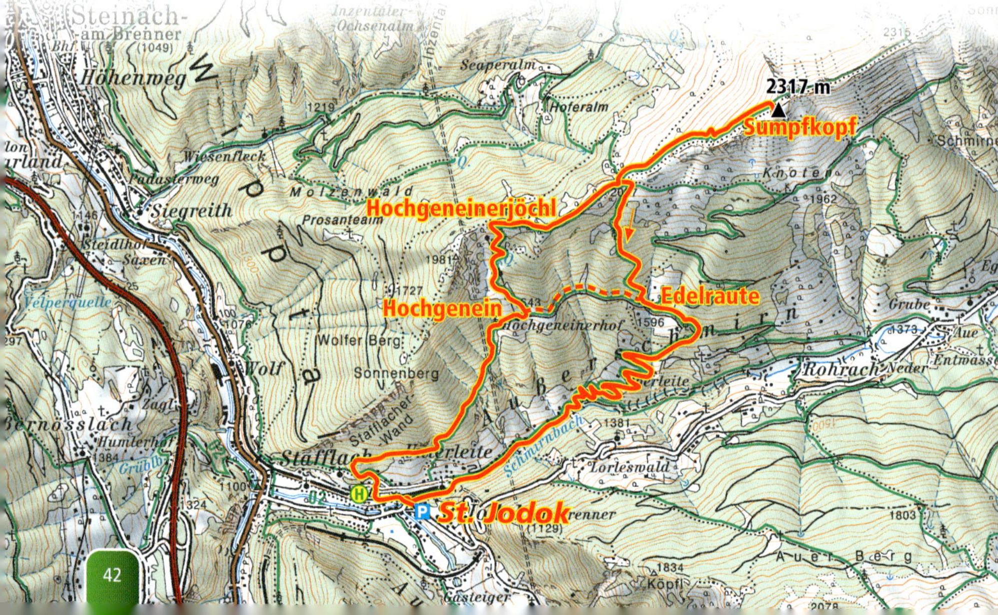

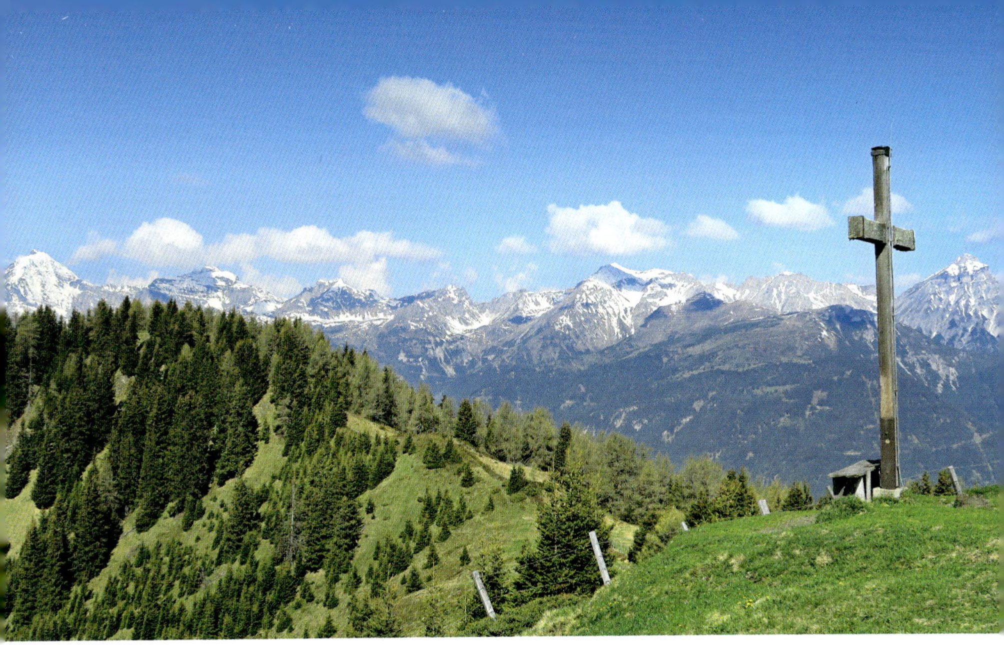

Am Hochgeneinerjöchl mit Blick westwärts in Richtung Gschnitztal

tentälern. Die verschiedenen Auf- und Abstiegsmöglichkeiten zu diesem Gipfel zwischen dem Schmirn- und Padastertal tragen das Ihre zur Beliebtheit bei. Die „ausgewachsene" Variante der Bergtour startet in St. Jodok, während die Kurzvariante in Hochgenein, dem höchstgelegenen Wipptaler Bauernhof, beginnt.

Wegverlauf: Von **St. Jodok** ist der mit Lawinengattern bestückte Sumpfkopf bereits zu sehen. Der Aufstieg in Richtung Hochgenein führt zuerst zum Bahnhof und dann zu einem Bauernhof, der direkt oberhalb der Bahnhaltestelle steht. Danach geht es links ausholend auf einem Forstweg weiter, der in einer Schleife oberhalb der Wiesen zu einem Steig leitet, der sehr steil im Wald nach Hochgenein aufsteigt. Dieser Abschnitt ist der anstrengendste Teil der Tour.

Vom **„Håggeneiner"** geht's entlang der Wiesen und im Wald mit schönen Ausblicken nach Süden (mit der markanten nahen Bergkuppe des Padaunerkogels) und ins Obernbergtal zum **Hochgeneinerjöchl**. Knapp vor Erreichen des Jöchls, dem Übergang ins Padastertal, beginnt die von Enzian ganz in Blau gehaltene Blumenpracht. Am Hochgeneinerjöchl öffnet sich der Blick nach Norden übers Wipptal hinweg bis zur Innsbrucker Nordkette. Das Kreuz am Hochgeneinerjöchl bleibt hinter Ihnen. Am breiten

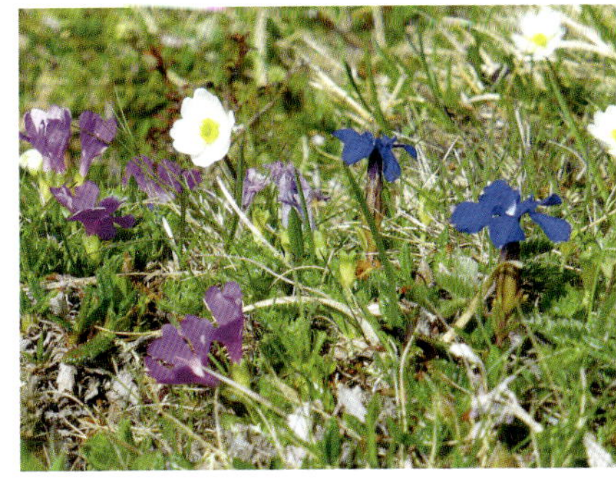

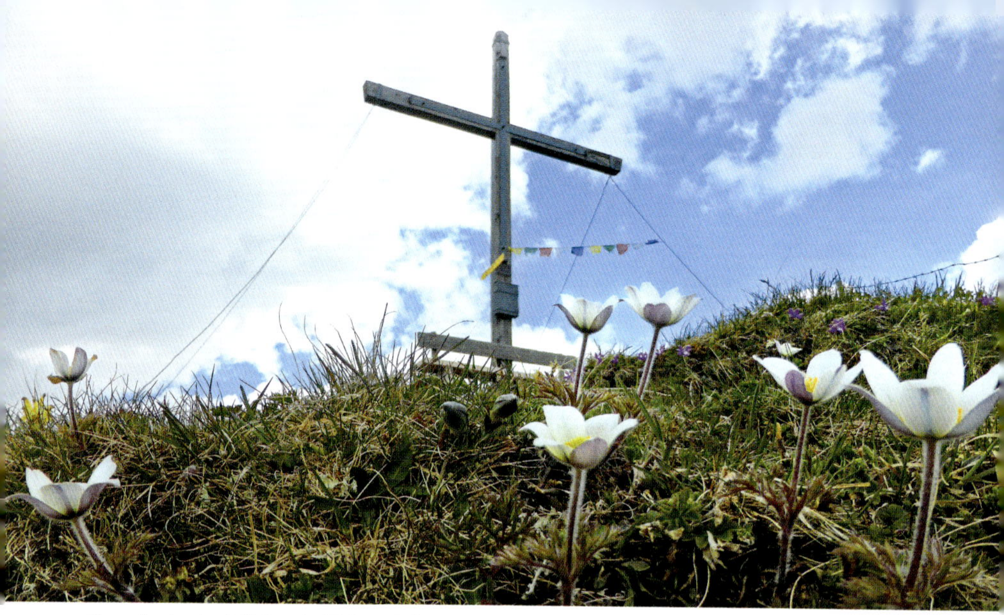

Läuten lautlos den Frühling ein: Küchenschellen am Sumpfkopf

Gratrücken zwischen dem Schmirn- und Padastertal ansteigend – mit Blick zum verschneiten Olperer-Fußstein-Massiv und zu vielen anderen Bergspitzen der Tuxer und Zillertaler Berge – rückt der Sumpfkopf näher. Begleitet werden Sie auch hier schon früh im Jahr von einer erfrischenden, vielfarbigen Blumenpracht. Schließlich ist das Gipfelkreuz am **Sumpfkopf** erreicht.

Naturspiegel für die stolze Dame der Gattung Tiroler Grauvieh beim Hochgeneinerjöchl

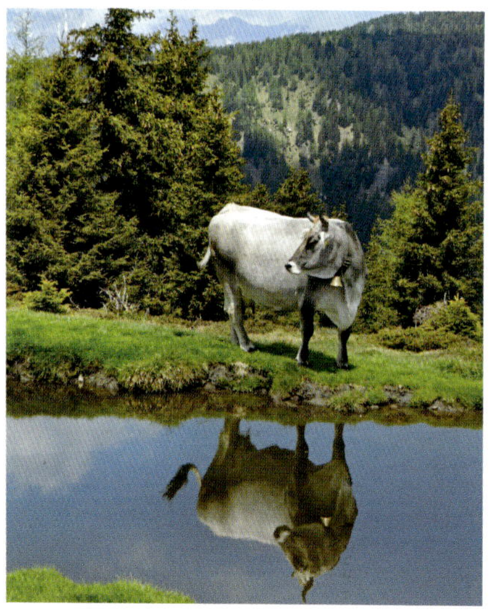

Für den **Abstieg** bieten sich mehrere Varianten an: Steil und exponiert leitet ein Steig wenige Meter taleinwärts vom Kreuz durch die Südflanke zur sogenannten Lacke und weiter zum Forstweg, der zum ehemaligen Gh. Edelraute führt. Schöner ist der Rückweg am bekannten Grat bis zum kleinen Sattel mit den zahlreichen Wegweisern und von dort auf dem urigen, steilen Waldsteig (Nr. 73) in direkter Linie zu den Höfen im Bereich des ehemaligen Gh. Edelraute hinunter. Am asphaltierten Weg geht's dort kurz taleinwärts, um dann (Wegweiser Odumer, St. Jodok) über die Obere in die Untere Schmirner Leite und weiter nach St. Jodok zu kommen.

5 Von Telfs zur Alplhütte

Erste Adresse für Wanderer im Großraum Telfs

Telfs Südtiroler Siedlung 700 m	Strassberghaus 1191 m	Alplhütte 1504 m	P Wildermieming 950 m	Telfs Südtiroler Siedlung 700 m
3,3 km, 1½ Std. ↑ 500 Hm	2,1 km, 1 Std. ↑ 315 Hm	5,7 km, 1½ Std. ↑ 40 Hm ↓ 595 Hm	5,5 km, 1 Std. ↑ 20 Hm ↓ 285 Hm	

5 Std. | 16,6 km | ↑↓ 880 Hm

Ausgangsort: Telfs, Ortsteil Lumma, Parkplätze am ehesten im Bereich der Südtiroler Siedlung (685 m)

Anfahrt mit Öffis: Regionalbus 4176 (ab Innsbruck oder Nassereith) Haltestelle „Telfs, Lumma Krehbachgasse"

Anfahrt mit Pkw: In Telfs Richtung Mieming. Bald nach dem Kreisverkehr folgt man der Beschilderung in Richtung „Aluwelten Thöni". Man parkt am besten unmittelbar vor dem großen Aluwerk entlang der Straße in der Südtiroler Siedlung. Es gibt auch einen sehr kleinen Parkplatz hinter dem Aluwerk.

Charakter: Lange, abwechslungsreiche Rundwanderung

Einkehrmöglichkeit: Strassberghaus, ab Mai bis Anfang November täglich geöffnet, Tel. +43/664/11 68 956 oder +43/664/91 59 130; Alplhütte, www.alplhuette.com, ab Mai bis Mitte November täglich geöffnet, dazwischen an einigen Wochenenden, Tel. +43/676/72 09 100

Die Alplhütte (= Alplhaus, 1504 m) ist für Wanderer im Großraum Telfs die erste Adresse für einen relativ kurzen und angenehmen Ausflug, der sich auch mit Start direkt in Telfs auf ein Ganztagesunternehmen ausbauen lässt. Die Hütte liegt west-

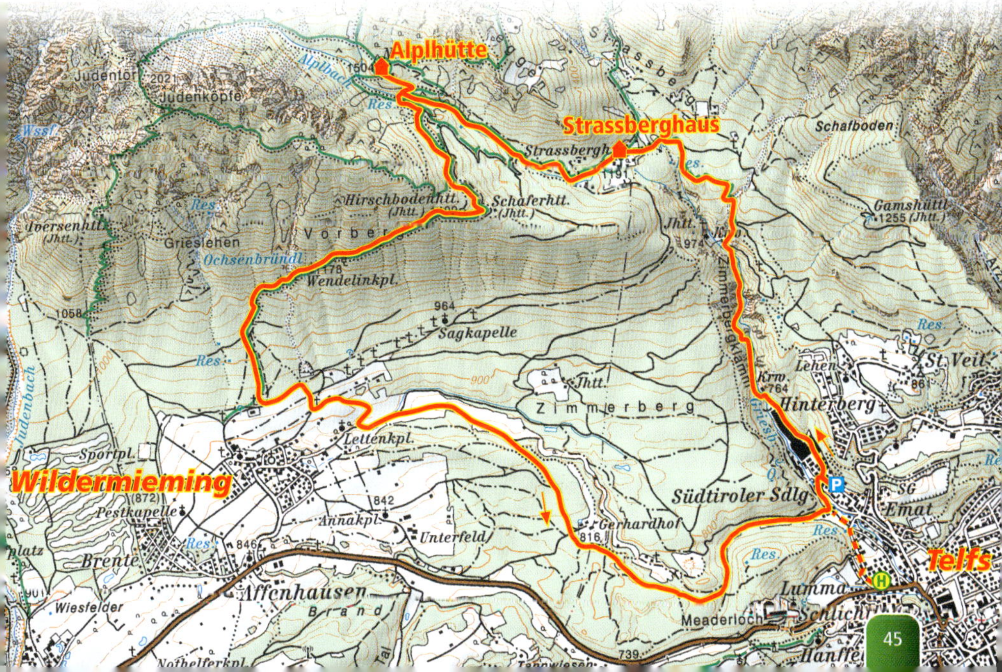

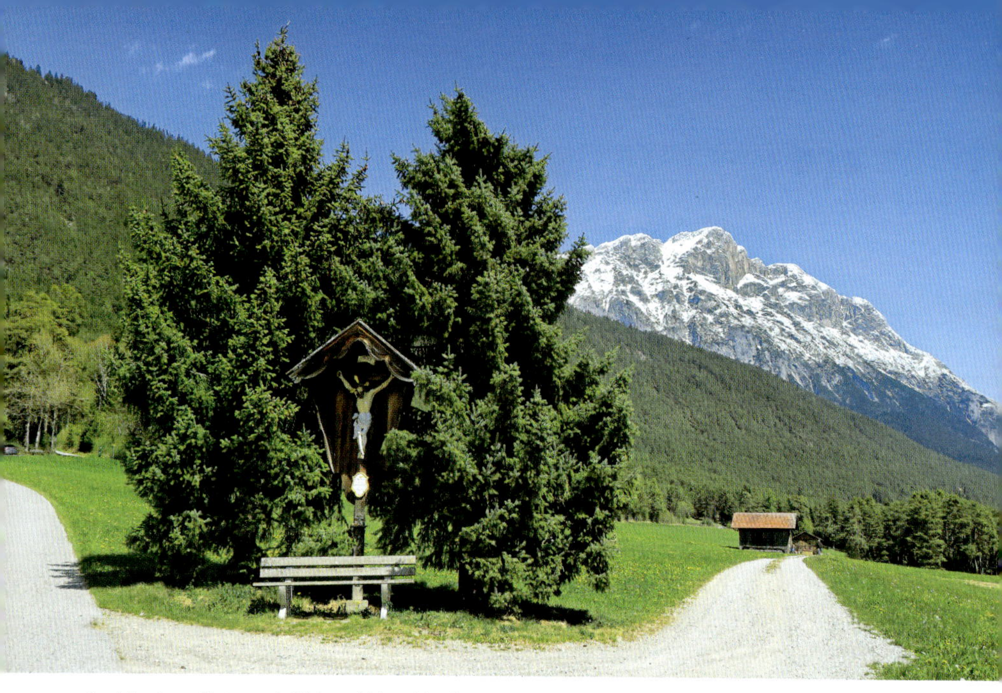

Am Mieminger Plateau mit Blick zur Hohen Munde

lich der Hohen Munde unterhalb der Hohen Wand in einem kleinen, malerischen Hochtal, also im östlichen Teil der Mieminger Kette. Von der Parkplatzsuche abgesehen, ist das Einfädeln in den richtigen Steig das entscheidende Kriterium des langen Anstieges zur Alplhütte.

Wegverlauf: Das große Aluwerk bietet nach wenigen Metern einen ersten Blickfang mit dem monumentalen Düsenflieger, den man im Vorbeigehen bestaunt. Nach dem Industriegebäude geht es auf breitem Weg der Klamm entgegen. Bald schon quert man bei einem E-Werk eine schmale Holzbrücke und gelangt so auf die westliche Seite des kleinen Griesbaches. Im Wald gewinnt man dann zunächst gemächlich an Höhe. Der schmale Steig wird zwischendurch etwas anspruchsvoller, speziell an Hangquerungen ist Vorsicht geboten. Mit dem Treppenaufstieg wird der erste große Höhepunkt des Klammsteigs erreicht. Diese eindrucksvolle Treppenkonstruktion wurde bei der aufwändigen Erneuerung des Klammsteigs, die durch Murenabgänge und einen Felssturz nötig geworden war, an eine senkrechte Felswand gebaut. Ein weiterer Höhepunkt ist eine stählerne Hängebrücke über den Griesbach. Nach der Hängebrücke, die sich im Bereich der Bachfassung des E-Werkes befindet, hat man einen wunderschönen Tiefblick auf die bewältigte Zimmerbergklamm. Der weitere Aufstieg ist problemlos. Das **Strassberghaus** (1191 m), schön in einer Lichtung gelegen, ist in einer halben Stunde erreicht.

Dem Fahrweg zur Alplhütte folgend biegt man bald auf den **Alplbachsteig** ein, auf

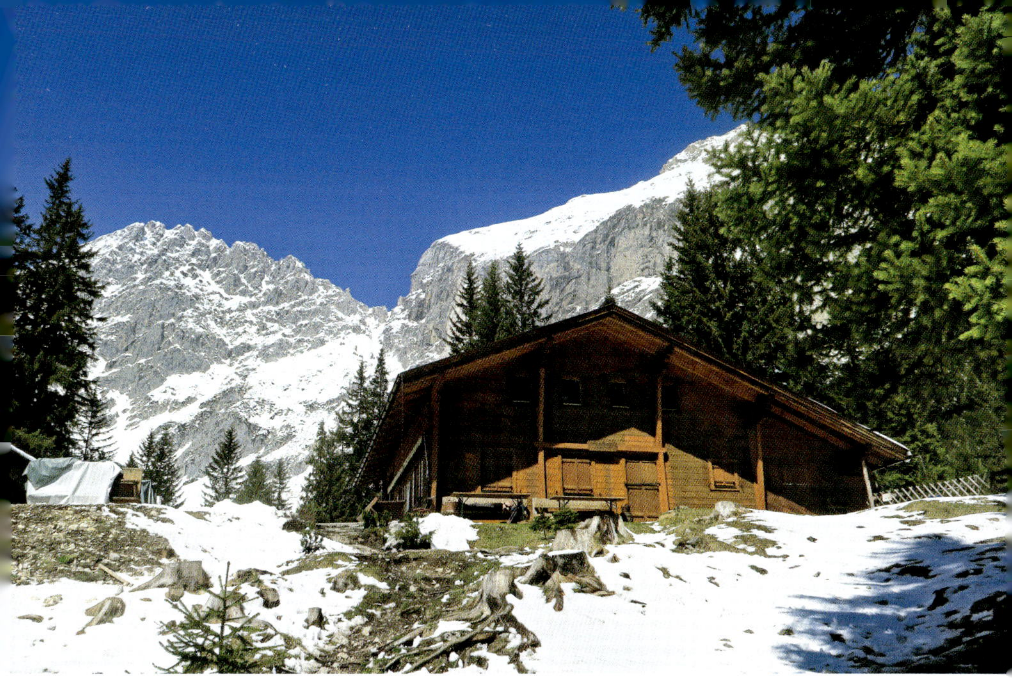

Sehr früh im Jahr beim Alplhaus. Die tägliche Bewirtung gibt's ab Mai.

dem man ins „Steinerne Meer" kommt. Ein liebe- und mühevoll angelegter Steig schlängelt sich durch ein Stein- und Felsfeld. Es sind die Überreste des riesigen Felssturzes von 2013, der sich weit hinten an der Hohen Wand ereignet hatte und schneebegünstigt eine 2,5 km lange Sturzbahn entlang des Alplbaches zurücklegte. Die 300 m hohe Abbruchstelle ist noch gut zu erkennen. Rechts des Alplbaches wird die **Alplhütte** erreicht. Auf die Einkehr folgt der Abstieg am bekannten Weg bis zum Alplbach, der beim kleinen Kraftwerkshaus gequert wird. Somit ist man am **Ochsenbründlsteig**, der durch die Südseite vom sogenannten Vorberg aufs Mieminger Plateau nach Wildermieming leitet. Beim großen Wegkreuz vor dem Ort wenden Sie sich am Wiesenweg ostwärts dem Gerhardhof (ehemals ein Gasthaus) entgegen. Durch Wälder geht's auf Forstwegen nach Telfs zurück. Wer öffentlich unterwegs ist, hat in Wildermieming (Affenhausen) eine Bushaltestelle.

Kapelle beim Strassberghaus

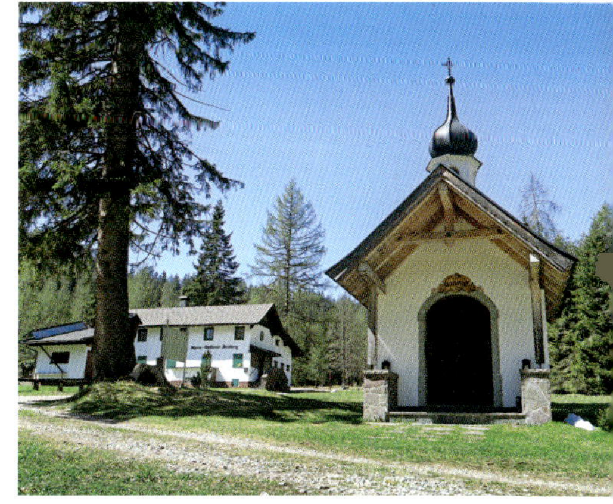

16 Von Stams nach Locherboden

Wallfahrtsrunde überm Inn

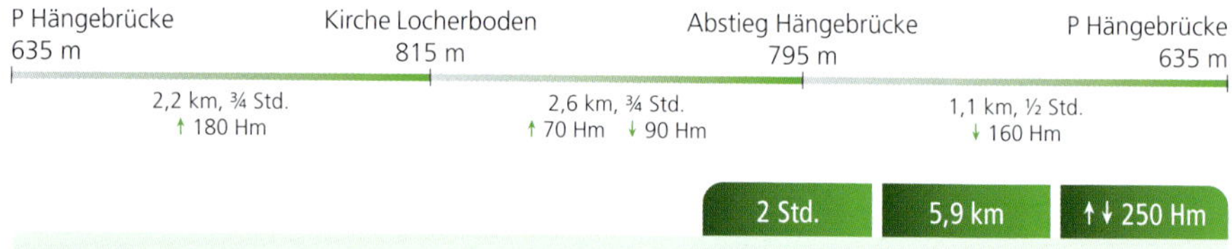

Ausgangsort: Stams, Parkplatz Hängebrücke, Gewerbegebiet (635 m)

Anfahrt mit Öffis: Mit dem Zug nach Stams oder mit dem Regionalbus 8352 (von Innsbruck Hauptbahnhof bzw. von Ötztal Bahnhof), Haltestelle „Stams Abzweig Bahnhof", 500 m Fußmarsch bis zum Parkplatz bei der Hängebrücke

Anfahrt mit Pkw: Von der Autobahnabfahrt Mötz auf der Landstraße ostwärts oder von der Autobahnabfahrt Telfs West westwärts bis zum Kreisverkehr beim Stift Stams fahren. Im Kreisverkehr die Ausfahrt in Richtung „Hängebrücke" nehmen und durch das Gewerbegebiet zum geräumigen Parkplatz

Charakter: Einfache Rundwanderung, die schon früh im Jahr möglich ist

Einkehrmöglichkeit: Direkt am Weg Kiosk Locherboden, täglich geöffnet etwa von Anfang März bis Ende Oktober, Bewirtung mit Würstel, Limo, Bier, Kaffee und Kuchen

Weithin sichtbar steht die Wallfahrtskirche Locherboden bei Mötz gegenüber von Stams am Sassberg am Rande des Mieminger Plateaus. Mit Start in Stams, südlich vom Inn, ergibt sich eine sehr schöne kleine Rundtour zur Kirche, über den Bergrücken ostwärts und wieder herunter zum Inn. Die exponierte Südlage der Bergflanke ermöglicht die Tour sehr zeitig im Jahr, meist sogar ganzjährig.

Schaukeln zum Auftakt: Hängebrücke über den Inn

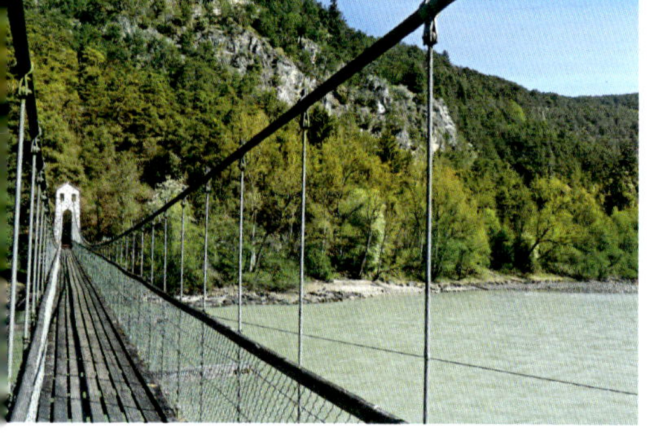

Der gut ausgeschilderte und leicht zu findende Parkplatz „Hängebrücke" im Gewerbegebiet **Stams** ist gebührenfrei, geräumig und, bedingt durch die Nähe zur Autobahn, sehr laut. Der Verkehrslärm bleibt leider für längere Zeit ein nicht unbedingt willkommener Begleiter der Wanderung.

Wegverlauf: Vom Parkplatz geht's zunächst unter der Autobahn hindurch zur **Hängebrücke**. Die schmale Fußgänger-Hängebrücke überspannt den Inn mit knapp 100 m Spannweite. Der „Stamser Steg", wie die Brücke auch heißt, wurde 1935 erbaut und steht unter Denkmalschutz.

Nach diesem „wackeligen" Start geht's jenseits vom Inn auf schmalem Steig westwärts Richtung Locherboden. Über dem Inn gewinnt der Weg in der bewaldeten Flanke an Höhe, mit Schautafeln ist er ausgeschildert als „Der Weg der Extreme". Das inneralpine Auwaldgebiet

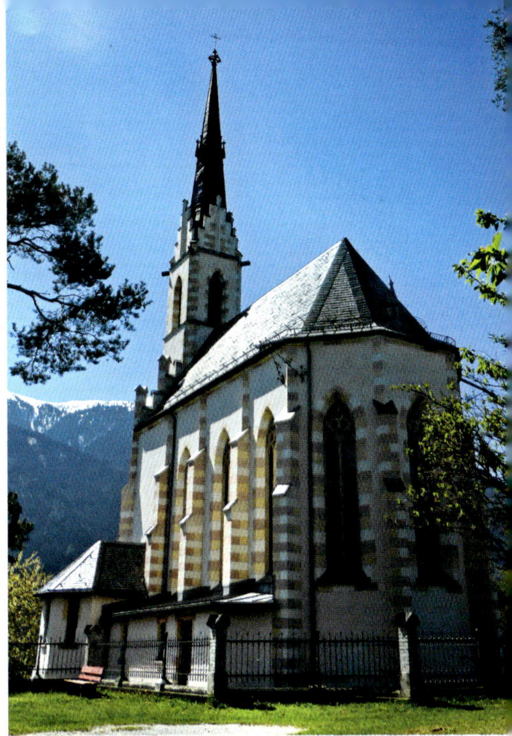

Maria Locherboden: eine der beliebtesten Wallfahrtskirchen in Tirol

mit den naturnahen Schotterflächen des Inns und dem trocken-heißen Klima an den kalkigen Südhängen bietet eine große Artenvielfalt. Da wächst zum Beispiel ein Federgras, das sonst nur in Mittelmeerländern und asiatischen Steppen vorkommt. Die Ausflügler erfreut aber auch der Blick auf den Inn, das Inntal und zum Stift Stams.

Die **Wallfahrtskirche** am Bergrücken wird schließlich erreicht, wobei zusätzlich eine Gnadenkapelle und eine Nachtwallfahrtskapelle dort auf die zahlreichen Wallfahrer warten. Der Ursprung der Wallfahrt geht auf die wundersame Rettung eines Knappen aus einem eingestürzten Stollen im Jahre 1740 zurück, nachdem dieser die Muttergottes um Hilfe angefleht hatte. Drei Marienerscheinungen im 19. Jahrhundert führten schließlich zum Bau der Kirche.

Nach dem Blick in die Kirche geht's zurück zur Nachtwallfahrtskapelle und in Richtung Untermieming: ein Weg, der zugleich ein Besinnungsweg mit Skulpturen ist. Kurz nach Locherboden könnte eine kleine Unklarheit ob des Wegverlaufes aufkommen: Es geht dem Weg „Untermieming 4a" nach rechts aufwärts weiter. Es folgt ein schöner Waldspaziergang ohne großes Auf und Ab. Sobald eine Lichtung mit einer schönen Wiese unmittelbar vor dem kleinen Weiler **Mühlhof** erreicht ist, folgen Sie gut beschildert dem Steig zur Hängebrücke hinunter. Bevor Sie mit der Innquerung Ihre Wanderung beschließen, könnten Sie noch nach links zum kleinen Wasserfall (5 Min., gut beschildert) wandern, wo ein schöner Rastplatz auf den Schotterbänken am Innufer sowie der Auwald begeistern.

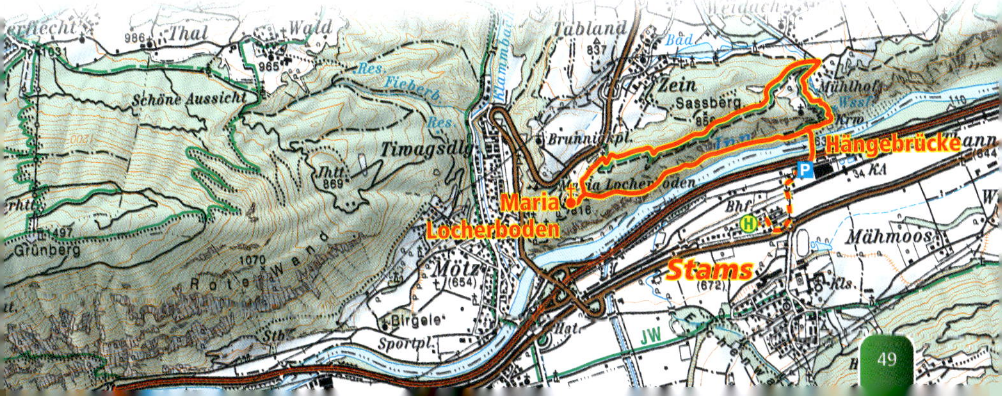

17 Auerklamm und Piburger See

Genussrunde im vorderen Ötztal

P Sautens 750 m	Oetzerau 1015 m	Oetz 810 m	Piburger See 935 m	P Sautens 750 m
2,5 km, 1¼ Std. ↑ 300 Hm ↓ 35 Hm	1,8 km, ¾ Std. ↓ 220 Hm ↑ 15 Hm	1,8 km, ½ Std. ↑ 145 Hm ↓ 20 Hm	3,5 km, 1 Std. ↓ 250 Hm ↑ 65 Hm	

3½ Std. | 9,6 km | ↑↓ 525 Hm

Ausgangsort: Sautens, Parkplatz an der Brücke über die Ötztaler Ache

Anfahrt mit Öffis: Regionalbus 8352 (von Ötztal Bahnhof), Haltestelle „Haiming Ambach" und von dort nach links zum Steig der Auerklamm, Rückweg mit dem Regionalbus 4194 (nach Ötztal Bahnhof), Haltestelle „Sautens Dorf"

Anfahrt mit Pkw: Von Ötztal Bahnhof kommend ins Ötztal und ca. 400 m nach der großen Ötztalinformation im Weiler Ebene rechts von der Hauptstraße über die Brücke nach Sautens abbiegen. Unmittelbar nach der Brücke rechts ist der Parkplatz.

Charakter: Einfache Frühjahrswanderung auf schönen Wegen und Steigen

Einkehrmöglichkeit: Gastronomie in den Dörfern

Das vordere Ötztal bietet gerade im Frühling eine wunderbare Runde zum Erkunden der meist wenig bekannten Weiler links und rechts der Ötztaler Ache: Tiefblicke in die Auerklamm, der vielen unbekannte Weiler Oetzerau, der alte Ortskern von Oetz und der Piburger See sind die Höhepunkte dieser Rundwanderung auf wunderschönen Waldsteigen und Feldwegen. Ausreichend Markierungen leiten Sie sicher von einem Ort zum nächsten, Einkehrmöglichkeiten gibt es während der Wanderung in Oetz und am Piburger See.

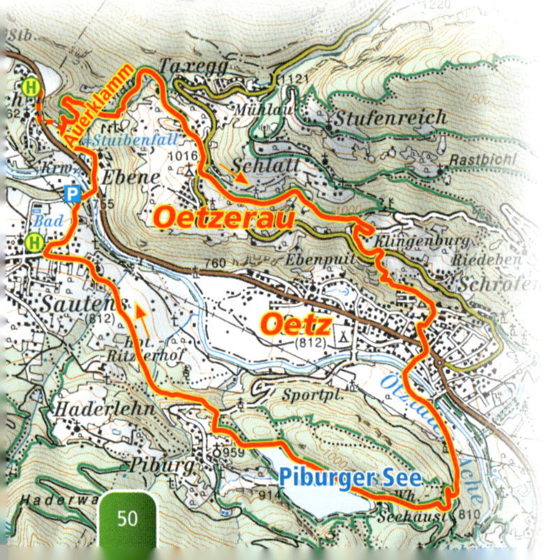

Wegverlauf: Vom Parkplatz bei der **Brücke nach Sautens** gehen Sie zurück in den Weiler **Ebene**, wo Sie auf der überdachten Holzbrücke den Bach queren, der in einer Kaskade aus der **Auerklamm** kommt. Nach kurzem Weg auf der Asphaltstraße talauswärts zweigt dann rechts (also nach der Auerklamm) der Steig in Richtung Oetzerau bergwärts ab. In Serpentinen, aber nicht extrem steil, gewinnen Sie links der Auerklamm an Höhe. Der Verkehrslärm verebbt, Ausblicke öffnen sich im lockeren Wald – zum Beispiel hinüber ins langgestreckte Dorf Sautens. Am höchsten Punkt der Auerklamm queren Sie selbige wiederum auf einer überdachten Holzbrücke mit eindrucksvollem Tiefblick in den Schlund der Klamm.

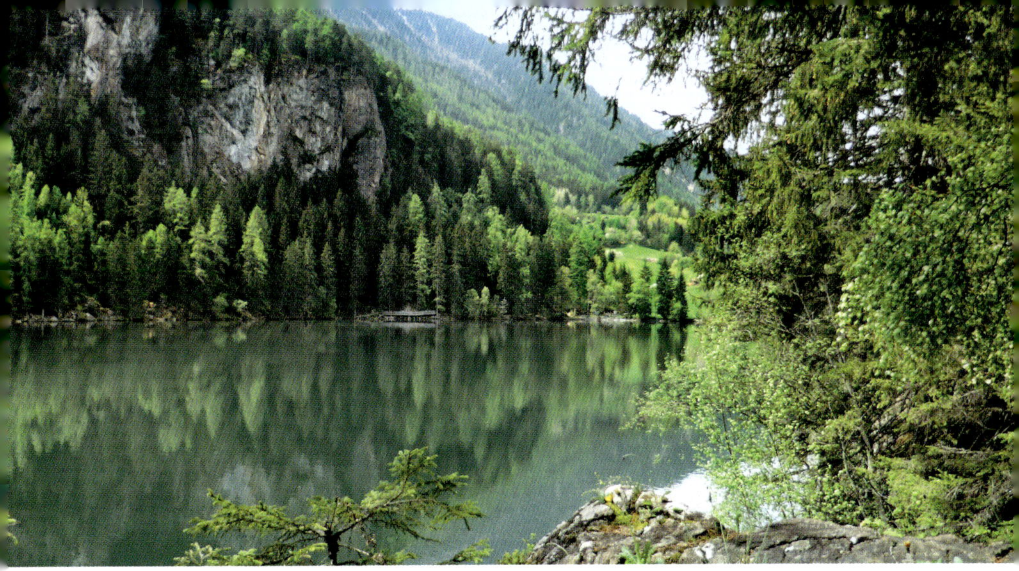

Piburger See: Erst im Sommer herrscht hier Hochbetrieb.

Wenige Meter später zeigt sich der versteckte Weiler **Oetzerau**, malerisch eine Etage über dem Talboden gelegen. Über Wiesenwege geht's (Wegweiser Schlatt, Klingenburg; aber nicht nach Schlatt aufsteigen, sondern in Richtung Klingenburg!) hinunter nach **Oetz** mit dem sehenswerten alten Dorfkern abseits der Durchzugsstraße. Den Ort in Richtung Ötztaler Ache querend, erreichen Sie die **Wellerbrücke** (die dritte überdachte Fußgängerbrücke im Zuge der Wanderung). Jenseits der Ötztaler Ache geht's ein Stück taleinwärts und dann über einen lauschigen Waldsteig zum mitten im Wald gelegenen **Piburger See** hinauf.
Wie ein blaues Auge strahlt der See gerade im Frühjahr, noch vor der Badesaison, eine wohltuende Ruhe aus. Am rechten Seeufer entlang erreichen Sie das nördlichste Seeende (dort ist die zweite Abzweigung eines Steiges). Durch Wälder geht's in Richtung **Sautens** talwärts, wobei einmal die Zufahrtsstraße zum See gekreuzt wird. Über Wiesen gelangt man in den Ort und durch diesen hinunter zum Ausgangspunkt an der Brücke nach Sautens.

Auerklamm: Der Nederbach bietet ein eindrucksvolles Schauspiel.

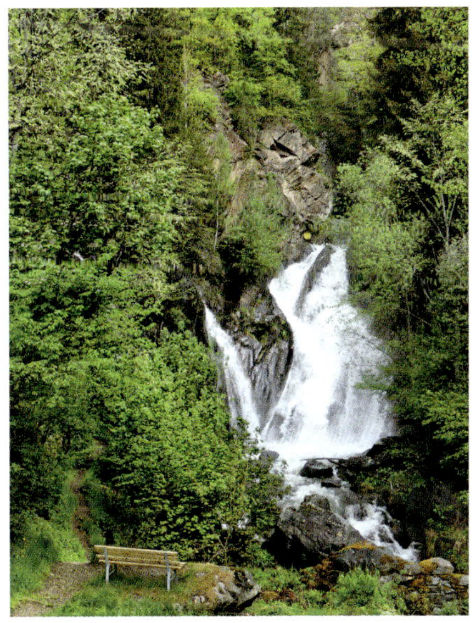

18 Rosengartenschlucht

Eine der schönsten Schluchten Tirols

Johanneskirche 800 m	Schluchtbeginn 830 m	Blaue Grotte 1030 m	Hoch-Imst 1045 m	Wetterkreuz 990 m	Johanneskirche 800 m
0,3 km, 10 Min. ↑ 30 Hm	1,3 km, ¾ Std. ↑ 200 Hm	0,3 km, 10 Min. ↑ 15 Hm	1,0 km, 25 Min. ↑ 15 Hm ↓ 70 Hm	0,9 km, ½ Std. ↓ 190 Hm	

2 Std. | 3,8 km | ↑↓ 260 Hm

Ausgangsort: Imst, Johanneskirche, Parkplatz Tourismusverband

Anfahrt mit Öffis: Von Imst Bahnhof mit einem Regionalbus (4198, 4204, Imst 4) nach Imst „Terminal Post" und von dort zu Fuß zum Ausgangspunkt (ca. 800 m) oder umsteigen in den Regionalbus Imst 2 und bis zur Haltestelle „Imst Pflegezentrum Gurgltal"

Anfahrt mit Pkw: Nach Imst, zum Tourismusbüro am Johannesplatz

Charakter: Einfache Rundwanderung, kindertauglich

Einkehrmöglichkeit: Gasthof Sonneck, Hoch-Imst, in den Monaten Mai, Juni, September, Oktober Dienstag Ruhetag, sonst kein Ruhetag, Tel. +43/660/81 39 141

Die Rosengartenschlucht ist nicht nur eine der schönsten, sondern auch eine der ältesten erschlossenen Schluchten Tirols. Bereits 1879 wurde ein Weg mit Stegen, Brücken und Tunnel angelegt. Auf einer Länge von etwa 1,5 km hat sich der Schinderbach, von Hoch-Imst kommend, in Tausenden Jahren seinen Weg ins Gestein gegraben. Bis zu 100 m hohe Felswände, beeindruckende Kaskaden und verschlungene Wege sind das Ergebnis seiner unablässigen, lautstarken Arbeit. Ein Schauspiel, das Groß und Klein begeistert. Die Rosengartenschlucht ist von Mai bis Oktober zugänglich (Infos TVB – Tel. +43/5412/6910).

Seit fast 150 Jahren ist die Rosengartenschlucht erschlossen.

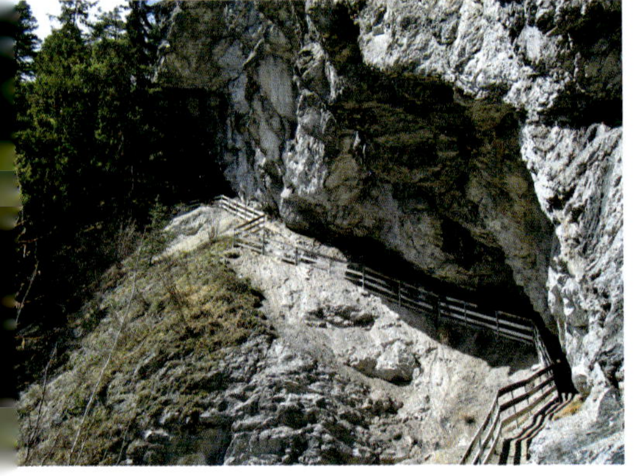

Wegverlauf: Die Wanderung startet mitten in der Stadt bei der **Johanneskirche**. Bereits bei der Stadteinfahrt leiten die Wegweiser zum großen, gebührenpflichtigen Parkplatz in der Nähe des Infobüros des Tourismusverbands. Unmittelbar hinter der Johanneskirche überrascht eine erste Besonderheit: Wohnhäuser, die an und zum Teil in Felswände gebaut wurden, nämlich in das „Imster Bergl". Das **Imster Bergl** ist dort ein 40 m hohes, an anderen Stellen bis zu 200 m hohes Konglomerat aus Flussschotter.

Bald nach dem Imster Bergl beginnt die eigentliche **Rosengartenschlucht**. Über Holzstege, durch Felstunnel und über Steinstiegen führt der Steig durch die

Schlucht. Lautstark stürzt der Bach über Felsstufen, um sich sofort wieder durch Engstellen zu schlängeln. Ein tosendes Schauspiel, das auf 1,5 km Länge begeistert. Am oberen Ende der Rosengartenschlucht wartet mit der **„Blauen Grotte"** eine weitere Besonderheit. Die Grotte ist nicht von selbst entstanden, sondern wurde von Menschen geschaffen. Vor 2000 Jahren, zur Römerzeit, soll an dieser Stelle nach silberhaltigem Bleiglanz gesucht worden sein. Es soll dabei auch die Feuersetzmethode zum Einsatz gekommen sein. Dabei wurde der Fels mit Feuer erhitzt, wodurch er spröde wurde und sich leichter abbauen ließ. Zur Entstehung der Blauen Grotte gibt es vor Ort entsprechende anschauliche Erklärungen.

Kurz nach diesem in Tirol einzigartigen Platz erreicht man Hoch-Imst mit seinem erfrischenden Badesee und den Einkehrmöglichkeiten.

Von Hoch-Imst ist der Retourweg über das Wetterkreuz sehr empfehlenswert. Dazu wandert man auf der asphaltierten Straße links vom Gasthaus Sonneck vorbei kurz nordwärts, bis man auf den ausgeschilderten Wanderweg Nr. 11 einbiegen kann, der übers **Wetterkreuz** nach Imst leitet. Am Wetterkreuz gibt es einen besonders schönen Ausblick auf Imst und das Gurgltal. Man erreicht wenig später wieder das Imster Bergl und damit den Ausgangspunkt bei der Johanneskirche.

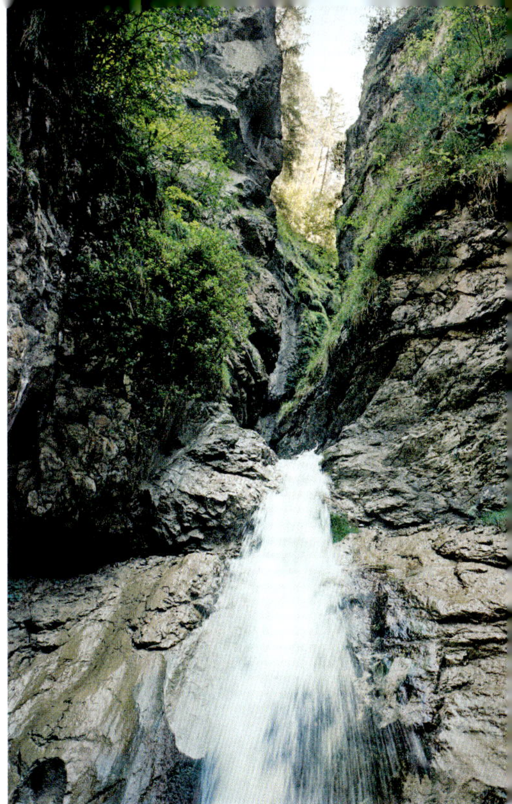

Der Schinderbach tost durch die Schlucht.

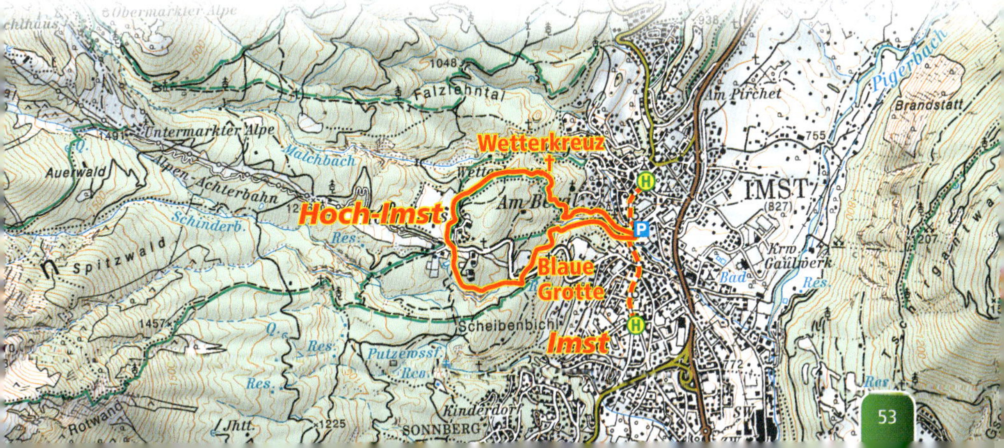

19 Einstein (1866 m)

Idealer Frühlingsberg mit ebensolcher Aussicht

Tannheim 1095 m		Beginn Steig 1170 m		Einstein 1866 m		Siedlung Berg 1170 m		Tannheim 1095 m
	1,5 km, ¼ Std. ↑ 75 Hm		1,7 km, 1¾ Std. ↑ 700 Hm		1,7 km, 1¼ Std. ↓ 700 Hm		1,5 km, ¼ Std. ↓ 75 Hm	

3½ Std. | 6,4 km | ↑↓ 775 Hm

Ausgangsort: Tannheim, Parkplatz Ortseingang rechts der Hauptstraße

Anfahrt mit Öffis: Mit dem Regionalbus 4262 (von Bahnhof Reutte), Haltestelle „Tannheim Gemeindeamt" und von dort geradeaus nordwärts zum Ortsteil Berg

Anfahrt mit Pkw: Von Reutte ins Lechtal und bei Weißenbach ins Tannheimer Tal. Nicht bei der ersten großen Ortseinfahrt, sondern weiter westwärts bei der zweiten Einfahrt auf Höhe vom MPreis-Supermarkt von der Hauptstraße nach rechts zum gebührenpflichtigen Parkplatz

Charakter: Sehr steiler südseitiger Anstieg auf schmalem Steig, abschnittsweise etwas ausgesetzt

Einkehrmöglichkeit: Gh. Schäferhütte, Betriebsurlaub von Ostern bis 1. Mai, Montag und Dienstag Ruhetag, Tel. +43/5675/6475

Der Einstein, der Hausberg nördlich von Tannheim, ist im Frühjahr, bedingt durch die Südlage, wegen der Blumenpracht und der herrlichen Aussicht ein ideales Ziel für eine der ersten Bergwanderungen im Jahr. Der freistehende Gipfel ist einer der beliebtesten der Allgäuer Berge. Der Aufstieg führt südseitig auf schmalem, gutem Steig empor. Im oberen Teil erwartet Sie schrofiges, steiles Gelände, durch das sich der Steig in vielen Serpentinen windet. Den Einstein sehen Sie vom Parkplatz aus mit Blick nach Norden. Über dem Waldgürtel baut sich der felsige Gipfel auf. Nicht abschrecken lassen: Der Steig schlängelt sich geschickt und angenehm durch den Steilaufschwung.

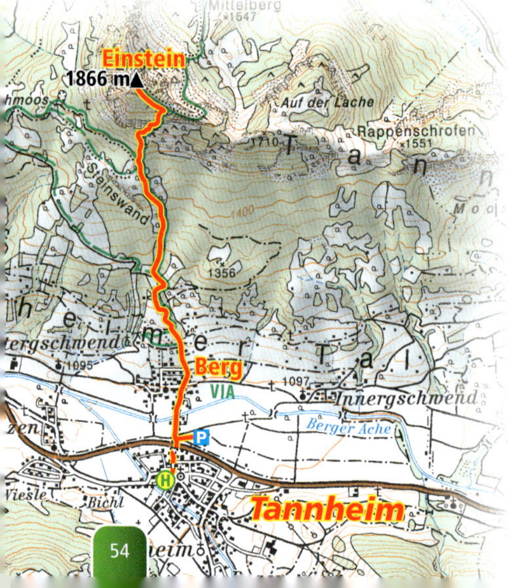

Wegverlauf: Man wandert durch den Ortsteil Berg bis zum letzten Haus, dem Gasthaus **Schäferhütte** (Parkmöglichkeit für Gäste). Am besten hier durch das Gatterl und über die Wiesen zum Wald empor. Alternativ (die Beschilderung ist nicht ganz eindeutig) können Sie auch links am Forstweg gehen, der später in den Steig einmündet (kleiner Umweg).

Der Ausblick südwärts fängt den schön gelegenen Ort Tannheim ein sowie die Berge des Naturschutzgebietes Vilsalpsee. Nach Westen zeigen sich mit Gimpel und Roter Flüh zwei auffällige Bergge-

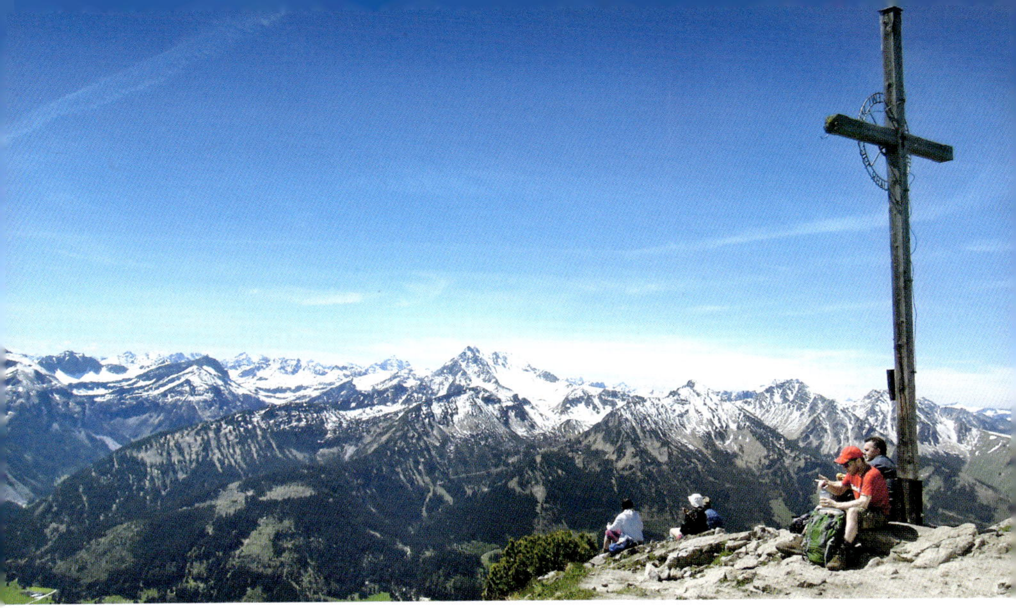

Am sonnenverwöhnten Einstein mit Blick übers Lechtal hinweg zu den noch weißen Nordflanken der Allgäuer Alpen

stalten, die leicht zu erkennen sind. Der Steig quert insgesamt viermal die Forststraße. Es geht steil bergauf, die Höhenmeter werden schnell erarbeitet. Bei Sonnenschein kann es auch im Frühjahr schon schweißtreibend sein, denn dank des sehr lockeren Waldes, durch den der Steig verläuft, gibt es nur spärlich Schatten. Die felsige Südwand des Einsteins rückt näher. Bevor sie erreicht wird, verzweigt sich der Steig. Während es links in Richtung Zöblen geht, bildet der rechte, geradeaus nach oben führende Weg Nr. 84 den Gipfelanstieg.

Platenigl fühlen sich am Einstein wohl.

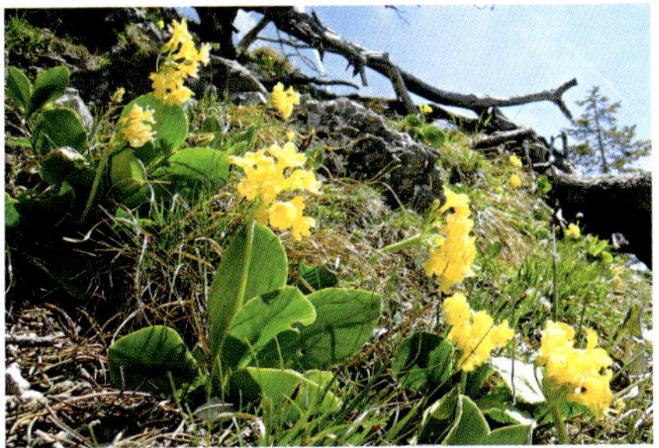

Bald schon wird es ansehnlich steil, aber dank des guten Steiges lässt sich die vom Tal aus abschreckende Stufe zur **Ostschulter** des Einsteins relativ problemlos meistern. Meist im Mai blühen in der felsdurchsetzten Steilflanke unzählige „Platenigl" (*Primula auricula*), sodass der Kalkfels gelb gepunktet erscheint. Diese Alpenaurikel sind bekannt für ihren betörenden Duft, also wird nicht nur das Auge, sondern auch die Nase verwöhnt.

Mit Erreichen des Ostgrates ist die Aussicht schon prächtig, der **Gipfel** muss aber noch über den Grat westwärts ansteigend erreicht werden (ca. 100 Hm). Dort erwarten Sie eine perfekte 360-Grad-Rundumsicht mit zahlreichen markanten Bergen und ein genialer Talblick auf das Tannheimer Tal und ins berglose Alpenvorland. Ein Hochgenuss!

Der Abstieg folgt dem Aufstiegsweg.

20 Frauenschuhblüte im Lechtal

Europas größte Frauenschuhblüte in der Martinauer Au

Naturparkhaus 970 m		Martinau Kirche 960 m		Frauenschuhgebiet 950 m		Elmen Kirche 975 m		Naturparkhaus 970 m
	3,0 km, 1 Std. ↑ 80 Hm ↓ 90 Hm		1,0 km, ¼ Std. ↓ 10 Hm		3,8 km, 1½ Std. ↑ 75 Hm ↓ 50 Hm		1,0 km, ¼ Std. ↓ 5 Hm	

3 Std. | 8,8 km | ↑↓ 155 Hm

Ausgangsort: Elmen, Naturparkhaus Klimmbrücke

Anfahrt mit Öffis: Mit dem Regionalbus 4268 (von Reutte Bahnhof), Haltestelle „Elmen Gemeindeamt" und von dort zur Klimmbrücke (1 km, ¼ Std.)

Anfahrt mit Pkw: Von Reutte im Lechtal nach Elmen, ohne in den Ort einzufahren. Unmittelbar nach dem Dorf ist rechts die Klimmbrücke über den Lech mit dem Naturparkhaus, Parkplatz.

Charakter: Einfache Rundwanderung ohne nennenswerte Anstiege

Einkehrmöglichkeit: Gastronomie in den Ortschaften

Infos zur Blüte: Verein Naturpark Tiroler Lech, www.naturpark-tiroler-lech.at, Tel. +43/664/41 68 465

Bei Martinau im Lechtal befindet sich Europas größtes Frauenschuhgebiet. Auf 2½ Hektar blühen im Auwald alljährlich bis zu 3000 Pflanzen. Ein eindrucksvolles, unvergleichliches Naturschauspiel, das von ca. Mitte Mai bis ca. Mitte Juni stattfindet und Tausende Besucher begeistert. Der gefährdete Frauenschuh gehört zu den Orchideen und steht unter Naturschutz. Die Blüte hat die Form eines Schuhs und ist durch die kontrastreichen Farben mit dem leuchtend gelben

Objekt der Begierde und des Staunens: tausendfache Frauenschuhblüten

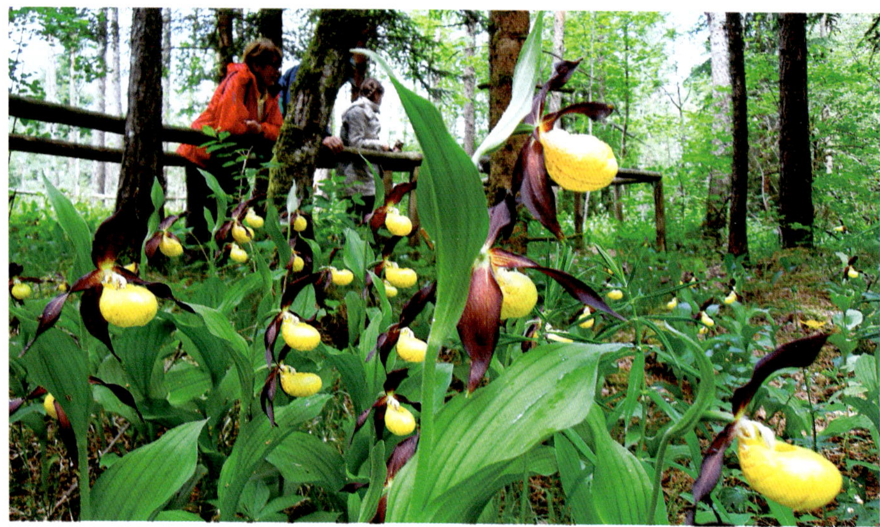

„Pantoffel“ und den rotbraunen Blütenblättern sehr auffällig. Vom Samen bis zur ersten Blüte vergehen 15 Jahre. Wird der Frauenschuh abgerissen, dauert es fünf bis sechs Jahre bis zur nächsten Blüte. Damit es bei den zahlreichen Besuchern der Frauenschuhblüte im Lechtal beim Staunen bleibt, beschützen Mitglieder der Bergwacht während der gesamten Blütezeit die Orchideenbestände im Auwald. Viele Besucher reisen im Bus an und parken unmittelbar neben dem Frauenschuhgebiet am eigens dafür geschaffenen Parkplatz in Martinau. Ungleich schöner ist es, sich die Frauenschuhblüte zu erwandern.

Wegverlauf: Mit Start beim **Naturparkhaus** an der Klimmbrücke bei Elmen spaziert man ganz gemütlich, aber zeitweise mit regem Radverkehr am Lechradweg dem Lech entlang nach Martinau. Etwas anstrengender, aber auch aussichtsreicher ist der Lech-Weitwanderweg, der oberhalb vom Radweg verläuft.

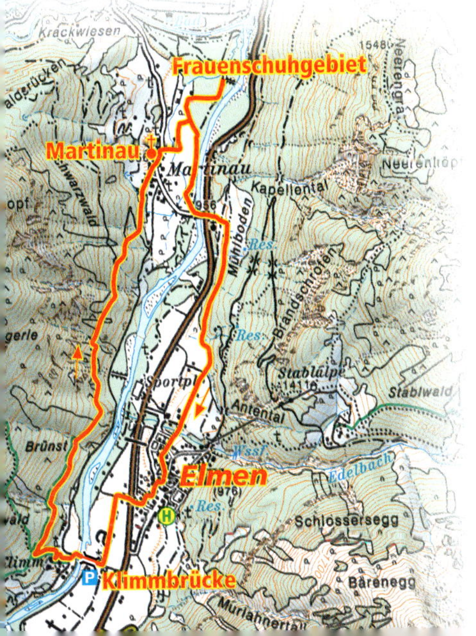

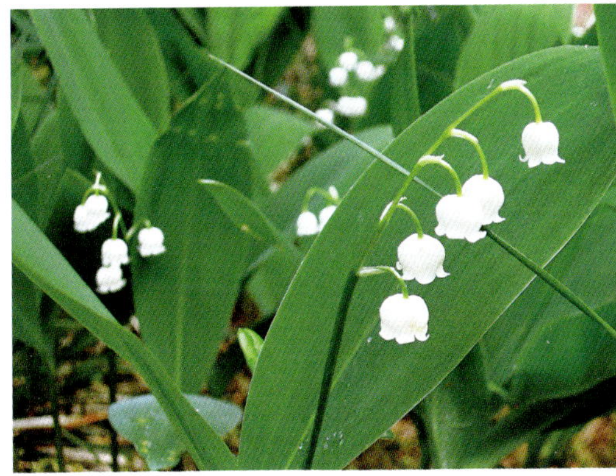
Auch Maiglöckchen lassen sich sehen.

Auf diesen Panoramaweg kommt man in wenigen Minuten von den Häusern von Klimm, links der Brücke, am Steig Nr. 11 in Richtung Klimmspitze. In **Martinau** angekommen, trifft man auf Hinweisschilder, die zum Frauenschuhgebiet etwas nördlich des Ortes im Auwald leiten. Auf einem 500 m langen Weg durch die Martinauer Au erlebt man die einzigartige Frauenschuhblüte. Die anwesenden „Bergwächter“ bewachen nicht nur die empfindlichen Orchideen, sondern geben auch gern fachkundige Erläuterungen. Teils ist der Pfad abgezäunt, damit die empfindlichen und solange sie nicht blühen auch unscheinbaren Pflanzen nicht irrtümlich zertreten werden.

Der Rückweg führt zunächst wieder zurück nach **Martinau**. Dort steuern Sie nun aber die Brücke über den Lech an. Jenseits vom Lech geht's an der kleinen 14-Nothelfer-Kapelle hinauf zu einem breiten Weg, der Sie oberhalb der allgemeinen Straße vom sogenannten Mühlboden zurück nach **Elmen** und weiter zur Klimmbrücke leitet.

21 Stuibenfälle und Plansee

In ministerieller Mission unterwegs

P Umspannwerk, 870 m	Stuibenfälle 920 m	Staumauer 970 m	Seespitze 980 m	Hängebrücke 970 m	P Umspannwerk, 870 m
1,5 km, ½ Std. ↑ 50 Hm	0,4 km, ¼ Std. ↑ 50 Hm	2,2 km, ½ Std. ↑ 10 Hm	2,5 km, ¾ Std. ↓ 10 Hm	1,4 km, ½ Std. ↑ 30 Hm ↓ 130 Hm	

2½ Std. | 8,0 km | ↑↓ 140 Hm

Ausgangsort: Breitenwang, Parkplatz hinter dem Metallwerk Plansee beim Umspannwerk Archbach

Anfahrt mit Öffis: Mit dem Zug nach Reutte Bahnhof (von Innsbruck mit REX/RB über Garmisch) oder mit dem Regionalbus 4176 (ab Innsbruck) nach Nassereith und umsteigen in den Regionalbus 4250. Vom Bahnhof dann zu Fuß zum Ausgangspunkt beim Umspannwerk in Reutte hinter dem Metallwerk Reutte (2,7 km, ½ Std.)

Anfahrt mit Pkw: Am einfachsten vom Kreisverkehr östlich des Bahnhofs von Reutte nordwärts nach Mühl (Ortsteil von Breitenwang; Mühler Straße) und dort zum Metallwerk Plansee. Man fährt in Mühl nicht in Richtung Plansee, sondern zum Metallwerk selbst und an diesem links vorbei (Sackgassenschild; E-Werk-Straße) bis zum Ende der Straße beim Umspannwerk des E-Werkes. Dort befindet sich ganz am Ende der Straße ein Parkplatz.

Charakter: Einfache Wanderung auf guten Steigen und Wegen, allwettertauglich, für Kinder geeignet

Einkehrmöglichkeit: Hotel/Restaurant Seespitze, ab Anfang Mai bis Ende September, Tel. +43/5339/8591

Von Breitenwang bei Reutte zieht ein verstecktes Tal zum Plansee, durch das sich der Archbach als Abfluss des Sees seinen Weg bahnt. In mehreren Kaskaden, den sogenannten Stuibenfällen, überwindet das Wasser den Höhenunterschied. Ein Großteil des Wassers fließt inzwischen in einer Druckrohrleitung zum E-Werk, aber das verbleibende Wasser des Archbaches bietet immer noch ein herrliches Schauspiel, das man bei der gemütlichen Wanderung erleben kann. Ein Teil des Steiges, der mit aufwendigen Geländern, Brücken und Aussichtsplattformen erfreut, ist der sogenannte Ministersteig. Der Name ist auf den Besuch eines Ministers im Jahr 1925 zurückzuführen, der den Baufortschritt des Kraftwerkes am Plansee besichtigt hat. Das Kraftwerk am unteren Ende der Stuibenfälle war essentiell für

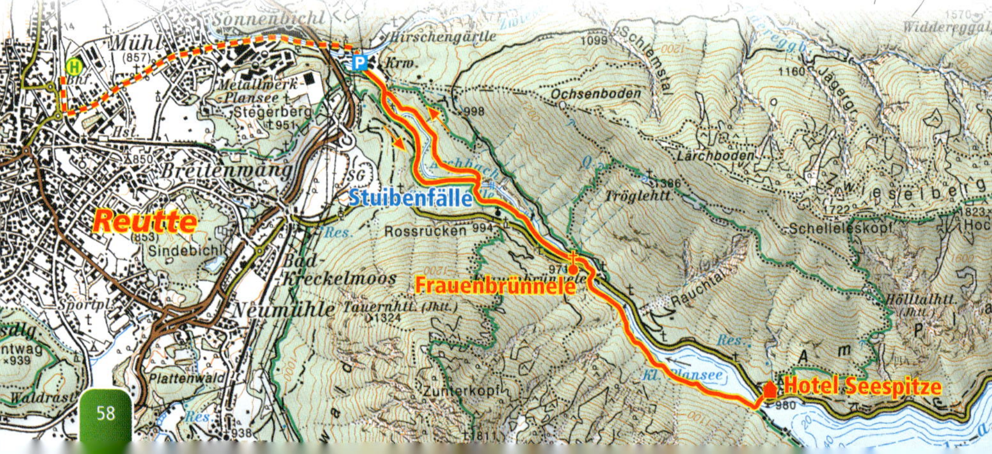

die unmittelbar dahinter angesiedelten Industriebetriebe. Trotz industriellem Ambiente am Start und immenser Wasserentnahme durch das Kraftwerk führt die Wanderung immer noch durch eines der schönsten Naturjuwele des Außerferns.

Wegverlauf: Unmittelbar nach dem Beginn der Wanderung wird der **Archbach** auf einer Fußgängerbrücke erstmals gequert und eine Wegkreuzung erreicht. Links aufwärts ist der Ministersteig und rechts der Weg durch die Schlucht zu den Stuibenfällen ausgeschildert.

Empfehlenswert ist es, rechts entlang der Stuibenfälle aufzusteigen und den Ministersteig am Rückweg zu nehmen. Damit erlebt man das Wasserschauspiel gleich zu Beginn. Dabei wird über zwei weitere Brücken bei einem kleinen Wasserfall der Bach wiederum gequert und man steigt auf schmalem Steig zu einer ersten Flachstufe auf. Dort zeigt sich das Wasser sehr gutmütig. Langsam fließt es durch diesen breiteren Abschnitt, der herrliche Rastpunkte und Plätze zum Wasserplantschen für Kinder bietet. Dann zeigt sich der große **Stuibenfall**, über den der Archbach an die 40 m senkrecht in die Tiefe fällt. Ein kleiner Aufstieg führt zu einer Aussichtsplattform direkt am Stuibenfall.

Gemütlich geht's weiter bis zur **Staumauer** des Kleinen Plansees. Hier kann man auf der Dammkrone die Seite wechseln und am **Ministersteig** zurückwandern. Diese Variante ergibt eine rund 1½-stündige Runde mit 3,5 km/130 Hm.

Überaus lohnend ist aber der etwa halbstündige Weiterweg zum Plansee. Dabei kommt man mit der Straße zum Plansee „in Kontakt". Man quert die Zufahrtsstraße bei der **Kapelle Frauenbrünnele** und wandert dann am südlichen Ufer (die Straße ist am nördlichen Ufer) ohne Höhenunterschied am türkisfarbenen Kleinen Plansee bis zum Hotel Seespitze am eigentlichen **Plansee**.

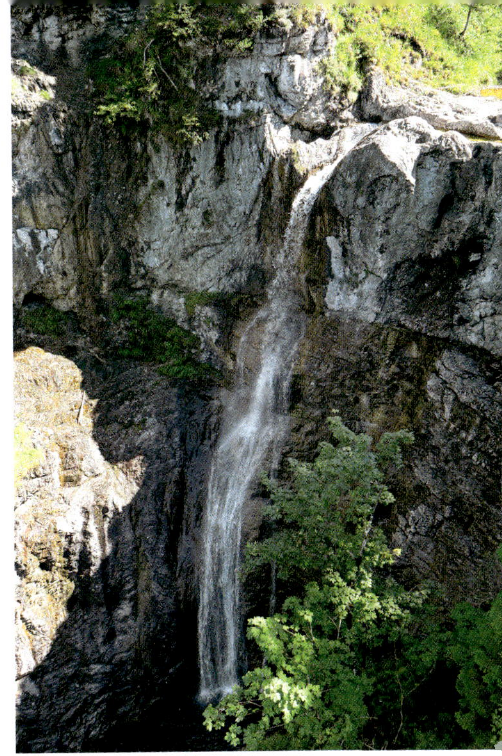

Es „stuibt", also es stiebt immer noch, auch wenn ein Teil des Wassers Strom erzeugen muss.

Der Rückweg folgt bis zur kleinen Staumauer dem bekannten Weg, dann hält man sich rechts am Ministersteig. Neben den schönen Tiefblicken in die Schlucht gibt es Ausblicke zu den Bergen jenseits vom Reuttener Talkessel (Hahnenkamm, Gehrenspitze, Köllenspitze). Eine Hängebrücke überspannt einen steil abfallenden Graben. Gemütlich geht es mit einem kurzen abschließenden Abstieg zurück zum Beginn der Wanderung beim Umspannwerk des E-Werkes am Archbach.

22 Pitzenklamm-Rundwanderung

Viel Abwechslung dank Dschungel und Hängebrücke

Bahnhof Imst 710 m	Benni-Raich-Brücke 810 m	Wald 890 m	Erdpyramiden 940 m	Bahnhof Imst 710 m
3,4 km, 1 Std. ↑ 130 Hm ↓ 30 Hm	0,8 km, ¼ Std. ↑ 90 Hm ↓ 10 Hm	1,9 km, ¾ Std. ↑ 100 Hm ↓ 50 Hm	4,3 km, 1¼ Std. ↓ 310 Hm ↑ 80 Hm	

3¼ Std. | 10,4 km | ↑↓ 400 Hm

Ausgangsort: Imst, Bahnhof

Anfahrt mit Öffis: ÖBB-Zuganreise zum Bahnhof Imst

Anfahrt mit Pkw: Vom Kreisverkehr an der Tiroler Straße (Bundesstraße) und der Einfahrt ins Pitztal die Ausfahrt vor der Pitztal-Einfahrt zum Bahnhof Imst wählen. Über Brennbichl kommt man zum Bahnhof. Allerdings ist dort nur den Zugbenützern das Parken erlaubt. Daher bereits vor der Brücke über den Inn eine Parkmöglichkeit suchen. Alternativ nach Arzl fahren und dann von der Straße nach Wald zur Benni-Raich-Brücke einbiegen (Pitzenebene) und zum Parkplatz etwas oberhalb der Brücke.

Charakter: Genussvolle, sehr abwechslungsreiche Rundtour auf stets guten Wegen

Einkehrmöglichkeit: Bungystüberl Pitztal; geöffnet von Mai bis ca. Mitte Oktober, Tel. +43/677/61 55 6179

Frühlingserwachen vom Feinsten verspricht diese abwechslungsreiche, genussvolle Rundwanderung am Eingang des Pitztales. Zuerst geht's durch die dschungelartige Pitzenklamm, um dann aus den urigen Tiefen „aufzutauchen" und die Klamm 90 m über Boden auf der Benni-Raich-Hängebrücke zu überqueren. Danach spazieren Sie über die frühlingshaften Wiesen der Ortschaft Wald zu den Erdpyramiden.

Wegverlauf: Der ideale Startpunkt ist am **Bahnhof Imst**, also ist die Wanderung prädestiniert für die Anreise per Bahn. Autofahrer müssen noch vor dem Bahnhof, jenseits vom Inn nach Parkmöglichkeiten Ausschau halten. Vom Bahnhof Imst an folgt man dem Radweg am Inn abwärts und erreicht den Eingang der Pitzenklamm nach ca. 15 Minuten. Rechts der Pitze geht's nun am **Luis-Trenker-Steig** in die Klamm. Der Weg wurde

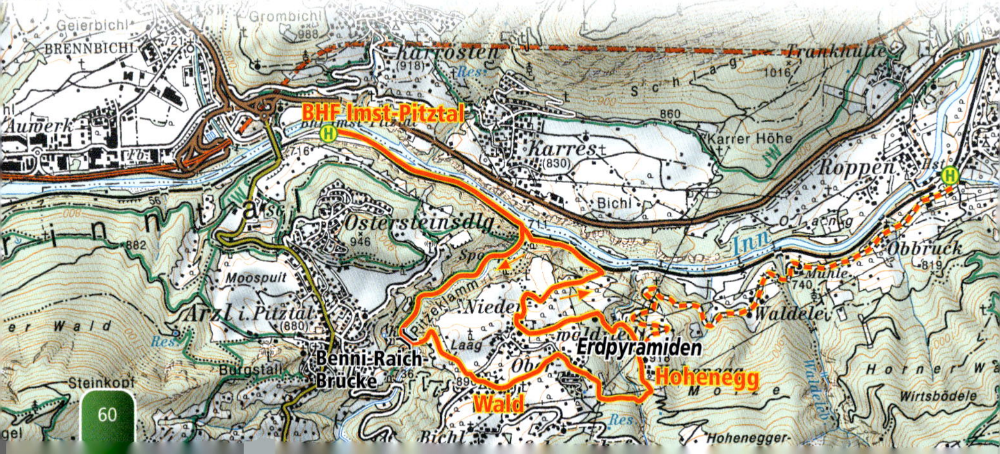

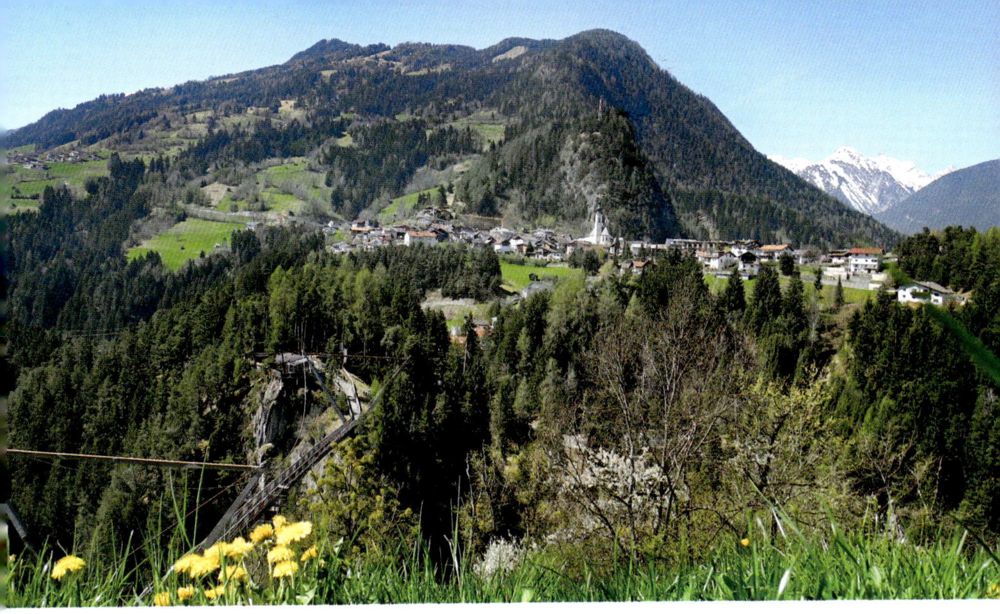

Nach der Querung der Benni-Raich-Brücke fällt der Blick zurück nach Arzl im Pitztal.

nach dem legendären Bergsteiger benannt, da Trenkers Vater aus Arzl im Pitztal stammte und Luis Trenker deshalb immer wieder Arzl besucht hatte.

Die Klamm mit dem Grauerlen-Auwald und den umgestürzten Bäumen, die von Moos überwuchert werden, wirkt nahezu dschungelartig. Daneben bahnt sich die Pitze ihren Weg zum nahen Inn. Der Steig führt entlang steiler Flanken, zum Teil auch mit Drahtseilversicherungen und über einen Gitterrost-Steg. Bald schon zeigt sich hoch oben die **Benni-Raich-Hängebrücke**, zu der der Weg hochzieht, um auf ihr sehr spektakulär die Pitzenklamm in 90 m Höhe zu überqueren. Die nach dem Pitztaler Skistar benannte Brücke ist eine der höchsten Fußgängerbrücken Europas und verbindet bei einer Spannweite von 138 m Arzl und den Weiler Wald.

Nach der luftigen Querung erwarten die Wanderer schöne Wiesen zum kleinen Ort **Wald**. Man geht durch den Ort, kommt auf einem Wiesenweg nach **Oberwaldried** und von dort geht's gut beschildert oberhalb des Sportplatzes zu den Erdpyramiden. Nach der Querung des kleinen Walderbaches hinüber zum Weiler **Hohenegg** zeigen sich diese Reste der Eiszeit. Es stehen noch drei der **Erdpyramiden**, wobei eine der drei wohl nicht mehr allzu lange da sein wird, denn der wichtige „Deckelstein" fehlt inzwischen.

Weiter führt Sie nun der Weg von Hohenegg durch den Wald abwärts und wieder in Richtung Westen nach **Niederwaldried**, wo Sie dem Steig talwärts zum Inntalradweg folgen und über diesen zurück zum Bahnhof Imst gelangen.

Für Bahnfahrer bietet sich alternativ die Wanderung von Hohenegg ostwärts nach **Roppen** zum dortigen Bahnhof (ca. 3 km) an, um von dort die Heimreise mit dem Zug anzutreten.

23 Rundwanderung Karres – Karrösten

Am sonnenverwöhnten Fuß des Tschirgant

Parkplatz Klettergarten 840 m	Beginn Höhenweg 1120 m	Karrösten Kirche 920 m	Karres Kirche 830 m	Parkplatz Klettergarten 840 m
2,0 km, 1 Std. ↑ 280 Hm	3,4 km, ¾ Std. ↑ 100 Hm ↓ 300 Hm	1,1 km, 20 Min. ↑ 10 Hm ↓ 100 Hm	0,6 km, 10 Min. ↑ 10 Hm	

2¼ Std. | 7,1 km | ↑↓ 400 Hm

Ausgangsort: Karres, Parkplatz Klettergarten (840 m)

Anfahrt mit Öffis: Regionalbus 4194 (von Imst oder Ötztal-Bahnhof), Haltestelle „Karres Wendestelle", 400 m Fußmarsch bis zur Dorfmitte

Anfahrt mit Pkw: Von Imst/Autobahnausfahrt Imst nach Osten fahren und gut beschildert nach Karres einbiegen. In der Dorfmitte nach rechts in Richtung Waldsiedlung/Sportplatz bis zum Parkplatz „Klettergarten". Ein Stück weiter beim Sportplatz gibt es im Bedarfsfall weitere Parkplätze.

Charakter: Gemütliche, wenig frequentierte Wanderung auf guten Steigen

Einkehrmöglichkeit: Gastronomie Karres, Karrösten

Die beiden kleinen Dörfer Karres und Karrösten liegen am Fuß vom Tschirgant in sonniger Lage und sind daher schon früh im Jahr ein ideales Ziel für eine gemütliche Wanderung. Neben dem zeitigen Frühlingsgenuss ist die nicht so große Bekanntheit der schönen und empfehlenswerten Runde ein weiteres Plus. Die Wege sind nicht besonders anspruchsvoll, für Groß und Klein leicht zu meistern. Es erwartet Sie eine ruhige Wanderung mit schöner Aussicht, sowohl am Höhenweg Karres/Karrösten als auch am Wiesenweg zwischen den beiden Ortschaften beim Rückweg.

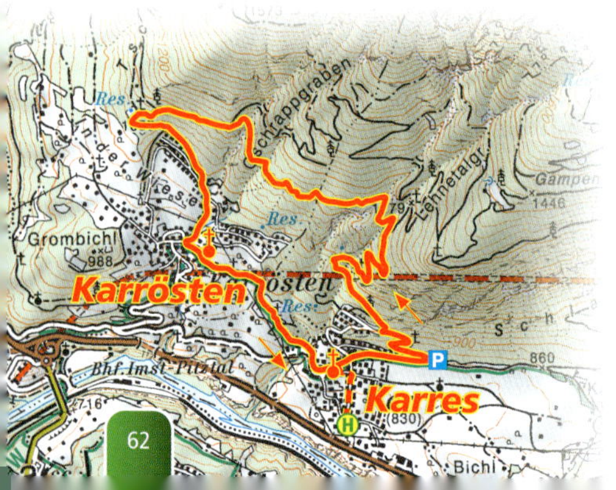

Wegverlauf: Der Startpunkt ist der am östlichen Dorfende, an der Auffahrt zur Waldsiedlung gelegene Parkplatz „Klettergarten". Sie folgen von dort der Asphaltstraße aufwärts zur **Waldsiedlung** und kommen so an deren oberem Ende zum Forstweg in Richtung Karreralm.

Auf diesem Weg kommen Sie schon bald zu einem schönen **Aussichtspunkt** in der ersten Linkskehre, von dem die Blicke ins vordere Pitztal, zum Pillersattel, zum Plattenrain, aufwärts ins Inntal und zu den Imster Hausbergen (Muttekopfgebiet) begeistern. Markante Punkte und Berggestalten – vom Acherkogel im Osten bis zum Muttekopf bei Imst – kann man mit einem Guckrohr samt entsprechender Beschriftung bestimmen.

Weiter am Forstweg – oben ragt der Felsaufbau des Tschirgant auf – kommt man zur beschilderten Abzweigung des Höhenweges nach Karrösten. Sollte dieser Steig, wie es vorkommen kann, gesperrt sein, folgen Sie weiter dem Alm-

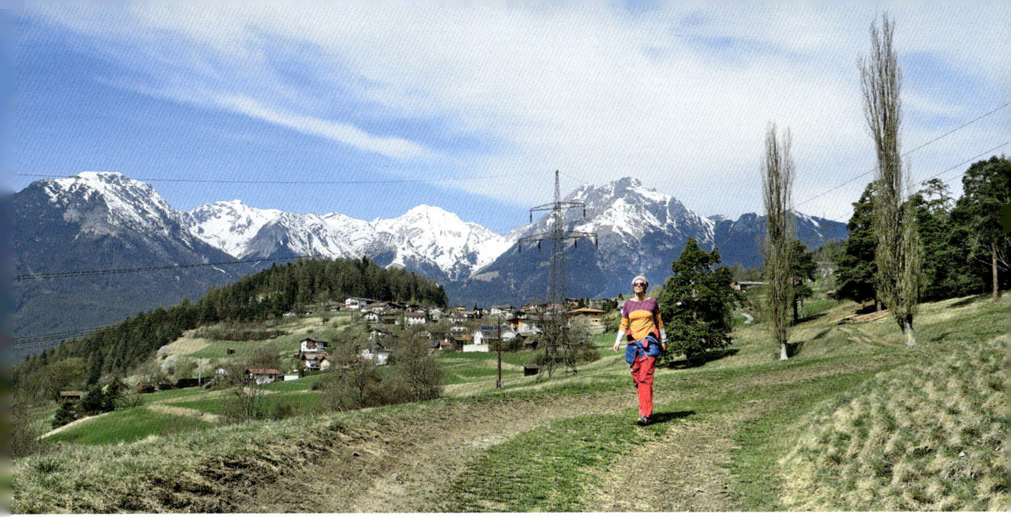

Am Wiesenweg von Karrösten nach Karres

weg aufwärts und zweigen erst bei der nächsten Abzweigung links ab (im Bereich der Abzweigung steht das Lehnetalgraben-Wegkreuz; 1179 m).

Der „originale", also untere **Höhenweg Karrösten** quert den Lehnetalgraben kurz auf schmalem Steigl und führt dann auf gleichbleibender Höhe durch den lichten Wald mit schönen Ausblicken westwärts. Schon bald fällt der Weg leicht, man trifft auf den Almweg zur Karröster Alm und kommt so durch Siedlungsgebiet nach **Karrösten**. Die Kirche (beachten Sie den Unterschied der Kirchtürme von Karrösten und Karres!) dient als Orientierungspunkt, denn unterhalb der Kirche trifft man auf den **Wiesenweg** nach Karres. Dieser Abschnitt zwischen den beiden Orten ist ungemein schön und offenbart den angekommenen Frühling mit blühenden Obstbäumen und Blumen. Noch einmal kurz durch einen bewaldeten Abschnitt, dann ist **Karres** erreicht. Auf der „Hauptstraße" oberhalb an der Kirche vorbei geht's nun zum Parkplatz am östlichen Dorfende.

Wer öffentlich anreist, spaziert von der Haltestelle in Karres nordwärts durch den Ort und kann dann auf direktem Weg, ohne an das östliche Dorfende zu wandern, geradeaus auf der asphaltierten Straße an das obere Ende der Waldsiedlung spazieren.

Das Frühjahr kommt – der Herrgott wird's schon richten!

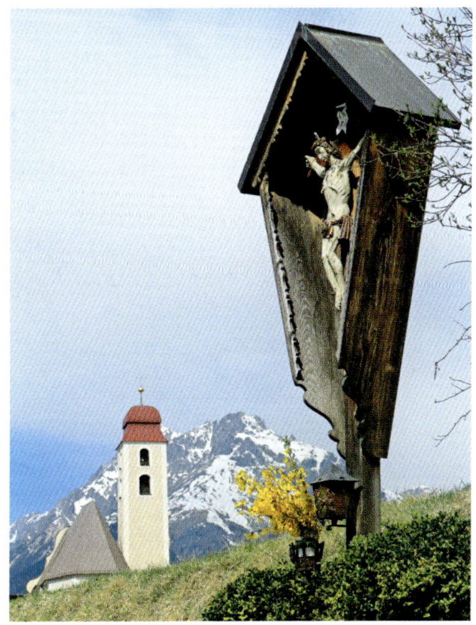

24 Panoramasteig Schönwies

Auf alten Wegen über den „Fallaten Bach"

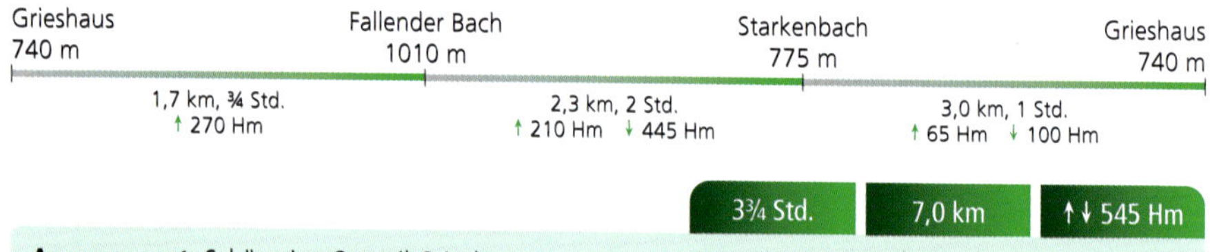

3¾ Std. | 7,0 km | ↑↓ 545 Hm

Ausgangsort: Schönwies, Ortsteil Grieshaus

Anfahrt mit Öffis: Mit dem Regionalbus 4206 (von Imst Terminal, mit Umsteigen auch von Imst Bahnhof), Haltestelle „Mils bei Imst Innbrücke" und dann 350 m zu Fuß nordwärts nach Grieshaus; Alternativ mit dem Zug, Haltestelle „Schönwies" und 1,7 km zum Ausgangspunkt ostwärts zu Fuß

Anfahrt mit Pkw: Von der Autobahnausfahrt Mils/Schönwies westwärts nach Mils und in den Ort. Von der Pfarrkirche noch wenige Meter weiter in Richtung Landeck. Unmittelbar nach der Brücke über den Larsennbach rechts abbiegen und nahezu im Bachbett parken (Gratisparkplatz).

Charakter: Talnahe Rundwanderung auf wunderschönem Steig mit versicherten Abschnitten

Einkehrmöglichkeit: Entlang der Route keine

Der Panoramasteig Schönwies führt oberhalb vom auffälligen Wasserfall, „Dem fallaten Båch", durch die südgerichtete, sehr steile und schroffe Bergflanke über dem Talboden des Inntales zwischen Mils, Schönwies und Starkenbach. Sofern er genügend Wasser führt, erblickt man den Wasserfall bereits von der Autobahn aus bei Schönwies.

Der erste Abschnitt des Steiges wurde früher als Bannholzweg bezeichnet, mussten doch die Holzarbeiter immer wieder von Schönwies aufsteigen, um dort oben den Bannwald (heute sagt man dazu Schutzwald) zu pflegen. Dieser Steig wurde aber auch vor Jahrhunderten schon für Schafauftriebe und auch für den weiteren Weg ins Lechtal benutzt. In der Nähe des Ausgangspunktes liegt der Gramaiser Hof, welcher der Ursprung des Ortes Gramais im Lechtal sein soll. Gramais war demnach zunächst eine Alm des Gramaiser Hofs und wurde erst später eine Dauersiedlung. Diese alten Steige wurden in mühe- und liebevoller Arbeit von der Bergrettung Schönwies durch Unterstützung der Gemeinden und des Tourismusverbandes wieder revitalisiert und „in Schuss" gebracht. Damit ergibt sich nun eine talnahe Rundwanderung mit anregenden Tiefblicken auf das Inntal.

Wegverlauf: Vom einzigartigen Parkplatz am bzw. im Bachbett des Larsennbaches startet der ausgeschilderte **Panoramasteig** im lichten Föhrenwald bergwärts. Die Ausblicke auf den Talboden, die Ortschaften Mils und Schönwies, nach Westen zur Verengung des Inntales mit der Kronburg und zurück zum Tschirgant sind dabei eine Pracht. Man erreicht jenen Punkt, wo der **„Fallende Bach"** 200 m in die Tiefe stürzt. Allerdings ist die Stelle so exponiert, dass nur die Felskante zu sehen ist, wo der kleine Bach in der Tiefe verschwindet.

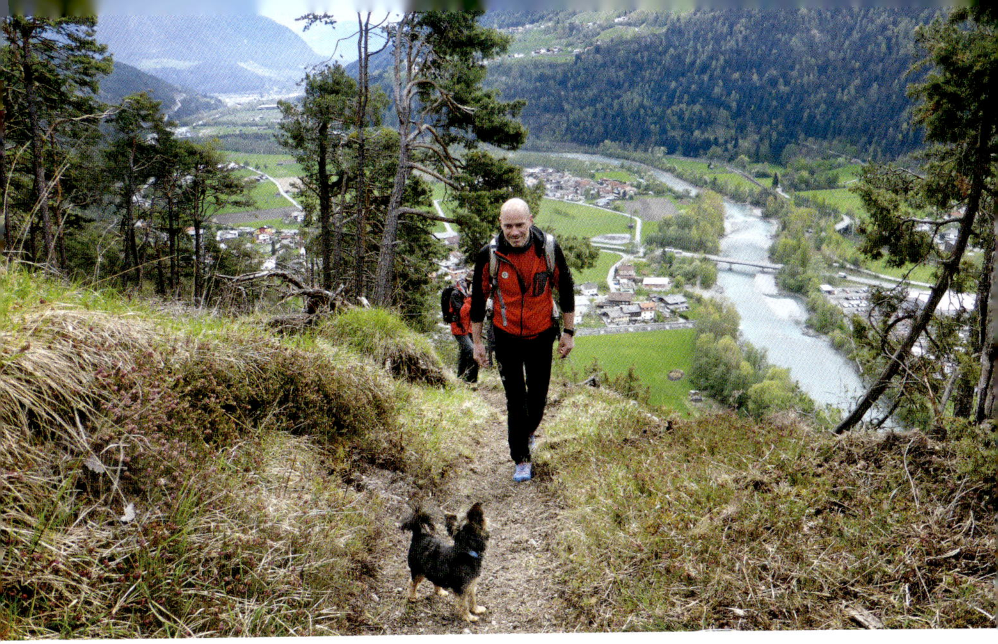

„Wo bleibt mein Bergretter-Herrl? – Ich will zum Fallaten Bach!"

Nach weiterem Aufstieg zum höchsten Punkt der Wanderung gibt es von einer Bank aus einen imposanten Tiefblick auf Starkenbach.

Der **Abstieg** von dort in den Weiler Starkenbach zieht durch die ungemein steile, schroffe und licht bewaldete Flanke 445 Höhenmeter ins Tal. Dieser exponierte Abschnitt ist bestens versichert und stellt somit für halbwegs geübte Wanderer einen besonders anregenden Genuss und den Höhepunkt der Runde dar. Westseitig des Schotterwerkes am Fuß vom „Fallenden Bach" kommt man zur **Starkenbacher Kapelle** in der Siedlung Starkenbach.

Der Rückweg zum Ausgangspunkt folgt nun der alten Bundesstraße. Dieser Abschnitt ist ebenfalls historisch bedeutend, denn Jahrhunderte vor der Bundesstraßenzeit verlief hier bereits die geschichtsträchtige Via Claudia.

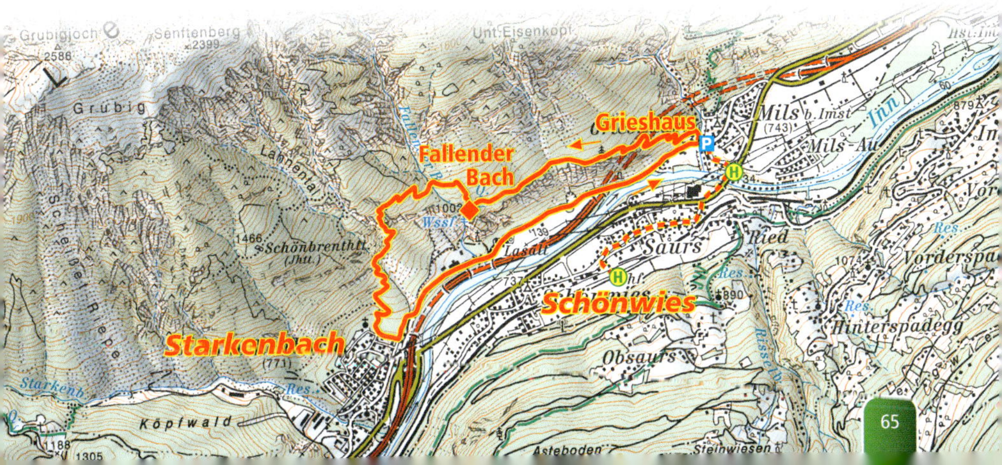

25 Von Zams zur Kronburg (1066 m)

Auf historischen Wegen zur auffälligsten Burg im Oberinntal

P Krankenhaus 760 m	Rifenal 975 m	Gh. Kronburg 945 m	Ruine Kronburg 1066 m	Gh. Kronburg 945 m	P Krankenhaus 760 m
2,3 km, ¾ Std. ↑ 215 Hm	2,3 km, ½ Std. ↑ 40 Hm ↓ 70 Hm	0,6 km, 20 Min. ↑ 120 Hm	0,6 km, 10 Min. ↓ 120 Hm	3,5 km, 1 Std. ↓ 185 Hm	

2¾ Std. | 9,3 km | ↑↓ 375 Hm

Ausgangsort: Zams, Parkplatz Krankenhaus (760 m)

Anfahrt mit Öffis: Zug nach Zams und vom Bahnhof Zams mit dem Regionalbus „Landeck 1" (verkehrt nicht am Sonntag!) zur Haltestelle „Krankenhaus/Parkplatz"; alternativ von Landeck, Bahnhof Zams mit dem Regionalbus 4206 bis Haltestelle „Zams Zentrum" und von dort ca. 1 km zu Fuß; ab Bahnhof Zams ca. 2,5 km Fußmarsch

Anfahrt mit Pkw: Von Osten kommend die Autobahn-Ausfahrt Zams nehmen und dann über den Inn zum gebührenpflichtigen Parkplatz beim Krankenhaus

Charakter: Allwettertaugliche Rundtour auf meist guten Wegen und Steigen durch Wälder und über Wiesen

Einkehrmöglichkeit: Gh. Kronburg, www.kronburg-tirol.at, Montag und Dienstag Ruhetag, Tel. +43/5442/63 478

Zwischen Zams und Schönwies ragt mitten im Inntal ein kühner Felszahn auf, auf dem seit dem Mittelalter die Kronburg (1066 m) thront. Die Burg ist wahrscheinlich um 1380 entstanden, allerdings soll es auf dem Schlossberg schon eine prähistorische Siedlung gegeben haben. Auch in der Römerzeit spielte der strategische Platz eine wichtige Rolle. Mit der Wallfahrtskirche, dem Gasthaus und dem Frauenkloster im Sattel unterhalb der Ruine bildet die Kronburg ein weithin sichtbares Ensemble, das im Besitz der Barmherzigen Schwestern von Zams ist. Der Ausflug zur Kronburg beschert wunderschöne Ausblicke auf den Landecker Talkessel sowie das Inntal und auch eine geschätzte Einkehr im Gasthaus Kronburg.

Der Parkplatz beim Krankenhaus Zams liegt am Wandfuß von Galugg: ein eindrucksvoller Felskopf, durch den ein Klettersteig führt. Oberhalb dieses Felskopfes liegt das erste Etappenziel: der versteckte Weiler Rifenal.

Wegverlauf: Vom Parkplatz folgen Sie der anfangs wenig idyllischen Straße (zugleich Radweg) dem Inn entlang ab-, also ostwärts in Richtung Schönwies/Kronburg. Bereits nach 500 m leiten Wegweiser rechts bergauf in Richtung Rifenal.

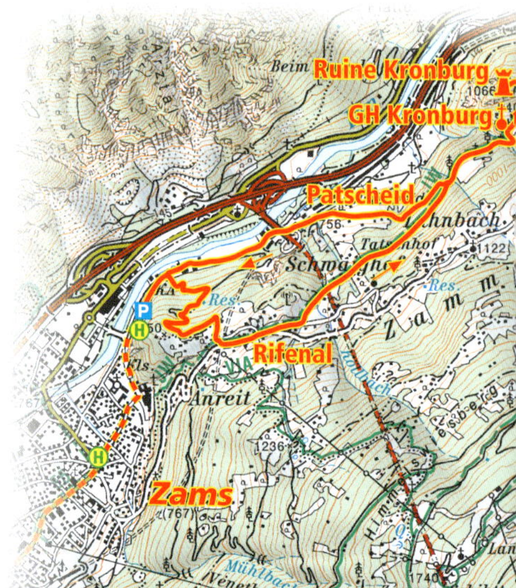

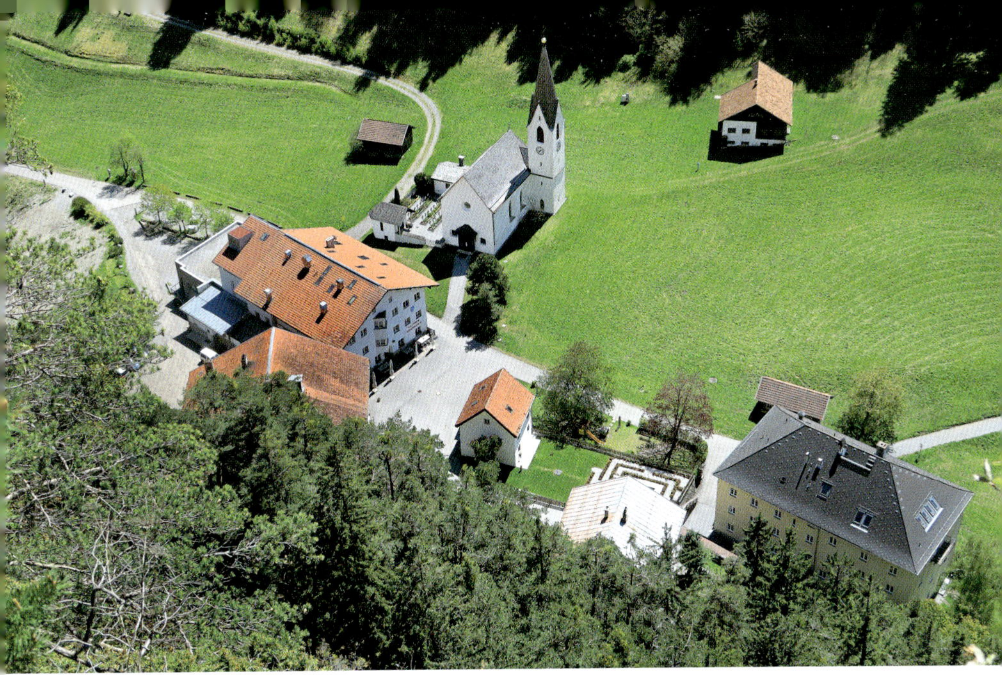

Tiefblick von der Ruine Kronburg auf das Gasthaus, das Klösterle und die Kirche von Kronburg

Ein schöner Waldsteig zieht auf der Ostseite des Felskopfes von Galugg dorthin. Kurz vor dem Weiler gibt es schöne Ausblicke auf den weiten Talkessel von Landeck und Zams. Der **Weiler Rifenal** (975 m) liegt rund 200 m über dem Talboden, versteckt auf einem kleinen Hochplateau.

Von Rifenal geht's kurz auf der „Hauptstraße" weiter ostwärts, um bei den letzten Häusern auf den gut beschilderten breiten Weg nach links einzubiegen. Es ist die **Via Claudia Augusta**, auf der man nun, anfangs über Wiesen und dann im Wald, hinüber zur Kronburg wandert. Dem leichten Gefälle folgt ein ganz kurzer Gegenanstieg in den **Sattel**, wo sich das gleichnamige Gasthaus, die Wallfahrtskirche und das Klösterle befinden. Kürzer und empfehlenswerter als vermutet geht's von dort auf historischem Weg hinauf zur **Kronburg**. Dabei öffnen sich ostwärts schöne Ausblicke nach Starkenbach und Schönwies und oben, im überraschend großen Burgareal, gibt es westwärts einen eindrucksvollen Tiefblick auf den Talkessel von Landeck.

Der Rückweg führt zunächst auf bekanntem Weg hinunter in den Sattel und dann in Richtung Rifenal. Am Ende des Kreuzwegs zweigt man aber dann gut beschildert rechts ins Tal ab (Wegweiser Patscheid/Zams). Über die schönen Wiesen von **Patscheid**, begleitet vom hier unvermeidbaren Autobahnlärm, kommt man zum Tunnelportal des **Landecker Tunnels**. Damit endet der idyllische Teil der Wanderung und es geht die nächsten 1,5 km am asphaltierten Radweg und Zufahrtsweg einiger kommunaler Betriebe zurück zum Parkplatz beim Krankenhaus.

26 Salvesenklamm

Kurze und kurzweilige Rundtour

Tarrenz Pfarrkirche 850 m — 2,0 km, ¾ Std., ↑ 200 Hm ↓ 100 Hm — Hoher Übergang 950 m — 1,8 km, ¾ Std., ↑ 60 Hm ↓ 160 Hm — Tarrenz Pfarrkirche 850 m

1½ Std.	3,8 km	↑↓ 260 Hm

Ausgangsort: Tarrenz, Parkplatz oberhalb der Kirche

Anfahrt mit Öffis: Von Imst mit dem Regionalbus 4206 zur Haltestelle „Tarrenz Gemeindeamt" und dann zu Fuß zur Kirche aufwärts (ca. 500 m)

Anfahrt mit Pkw: Von Imst kommend in den Ort und zur Kirche auffahren. Unmittelbar oberhalb der Kirche ist ein Parkplatz.

Charakter: Einfache Rundwanderung, kindertauglich

Einkehrmöglichkeit: Gastronomie in Tarrenz

Die Salvesenklamm bei Tarrenz ist ein beliebtes und ideales Ziel für einen erholsamen, kurzen Ausflug, der Groß und Klein begeistert. Der Salvesenbach, der von der schroffen Heiterwand ins Gurgltal herunterfließt, hat bei Tarrenz eine tiefe Schlucht mit einer imposanten Engstelle aus dem nicht allzu festen Fels „gefräst". Die besondere Attraktion der leichten Rundwanderung ist die Brücke über die Klamm: der Hohe Übergang. Für Kinder gibt es einen Lehrpfad mit Fragen und Antworten zur Natur, zu Hexen und mit gruseligen Geschichten. Die südseitige und sehr trockene Lage ermöglicht die Runde meist schon früh im Jahr.

Wegverlauf: Am oberen Ende des Parkplatzs oberhalb der **Pfarrkirche Tarrenz** beginnt der Wanderweg in Richtung Salvesenklamm. Der angenehme Waldweg zieht oberhalb vom Schießstand zunächst ohne Steigung ins sogenannte **Bungerloch**. Der Name stammt aus jener Zeit, als dort Nagelschmieden standen, in denen den ganzen Tag lautstark gehämmert wurde. Dieses lautstarke Hämmern wird im Dialekt als „bungern" bezeichnet, womit auch der Begriff „Bungerloch" für den Ort geschaffen war. Dass Tarrenz einst der Ort der Nagelschmiede war, besagt auch ein alter Spruch: „Tårre'z isch å schiane Stådt, då rinnt d'r Båch durch

Animationswandern für die Kleinen

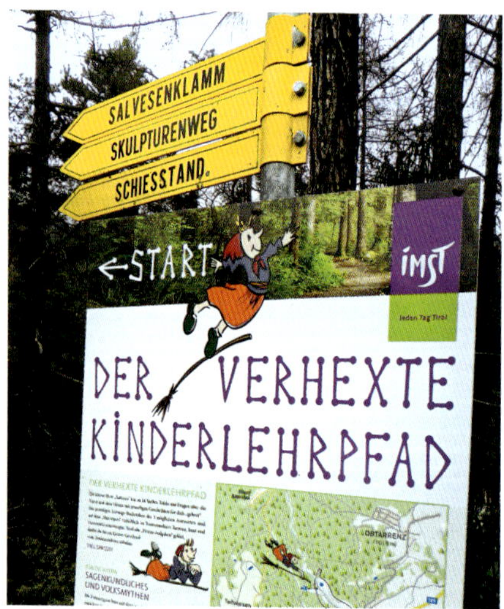

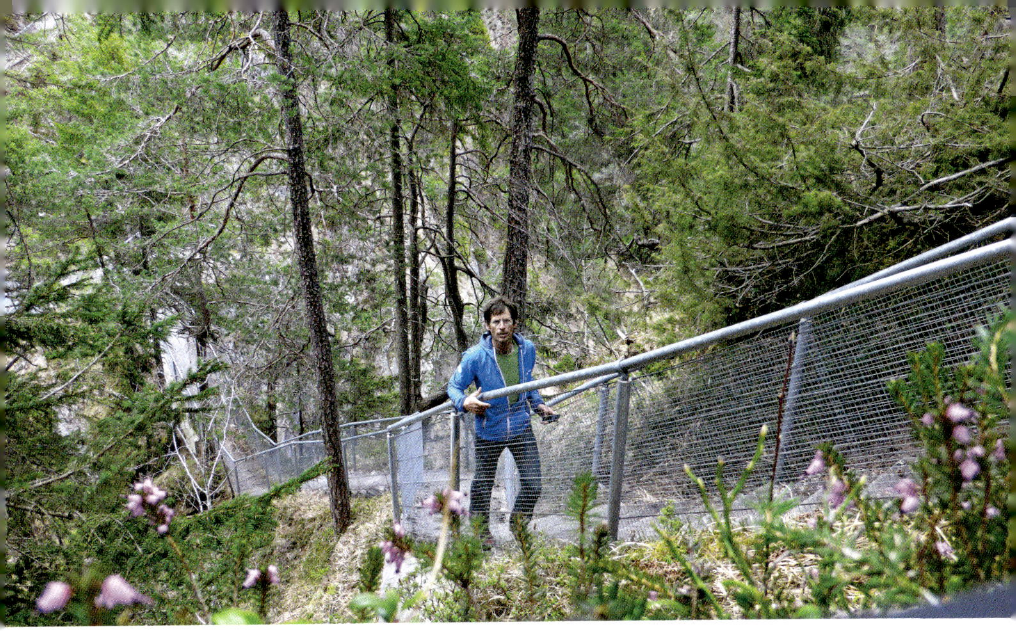

Gut gesichert geht's nach dem Hohen Übergang bergauf.

d'Mitte – Haiser sei'sinscht kuane dene, wiå laut'r Någlschmitte ..."
Man kommt am kleinen Skilift Bungerloch vorbei und erreicht ein großes Auffangbecken. Nun geht es im Wald bergauf bis zum **„Guglhupfplatz"**, wo zahlreiche aus Beton gegossene Guglhupfe als Teil eines Skulpturenweges zu sehen sind. Bei einem Wasserschloss geht's nach links am schön gesäuberten Steig zum **Hohen Übergang**. Sehr exponierte Passagen sind mit gutem Geländer gesichert, was auch für den Hohen Übergang selbst zutrifft. Sehr luftig überspannt die Brücke die schmale Salvesenklamm in 40 m Höhe. Unten schleift der Salvesenbach wie schon seit Jahrtausenden am teils eindrucksvoll gefalteten Gestein. Der kribbeligen Querung folgen Dutzende Betonstufen bergwärts, so wird ein Forstweg erreicht, der an der Bergstation des kleinen Liftes vorbeiführt. Bald biegt man wieder auf einen Waldsteig ein (Hinweisschild: Tarrenz, Skulpturenweg) und kommt auf diesem wieder hinunter zum Ausgangspunkt bei der Pfarrkirche Tarrenz.

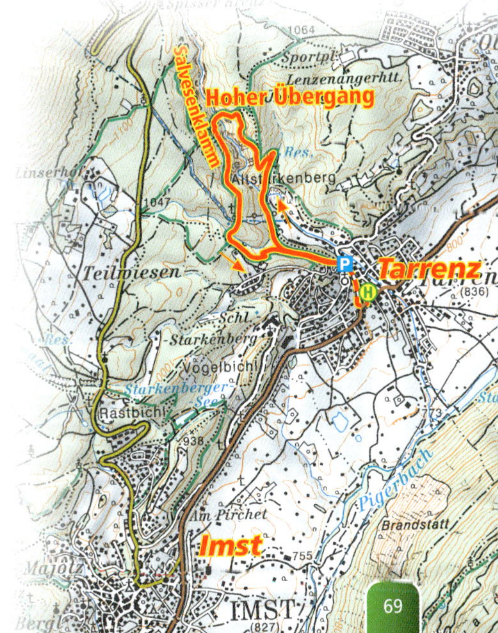

27 Kaltenbrunn

Zu einem der beliebtesten Oberländer Wallfahrtsorte

Von	Nach	Strecke	Höhenmeter
Burg Berneck 1065 m	Wiesenweg-beginn, 1085 m	0,8 km, ¼ Std.	↑ 30 Hm ↓ 10 Hm
Wiesenweg-beginn, 1085 m	Steig Kaunerberg 1150 m	1,7 km, ½ Std.	↑ 120 Hm ↓ 55 Hm
Steig Kaunerberg 1150 m	Oberfalpetan Abstieg, 1585 m	3,1 km, 1½ Std.	↑ 435 Hm
Oberfalpetan Abstieg, 1585 m	Kaltenbrunn 1260 m	2,2 km, ¾ Std.	↓ 355 Hm ↑ 30 Hm
Kaltenbrunn 1260 m	Burg Berneck 1065 m	4,2 km, 1¼ Std.	↑ 35 Hm ↓ 230 Hm

4¼ Std. | 12,0 km | ↑↓ 650 Hm

Ausgangsort: Kauns, Parkmöglichkeiten an der Straße bei der Burg Berneck

Anfahrt mit Öffis: Mit dem Regionalbus 4220 (ab Zams, Bahnhof) nach Prutz, Haltestelle „Postamt". Umsteigen in Regionalbus 4232 und bis zur Haltestelle „Kauns Dorfplatz" fahren. Anschließend zu Fuß der Straße entlang taleinwärts zur Burg Berneck (ca. 700 m)

Anfahrt mit Pkw: Von Landeck kommend nach Prutz und von dort über Faggen nach Kauns. Dort nicht weiter bergwärts nach Kaunerberg, sondern taleinwärts ins Kaunertal. Im Bereich der Burg Berneck entlang der Straße parken

Charakter: Einfache Wanderung auf historischem Wallfahrtsweg; in einer Variante auch als einfacher Spaziergang möglich

Einkehrmöglichkeit: Gasthaus Kaltenbrunn, www.kaltenbrunn.at, Dienstag Ruhetag, Tel. +43/699/12 33 96 22 oder +43/5475/433

Die Kaunertaler Wallfahrtskirche Kaltenbrunn zählt zu den bekanntesten und beliebtesten Wallfahrtsorten im Tiroler Oberland. Seit mehr als 800 Jahren pilgern Menschen ins vordere Kaunertal, nicht zuletzt ist dafür neben der Gläubigkeit vor allem auch die schöne Lage des Wallfahrtsortes verantwortlich. Gut 100 m über dem Talboden betten sich die Kirche und der Widum samt Gasthaus in den Wald, dahinter ragt eindrucksvoll der schroffe Kaunergrat auf. Kein Wunder, dass der Ort nicht nur Wallfahrer, sondern auch immer mehr Wanderer anzieht, die das herrliche, talnahe alpine Ambiente zu schätzen wissen. Gewandert wird auf dem alten Wallfahrtsweg, der seit Jahrhunderten zum „Gnadenort" führt.

Wegverlauf: Von den vielen, auch weit entfernten klassischen Startorten der Wallfahrt nach Kaltenbrunn eignet sich **Kauns** besonders als Ausgangspunkt. Auf der taleinwärts führenden Straße wird

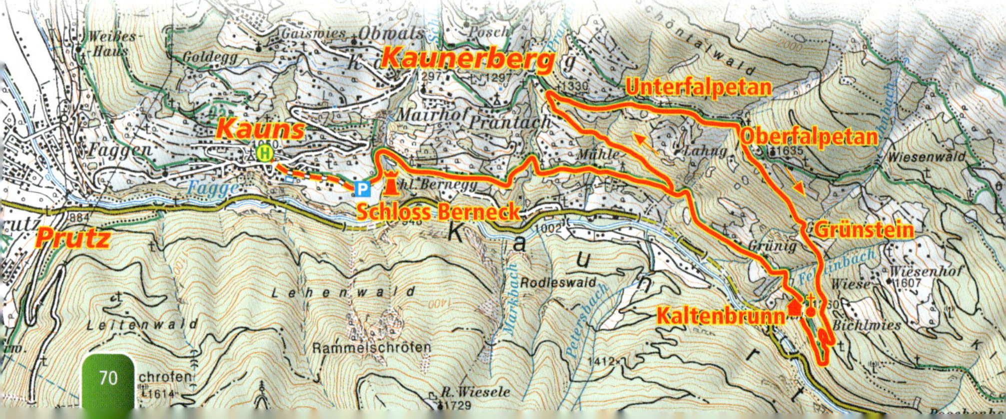

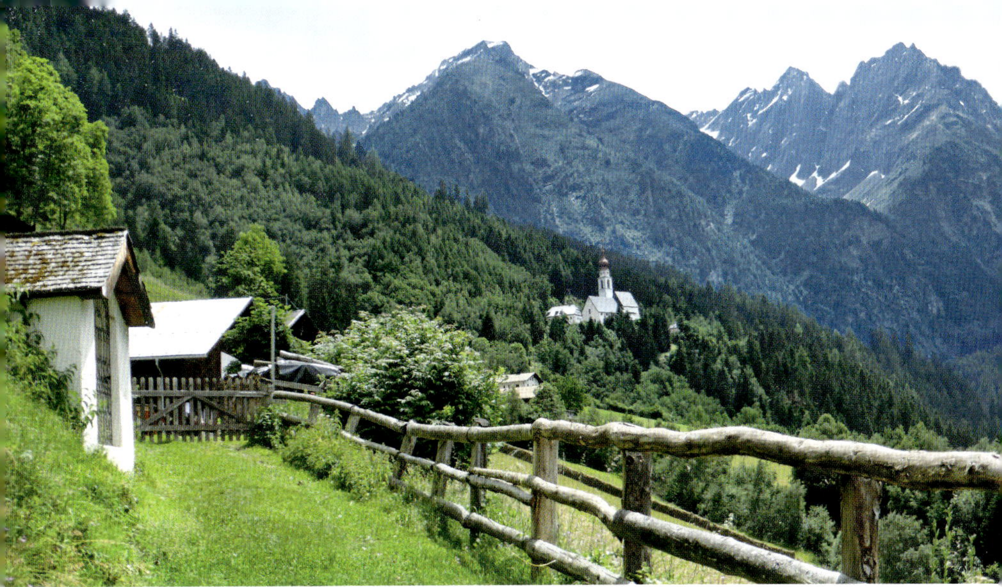

Hinter Kaltenbrunn stechen die Zacken des Kaunergrates empor.

unmittelbar nach der Ortschaft die **Burg Berneck** erreicht. Dort sehen Sie bereits die Kirche von Kaltenbrunn im Wald. Gemütlich spazieren Sie ohne große Höhenunterschiede in direkter Linie (1½ Std., 4,2 km) zum Wallfahrtsort.

Für all jene, denen diese Variante zu einfach ist, bietet sich die Runde über die höchstgelegenen Höfe von Kaunerberg im Weiler Falpetan (links oben hoch am Hang) an. Rund 800 m nach der Burg zweigt links von der Asphaltstraße der Wallfahrtsweg ab. Wiesen und Wälder wechseln entlang des breiten Weges ab, wobei die Waldabschnitte, die sich wie ein Laubengang präsentieren, besonders schön sind. Wer nicht direkt ans Ziel will, verlässt den klassischen Wallfahrtsweg nach ca. ¾ Stunden, um links ansteigend nach Kaunerberg abzuzweigen (Schild Kaunerberg 45 Min.).

Das schmale Wegl schraubt sich im Wald hinauf zur nicht asphaltierten und sehr steilen Zufahrtsstraße der Höfe von **Unterfalpetan** und **Oberfalpetan**. Der schweißtreibende Höhengewinn wird mit schönsten Ausblicken taleinwärts, aber auch hinaus nach Kauns, Prutz und zur Sonnenterrasse von Fiss/Serfaus/Ladis belohnt. Unterhalb des ersten Hofes von Oberfalpetan zweigt dann der Steig über Grünstein hinunter nach **Kaltenbrunn** ab. Der Beginn des steilen Abstieges führt zunächst über eine Wiese, die immer wieder von der Gemeinde für die Wanderer ausgemäht wird (im Bereich eines Hochsitzes führt der Steig nicht leicht einzusehen unterhalb vorbei, oberhalb endet die Spur im hohen Gras) und dann im Wald hinunter zum Wallfahrtsort mit Kirche und Gasthaus. Zwischen der Kirche und dem Gasthaus sprudelt Wasser aus dem „kalten Brunnen". Gemütlich geht's dann am klassischen Wallfahrtsweg talauswärts zurück nach **Kauns**.

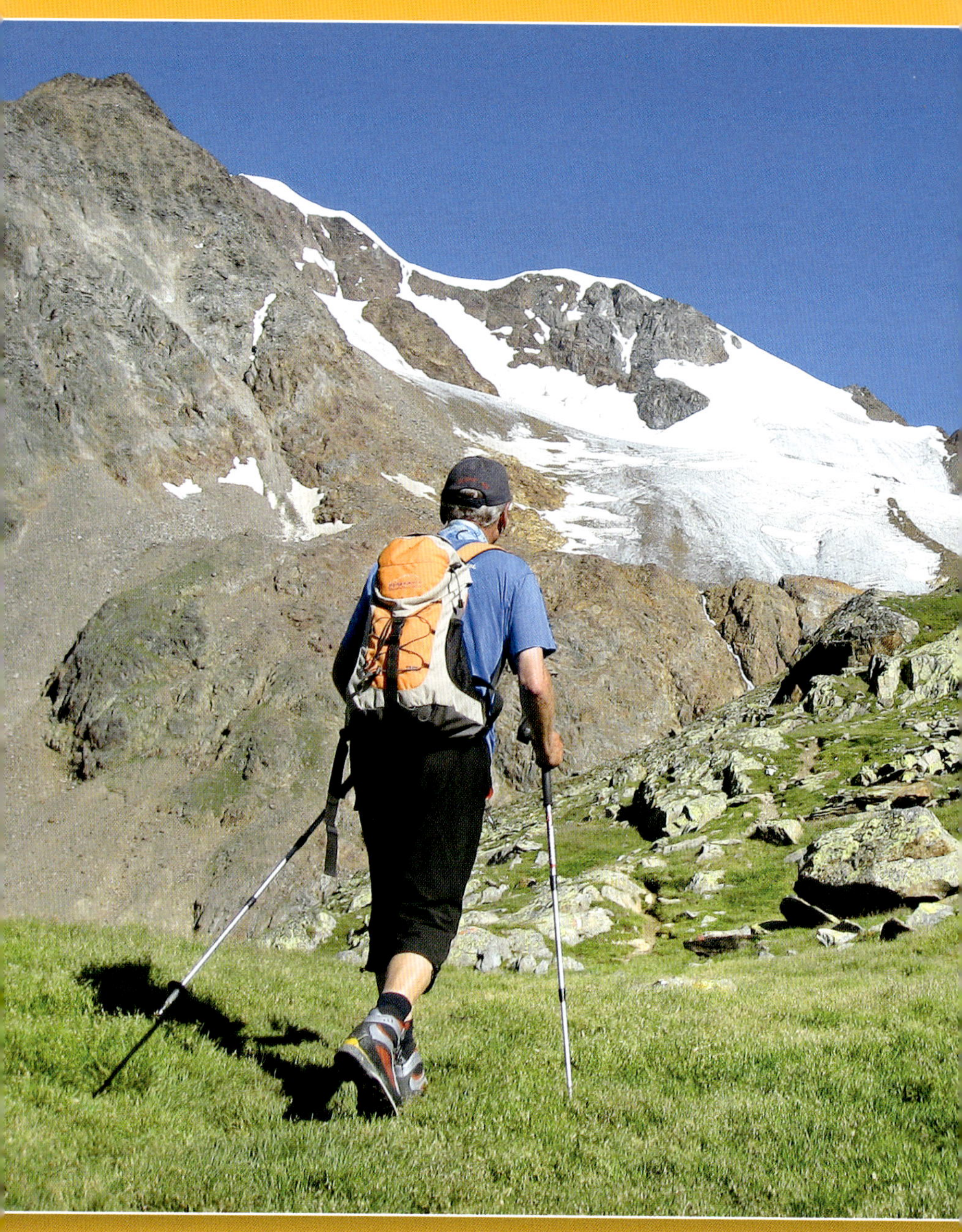

Aufstieg zum Wilden Mannle (Tour 49). Der Rofenkarferner zieht von der Wildspitze herunter.

Sommer

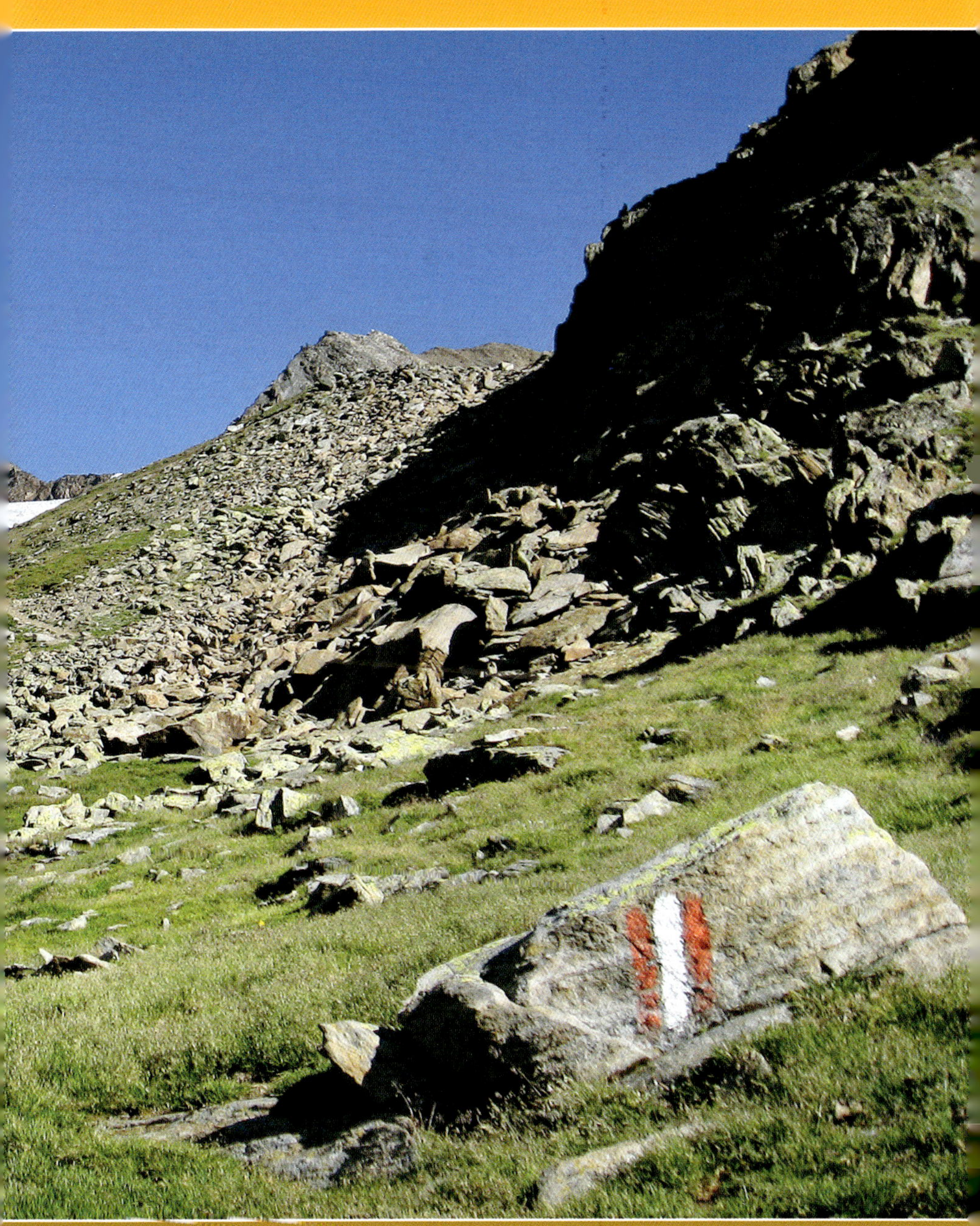

28 Scheffauer (2111 m)

Ein großer Kaisergipfel mit kaiserlichen Tief- und Ausblicken

P Gh. Bärnstatt 920 m	Steiner Hochalm 1257 m	Einstieg Scheffauer 1610 m	Scheffauer 2111 m	P Gh. Bärnstatt 920 m
	2,0 km, 1 Std. ↑ 340 Hm	1,1 km, 1 Std. ↑ 350 Hm	1,3 km, 1½ Std. ↑ 500 Hm	4,4 km, 2½ Std. ↓ 1190 Hm

6 Std. | 8,8 km | ↑↓ 1190 Hm

Ausgangsort: Scheffau, Parkplatz Gh. Bärnstatt kurz vor dem Hintersteiner See

Anfahrt mit Öffis: Mit dem Regionalbus 4060 (von Wörgl und St. Johann) bis Haltestelle „Scheffau Ort". Zum Hintersteiner See fährt dann der Seebus, der allerdings offiziell nur für Einheimische mit Bürgerkarte und Gäste mit Gästekarte da ist. Zu Fuß sind es bis zum Gh. Bärnstatt 2,5 km, 200 Hm, 1 Stunde.

Anfahrt mit Pkw: Auf der B 178 von Wörgl oder St. Johann kommend nach Scheffau. Durch den Ort zum Hintersteiner See fahren. Kurz vor dem See befindet sich der Gh. Bärnstatt mit dem gebührenpflichtigen Parkplatz oberhalb der St.-Leonhard-Kapelle.

Charakter: Südseitige, stramme Bergtour, die im oberen Bereich Trittsicherheit im teils etwas ausgesetzten Schrofengelände verlangt

Einkehrmöglichkeit: Am Ausgangspunkt Gh. Bärnstatt, www.baernstatt.at, ganzjährig geöffnet, Tel. +43/5358/8113; Steiner Hochalm, geöffnet ab Juli bis spät in den Herbst, nur Getränke, Tel. +43/664/17 57 986

Der Scheffauer ist der westliche Eckpfeiler des Kaisergebirges. Von Westen zeigt er sich als kühnes Felshorn. Seine Südseite, nach Scheffau abfallend, ist hingegen moderater. Über diese Breitseite zieht der Steig zum Gipfel, der allerdings im Schrofengelände Trittsicherheit verlangt. Der freistehende, letzte große Gipfel im westlichen „Kaiser" verwöhnt mit grandiosem Ausblick: Vom flachen bayerischen Alpenvorland bis zu den Hohen Tauern mit Großglockner und Großvenediger sowie mit atemberaubenden Tiefblicken auf das Inntal, wo der türkisblaue Hintersteiner See der Blickfang ist.

Wegverlauf: Vom Parkplatz beim **Gasthof Bärnstatt** geht's fast durchwegs anhaltend ansteigend zum Gipfel. Die Südflanke erfordert bei Schönwetter neben frühzeitigem Aufbruch auch gefüllte Trinkflaschen. Zu Beginn steigen Sie durch einen schönen Mischwald höher, wobei sich Steige und Fahrwege abwechseln. Bei der **Steiner Hochalm** gibt es be-

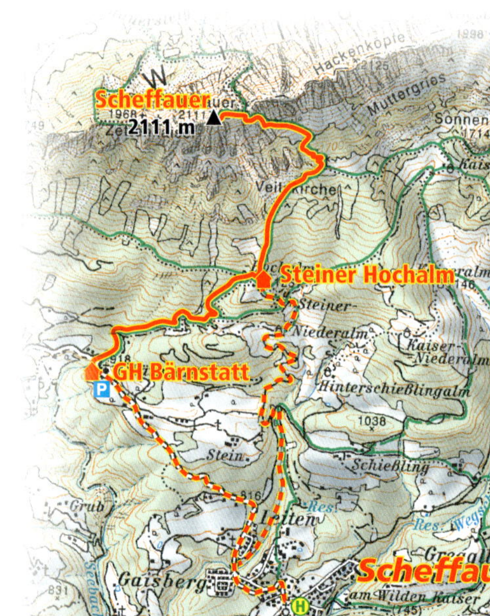

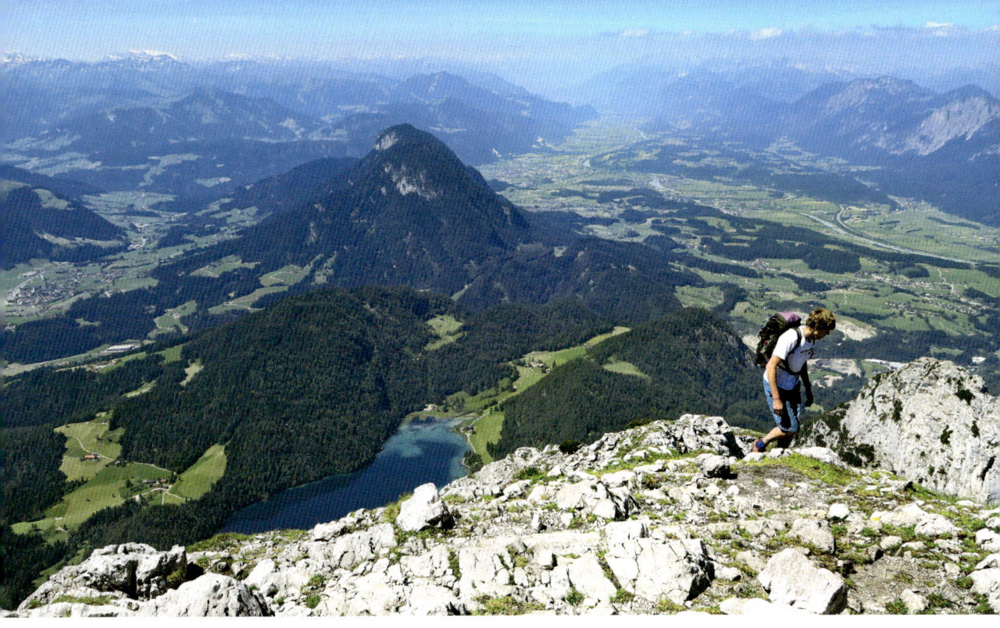

Am Scheffauer: Tief unten schmeichelt der Hintersteiner See den Augen, westwärts das Unterinntal.

reits einen malerischen Ausblick auf den Hintersteiner See, sozusagen als kleinen Aperitif vor dem Gipfelblick. Oberhalb der Alm folgt eine weitere Waldpassage, dann erreicht man ein Geröllfeld. Dieses etwas mühsam ansteigend, mit freiem Blick zu den Hohen Tauern kommt man zum **„Einstieg Scheffauer"**. Einstieg bedeutet, dass der Steig deutlich anspruchsvoller wird und Trittsicherheit im teils ausgesetzten Schrofengelände verlangt, eine Klettertour wartet aber keineswegs. Eine kurze heikle Passage im oberen Bereich ist mit Drahtseilen und Trittbügeln entschärft. Die Grathöhe wird in einem kleinen Sattel (2050 m) erreicht, wo von Norden der Widauersteig (Klettersteig A/B) kommt. Über Kufstein hinweg kann nun der Blick ins flache Bayern schweifen.

Am Grat westwärts ansteigend ist in ca. 10 Minuten der **Scheffauer** erreicht. Der Erfolg wird mit üppigem Ausblick belohnt: Neben den zahllosen Berggipfeln inklusive Großglockner beeindruckt vor allem der Tiefblick auf den türkisblauen Hintersteiner See und das Inntal, durch das sich der Inn, von Westen kommend, schlängelt, bevor er sich im bayerischen Alpenvorland verliert. Der Abstieg erfolgt auf bekannter Route.

Alternativ kann man auch nordseitig am **Widauersteig** (Achtung: Klettersteig A/B mit unversicherten Stellen) zur Kaindlhütte absteigen und anschließend über die Walleralm zum Hintersteiner See zurückwandern (deutlich länger, anspruchsvoller). Entsprechend kommt man auch von Kufstein auf den Scheffauer: Von der Stadt mit dem Kaiserlift auf das Brentenjoch und dann zur Kaindlhütte und über den Widauersteig zum Gipfel (1100 Hm, ca. 3½ Std.; Achtung Klettersteig, unversicherte Stellen).

29 Kitzbüheler Horn (1996 m)

Von der ruhigen Seite auf die Aussichtskanzel der Gamsstadt

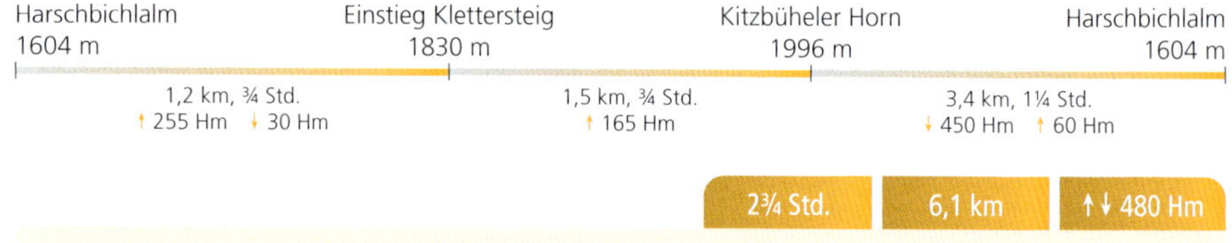

2¾ Std. | 6,1 km | ↑↓ 480 Hm

Ausgangsort: St. Johann, Talstation Bergbahnen

Anfahrt mit Öffis: Mit dem Zug (REX, SB) von Wörgl kommend bis Haltestelle „Bahnhof St. Johann" (bereits in Bergbahn-Nähe)

Anfahrt mit Pkw: Nach St. Johann und zum Parkplatz der St. Johanner Bergbahn

Bergbahn St. Johann: www.bergbahnen-stjohann.at, Tel. +43/5352/62 293, Ende Mai bis Mitte Oktober Sommerbetrieb, 9:00 bis 16:30 Uhr im Juli und August bis 17:00 Uhr; im Oktober nur an den Wochenenden

Charakter: Kurze Bergwanderung in steilem Gelände auf teils versichertem, schönem Steig

Einkehrmöglichkeit: Harschbichlalm, www.harschbichlalm.at, Öffnungszeiten analog zur Bergbahn, Tel. +43/664/23 00 920; Gipfelhaus, geöffnet von ca. Mitte Mai bis Anfang Oktober, Tel. +43/5356/64 773

Dank dem Landes-Oberingenieur für den genialen Steig!

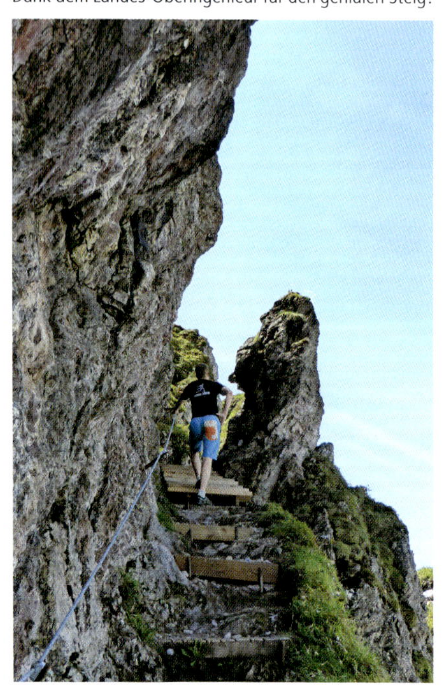

Das Kitzbüheler Horn ist das alpine Wahrzeichen von Kitzbühel und dank der markanten Form und durch den großen Sendemast auch von weitum leicht zu erkennen. Die Kitzbüheler Seite, bestens erschlossen mit Mautstraße und Bergbahn, ist vielen bekannt. Die wenigsten kennen aber die „Hinterseite" vom Horn. Steil und felsig fällt die Nordseite nach St. Johann ab, und es ist kaum zu glauben, dass von dort ein guter Steig zum Gipfel zieht. Und es sind sogar zwei Steige: der Kitzbüheler-Horn-Klettersteig (2015) und der Ludwig-Scheiber-Weg (1908). Bauleiter Landes-Oberingenieur Ludwig Scheiber hat bereits vor über hundert Jahren überaus geschickt den teils versicherten Wanderweg durch die felsdurchsetzte Flanke angelegt und so einen überaus spannenden Steig auf das Kitzbüheler Horn erschlossen. Auch heute noch bietet dieser Steig einen kurzen, prachtvollen Anstieg aufs Horn – und fast einen Geheimtipp.

Wegverlauf: Mit der Bergbahn wird die **Harschbichlalm** erreicht. Die schön gelegene Alm steht in Falllinie am Fuße des Steilaufschwunges zum Kitzbüheler Horn. Klettersteig-Aspiranten und Wanderer starten gemeinsam am deutlich sichtbaren Steig bergwärts. Die Freunde des Eisenweges (Schwierigkeit C, 150 Hm, Ausstieg direkt beim Sendemast) verlassen den Steig nach links, während die Wanderer dem 107 Jahre älteren **Scheibersteig** treu bleiben. Keine Angst aber, die überaus hilfreichen Drahtseile am Steig sind sehr zeitgemäß, wie bald schon an spannenden und aus-

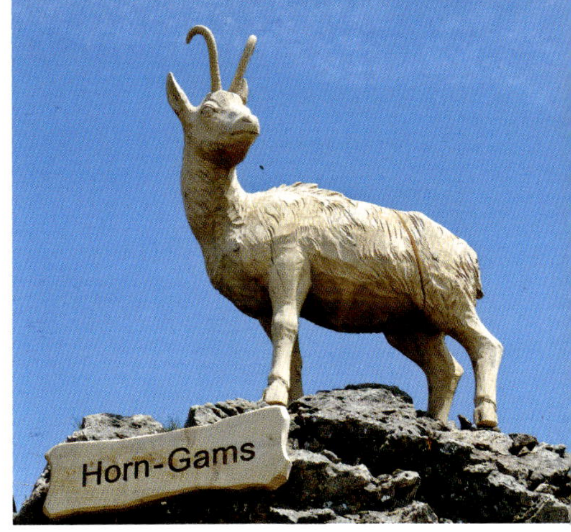

Mit etwas Glück gibt es sie auch in „echt" zu sehen.

gesetzten Passagen zu sehen ist. Neben den wunderschönen Ausblicken zum Wilden Kaiser begeistern auch Felsdurchschlüpfe auf diesem historischen Weg des „Verdienstvollen Herrn Landes-Oberingenieur Scheiber", wie auf einer Huldigungstafel zu lesen ist.

Der Weg erreicht unterhalb vom höchsten Punkt die belebte Kitzbüheler Seite vom Horn. Die letzten Meter zum sendergekrönten **Gipfel** bewältigt man auf der asphaltierten Straße. Mit vielen anderen, die überwiegend motorisiert oder mit der Seilbahn von Kitzbühel heraufgekommen sind, teilen Sie die Rundumsicht: Im Süden zeigen sich die weißen Bergspitzen der Hohen Tauern, im Nordosten die Leoganger Steinberge und im Norden der Wilde Kaiser. Der Rummel endet beim Abstieg abrupt. Vom Gipfelhaus folgt man ostwärts dem Steig der **Horn-Panorama-Runde**, die in weitem Bogen zur Harschbichlalm zieht. Anfangs steigt man im Almgelände im Gratbereich ab und biegt dann am „Jagersteig" auf die Nordseite zur Alm und Bergstation.

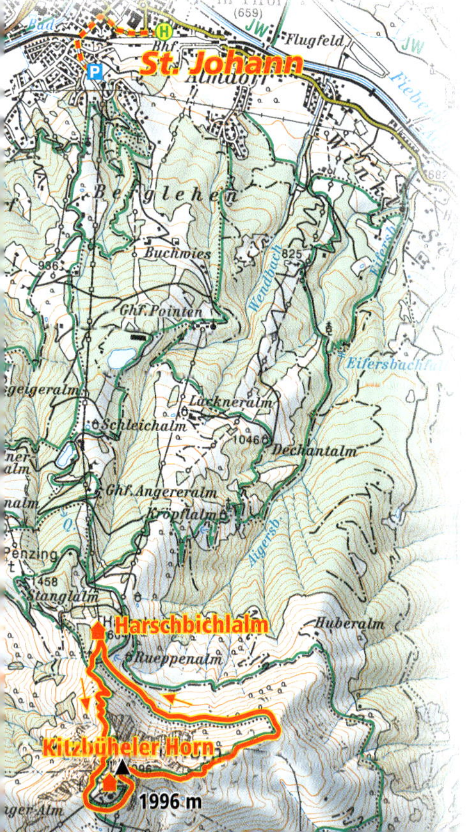

30 Wildseeloder (2118 m)

Wenig Aufstieg bei sehr viel Aussicht

Bergstation Lärchfilzkogel, 1625 m	Wildseeloderhaus 1854 m	Wildseeloder 2118 m	Wildseeloderhaus 1854 m	Bergstation Lärchfilzkogel, 1625 m
2,1 km, 1¼ Std. ↑ 290 Hm ↓ 60 Hm	0,6 km, ¾ Std. ↑ 265 Hm	1,3 km, ¾ Std. ↓ 265 Hm	2,1 km, ¾ Std. ↓ 290 Hm ↑ 60 Hm	

3½ Std. | 6,1 km | ↑↓ 615 Hm

Ausgangsort: Fieberbrunn, Bergbahn-Talstation

Anfahrt mit Öffis: Mit dem Zug (REX oder S-Bahn von Bahnhof Wörgl) bis Haltestelle Fieberbrunn, Pfaffenschwendt oder auch Hochfilzen, je nach Zeit und folgender Regionalbusanbindung. Regionalbuslinien 8301, 8302, Haltestellen je nach Bus „Fieberbrunn Bergbahnen", Walchau oder Zentrum

Anfahrt mit Pkw: Von St. Johann i. T. nach Fieberbrunn und am östlichen Dorfende zur Bergbahn

Bergbahn Fieberbrunn: www.bergbahnen-fieberbrunn.at, Sommerbetrieb ca. Ende Mai bis ca. 26. Oktober täglich von 8:30 bis 17:00 Uhr, Tel. +43/5354/56 33 30

Charakter: Bis zum Wildseeloderhaus perfekter Familienausflug, auch für kleine Kinder geeignet. Aufstieg zum Gipfel etwas steiler, aber gutmütig, im Gipfelbereich etwas ausgesetzt

Einkehrmöglichkeit: Wildseeloderhaus, www.wildseeloderhaus.at, geöffnet ca. Anfang Juni bis ca. Ende Oktober, Tel. +43/664/34 00 717

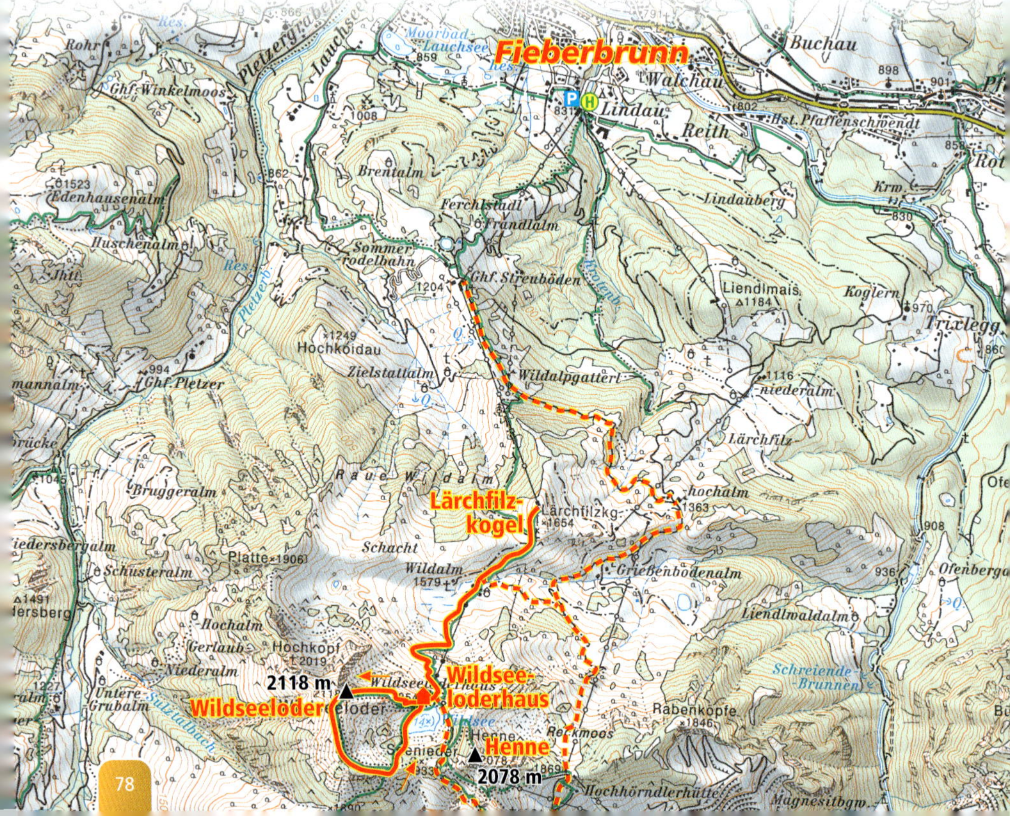

Schimmernd blau liegt der Wildsee im tiefen Kessel zwischen der Henne (2078 m) und dem Wildseeloder (2118 m), den beiden Fieberbrunner Hausbergen. Im romantischen Bergsee tummeln sich Fische. Kinder spielen am Ufer. Die Erwachsenen sonnen sich inzwischen oder sitzen auf der Terrasse des Wildseeloderhauses: ein Bergtag wie aus dem Bilderbuch. Die Wanderung zum Wildseeloderhaus ist eine der schönsten familientauglichen Wanderungen im Großraum Kitzbühel. Der kurze Gipfelanstieg zum Wildseeloder ist steiler und im Gipfelbereich etwas ausgesetzt, aber insgesamt nicht allzu fordernd (roter Bergweg).

Wegverlauf: Von der **Bergstation** am Lärchfilzkogel liegt das Wildseeloderhaus bereits im Blickfeld. Nach einem kurzen Abstieg zur **Wildalm** (1579 m) geht's am breiten Steig hinauf zum **Wildseeloderhaus** am Wildsee. Wer mit kleinen Kindern unterwegs ist, kann mit ihnen den See gemütlich umrunden.

Der Aufstieg zum Wildseeloder zieht über die ansehnlich steile **„Seeleitn"** in Serpentinen zum Gipfel. Am oberen Ende der sogenannten Seewand geht man durch ein breites Felstor auf den Grat hinaus und über diesen zum **Gipfel**. Vom Wildseeloder gibt's einen einmaligen Blick hinunter zum See, der sich wie in einem erloschenen Vulkankrater zu befinden scheint. Die Ostseite des Sees wird von der Henne (2078 m) überragt. Der eigentümlich anmutende Bergname dürfte vom gezackten Gipfelgrat herrühren, der mit etwas Phantasie an den Kamm einer Henne erinnert. Darüber hinaus zeigen sich namhafte Gipfel wie auf

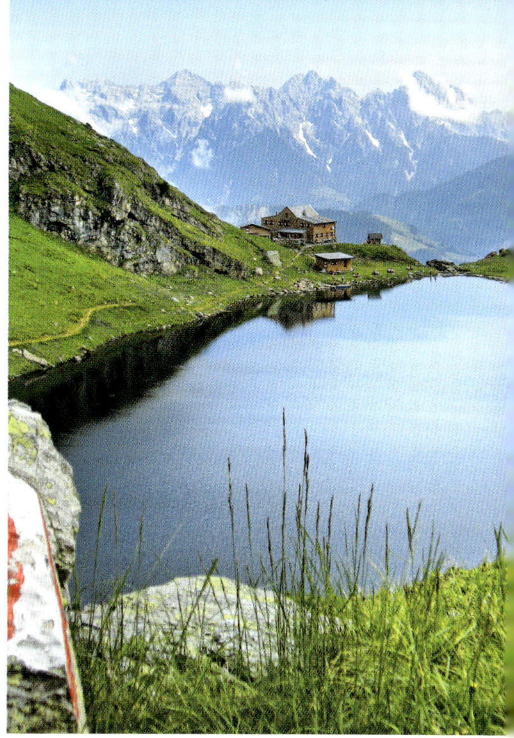

Wildsee und Wildseeloderhaus: schön schaut's aus!

einer Postkartenansicht: Unter anderem sind Großglockner, Großvenediger oder Kitzsteinhorn dabei. Vom Gipfel steigt man südwärts nach Seenieder ab und marschiert zurück zum Wildseeloderhaus und auf bekannter Route zur Bergstation der Gondelbahn.

Alternativer Abstieg vom Wildseeloder: Wie beschrieben südseitig nach Seenieder und dann am Blumenweg zur Hochhörndlerhütte (1809 m, unbewirtschaftet). Über Reckmoos und Grießenbodenalm zur Lärchfilzhochalm (1363 m). Am Jägersteig (Fahrweg) geht's dann zur Bergstation der ersten Sektion Streuböden (1200 m). Ein sehr langer, aber landschaftlich sehr schöner Abstieg (ca. 8 km, 3½–4 Std. ab dem Wildseelodergipfel)!

31

Gratlspitz (1893 m)

Über Hausberg auf den Hausberg von Alpbach

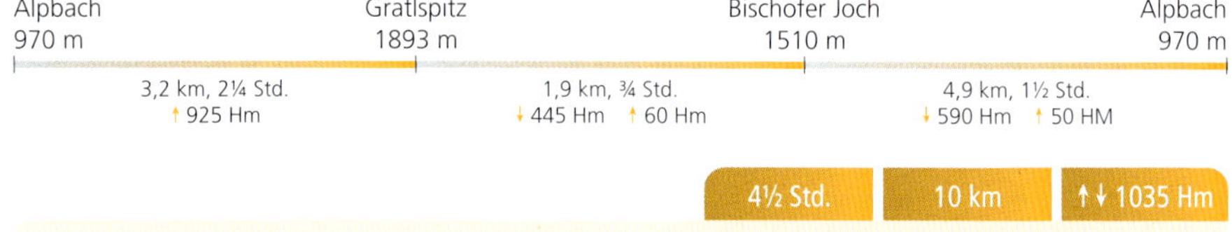

4½ Std. | 10 km | ↑↓ 1035 Hm

Ausgangsort: Alpbach, Parkplatz unterhalb vom Feuerwehrhaus (gegenüber der Spar-Tiefgarage)

Anfahrt mit Öffis: Mit dem Regionalbus 4074 (von Brixlegg Bahnhof) bis Haltestelle „Alpbach Böglerhof"

Anfahrt mit Pkw: Von Brixlegg nach Alpbach, Parkplatz im Ortszentrum unterhalb vom Feuerwehrhaus

Charakter: Steiler Anstieg auf schmalem Steig zum Gipfel, bei der anschließenden Gratwanderung westwärts kurze Felsstufen

Einkehrmöglichkeit: Almausschank Bischofer Käsalm, geöffnet Anfang/Mitte Mai bis ca. Ende Oktober, Tel. +43/676/50 49 675; aktuelle Ruhetage über Facebook

Die steilen Wiesen über dem Ortszentrum von Alpbach gehen in einen zum Teil mit Latschen bewachsenen breiten Felskamm über, dessen höchster von mehreren kleinen Gipfeln der Gratlspitz ist. Der hochgepriesene Ausblick vom Gratlspitz – man soll dort oben ja 26 Kirchtürme sehen – ist der vorgeschobenen Lage zum Inntal hin zu verdanken. Neben den Kirchtürmen gehören zum Rundumblick unter anderem auch die Berge von Karwendel, Rofan und den Hohen Tauern mit Großvenediger und Großglockner. Bestiegen kann der Gratlspitz von mehreren Seiten werden, wobei die direkteste und vielleicht auch steilste Variante direkt vom Ortszentrum über den Weiler Hausberg schnurstracks zum Gipfel zieht. Besonders lohnend ist die anschließende Gratwanderung nach Osten hin zum Bischofer Joch und von dort wieder hinab ins Tal.

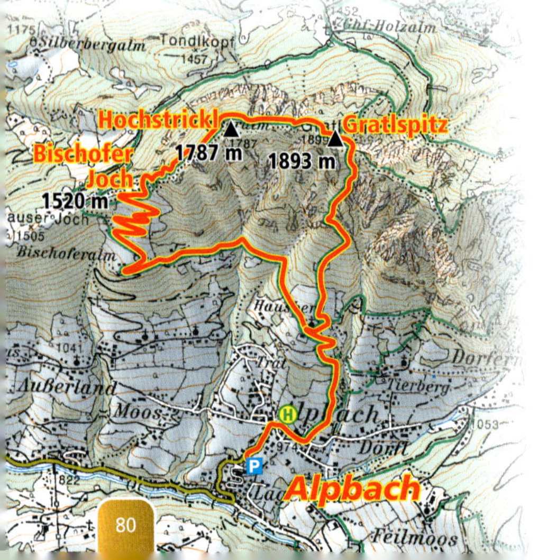

Wegverlauf: Vom Parkplatz im **Ortszentrum** spazieren Sie durch den Ort und biegen bei der Pfarrkirche bzw. beim Hotel Böglerhof auf den Steig zum Gratlspitz ein. Über Wiesen, durch kurze Waldstücke und an schönen Bauernhöfen vorbei geht's zielstrebig bergwärts. Oberhalb des höchstgelegenen Bauernhofes am **Hausberg** erreichen Sie den Waldgürtel. Dort begeistert auch schon der Dorfblick und die Aussicht ins hintere Alpbachtal mit dem Inneralpbacher Hausberg, dem Gro-

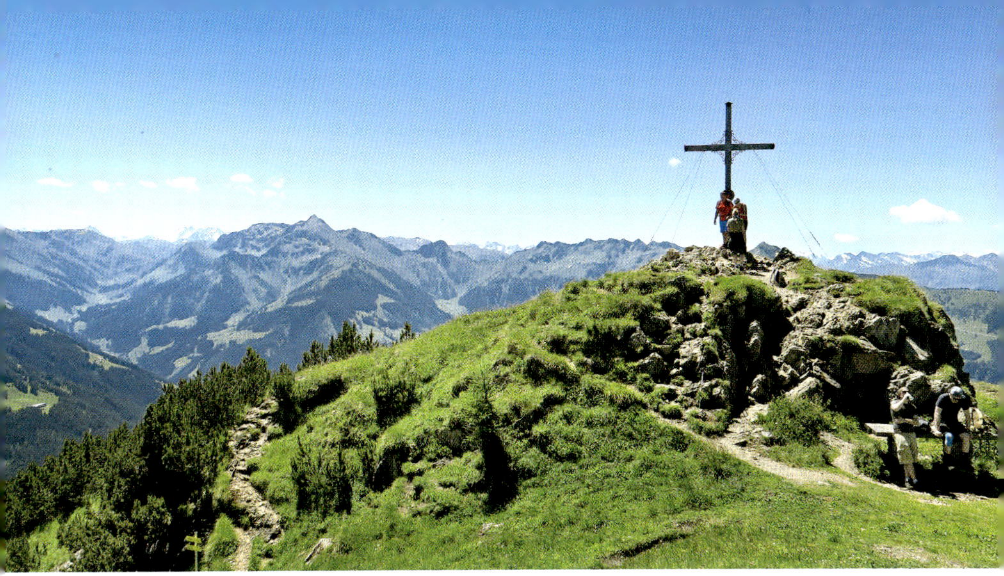

Frohes Kirchturmzählen am Gratlspitz: 26 sollten zu sehen sein!

ßen Galtenberg. Der schmale Steig schraubt sich im steilen Gelände hinauf zum Latschengürtel am felsigen Gipfelaufbau, wobei außer der Anstrengung keine besonderen Schwierigkeiten überraschen. Mit Erreichen des Grates wenige Meter unterhalb vom Gipfel öffnet sich plötzlich der Blick ins Inntal – ein besonders schöner Moment der Bergtour.

Kurz darauf steht man am **Gratlspitz** über den Dächern von Alpbach und wird mit dem fulminanten Ausblick in alle Himmelsrichtungen beglückt: Karwendel- und Rofangebirge, das Inntal, durch das sich zwischen den Ortschaften der Inn schlängelt, Wilder Kaiser, Kitzbüheler Alpen, Hohe Tauern, Zillertaler und Stubaier Alpen ...

Für den **Abstieg** wählen Sie den Weg westwärts am Grat mit herrlichem Blick durch das Inntal aufwärts zum Bischofer Joch. Dabei sind einige felsige Gratstufen mit Drahtseilversicherungen entschärft. Der schöne Weg bringt Sie zunächst zu einem weiteren exponierten Aussichtspunkt: dem **Hochstrickl** (1787 m; Gipfelkreuz). Nach dem Gipfelkreuz wurde eine kurze felsige Stufe mit einem Drahtseil leichter „gangbar" gemacht. Weiter am Grat leitet Sie der Steig zum **Bischofer Joch**. Dem Fahrweg entlang kommen Sie zur **Bischoferalm** (Hotelbetrieb am Berg) und biegen dort auf den Steig taleinwärts ein, auf dem Sie in leichtem Gefälle den Weiler **Hausberg** wieder erreichen. Von dort geht's dann auf bekanntem Weg nach **Alpbach** hinunter.

Wer früh aufbricht, ist zum Mittagessen wieder daheim.

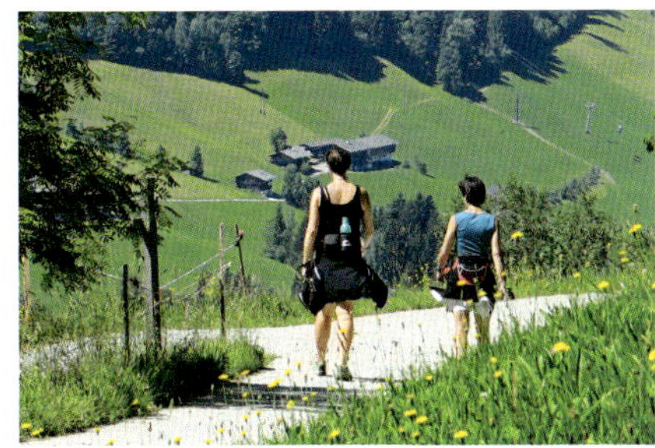

32 Seeberg- und Seekarspitze (2053 m)

Großartige Gratüberschreitung direkt überm Achensee

Pertisau 930 m		Seebergspitze 2085 m		Seekarspitze 2053 m		Scholastika 930 m
	4,6 km, 3 Std. ↑ 1155 Hm		1,8 km, ¾ Std. ↑ 180 Hm ↓ 215 Hm		6,5 km, 2 Std. ↓ 1125 Hm	

5¾ Std. | 12,9 km | ↑↓ 1335 Hm

Ausgangsort: Pertisau, Parkplatz am nördlichen Ortsende Nähe Achenseeschifffahrt

Charakter: Am schmalen Grat teilweise sehr ausgesetzt, Trittsicherheit unbedingt notwendig

Anfahrt mit Öffis: Mit dem Regionalbus 8332 (von Jenbach, Bahnhof) bis Haltestelle „Pertisau Bootshaus"; für den Rückweg: Regionalbus 4080 ab Haltestelle „Achenkirch Scholastika" und dann Regionalbus 8332 nach Jenbach

Anfahrt mit Pkw: Vom Inntal kommend in Maurach nach Pertisau und auf der ufernahen Straße zum gebührenpflichtigen Parkplatz am nördlichen Ortsende

Achenseeschifffahrt: Tel. +43/5243/52 530, www.tirol-schiffahrt.at

Einkehrmöglichkeit: Seekaralm, Anfang/Mitte Mai bis Ende Oktober oder bei Schönwetter bis Mitte November geöffnet, Tel. +43/650/44 46 996

An der Westseite des Achensees erhebt sich vom Ufer an auf ganzer Länge ein mächtiges Felsmassiv, das von zwei markanten Gipfeln beherrscht wird: der Seeberg- und der Seekarspitze. Die Überschreitung dieses Bergstocks zählt zu den schönsten Bergtouren im Achenseegebiet, aber auch zu den anspruchsvolleren. Gilt es doch auf teils schmaler Gratschneide sicher dahinzumarschieren und sich vom imposanten 1000-Meter-Tiefblick auf den tiefblauen Achensee und von den Ausblicken auf die Bergwelt des Rofans zur Rechten und

Der Fjord Tirols: Hoch über dem Achensee weiß man, dass diese Bezeichnung kein Zufall ist!

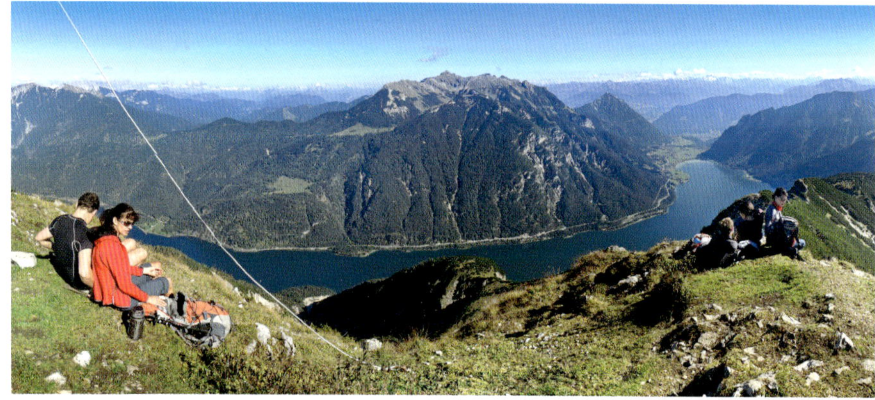

jener des Karwendels zur Linken im sicheren Gehen nicht irritieren zu lassen. In Summe ist die Überschreitung ein einmaliges Erlebnis, entsprechende Kondition und Bergerfahrung vorausgesetzt.

Wegverlauf: Vom gebührenpflichtigen Parkplatz nahe der Schiffsanlegestelle geht man zum Appartementhaus Waldhaus und biegt dort rechts auf den **Waldsteig** (Schild „Seebergspitze–Hochried, Ebnerblick") ein. Im steilen Bergwald gewinnt man rasch an Höhe. Es folgt nach dem Wald ein Latschengürtel und dann ein freier Gratrücken, der schließlich zum höchsten Punkt der Tour führt: zur **Seebergspitze**. Bereits ab der Waldgrenze erwartet Sie der grandiose Ausblick auf den Fjord Tirols, wie der Achensee immer wieder genannt wird. Ein Blick, der die nächsten Stunden bis zum Erreichen der Waldgrenze beim Abstieg von der Seekarspitze nach Achenkirch erhalten bleibt.

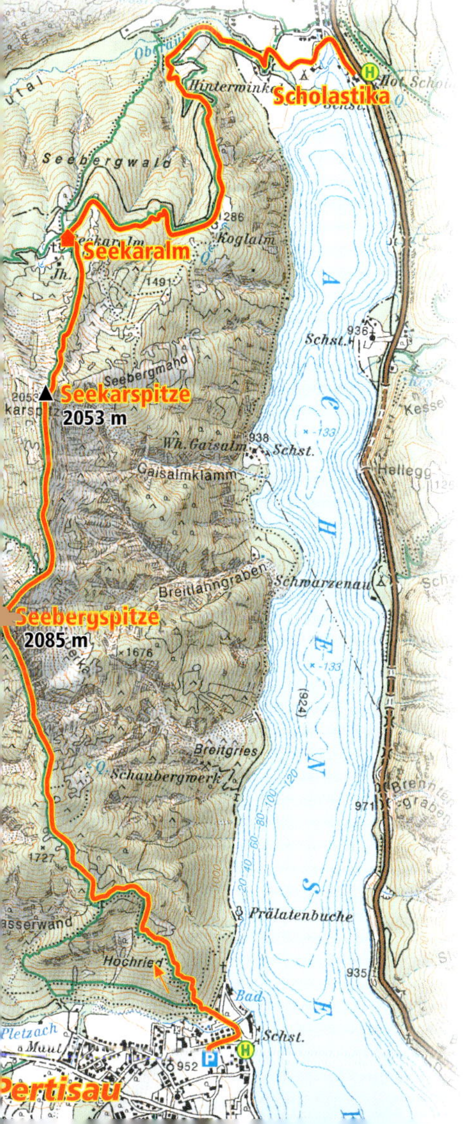

Mit Erreichen der Seebergspitze sind die großen Anstiegsmühen geschafft. Es folgt der anspruchsvolle Grat nordwärts zur Seekarspitze. Anfangs muss man steil in eine Scharte absteigen (ca. 1920 m) – hier ist besondere Vorsicht geboten, denn das Gelände ist steil und ausgesetzt. Dann geht's meist genau auf Grathöhe, hin und wieder auch links und rechts des Grates zur **Seekarspitze**. Stets 1000 Höhenmeter unter Ihnen schmiegt sich der Achensee zwischen Rofan und Karwendel ins Achental.

Von der Seekarspitze folgt der lange Abstieg nach Achenkirch. Der erste Abschnitt erfordert wiederum volle Konzentration und sicheres Steigen im exponierten Gelände, das aber zusehends gutmütiger wird. Der Weg führt an der **Seekaralm** (einzige Einkehrmöglichkeit) vorbei bis zur Nordspitze des Achensees. Dort gehen Sie um die Seespitze herum an die Ostseite zur Bootsanlegestelle oder Bushaltestelle „Scholastika". Wer mit dem Auto in Pertisau ist, fährt am besten mit einem Achensee-Schiff zurück zum Ausgangspunkt.

33 Hochiss (2299 m)

Auf den höchsten Rofangipfel

Erfurter Hütte 1834 m		Hochiss 2299 m		Dalfazalm 1693 m		Erfurter Hütte 1834 m
	2,8 km, 2 Std. ↑ 490 Hm ↓ 25 Hm		2,5 km, 1½ Std. ↓ 650 Hm ↑ 45 Hm		2,5 km, 1 Std. ↑ 200 Hm ↓ 60 Hm	

4½ Std. | 7,8 km | ↑↓ 735 Hm

Ausgangsort: Erfurter Hütte, Bergstation Rofanseilbahn

Anfahrt mit Öffis: Mit dem Regionalbus 4080 (von Bahnhof Jenbach) bis Haltestelle „Maurach Rofanseilbahn"; romantischer ist die Anfahrt mit der Achenseebahn, einer Schmalspur-Zahnradbahn mit Dampflokomotiven, die bereits seit 1889 verkehrt.

Anfahrt mit Pkw: Von Wiesing Richtung Achensee nach Maurach; rechts der Hauptstraße befindet sich die Talstation der Rofanseilbahn, Gratisparkplätze

Rofanseilbahn: www.rofanseilbahn.at, Sommerbetrieb von ca. Anfang Mai bis ca. Anfang November von 8:30 bis 17:00 Uhr, von ca. 10. Juni bis ca. 15. September von 8:00 bis 17:30 Uhr, Tel. +43/5243/5292

Charakter: Ein kurzer heikler, aber versicherter Abschnitt

Einkehrmöglichkeit: Dalfazalm, www.dalfazalm.at, geöffnet von ca. Mitte Mai bis etwa Anfang November, Tel. +43/664/91 59 807

Der Hochiss als höchster Gipfel des Rofangebirges ist – wie nahezu alle anderen Gipfel des kleinen Gebirgsstockes – meist bestens besucht, was vor allem an der Erschließung mit der Rofanseilbahn liegt. Die Rundtour von der Erfurter Hütte zum Hochiss und über die bewirtschaftete Dalfazalm, sensationell schön überm Achensee logierend, zurück zur Erfurter Hütte ist ein landschaftlicher Hochgenuss. Über weite Strecken erwartet die Wanderer gutmütiges Gelände, allerdings fordert eine kurze Stelle Trittsicherheit. Aufgrund der Schönheit und der Kürze der abwechslungsreichen Tour ist am Hochiss die Bergeinsamkeit verständlicherweise hintangestellt.

Wegverlauf: An der Bergstation der Rofanseilbahn, bei der **Erfurter Hütte**, startet die Tour zum Hochiss. Wer den Gipfel „by fair means" machen möchte, steigt

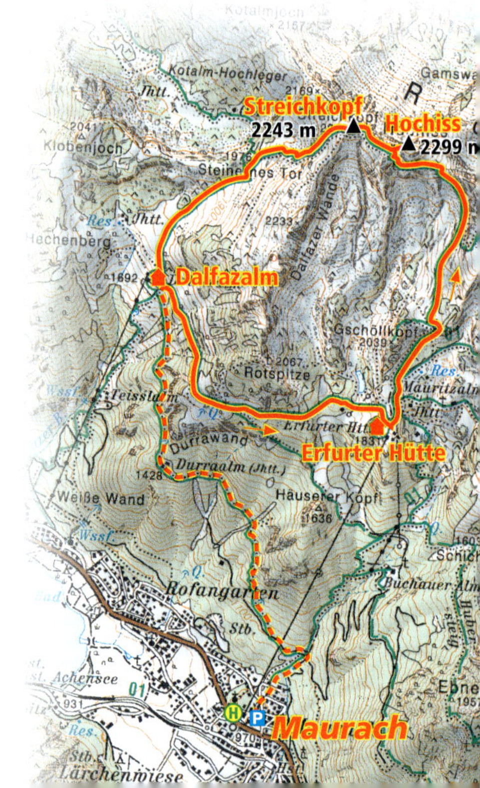

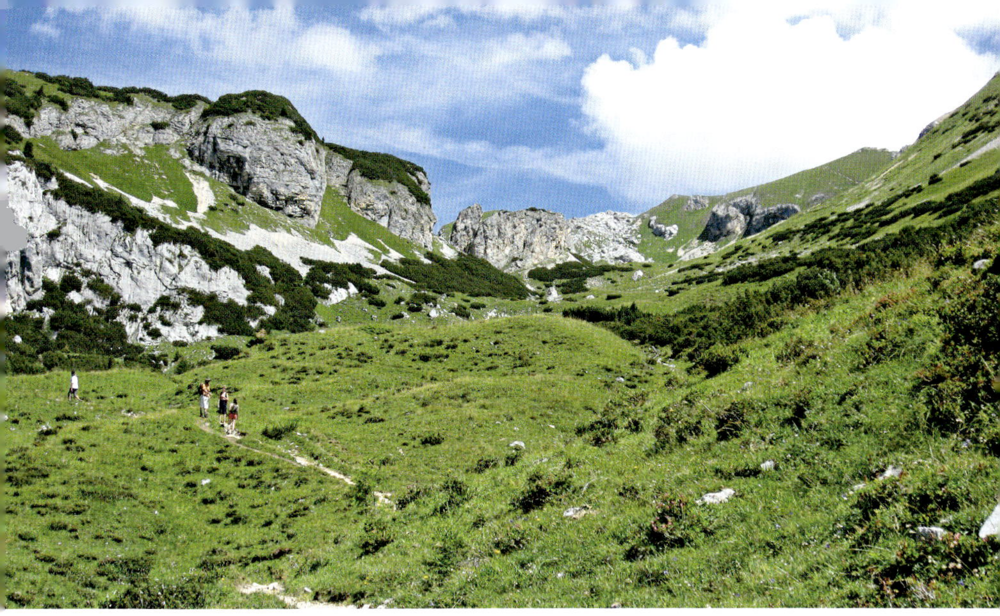

Satte Wiesen, graue Kalkwände: Rofan vom Feinsten!

von der Talstation in ca. 2 Stunden (850 Hm) zur Erfurter Hütte auf. Gut beschildert (was angesichts der zahlreichen Wanderwege, die im Bereich der Bergstation zusammentreffen, sehr angenehm ist) folgen Sie dem Steig nordwärts in Richtung Hochiss, rechts am **Gschöllkopf** vorbei. Zwischen grünen Matten und den charakteristischen hellgrauen, senkrechten Felswänden des Rofan wandern Sie gemütlich am gut markierten Steig dem höchsten Gipfel entgegen. Schon bald zeigt sich das formschöne, felsige Gipfeldreieck des **Hochiss**, das Sie ohne besondere technische Herausforderungen erreichen.

Nach Norden bricht der Hochiss überraschend mit senkrechten Felswänden ab. Noch eindrucksvoller ist aber der Ausblick: Hinaus ins bayerische Alpenvorland im Norden, ins nahe Karwendel im Westen, zum Wilden Kaiser im Osten, den Zillertaler Alpen im Süden.

Der Abstieg zur bewirtschafteten Dalfazalm erfolgt zunächst westwärts zum **Streichkopf** (2243 m), dem nächsten Gipfel. Dort wartet die Schlüsselstelle der Tour: Beim sogenannten **Streichkopfgatterl** gilt es eine ca. 10 m lange, steile Felspassage, die aber mit Seilen versichert ist, zu meistern. Halbwegs erfahrene Bergwanderer haben dabei keinerlei Probleme. Nach dem kurzen, etwas heiklen Abstieg am Seil folgt schönstes, problemloses Almgelände zur malerisch gelegenen **Dalfazalm**. Unter der Alm liegt tiefblau zwischen Karwendel und Rofan der Achensee.

Wer will, darf natürlich auch von dort zu Fuß am Steig Nr. 13 über die Durraalm zur Talstation absteigen (ca. ↓ 750 Hm, 4 km, 1½ Std.). Der „Normalweg" zieht von der Dalfazalm ansteigend und aussichtsreich hinüber zur **Erfurter Hütte**, wo die Tour meist mit genussvollem Zwischenstopp vor ebensolcher Gondelfahrt ins Tal endet.

34 Gerlossteinwand (2166 m)

Kurze Tour auf den großen Felsriegel

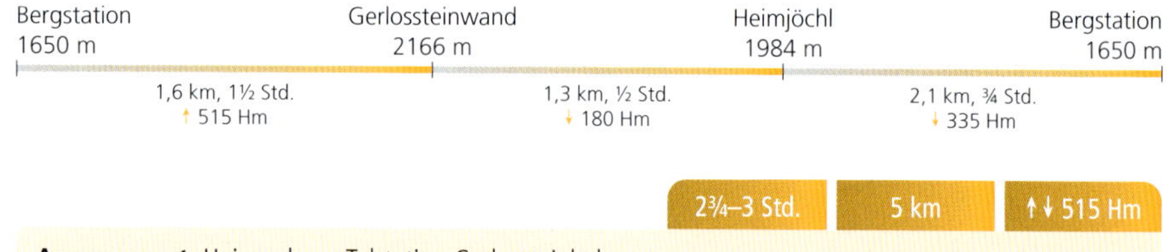

2¾–3 Std. | 5 km | ↑↓ 515 Hm

Ausgangsort: Hainzenberg, Talstation Gerlossteinbahn

Anfahrt mit Öffis: Mit dem Regionalbus 4094 (von Bahnhof Zell a. Z.; nach Zell z. B. mit der Zillertalbahn oder Regionalbus 8330 ab Jenbach) bis Haltestelle „Hainzenberg Gerlossteinbahn"

Anfahrt mit Pkw: Von Zell am Ziller Richtung Gerlospass nach Hainzenberg bis zur Talstation der Gerlossteinbahn direkt an der Hauptstraße

Bergbahn Gerlossteinbahn, www.zillertalarena.com, Sommerbetrieb ab Ende Mai bis Mitte Oktober, 8:30 bis 17:00 Uhr – halbstündlich, bei Bedarf viertelstündlich; Mittagspause: 12:15 bis 13:00 Uhr; Tel. +43/5282/2275

Charakter: Kurzer, abschnittsweise etwas steiler Anstieg; insgesamt eine einfache, aber aussichtsreiche Rundtour

Einkehrmöglichkeit: Während der Tour keine, bei der Bergstation Restaurant Gerlosstein, www.gerlosstein.at, Tel. +43/5282/2419, geöffnet mit Bahnbetrieb ab Ende Mai bis Mitte Oktober

Die Gerlossteinwand, ein massiver, breiter Felsriegel oberhalb von Hainzenberg im mittleren Zillertal, fällt bereits bei der Anfahrt vom Inntal ins Zillertal auf. Mit Unterstützung der Bergbahn kommt man in den Genuss einer kurzen, überaus spannenden Bergtour auf einen aussichtsreichen Gipfel. Klettersteigliebhaber haben die Möglichkeit, durch die Nordwand auf einem anspruchsvollen Klettersteig (D) zum Gipfel zu gelangen. Wanderer erreichen das Gipfelkreuz der Gerlossteinwand über einen gut markierten, teils etwas steilen Steig und können eine schöne Rundwanderung machen.

Wegverlauf: Am Beginn der Bergtour steht die Gondelfahrt mit der Gerlossteinbahn. An der **Bergstation** angekommen zeigt die Gerlossteinwand ihre beeindruckende Breitseite mit der 250 m hohen, senkrechten Nordwand. Die Rundtour auf bzw. um die Gerlossteinwand nimmt man am besten gegen den Uhrzeigersinn in Angriff und folgt dem bestens ausgeschilderten Weg geradewegs der Nordwand entgegen. Nach Norden hat man bereits den anhaltend schönen Ausblick auf das mittlere und vordere Zillertal bis zum Inntal.

Abschnittsweise steil und mit einigen Stufen (für Kinder kann es etwas mühevoll sein) gelangt man auf die westliche **Gratschulter**. Damit öffnet sich auch der Blick ins hintere Zillertal mit den hohen, teils vergletscherten Bergen des Hauptkammes. Flach ansteigend zieht der Steig rechts der Abbruchkante zur Nordwand auf einem ausgedehnten Plateau zum **Gipfelkreuz**. An einigen Stellen kommt der Steig der Abbruchkante recht

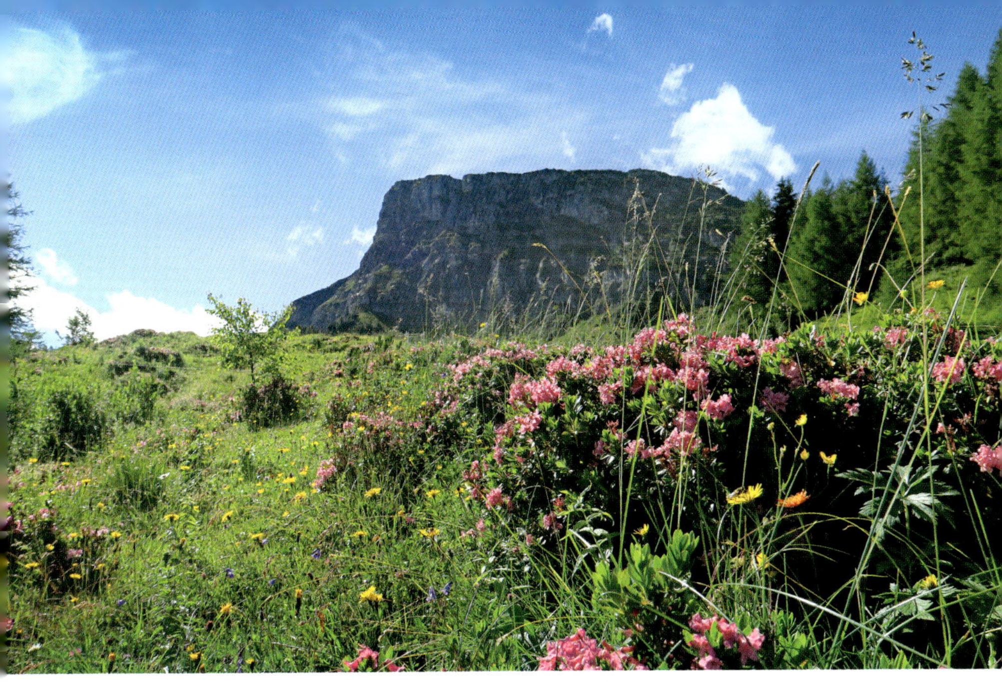

„Schenkt man sich Rosen in Tirol" – Sommer am Fuß der Gerlossteinwand

nahe und bringt prickelnde Tiefblicke. Nach ca. 1½ Stunden Aufstieg liegt den Besuchern der Gerlossteinwand mit Erreichen des Gipfelkreuzes das Zillertal zu Füßen und im Rund grüßen die Berge vom Rofan über den Zillertaler Hauptkamm bis zu den Hohen Tauern.

Beim **Abstieg** hält man sich am beschilderten Steig kurz südwärts, um dann nach Osten zum **Heimjöchl** abzusteigen. Anschließend erfolgt der Abstieg in einem sanften Tal, an den östlichen Felswänden der Gerlossteinwand vorbei zur Bergstation.

Für Klettersteigfreunde: Der Klettersteig Gerlossteinwand zieht durch die ca. 250 m hohe Nordwand in nahezu gerader Linie nach oben. Die Schwierigkeiten sind dabei hoch und weisen an vielen Stellen den Grad „D" auf. Zustieg von der Bergstation ca. 50 Min., 400 m Kletterlänge, 240 Hm, Kletterzeit ca. 1½ Std.; Abstieg, wie oben beschrieben, westwärts ca. ¾ Std., über das Heimjöchl 1¼ Std.

35

Ahornspitze (2973 m)

Der Mount Everest des Zillertals

Bergstation Ahornbahn, 1950 m	Edelhütte 2238 m	Popbergschneid 2740 m	Ahornspitze 2973 m	Edelhütte 2238 m	Bergstation Ahornbahn, 1950 m
2,9 km, 1¼ Std. ↑ 340 Hm ↓ 50 Hm	1,8 km, 1½ Std. ↑ 500 Hm	0,5 km, ¾ Std. ↑ 235 Hm	2,3 km, 1¾ Std. ↓ 735 Hm	2,9 km, 1 Std. ↓ 340 Hm ↑ 50 Hm	

6¼ Std. | 10,4 km | ↑↓ 1125 Hm

Ausgangsort: Mayrhofen, Talstation Ahornbahn

Anfahrt mit Öffis: Mit der Zillertalbahn R127 (ab Bahnhof Jenbach) bis Haltestelle „Mayrhofen Bahnhof" und dann zu Fuß zur Ahornbahn (¼ Std., 1,2 km) oder mit dem Regionalbus 8327 bis zur Haltestelle „Ahornbahn"

Anfahrt mit Pkw: Durch das Zillertal bis nach Mayrhofen und dort gut beschildert zum Parkplatz der Ahornbahn

Ahornbahn, www.mayrhofner-bergbahnen.com, Betrieb ab ca. 10. Juni bis ca. 26. Oktober von 08:30 bis 17:00 Uhr im 15-Minuten-Takt. Im Juli und August fährt bei Schönwetter um 7:30 Uhr eine Bergsteigergondel (Infos dazu am Vortag ab 17:00 Uhr unter +43/5285/62 27 74 36).

Charakter: Eindrucksvolle Bergtour, im Gipfelbereich ausgesetzt, Trittsicherheit erforderlich

Einkehrmöglichkeit: Edelhütte, www.edelhuette.at, bewirtschaftet in der Zeit des Fahrbetriebes der Ahornbahn, Tel. +43/664/91 54 851

Bergsteigerlegende Peter Habeler hat von seinem Haus in Finkenberg freien Blick auf die Ahornspitze. „Sie erinnert mich wie kaum ein anderer Berg an den Mount Everest", sagt er und freut sich über den stolzen Berg vor seiner Haustüre. Die Ahornspitze oberhalb von Mayrhofen begeistert die vielen Besucher mit grandiosen Einblicken in die eindrucksvolle Bergwelt des Naturparkes Zillertal: Der Zillertaler Hauptkamm mit seinen wilden Fels- und Gletscherflanken zeigt sich in der gesamten Breite von der Reichenspitze im Osten über Grundschartner, Großer Löffler, Großer Möseler bis zum Hochfeiler und Olperer im Westen. Nach Norden hin erfreut das breite Zillertal hinaus zum Inntal das Auge. Um die Gipfelfreuden genießen zu können, ist ein gewisses Maß an Trittsicherheit und Schwindelfreiheit unabdingbar.

Wegverlauf: Nach der Gondelfahrt mit der Ahornbahn sieht man vom Ahornplateau aus bereits die Ahornspitze. Gut

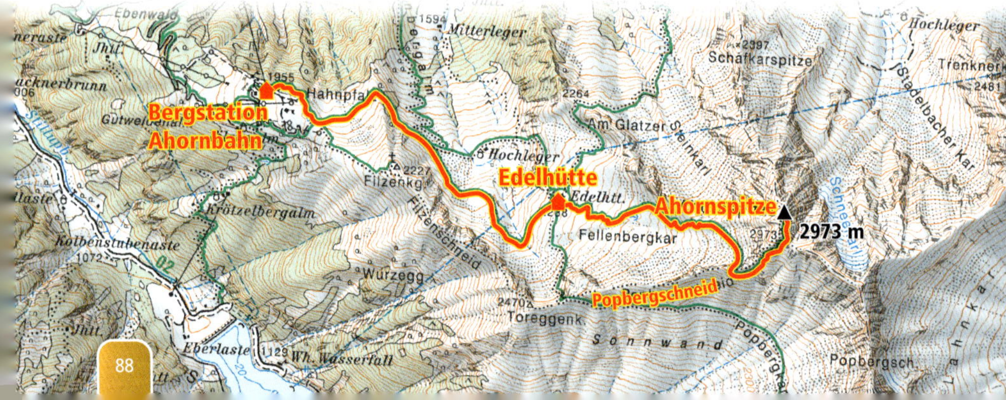

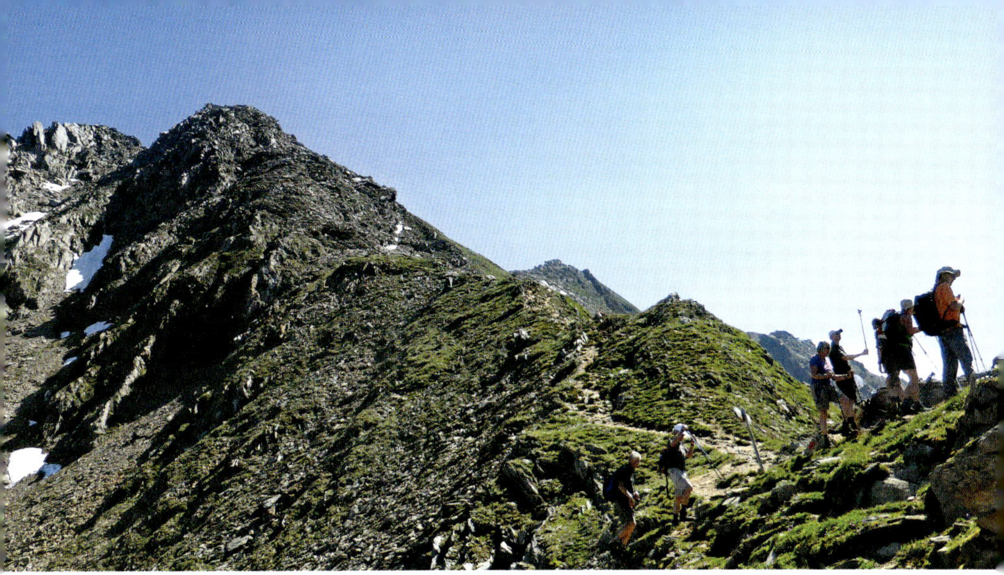

Ab jetzt geht's immer am Grat entlang auf den Zillertaler Everest.

beschildert führt der Weg am kleinen **Ahornsee** vorbei in Richtung Edelhütte. Der Steig nähert sich durch das **Filzenkar** dem grünen Grataufschwung des Filzenkogels, dem Gipfel, welcher der Bergstation am nächsten liegt. Nach der Gratkante biegt der Steig ins **Fellenbergkar**. Leicht abwärts und dann ansteigend geht's der **Karl-von-Edel-Hütte** entgegen, die schon von weitem sichtbar ist. Die Schutzhütte ist ein beliebtes Nahziel für Kurzwanderer, die lieber die Ahornspitze von der gemütlichen Terrasse aus bestaunen. Deutlich steiler wird's oberhalb der Edelhütte am „Peter-Habeler-Gipfelanstieg" zur **Popbergschneid**, dem vom Gipfel nach rechts (südwestlich) herunterziehenden, langen Grat. Auf teils ordentlich steilen Abschnitten nähert man sich diesem Etappenziel.

Von der Grathöhe an folgt der selektivste Teil der Tour mit ausgesetzten Passagen. Trittsicherheit und ein gewisses Maß an Schwindelfreiheit sind für diesen letzten Abschnitt unbedingt notwendig. Bei entsprechendem Ansturm, kann es hier zu ähnlich kritischen Stausituationen wie am Hillary Step am Everest kommen. Am **Gipfel** angelangt lässt der Rundumblick keinen Zweifel aufkommen, dass die Ahornspitze zu Recht zu den beliebtesten Aussichtsbergen des Zillertales zählt. Zurück geht's entlang der Aufstiegsroute.

Beim Abstieg lockt die Edelhütte.

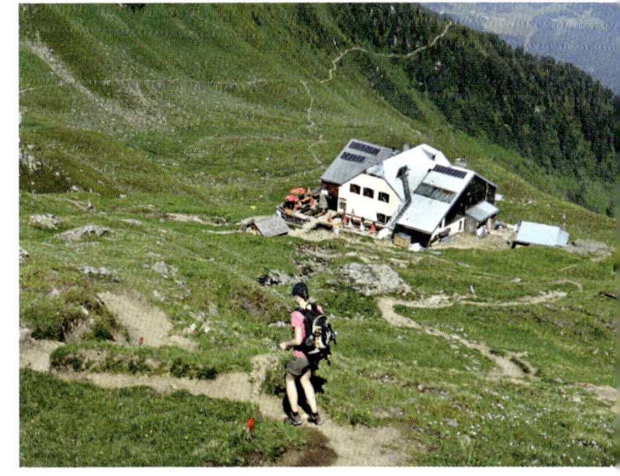

36 Zirbenweg

Der Klassiker zwischen Patscherkofel und Glungezer

Bergstation Patscherkofel, 1965 m	Boscheben 2030 m	Abzweig Neunerspitze 2050 m	Tulfeinalm 2035 m	Liftstation Glungezer 2035 m
2,1 km, ¾ Std. ↑ 110 Hm ↓ 45 Hm	2,8 km, ¾ Std. ↑ 90 Hm ↓ 70 Hm	2,0 km, 35 Min. ↑ 40 Hm ↓ 55 Hm	0,3 km, 5 Min. ↑ 10 Hm ↓ 10 Hm	

2¼ Std. | 7,2 km | ↑ 250 Hm ↓ 180 Hm

Ausgangsort: Igls, Talstation oberhalb vom Ort

Anfahrt mit Öffis: Von Innsbruck mit dem Stadtbus J zur Haltestelle „Igls Olympiaexpress"; Rückweg von Tulfes/Talstation Glungezerbahn nach Igls/Patscherkofelbahn mit dem Regionalbus 4132 und 4134

Anfahrt mit Pkw: Von der Brennerautobahn/Ausfahrt Patsch am Grünwalderhof vorbei in Richtung Lans (nicht nach Igls links ab) zur Talstation. Von Innsbruck kommend entweder über Aldrans, Lans oder über Igls durch den Ort weiter aufwärts und dann links

Bergbahnen: Patscherkofelbahn, www.patscherkofelbahn.at, Sommerbetrieb Ende Mai bis ca. Ende Oktober von 9:00 bis 17:00 Uhr, Tel. +43/512/37 72 34; Glungezerbahn, www.glungezerbahn.at, Sommerbetrieb Anfang Juni bis Ende September von 8:30 bis 17 Uhr, Tel. +43/5223/78 321

Tipp: Für Begeher des Zirbenwegs gibt es spezielle Rundfahrtickets für Bergbahnen und Bus!

Charakter: Genussvolle, einfache Panorama-Höhenwanderung mit kleinen An- und Abstiegen

Einkehrmöglichkeit: Boscheben, www.boscheben.at, Anfang Juni bis Mitte Oktober, Tel. +43/660/23 45 396; Tulfeinalm, www.tulfeinalm.at, ca. Anfang Juni bis Ende Oktober, Tel. +43/5223/78 468

Der Zirbenwald zwischen dem Patscherkofel und dem Glungezer ist einer der größten Zirbenurwälder Europas. Genau an der Waldgrenze dieses eindrucksvollen Zirbenbestandes zieht der Zirbenweg von der Bergstation der Patscherkofelbahn in ca. 2000 m Höhe in leichtem Auf und Ab zur Bergstation der Glungezerbahn: ein meist breiter, bestens beschilderter und familientauglicher Wanderweg mit grandioser Aussicht auf das Inntal. „Erfunden" wurde der Zirbenweg vom Seilbahnpionier Dr. Heinrich Klier im Jahr 1968.

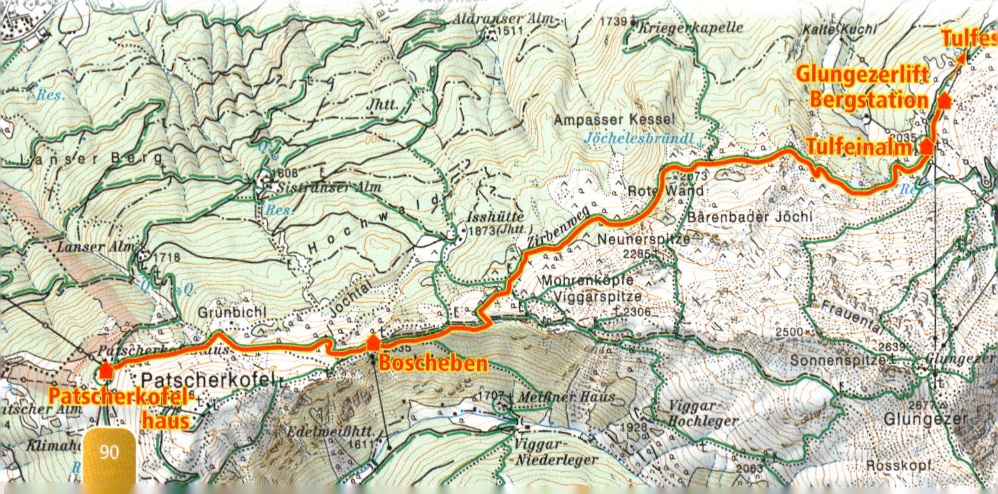

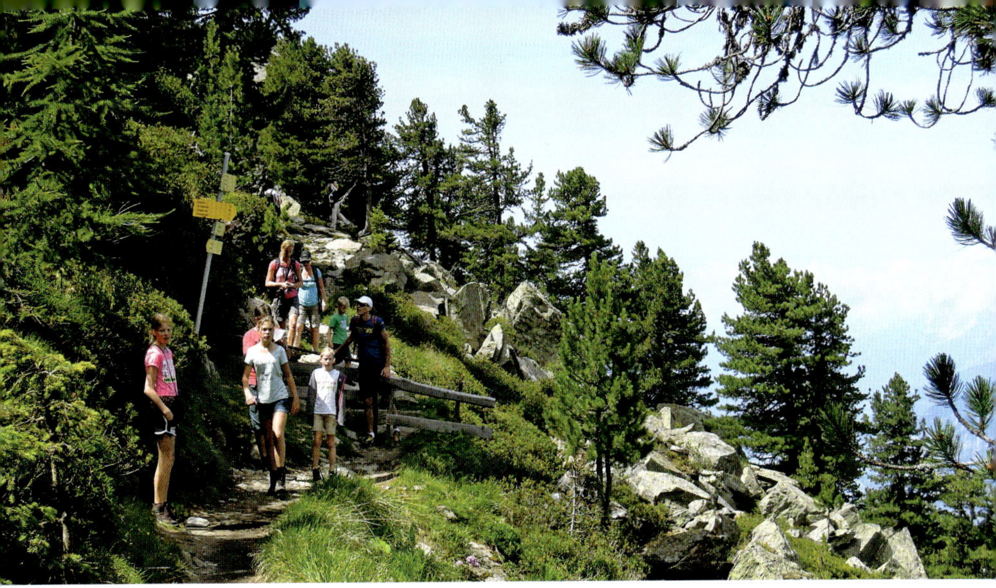

Nomen est omen: Zirben auf Schritt und Tritt

Vom Patscherkofel zum Glungezer oder in umgekehrter Richtung? Der Zirbenweg macht in beide Richtungen gleich viel Freude – und gleich wenig Mühe. In Summe sind mehr Wanderer von West nach Ost, also vom Patscherkofel in Richtung Glungezer unterwegs. Aufgrund der Beliebtheit des Weges fährt seit vielen Jahren ein Wanderbus zwischen den beiden Talstationen in Tulfes und Igls.

Der Zirbenweg zieht nordseitig unterhalb der Viggar- und Neunerspitze in nahezu gleichbleibender Höhe durch Zirbenwälder und Almgelände und lässt sich bestens variieren. So kann zum Beispiel vom Zirbenweg aus mit einem kurzen Abstecher die Neunerspitze (2285 m) bestiegen werden (Aufstieg 235 Hm, ca. 40 Min.). Manche verlassen ein Stück nach Boscheben den Zirbenweg hinauf zur Viggarspitze (2306 m) und wandern von dort am südseitigen Glungezer-Höhenweg zur Glungezerhütte (2610 m, Glungezer 2677 m).

Wegverlauf: Wer sich an den originalen Zirbenweg hält und an der **Patscherkofel-Bergstation** startet, hat als erstes Etappenziel die Einkehr **Boscheben** in der Senke am ostseitigen Grat des Patscherkofels. Geschickt angelegt verläuft der Weg dann stets nordseitig durch den lockeren obersten Zirbenwald. Er windet sich durch die teils überwachsenen Blockhalden in nur leichtem Auf und Ab ostwärts. Der Tiefblick auf das Inntal zwischen Telfs und Wörgl erfreut gleichermaßen wie der Ausblick übers Inntal hinüber zum Karwendel mit der Innsbrucker Nordkette. Infotafeln klären über Besonderheiten auf.

Nur stellenweise verengt sich der Weg zum schmalen Steig. Nach rund zwei Dritteln, im Bereich der Roten Wand, zweigt der Steig zur **Neunerspitze** ab. Schließlich wird die **Tulfeinalm** erreicht, die zu einer abschließenden Einkehr lädt. Mit dem **Glungezerlift** geht's hinunter nach Tulfes.

37 Apollontempel Hundstalsee (2287 m)

Tiroler Hochgebirgs-Filiale griechischer Mythologie

Stiglreith 1380 m	Krimpenbachsattel 1899 m	Hundstalsee 2287 m	Krimpenbachsattel 1899 m	Stiglreith 1380 m

Stiglreith – Krimpenbachsattel	Krimpenbachsattel – Hundstalsee	Hundstalsee – Krimpenbachsattel	Krimpenbachsattel – Stiglreith
4,5 km, 2 Std. ↑ 510 Hm	3,9 km, 2 Std. ↑ 460 Hm ↓ 70 Hm	3,9 km, 1¼ Std. ↓ 460 Hm ↑ 70 Hm	4,5 km, 1¼ Std. ↓ 510 Hm

6½ Std. | 16,8 km | ↑↓ 1040 Hm

Ausgangsort: Oberperfuss, Weiler Stiglreith

Anfahrt mit Öffis: Mit dem Regionalbus 4165 (von Innsbruck Hauptbahnhof) bis Haltestelle „Oberperfuss Rangger-Köpfl-Lift", anschließend mit dem Lift nach Stiglreith

Anfahrt mit Pkw: Von Kematen nach Oberperfuss und weiter Richtung Sellrain und im Ortsteil Schwaiger rechts hinauf nach Stiglreith. Gebührenpflichtiger Parkplatz. Achtung: Parkgebühr von € 6.- nur in Münzen zu begleichen

Rangger-Köpfl-Lift, www. rangger-koepfl.at: komplexe Betriebszeiten, bitte informieren Sie sich auf der Homepage, Tel. +43/5232/81 505

Charakter: Herrliche, einsame Wanderung zu einem besonderen Ort; Trittsicherheit abschnittsweise ratsam

Einkehrmöglichkeit: Rosskogelhütte, www.rosskogelhuette.tirol, Tel. +43/5232/81 419

Tipp: Nicht zu früh, meist erst ab Juli empfehlenswert. Am Schützensteig lauern lange Zeit Schneereste, ebenso hält sich am Hundstalsee der Schnee sehr lange.

Oberhalb der Inzinger Alm am Hundstalsee steht ein Tempel – errichtet aus Steinen aus den Bereichen rund um den See, ohne Mörtel, ohne Bindemittel. Dieser Tempel wurde zu Ehren des griechischen Gottes Apollon (Sohn des Zeus) von zwei einheimischen Künstlern errichtet: eine Kuppel, die innen begehbar ist, und zwei flankierende 6 m hohe Türme bilden das Zentrum. Daneben entstanden noch kleinere Türme sowie ein Seesteg mit Sitzbank.

Das Bauwerk wurde 1986 begonnen und 2006 fertiggestellt. Dazwischen lagen nicht nur Hunderte Tonnen händisch transportierter und geschlichteter Steine, sondern auch eine Unzahl an Gerichtsverfahren wegen angeblich unerlaubten Errichtens eines Gebäudes. Schließlich hat der Oberste Gerichtshof zu Gunsten der Künstler und damit des Tempels entschieden. Der besondere, idyllische Ort gilt vielen als Kraftplatz.

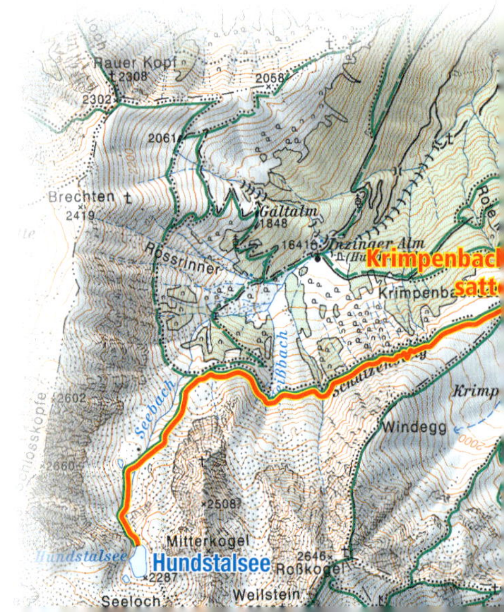

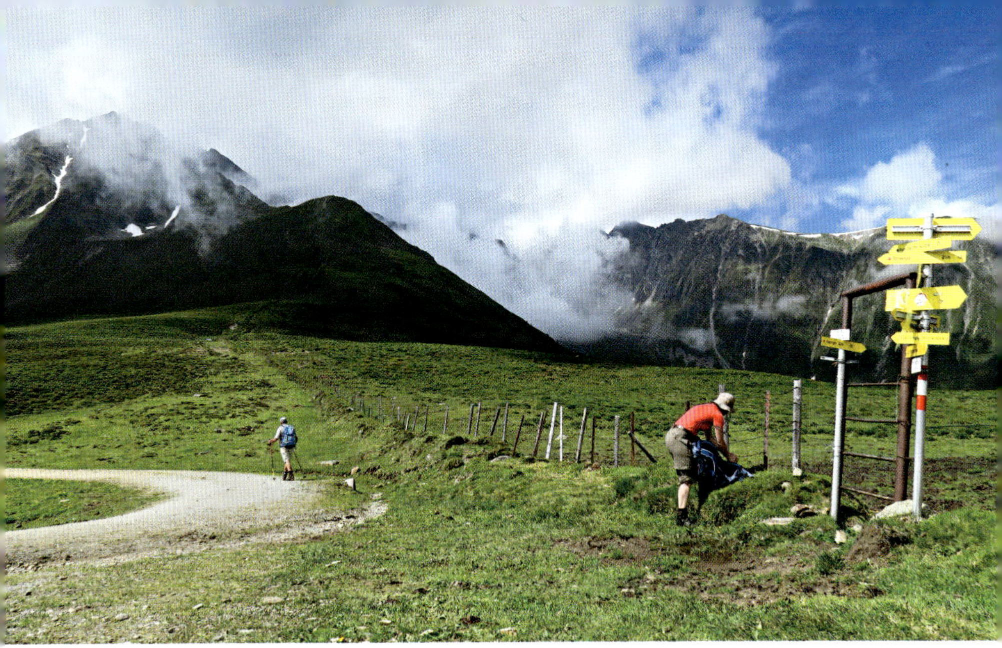

Am Krimpenbachsattel: Jetzt geht's am Schützensteig nach rechts hinein ins Hundstal.

Wegverlauf: Der kürzeste Anstieg zum Apollontempel am Hundstalsee startet bei der Inzinger Alm (1641 m). Nach der Auffahrt mit dem Auto verbleiben 1½ bis 2 Stunden (650 Hm) Aufstieg.
Schöner, aber deutlich länger ist der Anmarsch von **Stiglreith** in Oberperfuss. Sie steigen an der Rosskogelhütte vorbei zum **Krimpenbachsattel** auf, der Einsattelung zwischen Ranggerköpfl und Rosskogel. Dieser 5 km lange Abschnitt eignet sich auch hervorragend für das Mountainbike! Wanderer wählen den Steig im Bereich der Lifttrasse. Vom Krimpen-

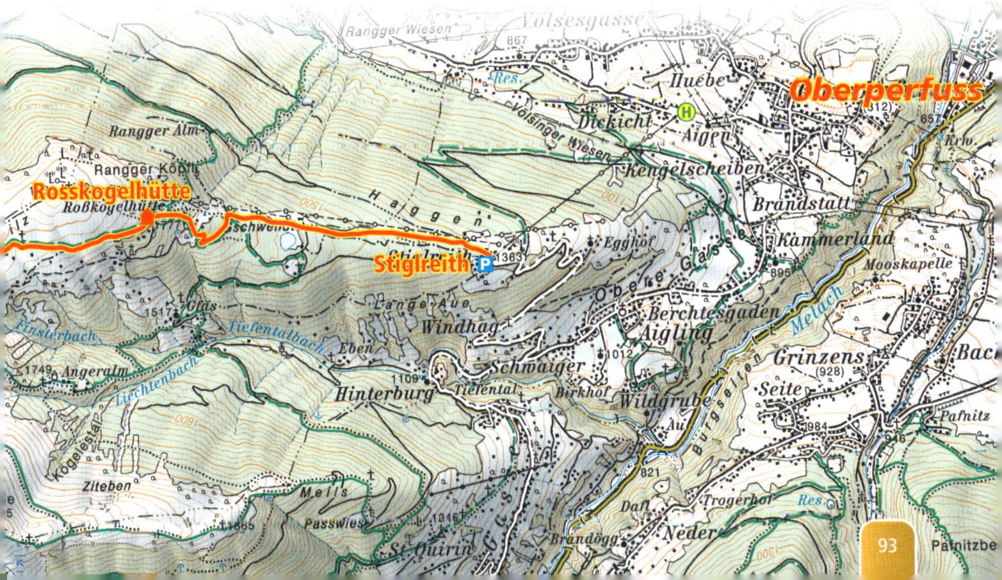

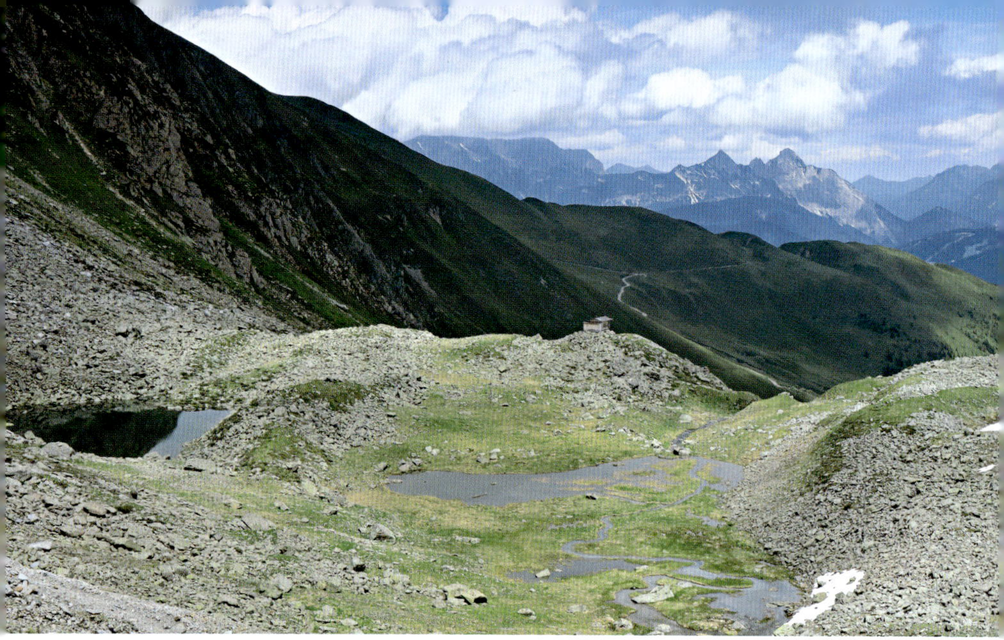

Auch wenn's im Hundstal schon schön zu bleiben wäre: eine Etage geht's noch hinauf zum Tempel am See.

bachsattel zieht dem steilen Hang entlang der **Schützensteig** ins Hundstal. Achtung: Nach dem Überstieg unbedingt links halten – es fehlen hier immer wieder Markierpfosten, da diese von den Pferden besonders „liebkost" werden. Dieser Abschnitt ist dank des schönen Ausblicks auf das Inntal und das jenseits aufragende Karwendel- und Wettersteingebirge besonders schön.

Handarbeit: der Tempel zu Ehren Apollons

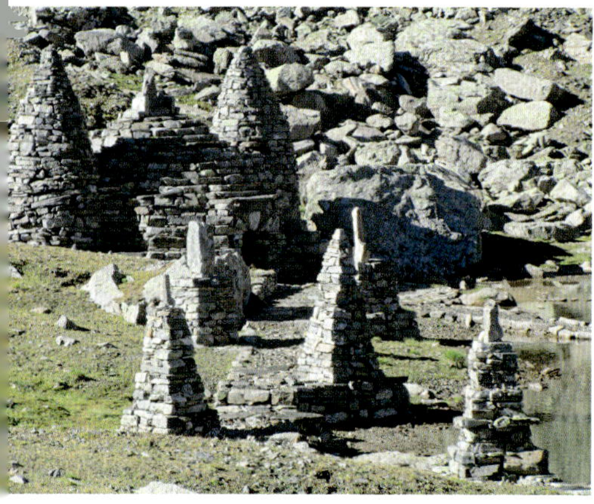

Nach Erreichen des **Hundstales** mündet der Schützensteig in den Steig ein, der von der Inzinger Alm kommt. Zwei Geländestufen sind nun zu bewältigen. Die erste hinauf zum sogenannten **Logenplatz** (eine extrem schön gelegene Jagdhütte steht dort oben) ist nicht besonders steil, wohl aber die zweite rechts des Baches hinauf zum **Hundstalsee**. Mit Erreichen des Sees fällt der Apollontempel am hinteren Ufer zunächst kaum auf. Das Grau des Tempels geht in der umgebenden Steinwüste fast unter. Erst mit dem Näherkommen zeigt der Tempel seine doch beträchtliche Dimension mit über 8 m Breite und 6 m Höhe, wobei vor allem die Kuppel mit einem Innendurchmesser von 3,5 m beeindruckt. Zurück geht's am bekannten Weg.

Nockspitze aus dem Stubaital

Die lange Variante auf einen Aussichtsberg der Sonderklasse

P Kapfers 1100 m — 2,9 km, 2 Std., ↑ 640 Hm — Pfarrachalm 1740 m — 1,2 km, ¾ Std., ↑ 235 Hm — Sailenieder 1974 m — 1,2 km, 1¼ Std., ↑ 440 Hm — Nockspitze 2404 m — 2,4 km, 1¼ Std., ↓ 675 Hm — Pfarrachalm 1740 m — 2,9 km, 1¼ Std., ↓ 640 Hm — P Kapfers 1100 m

6½ Std. | 10,6 km | ↑↓ 1315 Hm

Ausgangsort: Telfes, Parkplatz Pfarrachalm im Ortsteil Kapfers (1100 m)

Anfahrt mit Öffis: Mit der Stubaitalbahn von Innsbruck Hauptbahnhof bis Haltestelle „Telfes Ort" und dann zu Fuß jenseits der Schienen rechts aufwärts zum Parkplatz (0,8 km, 90 Hm, 20 Min.); alternativ auch mit dem Bus 590b ab Innsbruck Hauptbahnhof nach Fulpmes Ortsmitte und dann zu Fuß nach Plöven und am Hirtensteig zur Pfarrachalm (3,8 km, 830 Hm, 2¾ Std.)

Anfahrt mit Pkw: Nach Telfes im Stubaital, dort im Ort die Schienen der Stubaitalbahn queren und dann talauswärts aufwärts in den Ortsteil Kapfers fahren. Zum Schluss gut beschildert kurz links zum Parkplatz der Pfarrachalm am Beginn des Forstweges zur Alm

Charakter: Lange, aber wenig schwierige Bergtour

Einkehrmöglichkeit: Pfarrachalm, geöffnet vom Ausapern bis zum Zuschneien; Info per Telefon +43/664/35 55 811 oder Facebook Pfarrachalm

Die Saile, so der zweite Name der Nockspitze, ist zum einen der Hausberg mehrerer Orte (Axams, Götzens, Mutters und Telfes) und zum anderen einer der besten Aussichtsberge in der Nähe von Innsbruck. Der freistehende nördlichste Gipfel der Kalkkögel lockt entsprechend viele Besucher. Die Saile ist von allen Seiten zu erreichen. Von der Axamer Lizum ist der Gipfelerfolg durch Lifthilfe

Schön steht sie da, die Pfarrachalm, gegenüber von Serles und Habicht.

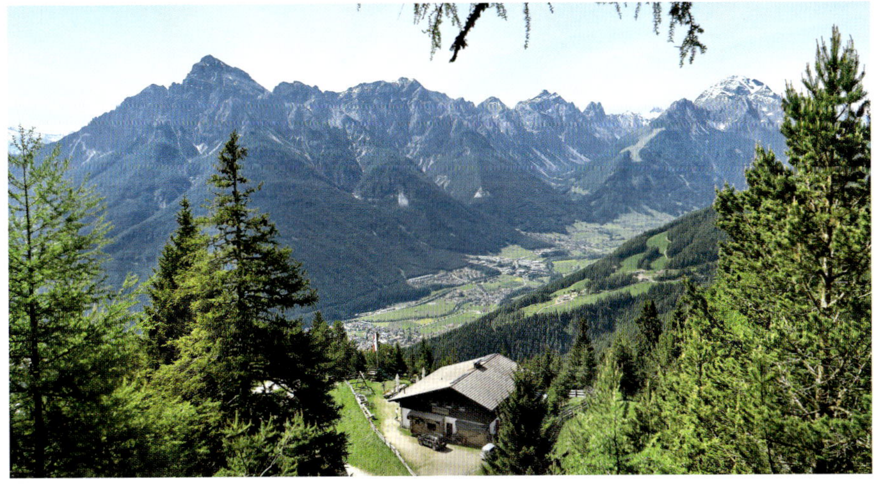

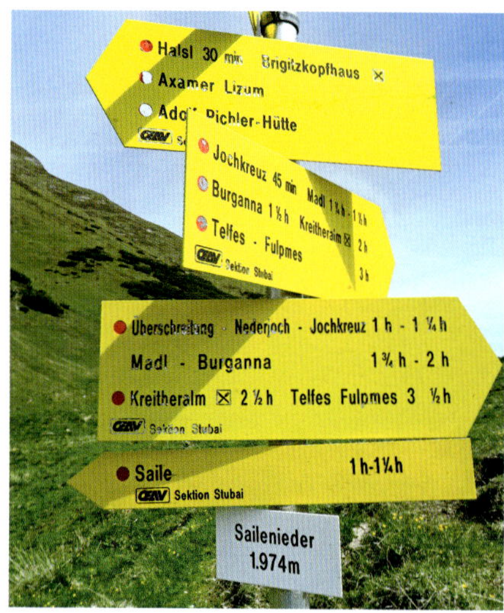

Wer die Wahl hat, hat die Qual …

bereits nach 400 Höhenmetern (ohne Lift 800 Hm) zu haben. Deutlich länger und daher weniger frequentiert ist die Route von Telfes. Mit 1300 Höhenmetern wartet vom Stubai eine lange, aber insgesamt einfache, südseitige Bergtour. Die Hälfte der Strecke, bis zur herrlich gelegenen Pfarrachalm, kann man auch mit dem Fahrrad bestreiten (5,7 km, einige steile Abschnitte).

Wegverlauf: Vom Parkplatz der Pfarrachalm im Telfer Ortsteils Kapfers folgt man ein kurzes Stück der Forststraße, biegt aber bald schon auf den ausgeschilderten Steig an, der anhaltend steil bergwärts zieht. Eine zweite Möglichkeit wäre auch der von Plöven heraufziehende Hirtensteig, auf den man in der ersten Rechtskehre der Almstraße trifft. Die **Pfarrachalm** liegt aussichtsreich auf einer Schulter knapp über der Waldgrenze. Der Blick auf das vordere Stubai mit dem Bergkamm von der Serles bis zum Habicht verwöhnt die zahlreichen Besucher, von denen viele die Alm als Tagesziel haben.

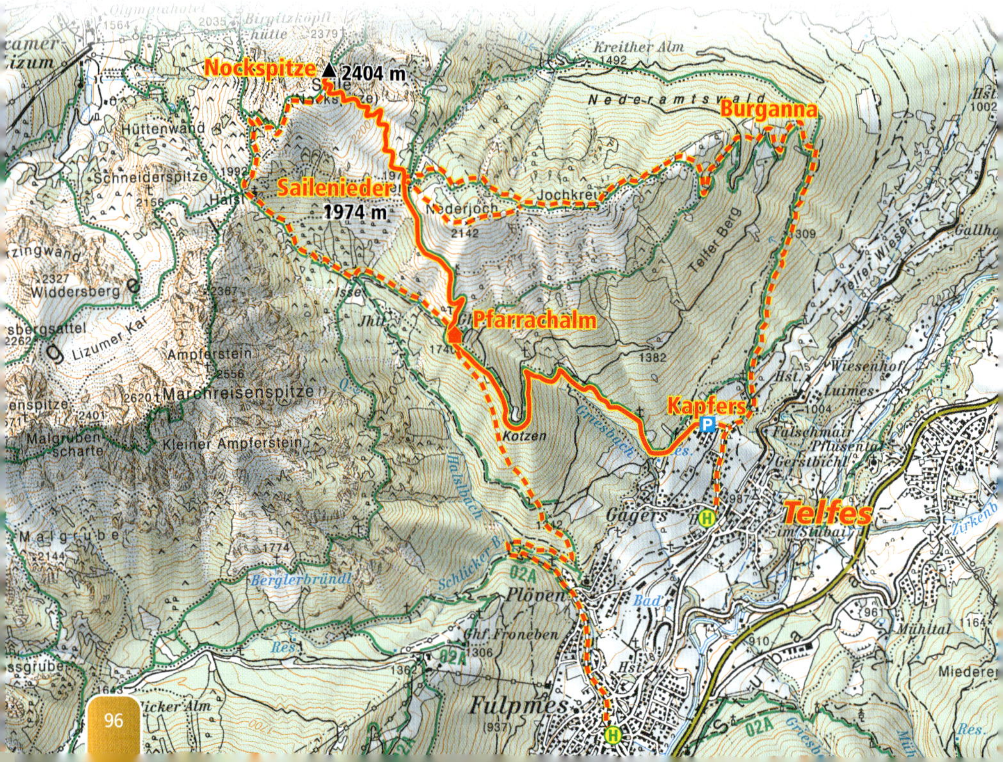

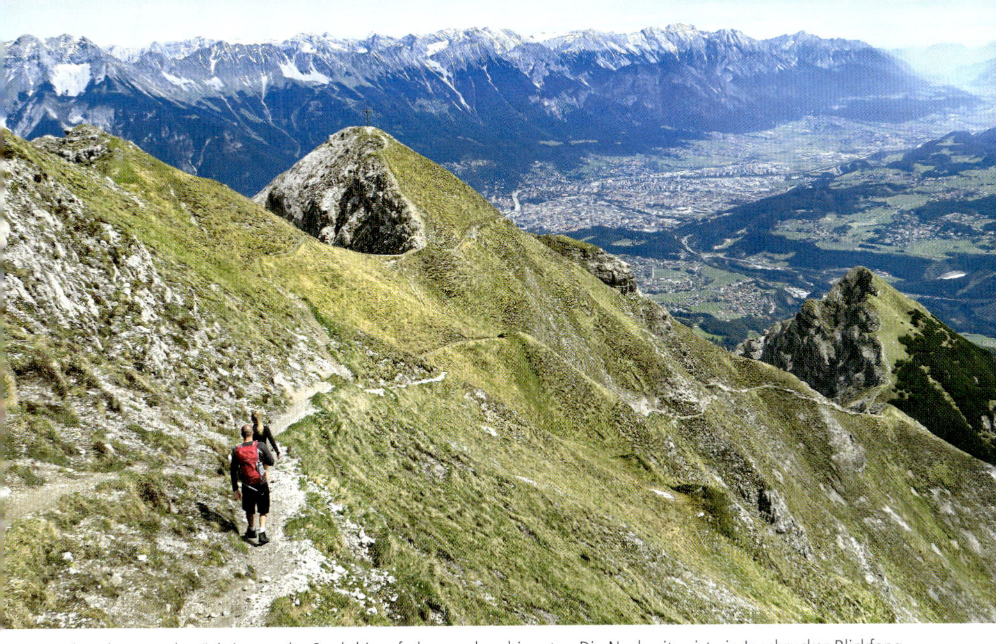

Mehr schauen sehnsüchtig von der Stadt hinauf als von oben hinunter: Die Nockspitze ist ein Innsbrucker Blickfang.

Auf einem teils steilen Steig geht's weiter bergwärts. Die Südhänge sind bald kahl und bei hochsommerlichem Wetter kann es entsprechend heiß werden. Dieser Steig führt nicht nur zur Nockspitze, sondern auch zu zwei ihrer Trabanten – zum Nederjoch (2142 m) und zum Jochkreuz (2045 m). Ob einer der näheren Gipfel oder die Nockspitze selbst angesteuert werden, entscheidet sich mit Erreichen von **Sailenieder** (1974 m), der markanten Einsattelung zwischen dem Nederjoch und der Nockspitze. Über einen gleichförmig und ansehnlich steilen Hang geht's von dort hinauf zur Nockspitze. Der Steig ist bestens markiert, allerdings teilweise kaum ausgeprägt. Bis zum Kaisergebirge und südwärts zum Alpenhauptkamm begeistert die Ausschau. Recht unspektakulär geht der Hang in die Gipfelkuppe über und man erreicht das große Gipfelkreuz der **Nockspitze** bzw. Saile. Absolut spektakulär ist allerdings der Ausblick: Das 360-Grad-Panorama inkludiert fast alle Tiroler Gebirgsgruppen und bietet auch einen Blick auf das Inntal von weit im Westen bis nach Kufstein. Wer den grandiosen Blick auf Innsbruck haben möchte, muss zum zweiten Gipfelkreuz (aufgestellt von und für Mutters) vorgehen.

Für den **Abstieg** bieten sich Varianten an: Nach Südwest zum Halsl (1974 m) und dann durch das Halsltal bergab. Oder vom Gipfel nach Sailenieder und dann über das Jochkreuz am Ostrücken nach Burganna und direkt zurück zum Ausgangspunkt.

39 Großer Trögler (2902 m)

Großartige Überschreitung im hinteren Stubaital

Mittelstation Fernau 2300 m	Abzweig Trögler/ Beiljoch, 2420 m	Großer Trögler 2902 m	Sulzenauhütte 2191 m	Sulzenaualm 1857 m	Bushaltestelle Sulzenauhütte, 1600 m
1,0 km, ½ Std. ↑ 170 Hm ↓ 50 Hm	1,2 km, 1¼ Std. ↑ 485 Hm	2,4 km, 1¾ Std. ↓ 710 Hm	1,8 km, ¾ Std. ↓ 335 Hm	2,5 km, ¾ Std. ↓ 310 Hm ↑ 50 Hm	

5 Std. | 8,9 km | ↑ 705 Hm ↓ 1405 Hm

Ausgangsort: Neustift, Talstation Stubaier Gletscherbahn

Anfahrt mit Öffis: Mit dem Regionalbus 590a (von Innsbruck Hauptbahnhof) bis Haltestelle „Mutterbergalm"

Anfahrt mit Pkw: Durch das Stubaital bis ans Talende zur Talstation der Gletscherbahn, Gratis-Parkplatz

Stubaier Gletscherbahn, www.stubaier-gletscher.com, von 8:00 bis 16:30 Uhr in Betrieb, im Juni meist 2 Wochen Revisionspause!

Charakter: Im Abstieg vom Trögler ausgesetzt, Trittsicherheit absolut notwendig

Einkehrmöglichkeit: Sulzenauhütte, www.sulzenauhuette.at, ab ca. Mitte Juni bis Anfang Oktober geöffnet, Tel. +43/664/27 16 898; Sulzenaualm, www.sulzenau-alm.at; Öffnungszeiten ca. Anfang Juli bis ca. Mitte September, Tel. +43/676/56 03 090

Der Große Trögler erhebt sich zwischen der Sulzenauhütte und der Dresdner Hütte über der Mittelstation Fernau der Stubaier Gletscherbahn. Der Berg trennt in gewisser Weise die erschlossene Bergwelt von der nahezu unerschlossenen. Der Übergang von Fernau zur Sulzenauhütte und dem anschließenden Talabstieg hat den Charakter einer großartigen Überschreitung, zumal der Trögler ein Berg ist, der eines der eindrucksvollsten Panoramen auf die „hohen Stubaier" und auf das Stubaital bietet.

Wegverlauf: Die Tour startet mit der Auffahrt der Gletscherbahn zur Mittelstation **Fernau** mit der Dresdner Hütte. Dort zeigen sich nach Osten hin der Große Trögler und rechts vom Gipfel das Beiljoch. Der Steig quert unterhalb der Station auf einer luftigen Brücke den

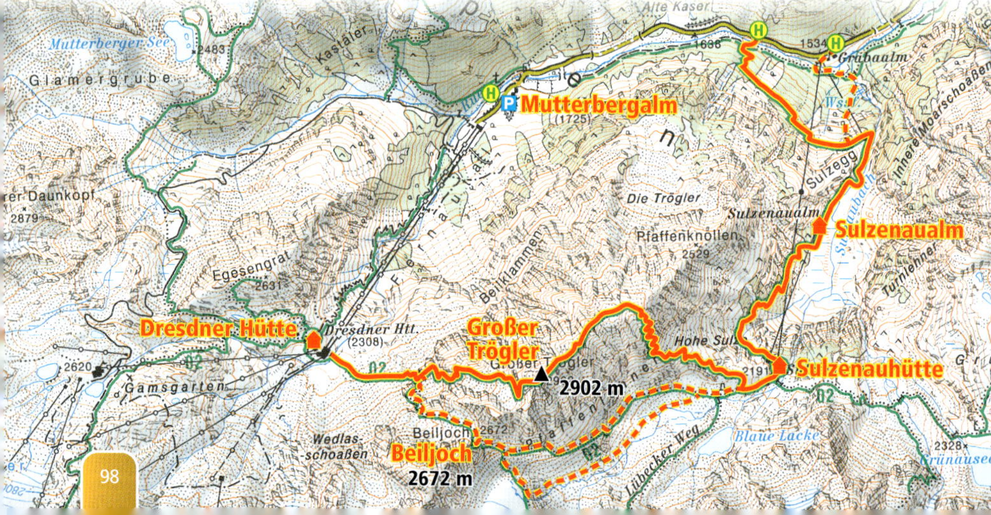

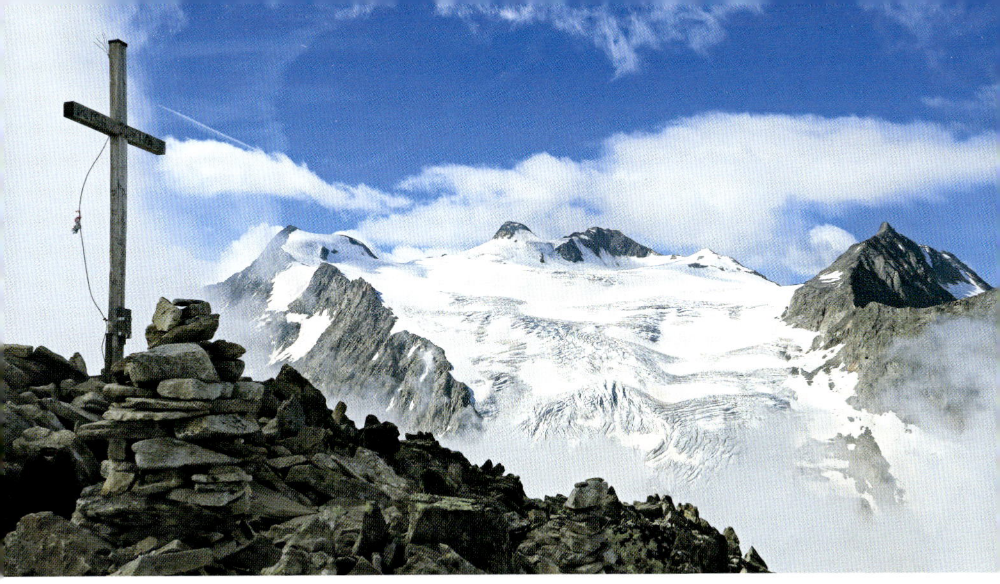

Vom Trögler blickt man zum höchsten Gipfel der Stubaier Alpen, zum Zuckerhütl mit dem Sulzenauferner.

Fernaubach. Gut markiert zieht der Steig (Teil des Stubaier Höhenweges) dem Trögler bzw. Beiljoch entgegen. Anfangs ist das Gelände gutmütig, steilt aber dann deutlich auf. Auf Höhe von 2420 m verzweigt sich der Weg. Links geht's zum Trögler, rechts zum Beiljoch. Für weniger Trittsichere empfiehlt sich die gemäßigte Variante über das **Beiljoch** (2672 m) zur Sulzenauhütte.

Der obere Anstieg verläuft teils im Blockgelände, wobei der Steig die Fähigkeiten eines geübten Bergwanderers nicht überstrapaziert. Am **Trögler** beglückt die Gipfelschau: Wie im Großformat-Kalender erstrahlt das Pfaff-Zuckerhütl-Ensemble mit dem von dort herunterziehenden, spaltenzerrissenen Sulzenauferner. Eingebettet in der darunterliegenden Moränenlandschaft zeigt sich der Blaue See und noch tiefer die Sulzenauhütte.

Der **Abstieg** vom Gipfel zur Hütte erfordert absolut sicheres Gehen im steilen, ausgesetzten Gelände auf nicht immer optimalem Steig. Einige Stellen sind zwar versichert, aber dazwischen ist Trittsicherheit ein absolutes Muss. Vom Gipfel geht's am blockigen Grat nordostwärts und dann im Zickzack durch schrofendurchsetztes, steiles Grasgelände abwärts. Konzentriertes Gehen über mehrere hundert Höhenmeter ist ein Muss.

Von der **Sulzenauhütte** folgt der Abstieg dem „WildeWasserWeg". Der Sulzenau-Wasserfall unter der Schutzhütte, dann der gemächlich mäandernde Sulzenaubach am flachen, großzügigen Boden mit der Sulzenaualm und der Grawa-Wasserfall sind dabei die sehenswerten wilden Wasser unmittelbar am Weg. Nach der **Sulzenaualm** kann man entweder links zum Parkplatz der Sulzenauhütte oder rechts mit mehr Wasserfall-Flair zur **Grawa-Alm** absteigen, jeweils mit Bushaltestelle ausgestattet. Wer nämlich nicht öffentlich angereist ist, muss noch taleinwärts zur Talstation. Am besten per Bus oder ca. 2 km zu Fuß.

40 Gargglerin (2470 m)

Ein steiler Zahn, umgeben von Gipfelprominenz

Gh. Feuerstein 1281 m	Badlerscharte 2320 m	Gargglerin 2470 m	Badlerscharte 2320 m	Tribulaunhütte 2064 m	Gh. Feuerstein 1281 m
4,2 km, 3 Std. ↑ 1040 Hm	0,5 km, ½ Std. ↑ 150 Hm	0,5 km, ½ Std. ↓ 150 Hm	3,3 km, ¾ Std. ↓ 305 Hm ↑ 50 Hm	4,3 km, 1¾ Std. ↓ 785 Hm	

6½ Std. | 12,8 km | ↑↓ 1240 Hm

Ausgangsort: Gschnitz, Parkplatz hinter Gh. Feuerstein

Anfahrt mit Öffis: Ab Innsbruck mit der S-Bahn nach Steinach. Mit dem Regionalbus 4146 (von Bahnhof Steinach) bis Haltestelle „Gschnitz Gh. Feuerstein"

Anfahrt mit Pkw: Von Steinach am Brenner durch das Gschnitztal bis ans Talende zum gebührenpflichtigen Parkplatz beim Gh. Feuerstein

Charakter: Rundtour in imposanter Umgebung, steiler Aufstieg auf schmalem, teils ausgesetztem Steig

Einkehrmöglichkeit: Tribulaunhütte, www.tribulaunhuette.at, bewirtschaftet Anfang Juni bis Anfang Oktober, Tel. +43/664/40 50 951

Die Gargglerin ist ein stolzer Felszahn im Sandestal, einem eindrucksvollen Hochtal unterhalb der wilden Wandfluchten des Pflerscher und Gschnitzer Tribulauns. Gegenüber ragt der Habicht auf, weiter taleinwärts schließen die Feuersteine das Gschnitztal ab. Die Gargglerin umgeben also imposante und namhafte Berge, de-

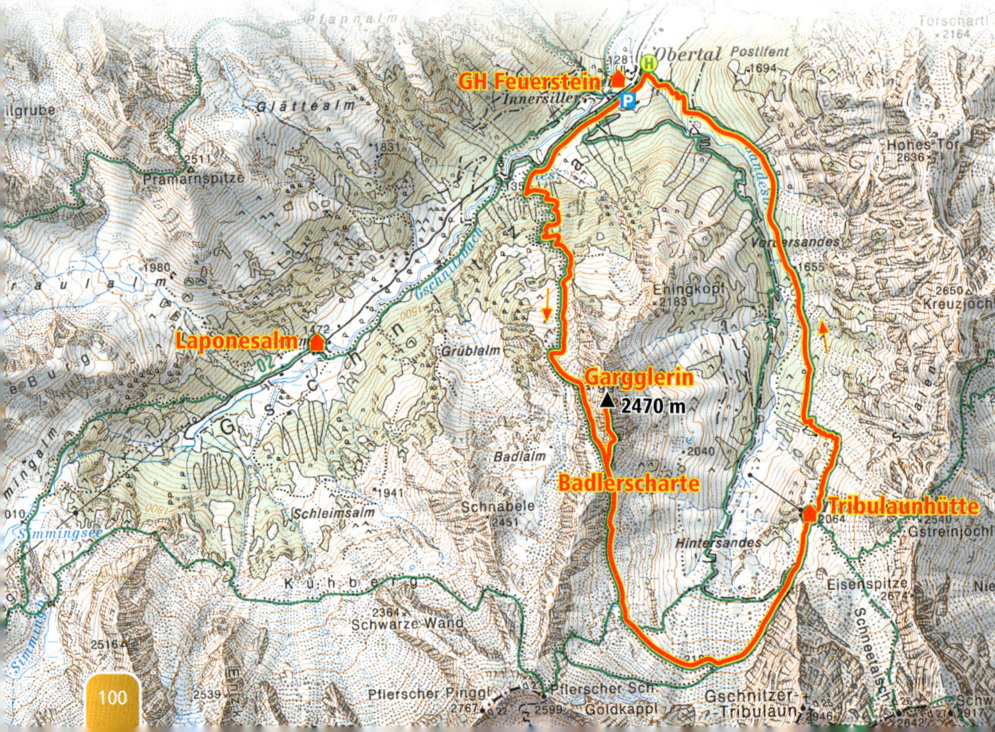

nen sie selbst zwar in Bekanntheit und Höhe unterlegen ist, aber ihren Nachbarn an Erlebnis und Schönheit um nichts nachsteht. Dabei ist die Rundtour, Trittsicherheit vorausgesetzt, ohne Klettereinlagen auf schmalem, steilem und abschnittsweise etwas ausgesetztem Steig gut zu machen. Die Hütteneinkehr rundet die perfekte Tour ab. Der Name Garggleriu oder auch Garklerin geschrieben dürfte vom Dialektwort „garggeln" stammen, was so viel wie stürzen bedeutet. Vielleicht liegt es am brüchigen Gestein der Gargglerin. Immer wieder „garggeln" Steine herunter, sodass vor Jahren nach längerer Sperre der Steig verlegt wurde.

Wegverlauf: Vom **Gh. Feuerstein** wandert man am asphaltierten Almweg der Laponesalm geradeaus taleinwärts, biegt aber dann nach 800 m bei einem Wasserschloss gut beschildert auf den steilen Steig hinauf zur Gargglerin ein. Zügig gewinnt man im nordseitigen Wald und durch Erlenstauden an Höhe und erreicht freie Almwiesen. Der Weg steuert auf einen ausgeprägten Gratrücken zu und verläuft entlang von diesem unterhalb der Felswände der Gargglerin weiter. In diesem Bereich sind sehr häufig Steinböcke anzutreffen.

Im stets steilen, felsdurchsetzten Grasgelände zieht der Steig unterhalb von Felsabbrüchen zur **Badlerscharte**, dem Übergang in den Sandeskessel mit der Tribulaunhütte. Von der Scharte geht's nordwärts (nach links) inmitten bizarrer Felstürme über den felsigen Gipfelaufbau zum **Gipfel**. Ein kleines Gipfelkreuz ziert die Gargglerin, die in Anbetracht der umgebenden Berge eine relativ bescheidene Höhe haben mag, aber, was die Aussicht

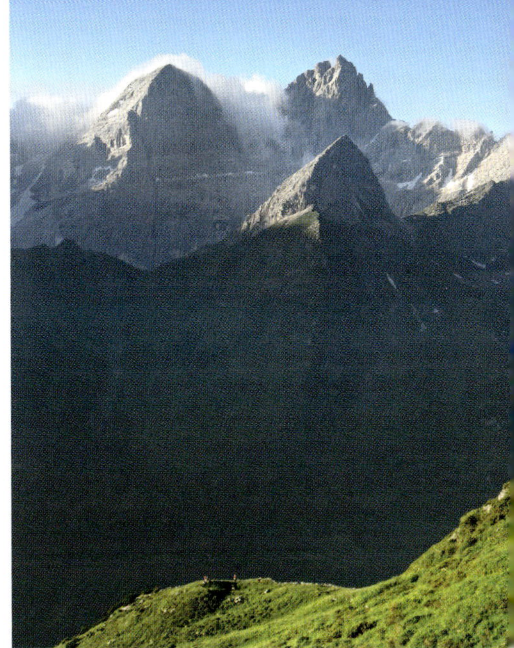

Blick von der Innsbrucker Hütte hinüber zur Gargglerin (dem vordersten „Zahn") sowie zum Gschnitzer und Pflerscher Tribulaun (rechts)

anbelangt, eine ganz Große ist. Man steht nahezu zentral in einem Amphitheater großer Kalkberge: Habicht, Gschnitzer und Pflerscher Tribulaun, Goldkappl, Ilmspitzen, Kirchdachspitze, die Feuersteine. Auch der Wilde Freiger zeigt hinter dem Talschluss, im Stubaital aufragend, sein Haupt. Besonders schön ist auch der Tiefblick auf Gschnitz und hinaus nach Trins.

Der **Abstieg** folgt kurz dem Aufstieg zurück in die Badlerscharte und dann spannt sich der Steig dem weiten Sandeskessel entlang in leichtem Gefälle unterhalb der Tribulaune hinüber zur **Tribulaunhütte**. Von der Schutzhütte geht's am Steig (der Fahrweg ist weniger empfehlenswert) ins Tal. Ein abschließender Höhepunkt ist dabei knapp vor der Ankunft der kleine **Sandeswasserfall**.

41 Obernberger Tribulaun (2780 m)

Großartige Aussichtswarte über dem Obernberger See

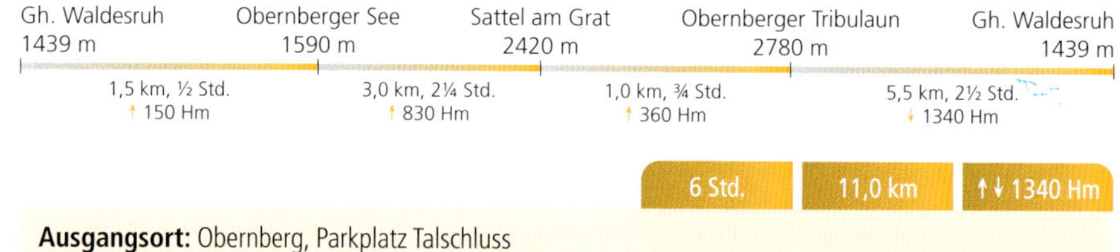

Ausgangsort: Obernberg, Parkplatz Talschluss

Charakter: Prinzipiell guter Steig, an etwas schwierigeren Passagen drahtseilversichert

Anfahrt mit Öffis: Regionalbus 4145 (von Steinach Bahnhof, bis dort mit S-Bahn ab Innsbruck) bis Haltestelle „Gh. Waldesruh"

Anfahrt mit Pkw: Von Gries am Brenner oder von der Autobahnausfahrt Nösslach nach Obernberg und weiter bis zum Talschluss beim Gh. Waldesruh, gebührenpflichtiger Parkplatz

Einkehrmöglichkeit: Während der Tour keine; in Obernberg Almi's Berghotel

Im Dreigestirn des Pflerscher, Gschnitzer und Obernberger Tribulauns ist letzterer der „leichteste". Ganz hinten im Obernbergtal ragt der massige Berg über dem Talschluss und dem idyllischen Obernberger See auf. Frühzeitiger Aufbruch während heißer Sommertage ist sehr ratsam, da ein Teil des Aufstieges im südgerichteten Latschengürtel zu bewältigen ist. Insgesamt ist die Tour für jeden versierten Berggeher leicht zu machen, denn die kurzen, etwas kritischeren Passagen sind gut mit Drahtseilen entschärft. Die Vorzüge des Obernberger Tribulauns liegen im abwechslungsreichen Aufstieg, vorbei am malerischen Obernberger See, und vor allem auch in der bestechenden Aussicht vom Gipfel.

Wegverlauf: Vom Parkplatz des Gasthofs Waldesruh folgen Sie kurz dem Forstweg und dann dem Wiesenweg hinauf zum **Obernberger See**. Von der Uferspitze geht's nach rechts am Seesteig durch den Wald, wobei der Tribulaun-Steig bald von der Seerunde abzweigt. Nach kurzem Forststraßen-Intermezzo (250 m) zieht der Steig (Nr. 129) wieder steil bergan. Bald schon findet man sich im Latschenhang, durch den es in Kehren höher geht und der bei zu spätem Aufbruch bei Schönwetter ver-„heiß"-ungsvoll ist.

In rund 2000 m Höhe kommt eine erste drahtseilversicherte Stelle, der noch drei weitere folgen, bis der Grat vom Kleinen Obernberger Tribulaun erreicht ist. Dort sind die technischen Schwierigkeiten überwunden und ein interessanter Anblick überrascht und erfreut: Zahllose Felsplatten, dolinenähnliche Gräben und von Grasbändern unterbrochene Felsbänder prägen die zum Gipfel ansteigende Hochfläche. Ohne besondere Schwierigkeiten erreicht man über diesen Abschnitt das große Gipfelkreuz am **Obernberger Tribulaun**. Der türkisblaue, zweigeteilte Obernberger See tief unten und der Blick übers Obernbergtal hinaus ins Schmirn- und Valsertal mit den dort markant aufragenden Berggestalten von Olperer, Fußstein und Schrammacher erfreuen genauso wie im Norden der nahe Habicht, die Serles und die Nordkette. Im Süden zeigen sich auch die Dolomiten.

Der **Abstieg** erfolgt auf bekannter Route. Wer einen **lohnenden Umweg** machen möchte, kann den Abstieg über den Rosslauf und die Pfeiferspitzen zum Portjoch und von dort zum Obernberger See machen. Dazu steigt man auf der „Hinterseite" vom Gipfel kurz ab und dann gleich hinauf zum nördlichen Rosslauf. Am Grat (meist ein breiter Rücken mit einigen Felsstufen) steigen Sie an der Grenze zum Pflerschtal zum Portjoch und weiter zum See ab (Abstieg ca. 3½ Std.).

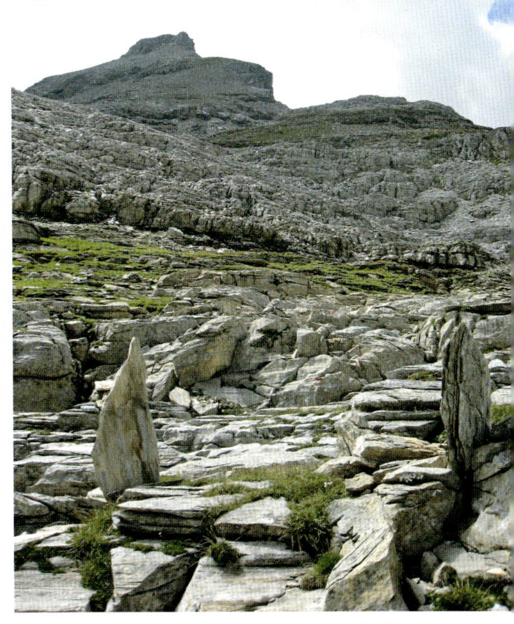

Eine kleine Mondlandschaft wartet am letzten Abschnitt.

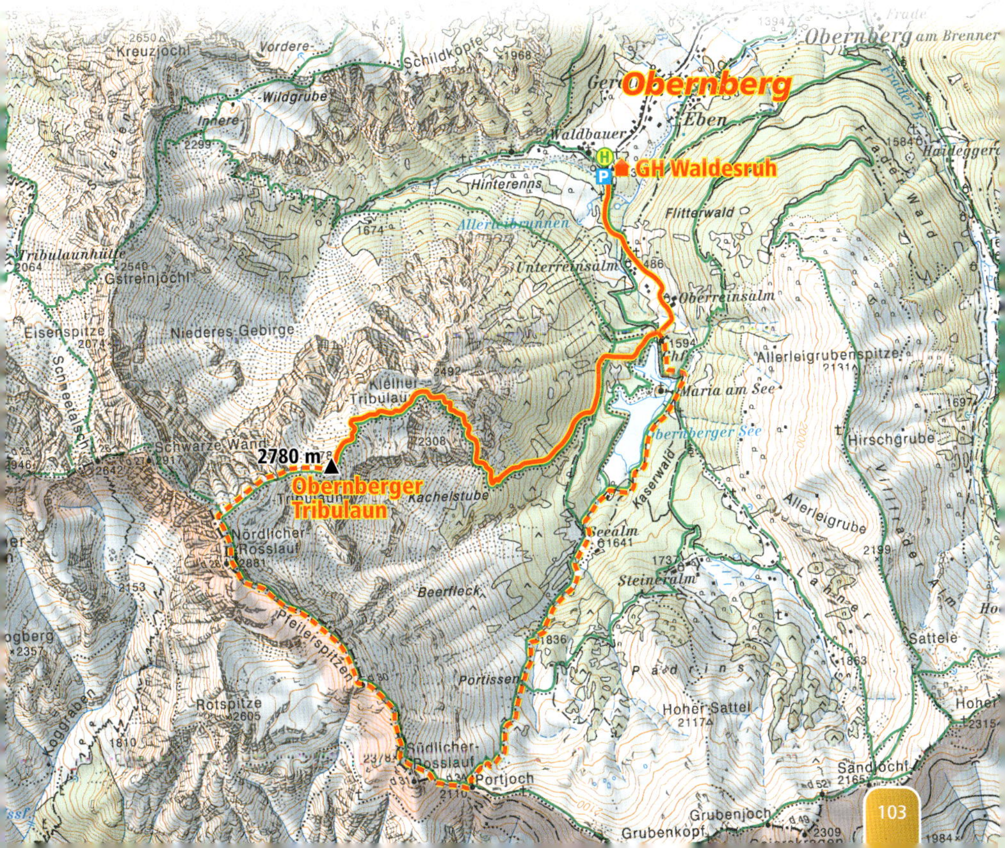

42 Muttekopf (2774 m)

Auf den Wächter von Imst

Bergstation Alpjoch 2050 m	Muttekopfhütte 1934 m	Muttekopf 2774 m	Muttekopfhütte 1934 m	Latschenhütte 1623 m	Untermarkter Alpe 1495 m
1,1 km, ½ Std. ↑ 35 Hm ↓ 150 Hm	2,7 km, 2½ Std. ↑ 840 Hm	2,7 km, 2 Std. ↓ 840 Hm	1,7 km, ¾ Std. ↓ 310 Hm	1,4 km, ½ Std. ↓ 130 Hm	

6¼ Std. | 9,6 km | ↑875 Hm ↓1430 Hm

Ausgangsort: Imst, Bergstation Imster Bergbahnen

Anfahrt mit Öffis: Mit dem Regionalbus 4204 (von Bahnhof Imst) zur Haltestelle „Imst Terminal Post" und weiter mit dem Bus „Imst 3" zur Haltestelle „Imst Hochimst"

Anfahrt mit Pkw: Von Imst nach Hoch-Imst zum Parkplatz der Bergbahnen

Bergbahnen Imst, www.imster-bergbahnen.at, Betriebszeiten von 9:00 bis 17:00 Uhr nur im Juli und August täglich, davor und danach teilweise Donnerstag bis Sonntag oder nur am Wochenende, Tel. +43/5412/66 322

Charakter: Sehr beliebte Bergtour auf teils sehr steilem und grobem Weg; Trittsicherheit notwendig

Einkehrmöglichkeit: Muttekopfhütte, www.muttekopf.at, geöffnet Anfang Juni bis Ende September, Tel. +43/664/12 36 928; Latschenhütte, www.latschen.at, geöffnet von Ende Juni bis Ende Oktober, bis Mitte September Montag und dann Montag bis Mittwoch Ruhetag, Tel. +43/664/98 59 424

Der Muttekopf, von den Einheimischen auch Muttespitz genannt, gilt als der Wächter von Imst. Im Talkessel des Ruhegebiets steht er „hinter" – also nördlich – von Imst. Der Muttekopf ist ein Aussichtsberg der Sonderklasse und bietet bei entsprechender Sicht das Vergnügen, im Norden den Forggensee bei Füssen mit Schloss Neuschwanstein und im Süden den Ortler und die Königsspitze im Blick zu haben. Mit Unterstützung der Imster Bergbahnen halten sich die Anstiegsmühen in Grenzen. Die Ansprüche gehen nicht über die Kategorie eines schwarzen Steiges hinaus – einige Passagen sind mit Drahtseilen versichert. Für halbwegs Bergerprobte sollten die Anforderungen leicht zu schaffen sein.

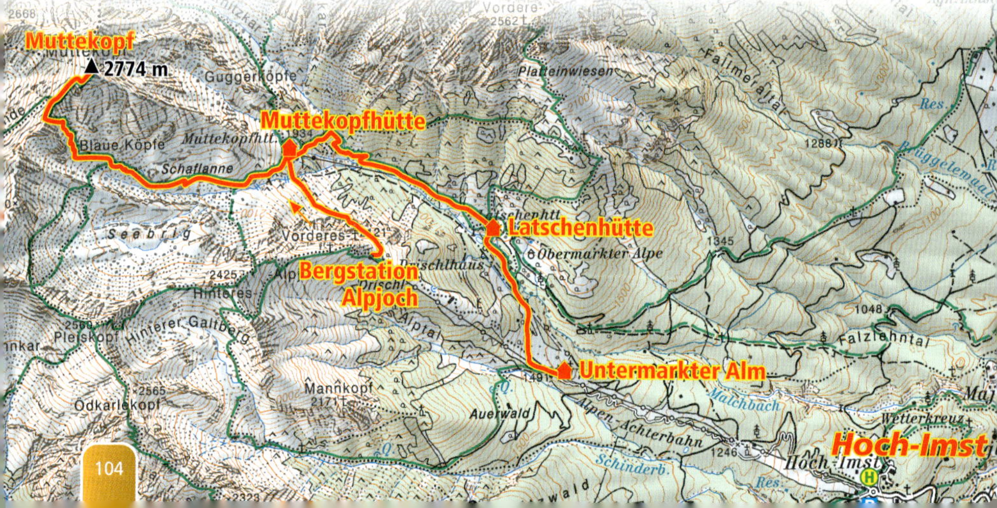

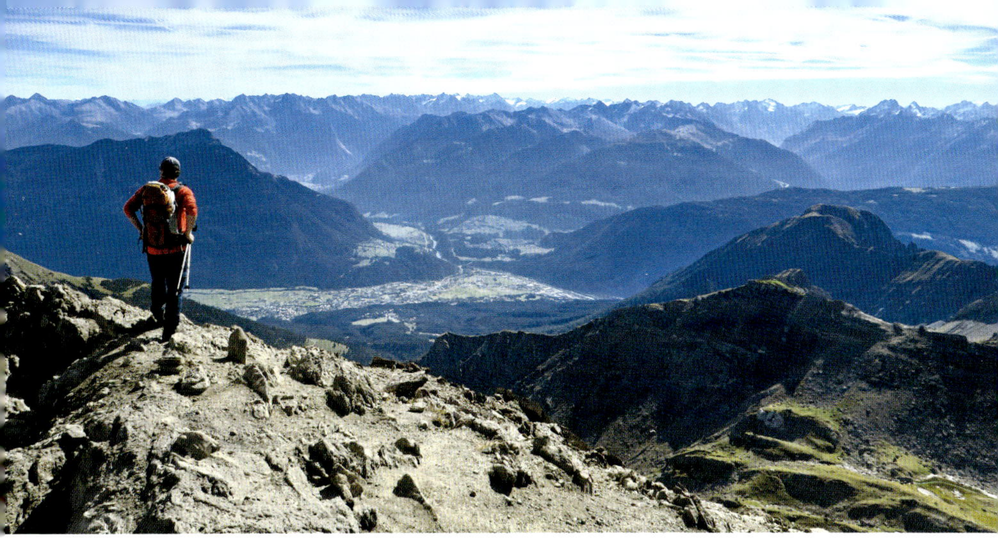

Am Muttekopf hoch über Imst und mit dem Blick weit darüber hinaus

Wegverlauf: Man fährt mit der Bergbahn bis zur **Bergstation** der zweiten Sektion am Alpjoch beim Drischlhaus. Dort erfreut bereits der Ausblick auf den Imster Talkessel. Das erste Ziel, die Muttekopfhütte (1934 m), erreicht man über den teils ausgesetzten **Drischlsteig:** ein drahtseilversicherter Weg, der abfallend ins Kar querend zur Schutzhütte führt. Nach wenigen Minuten erreicht man die Aussichtsplattform **„Adlerhorst"**, die ihrem Namen alle Ehre macht, und nach einer halben Stunde ist man bereits bei der **Muttekopfhütte** angelangt.

Ein Teil des Gipfelaufstieges ist am Weg zur Hütte bereits zu sehen: Es geht links, also westwärts von der Hütte im Kar in mehreren Stufen am gut markierten Steig bergan. Dabei warten zum Muttejoch (2620 m) steile Abschnitte auf sehr grobem, teils ausgespültem Steig. Die letzten Meter zum Joch sind über steile Felsplatten drahtseilunterstützt relativ leicht zu meistern, zumal diese Passage nicht ausgesetzt ist. Am **Muttejoch** öffnet sich der Blick nordwärts ins Lechtal und ins flache Bayerische.

Der bereits nahe Gipfel wird über den breiten Rücken ohne besondere Schwierigkeiten, aber mit besonderen Ausblicksfreuden süd- und nordwärts erreicht. Am **Muttekopf** zeigen sich ostwärts auch die Zugspitze, das Wettersteingebirge und die Mieminger Bergkette. Unten im Tal ist unter anderem auch Imst zu sehen – ist es doch die Aufgabe des Muttespitz, über den Ort zu wachen! Vom Ortler bis zu den Zillertalern: der gesamte Alpenhauptkamm spannt sich im Süden am Horizont. Das große Gletscherplateau, das sich dort zeigt, gehört dem zweitgrößten Gletscher Österreichs – dem Gepatschferner. Nur die Pasterze ist (noch) größer.

Bergab gehts auf bekanntem Weg bis zur **Muttekopfhütte** und von dort weiter zur **Latschenhütte** und am Jägersteig hinüber zur **Untermarkter Alm**, wo der Lift für die gemütliche oder der Alpine-Coaster für die rasante Talfahrt warten.

43

Daniel (2340 m)

Der höchste Gipfel der Ammergauer Alpen

Lermoos Bahnhof 1000 m		Tuftlalm 1496 m		Daniel 2340 m		Grüner Ups 1852 m		Tuftlalm 1496 m		Lermoos Bahnhof 1000 m
	2,0 km, 1½ Std. ↑ 500 Hm		2,5 km, 2½ Std. ↑ 845 Hm		2,0 km, 1 Std. ↓ 520 Hm ↑ 30 Hm		2,0 km, ¾ Std. ↓ 350 Hm		2,0 km, 1 Std. ↓ 500 Hm	

6¾ Std. | 10,5 km | ↑↓ 1375 Hm

Ausgangsort: Lermoos, Parkplatz beim Bahnhof oder beim Feuerwehrhaus

Anfahrt mit Öffis: Mit dem REX 5412 von Innsbruck über Seefeld, Mittenwald nach Garmisch und dann mit der Regionalbahn RB 5514 nach Lermoos. Busverbindung auch ab Innsbruck mit dem Regionalbus 4176 nach Nassereith und dann mit dem Regionalbus 4250 bis zur Haltestelle „Lermoos Abzw. Panoramabad"

Anfahrt mit Pkw: Von der Fernpassstraße, vom Fernpass kommend, am besten nach dem Lermooser Tunnel nach Lermoos ausfahren und dort zum Parkplatz beim Feuerwehrhaus oder beim Bahnhof

Charakter: Nicht allzu schwere, aber lange Bergtour auf gutem Steig mit herrlichen Ausblicken

Einkehrmöglichkeit: Tuftlalm, geöffnet Anfang Mai bis Ende Oktober, Tel. +43/676/55 68 202

Der Daniel ist der höchste Gipfel der Ammergauer Alpen und dementsprechend oft besucht. Das liegt aber auch an der fulminanten Aussicht auf den Ehrwalder Talkessel und die Zugspitze. Auch die herrlich gelegene und gut geführte Tuftlalm wird sehr geschätzt. Genau genommen ist der höchste Berg der Ammergauer Alpen eine Gipfelschneid mit zwei Gipfeln – der Upsspitze (2332 m) und dem Daniel (2340 m). Die technischen Schwierigkeiten halten sich in Grenzen, allerdings ist Kondition für die lange Tour gefordert. An heißen Tagen ist zu beachten, dass der Aufstieg südseitig und damit sonnenexponiert ist.

Wegverlauf: Von einem der beiden Parkplätze wandern Sie in Richtung des nahe gelegenen **Panoramabades**. Kurz vor dem Schwimmbad zweigt links der relativ steile, aber schattige Waldsteig über die sogenannte „Lange Leite" ab. Der Steig quert dabei auch mehrmals den Fahrweg zur Alm. Wer also die Tour mit dem Mountainbike kombinieren möchte, fährt auf diesem Weg. Dazu parken Sie am besten etwas westwärts von Lermoos unmittelbar neben der Hauptstraße beim Parkplatz der Information – dort beginnt die ausgewiesene Mountainbike-Route.

Von der **Tuftlalm** führt der Steig zunächst im Wald weiter und schlängelt sich durch eine kurze Latschenzone am südlichen Gratausläufer, der von der Upsspitze herunterzieht. Danach geht's aussichtsreich im teils felsigen und

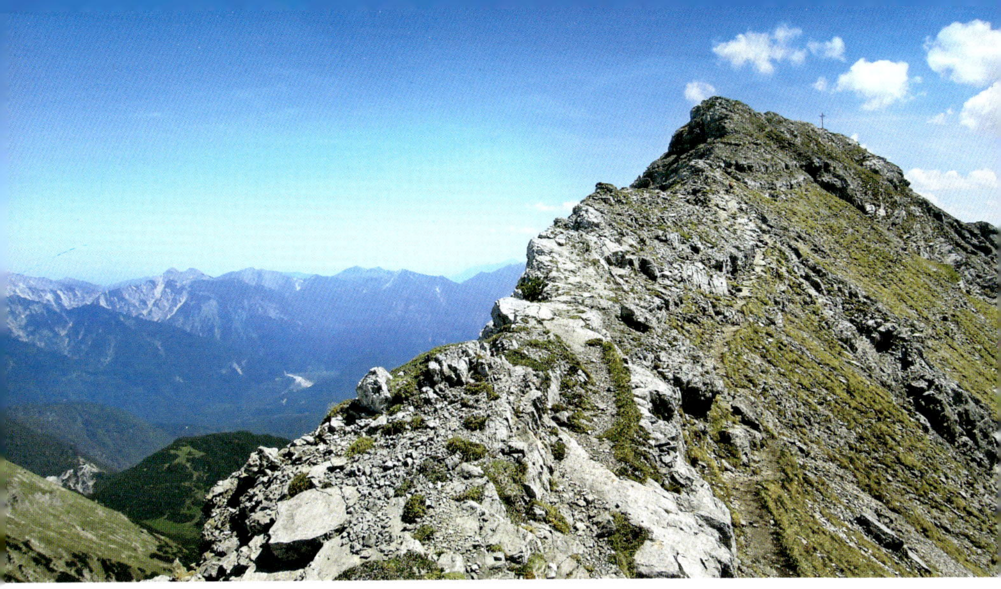

Problemlos geht's am Grat hinauf auf den Höchsten der Ammergauer Alpen.

schottrigen Gelände weiter. Mit Erreichen der Gratschneide wenige Meter unterhalb der kreuzfreien **Upsspitze** (2332 m) trennen Sie nur noch 15 bis 20 Minuten vom Daniel, der mit einem großen Gipfelkreuz versehen ist. Ohne große Anstrengung geht's auf der Gratschneide, jetzt mit Blick auch hinaus ins Bayerische, zum Ziel. Am höchsten Gipfel der Ammergauer Alpen begeistert das 360°-Panorama: Garmisch, Zugspitze, Wettersteingebirge, Stubaier, Ötztaler, Lechtaler Alpen, der Blick ins bayerische Alpenvorland …

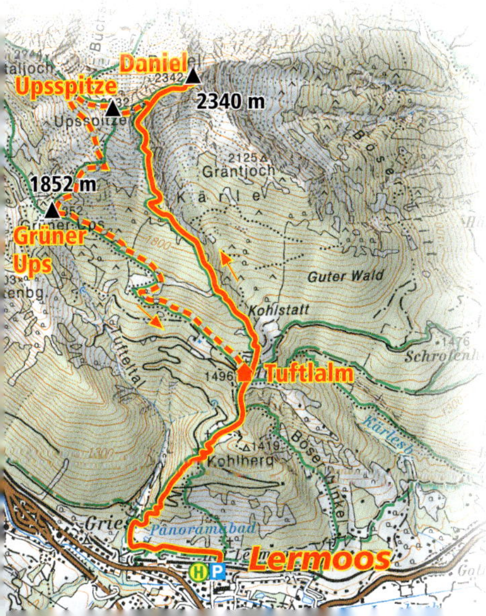

Der **Abstieg** kann auf bekanntem Weg erfolgen, die Runde über den Grünen Ups (1852 m) ist aber durchaus empfehlenswert. Dazu besteigen Sie nach der Gratquerung nun die **Upsspitze** und folgen westseitig dem Grat abwärts, am besten bis zum deutlichen Sattel. Leider sind die Markierungen nach der Upsspitze nicht besonders vorbildlich. Der/die geübte Bergmensch(in) wird damit aber nicht vor große Herausforderungen gestellt, da das Gelände recht übersichtlich ist. Von der Einsattelung geht's anfangs etwas nach links querend und dann steil zum **Grünen Ups**, der dank eines Gipfelkreuzes in der Wiese zu erkennen ist. Wieder auf besserem Steig geht's nun zur **Tuftlalm** und dort auf bekanntem Weg zurück ins Tal.

44 Thaneller (2341 m)

Die mächtigste Felspyramide im Reuttener Becken

P Thanellerkarlift 1325 m	Kampeleplatz 1725 m	Thaneller 2341 m	Kampeleplatz 1740 m	P Thanellerkarlift 1325 m
1,7 km, 1 Std. ↑ 400 Hm	2,0 km, 2 Std. ↑ 615 Hm	2,0 km, 1¼ Std. ↓ 615 Hm	1,7 km, ¾ Std. ↓ 400 Hm	

5 Std. | 7,4 km | ↑↓ 1015 Hm

Ausgangsort: Berwang, Parkplatz Thanellerkarlift

Anfahrt mit Öffis: Von Innsbruck mit dem Zug (REX, RB) über Seefeld, Scharnitz nach Garmisch und weiter in Richtung Reutte bis zur Bahnhaltestelle „Bichlbach – Berwang". Anschließend mit dem Regionalbus 4250 bis zur Haltestelle „Berwang Oberdorf Kirchplatz". Von Innsbruck auch mit dem Regionalbus 4176 nach Nassereith und von dort mit dem RB 4250 bis zur Haltestelle „Berwang Oberdorf Kirchplatz"

Anfahrt mit Pkw: Vom Fernpass kommend in Richtung Reutte. In Bichlbach nach Süden aufwärts nach Berwang. Unmittelbar nach der Ortsdurchfahrt rechts zum Thanellerkarlift-Parkplatz

Charakter: Einfache, südseitige Bergtour auf erstklassigen Aussichtsgipfel

Einkehrmöglichkeit: Auf Tour keine, Gastronomie in Berwang

Der Thaneller ist ein freistehender, eindrucksvoller Berg im Süden von Reutte, eine mächtige Pyramide mit einer 1300 m hohen, felsigen Nordseite. Beim Blick auf diesen markantesten Berg im Großraum Reutte würde man nicht vermuten, dass sich der Thaneller von Süden ganz gemütlich, ohne technische Schwierigkeiten ersteigen lässt. Diesem Umstand hat der Thaneller wahrscheinlich auch die Ehre zu verdanken, nachweislich der erste touristisch bestiegene Gipfel der Lechtaler Alpen zu sein (schon vor 1800). Die Bergtour verlangt neben nötiger Kondition für 1000 Höhenmeter an heißen Tagen auch entsprechend gefüllte Trinkflaschen. Bedingt durch die rein südseitige Ausrichtung wird es beim Aufstieg mitunter sehr schweißtreibend. Entsprechend früher Aufbruch ist angeraten. Der Gipfel entlohnt den Bergsteiger mit grandiosen Ausblicken vom bayerischen Alpenvorland bis zu den hohen Ötztaler Gipfeln am Alpenhauptkamm.

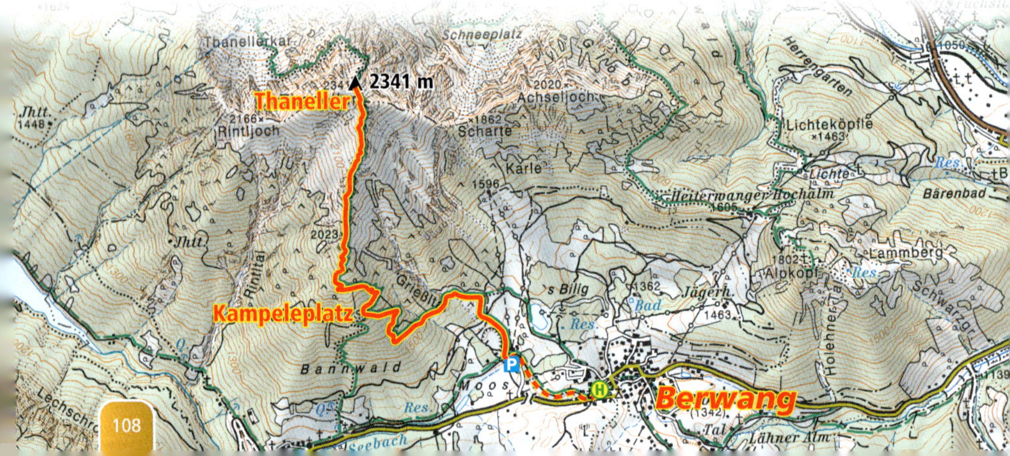

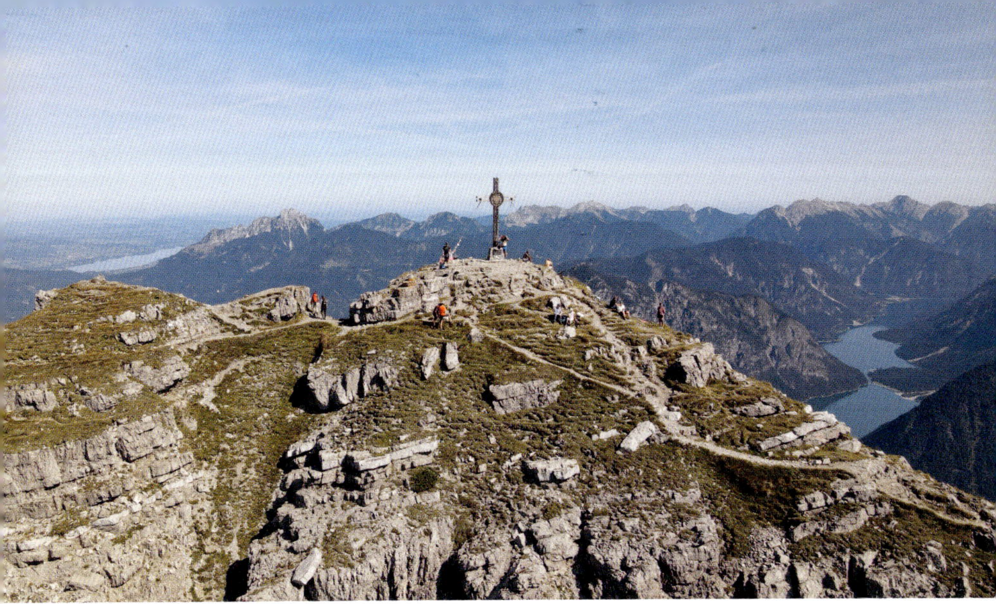

Was für eine Aussichtswarte!

Wegverlauf: Vom Parkplatz beim Thanellerkarlift geht's am Steig über die Wiese und einen Fahrweg querend bis zum Waldrand. Der Weg quert im Wald nach links und führt in weiten Serpentinien zu einer Lichtung bergwärts – dem **Kampeleplatz**. Dort mündet der deutlich steilere Anstieg ein, der von Rinnen kommt. In einer Rechtsschleife bringt uns der Steig auf die lange Südschulter, den **Südgrat** des Thaneller. Die Bäume werden von Latschen abgelöst. Bei zu spätem Aufbruch kann es an schönen Hochsommertagen dort sehr heiß werden.

Der weitere Verlauf des Anstieges ist damit sonnenklar: In ansprechend steilem Zickzack hält sich der Steig an den Grat. Ab ca. 2000 m wird der Grat frei, man gewinnt im grasdurchsetzten Schrofengelände an Höhe und genießt jetzt die herrlichen Ausblicke, sozusagen als kleinen Appetithappen für den Gipfelblick. Am Vorspeisenteller finden sich zum Beispiel die Zugspitze im Osten, die Namloser Wetterspitze im Süden und im Westen der Hochvogel. Knapp vor Erreichen des **Gipfels** erweitert sich der Ausblick auf den Reuttener Talkessel. Ganz oben kommt dann „Wasser in die Augen": Der Heiterwanger See und Plansee schmiegen sich wie Fjorde zwischen die Berge direkt unterm Thaneller, während draußen im Alpenvorland sich der Forggensee ins flache Land bettet. Ein bunter Rundumblick vom Alpenvorland bis zum Alpenhauptkamm.

Zurück ins Tal geht's am Aufstiegsweg. Der Abstieg (sowie der Aufstieg) am **Werner-Rietzler-Steig** nach bzw. von Bichlbach ist als leichter Klettersteig eingestuft und sollte entsprechend erfahrenen Bergmenschen vorbehalten sein. An heißen Sommertagen ist dieser aber für Erfahrene (mit Start in Heiterwang) eine interessante Alternative (nicht zu früh im Jahr, Schneereste!)

45 Vom Neunerköpfle zum Vilsalpsee

Genussvolle Höhenwanderung zu drei Seen

Bergstation Neunerköpfle 1790 m		Neunerköpfle 1864 m		Landsberger Hütte 1805 m		Gh. Vilsalpsee 1168 m
	0,3 km, 20 Min. ↑ 75 Hm		6,7 km, 2 Std. ↑ 470 Hm ↓ 530 Hm		3,7 km, 1½ Std. ↓ 640 Hm	

4 Std. | 10,7 km | ↑545 Hm ↓870 Hm

Ausgangsort: Tannheim, Neunerköpfle-Bergbahn

Anfahrt mit Öffis: Mit dem Regionalbus 4262 (von Bahnhof Reutte) bis Haltestelle „Tannheim Kreisverkehr"; Rückweg vom Vilsalpsee nach Tannheim mit dem Regionalbus 4263

Anfahrt mit Pkw: Von Reutte ins Lechtal bis Weißenbach und dann ins Tannheimer Tal bis Tannheim, gebührenpflichtiger Parkplatz Neunerköpfle-Bergbahn (bei Bahnbenützung ermäßigt)

Neunerköpfle-Bergbahn, www.tannheimer-bergbahnen.at, Sommerbetrieb ab ca. Anfang Mai bis ca. Anfang November von 8:45 bis 16:15 Uhr, Tel. +43/5675/6260

Charakter: Genussvolle Höhenwanderung in atemberaubender Umgebung mit etwas selektiverem Abstieg

Einkehrmöglichkeit: Landesberger Hütte, www.tannheimertal.at/landsberg, geöffnet ab ca. Pfingsten bis Mitte Oktober, Tel. +43 5675/6282; Traualpe, Anfang Juli bis Ende September durchgehend geöffnet, Tel. +43/676/51 14 563; Gh. Vilsalpsee, täglich geöffnet, Tel. +43/5675/6293

Der Vilsalpsee bei Tannheim ist das tiefblaue Herzstück vom „nur" 1829 Hektar großen Naturschutzgebiet Vilsalpsee. Der See ist ein überaus beliebtes Ziel auch für motorisierte Ausflügler, denen allerdings die beiden höher gelegenen Seen – der Traualpsee und die Lache – entgehen. Die Höhenwanderung vom Neunerköpfle entlang des Grates bis zur Landsberger Hütte und der anschließen-

Höhenwandern vom Feinsten hoch über Tannheim

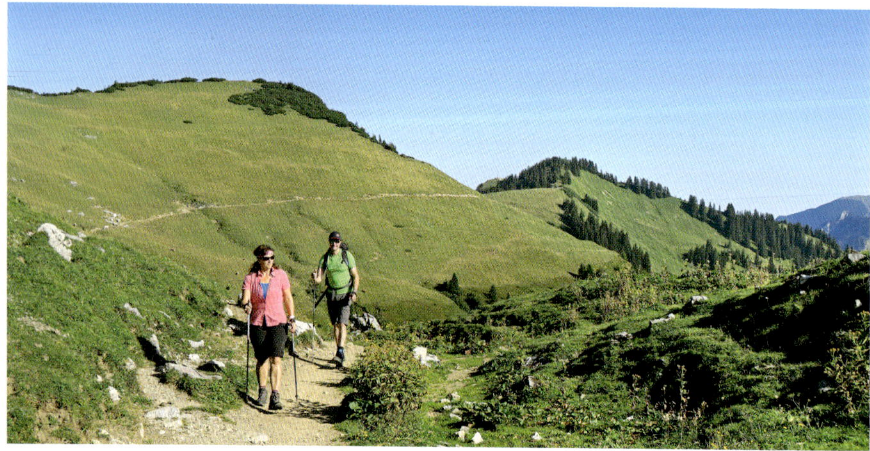

de Abstieg zum Vilsalpsee verspricht das eindrücklichste Erlebnis des Naturschutzgebietes. Die Strapazen halten sich dabei in Grenzen, ebenso die technischen Anforderungen. Einzig beim Talabstieg gibt es wenige kurze Stellen, die etwas Vorsicht verlangen.

Wegverlauf: Nach der Gondelfahrt ist man im Nu auf dem Neunerköpfle. Dort oben gibt es für viele den schönsten Blick auf das Tannheimer Tal: von Nesselwängle im Osten, dem anschließenden Haldensee, den Orten Tannheim, Zöblen und Schattwald bis zum Oberjoch, dem Übergang ins Allgäu. Südwärts sehen Sie bereits die Steige und Wege auf Grathöhe in Richtung Landsberger Hütte.

Vom **Neunerköpfle** wandern Sie in nahezu gleichbleibender Höhe der Sulzspitze (2084 m) entgegen, wobei der Steig

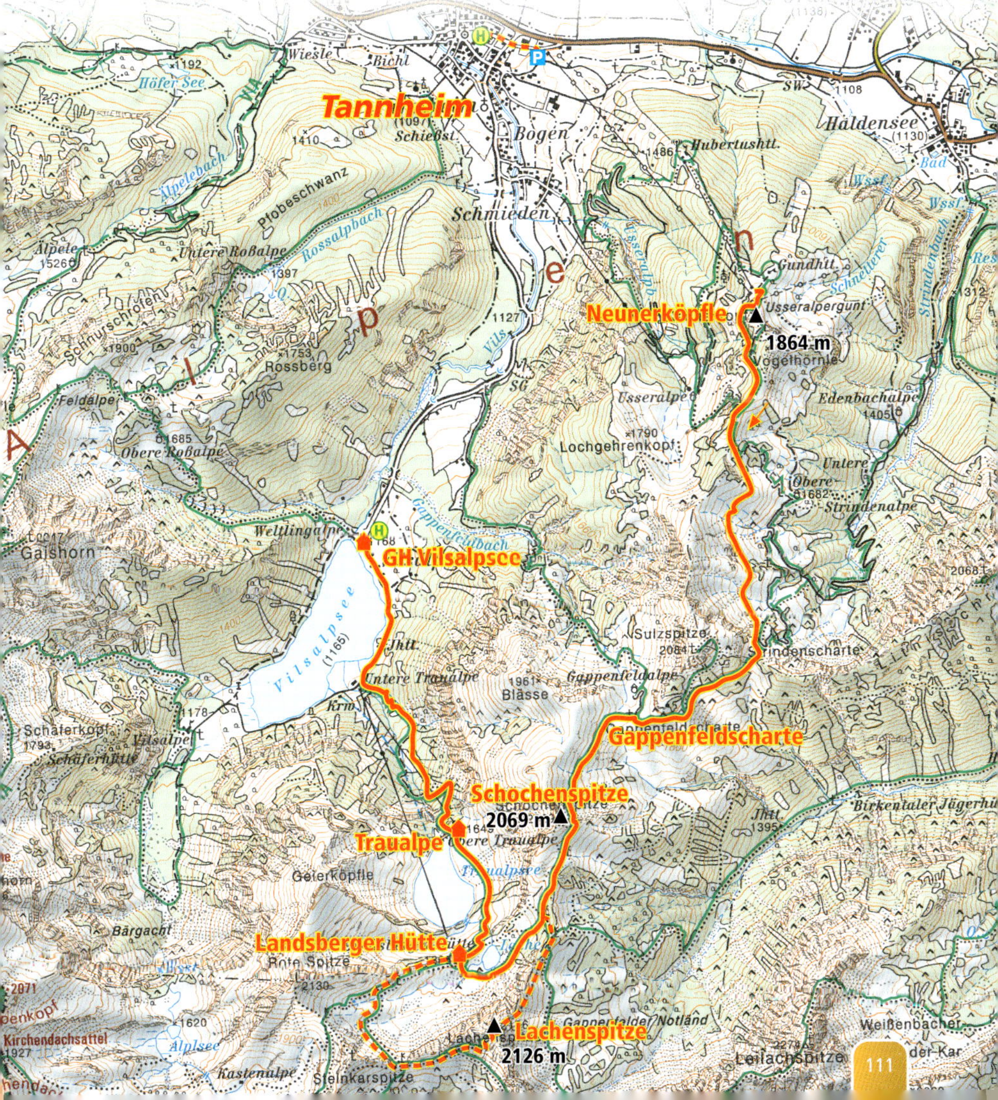

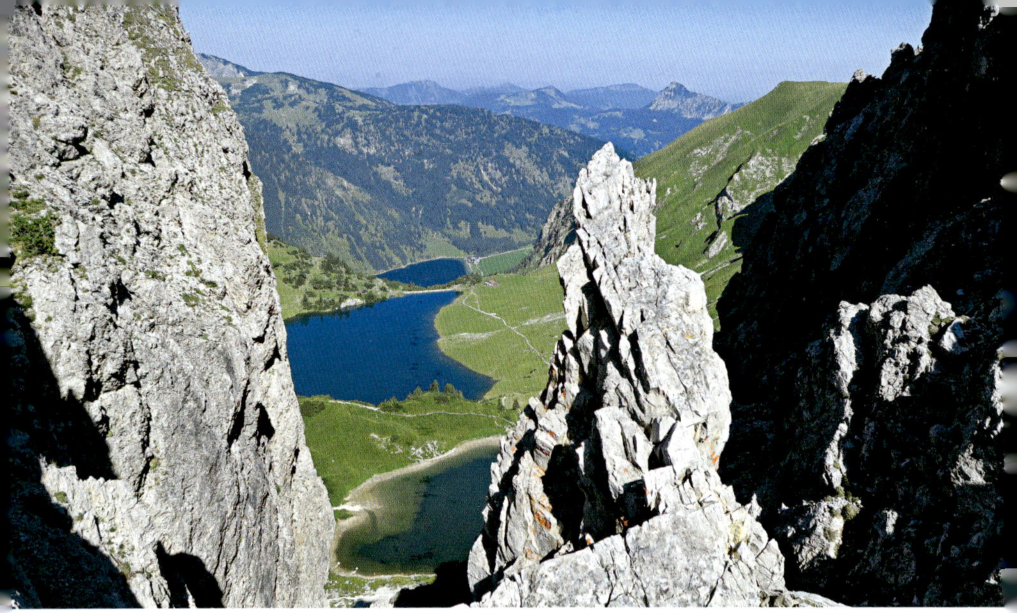

Beim Aufstieg zur Lachenspitze gibt's diesen Drei-Seen-Blick.

unterhalb des Gipfels verläuft. Nach der **Gappenfeldscharte** (1860 m) warten 200 Höhenmeter bergauf zur **Schochenspitze** (2069 m). Der Hauptsteig bleibt unterhalb des Gipfels, doch der zehnminütige Zusatzaufstieg ist unbedingt anzuraten. Dort oben gibt es einen fulminanten Tiefblick auf die bislang nicht zu sehenden drei Seen: die Lache (1774 m), der oberste und kleinste See, darunter der Traualpsee (1638 m) und ganz unten im Talboden der Vilsalpsee (1165 m). Im Bergkessel, in dem die Lache eingebettet ist, steht auch die **Landsberger Hütte**. Von der Schochenspitze sind Sie nach kurzem Abstieg bald dort angelangt.

Auch ein Bergmensch darf nach dieser Tour ein bissl Seemann sein.

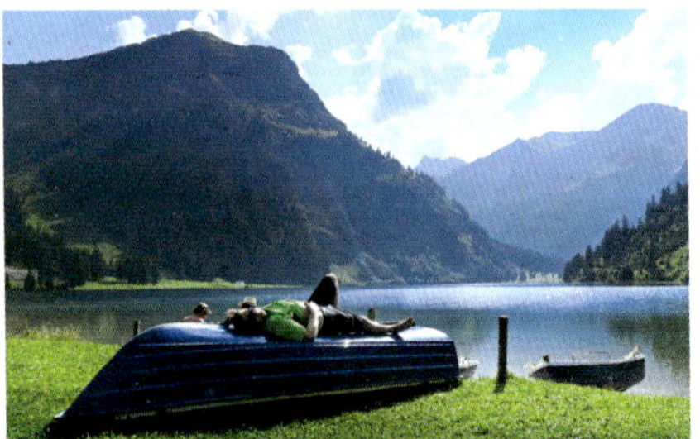

Sollten Sie noch Kraftreserven und etwas Trittsicherheit im Angebot haben, lohnt vor der Einkehr der steile Aufstieg vom Östlichen Lachenjoch (1915 m) zur **Lachenspitze** (2126 m) und der anschließende südseitige Abstieg zum **Steinkarjoch** (2015 m). Im sanften Kessel geht es von dort zur Hütte hinab.

Der **Abstieg** von der Landsberger Hütte ins Tal zum Vilsalpsee hat ein paar steile und etwas rutschige Passagen zu bieten, wobei einige Ketten die Stellen entschärfen. Der **Traualpsee** (1638 m) mit der bewirtschafteten **Traualpe** ist dabei eine willkommene Zwischenstation. Am breiten, ostseitigen Uferweg vom **Vilsalpsee** kommen Sie schließlich zum Gasthaus Vilsalpsee, wo der Linienbus zurück nach Tannheim (4 km) startet.

6 Tschirgant (2370 m)

Der auffälligste Berg im Oberinntal

P Geo-Lehrpfad, 1050 m		Karröster Alm 1468 m		Tschirgant 2370 m		Bergwachthütte 2175 m		Karröster Alm 1468 m		P Geo-Lehrpfad, 1050 m
	3,3 km, 1¼ Std. ↑ 420 Hm		3,8 km, 2¾ Std. ↑ 905 Hm		0,7 km, 20 Min. ↓ 195 Hm		3,1 km, 1¼ Std. ↓ 710 Hm		3,3 km, ¾ Std. ↓ 420 Hm	

6½ Std. | 14,2 km | ↑↓ 1325 Hm

Ausgangsort: Karrösten, Parkplatz Geo-Lehrpfad/Karröster Alm

Anfahrt mit Öffis: Mit dem Regionalbus 4198 (von Bahnhof Imst) bis Haltestelle „Karrösten Siedlung"

Anfahrt mit Pkw: Von Imst /Autobahnausfahrt Imst nach Osten fahren und gut beschildert nach Karrösten einbiegen. Durch den Ort hinauf zum gebührenfreien Parkpatz vom Geo-Lehrpfad/Karröster Alm

Charakter: Beliebte, mittelschwere Bergtour auf einen Aussichtsberg der Sonderklasse; gut markierter Steig, Trittsicherheit für den Gipfelbereich erforderlich

Einkehrmöglichkeit: Karröster Alm, geöffnet Anfang Mai bis Ende Oktober, Tel. +43/664/50 84 472; Bergwachthütte, im Sommer an den Wochenenden geöffnet, sonst Selbstbedienung mit Getränken

Der Tschirgant ist einer der auffälligsten Berge des Oberinntales. Besonders bei der Fahrt von Landeck in Richtung Imst sticht die steile, freistehende Pyramide förmlich ins Auge. Er bildet eine Berginsel zwischen dem Inntal und dem Gurgltal. Die steil abfallenden Flanken zum Inntal und nach Imst sind deutlich exponierter als die Nordseite, die einen überraschend entspannten Gipfelanstieg ermöglicht.

Wegverlauf: Vom Waldparkplatz folgt man der Forststraße zur **Karröster Alm**. Dieser Abschnitt eignet sich nicht nur für den gemütlichen Familienausflug, sondern lässt sich auch mit dem Mountainbike gut bewältigen, was beim Abstieg seine Vorzüge hat. Von der schön in einer Waldlichtung gelegenen Alm geht's leicht ostwärts haltend auf einem nicht allzu steilen Steig über Wiesen und bald

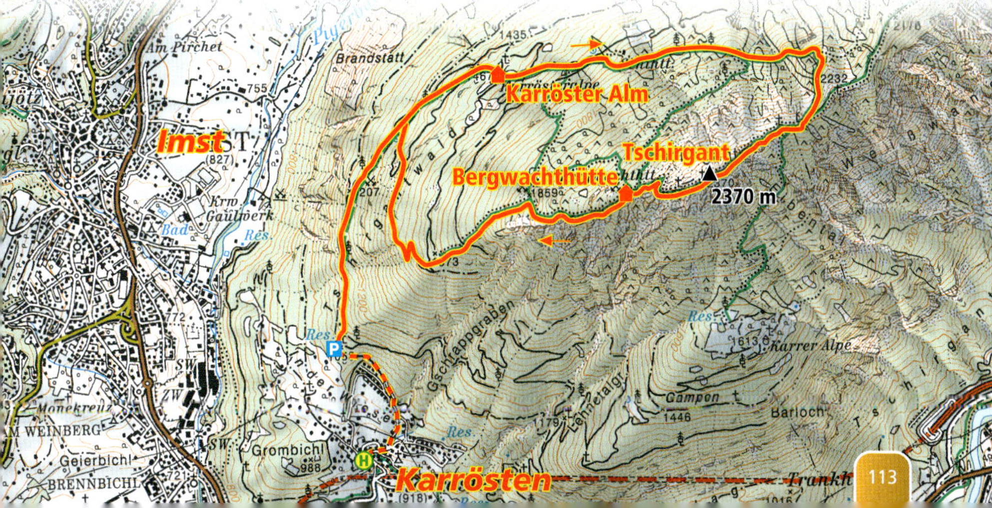

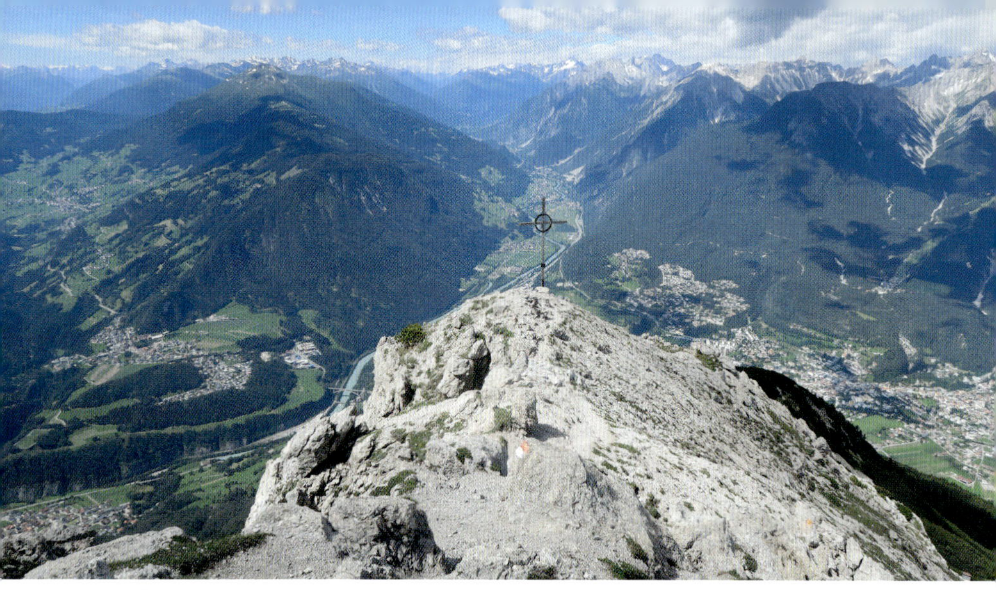

Blick auf das Karröster Kreuz und hinab ins Inntal

wieder im Wald weiter bergwärts. Der Wald geht in Latschenhänge über und wenig später wird die Gratschulter, das sogenannte **Sattele**, erreicht. Damit ist man auch erstmals mit dem nun anhaltenden Tiefblick ins Inntal belohnt.

Nach Osten hin sieht man ein nur wenige Minuten entferntes Gipfelkreuz. Es ist das Haiminger Kreuz am Tschirgant-Ostgipfel (2270 m). Stets dem Grat nach Westen folgend, wobei Trittsicherheit von Vorteil ist, erreichen Sie den **Tschirgant**, an dessen höchstem Punkt kein Gipfelkreuz steht.

Der Tiefblick auf das Inntal zwischen Landeck und Telfs ist einzigartig. Selten sieht man so prächtig auf den sich durchs Tal schlängelnden Inn. Nordwärts sind die Lechtaler Alpen mit Muttekopf, Vorderer Platteinspitze und Heiterwand zu sehen. Ebenso eindrucksvoll sind südwärts die Einblicke ins Ötz- und Pitztal und natürlich in die Umgebung von Imst. Letztere zeigt sich noch schöner, wenn man am Grat etwas weiter westwärts zum **Karrer Kreuz** absteigt. Noch weiter am Grat unten befindet sich dann das **Karröster Kreuz**.

Der Abstieg zu den beiden Gipfelkreuzen ist bereits ein Teil des empfehlenswerten Abstieges, sofern man nicht unbedingt auf bekannter Route absteigen will. Im weiteren Abstieg wird die zeitweise bewirtete **Bergwachthütte** erreicht. Dort muss man entscheiden, wie die weitere Route gestaltet wird. Entweder folgt man weiter dem Grat talwärts oder biegt nach Osten auf den Steig Nr. 24 ein. Dieser Weg führt recht gemütlich auf der Nordseite unterhalb vom Gipfel querend zur absolvierten Aufstiegsroute und auf dieser zur **Karröster Alm**.

Der andere Abstieg von der Bergwachthütte am Grat ist abschnittsweise anspruchsvoller. Eine weitere Abstiegsalternative wäre vom Sattele, östlich vom Gipfel, südseitig über die Karrer Alm nach Karrösten abzusteigen.

7 Wiesle (1528 m)

Eines der schönsten Platzln im Ötztal

P Nösslach 1140 m		Wiesle 1528 m		Mauslasattel 1620 m		Niederthaistraße 1440 m		P Nösslach 1150 m
	1,7 km, 1 Std. ↑ 390 Hm		0,9 km, 20 Min. ↑ 90 Hm		2,5 km, ¾ Std. ↑ 50 Hm ↓ 230 Hm		2,3 km, 40 Min. ↓ 300 Hm	

2¾ Std. | 7,4 km | ↑↓ 530 Hm

Ausgangsort: Längenfeld, Parkplatz Nösslachkapelle im Ortsteil Au (1150 m)

Anfahrt mit Öffis: Mit dem Regionalbus 4194 (von Imst) bis Haltestelle „Längenfeld Au" oder „Abzweig Winklen" und dann zu Fuß 800 m talauswärts nach Nösslach

Anfahrt mit Pkw: Auf der Ötztaler Landesstraße bis zum Beginn des Längenfelder Talbodens. Gleich zu Beginn, zum Ortsteil Au gehörend, sind links der Rechtskurve der Recylinghof und die Nösslachkapelle. Auf der rechten Seite der Hauptstraße gibt es einen Parkplatz.

Charakter: Kurze, einfache und familientaugliche Wanderung auf schönen Steigen

Einkehrmöglichkeit: Jausenstation Wiesle, geöffnet von ca. Mitte Mai bis inklusive 3. Sonntag im Oktober, im Mai, Juni, September und Oktober ist Montag Ruhetag, im Juli und August kein Ruhetag, Tel. +43/664/44 53 430

Das Wiesle ist ein Kleinod, versteckt im Wald unterhalb von Niederthai. Völlig unerwartet öffnet sich eine Lichtung mit einer saftig grünen Wiese, einer Jausenstation und einer Kapelle. Bereits vor 450 Jahren wurde dieser Platz urkundlich als Schweighof erwähnt. Wurde der kleine Wiesenfleck jahrhundertelang in erster Linie landwirtschaftlich genutzt, erfreut das Wiesle inzwischen vor allem die Erholungssuchenden und Ausflügler. Zu dem idyllischen Fleck, den viele als den schönsten des Ötztals bezeichnen, führen mehrere Wege. Die schnellsten und einfachsten Zugänge mit ca. 45 Minuten Gehzeit führen von Niederthai (wenig romantisch meist am Forstweg) oder vom Panoramaparkplatz beim Stuibenfall (kurz vor Niederthai) zum Wiesle. Eine „richtige" Wanderung bietet der Aufstieg mit Start in Nösslach am Talboden.

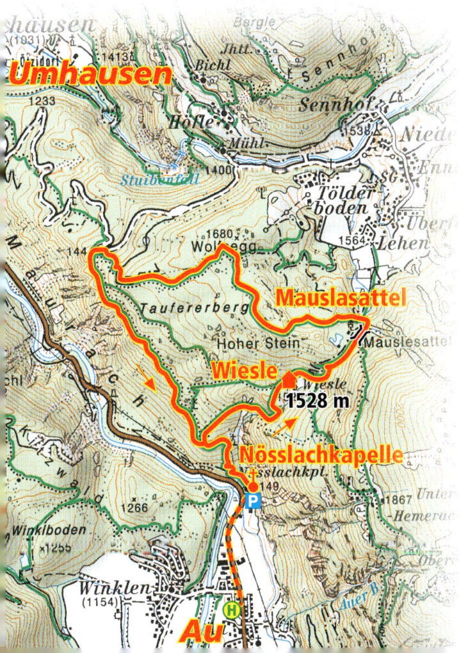

Wegverlauf: Vom Parkplatz an ist der Weg zum Wiesle bestens beschildert. Der Steig schlängelt sich durch den meist steilen Föhrenwald bergwärts. Mit Moos überwucherte, teils riesige Steine ragen zwischen den Föhren vom Waldboden

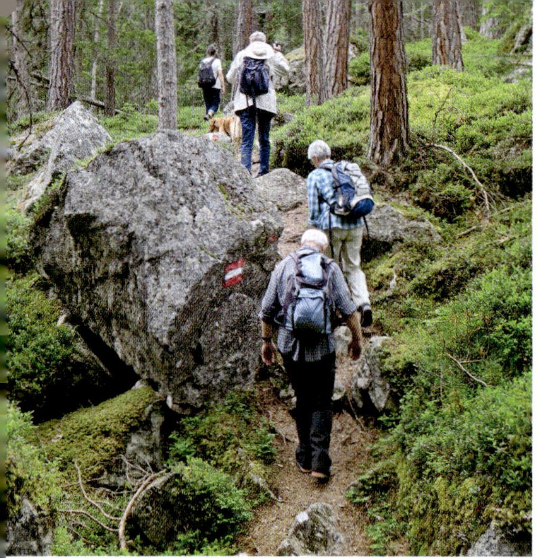

Unterwegs im Märchenwald des Taufenbergs

auf – wie eine Wanderung durch den Märchenwald mutet der Aufstieg an. Dabei gibt es auch schöne Ausblicke taleinwärts auf den Längenfelder Talboden. Nach etwa einer Stunde taucht unvermittelt und unerwartet eine saftige Wiese – **das Wiesle** – auf. Inmitten des grünen Fleckes liegt die Jausenstation mit der holzverwitterten Fassade, der Holzveranda und der Kapelle – ein harmonisches Bild, das Ruhe ausstrahlt und gibt. Vom Wiesle kann man dann eine überaus empfehlenswerte Schleife anhängen: Man steigt weiter in Richtung Niederthai auf, biegt aber noch vor Erreichen des Ortes am **Mauslasattel** bei einer Wildfütterung auf den ausgeschilderten **Taufbergrundgang** ein. Damit ist man wieder in einem herrlichen Wald, durch den sich ein perfekt markiertes Steigl zwischen Felsblöcken und Bäumen hindurchschlängelt. Eine absolute Genussstrecke mit leichtem Auf und Ab.
Man hält sich stets an die Wegweiser in Richtung Umhausen und kommt so nach einem steileren Abstieg zu einer Kehre der asphaltierten Straße nach Niederthai. Von dort (ausgeschilderter Kletterparkplatz) folgt man nun wiederum dem Steig taleinwärts (zu Beginn leicht ansteigend) in Richtung Längenfeld und Au (Wegweiser). Das letzte Stück auf bekanntem Weg kommt man so wieder zum Ausgangspunkt in **Nösslach**.

Eine Idylle: das Wiesle mit Gasthaus und Kapelle

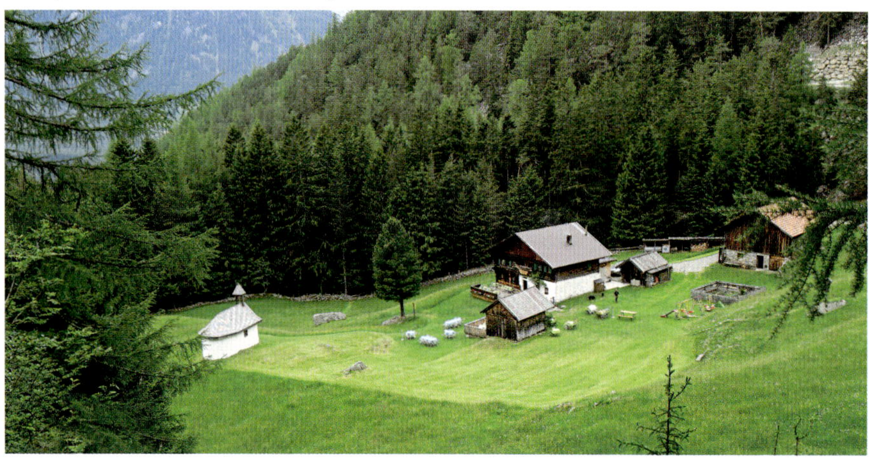

8 Gamskogel (2813 m)

Stolze Bergpyramide über Längenfeld

P Gries 1570 m	Nisslalm 2051 m	Gamskogel 2813 m	Nisslalm 2051 m	P Gries 1570 m
1,7 km, 1½ Std. ↑ 480 Hm	2,7 km, 2 Std. ↑ 760 Hm	2,7 km, 1½ Std. ↓ 760 Hm	1,7 km, 1 Std. ↓ 480 Hm	

6 Std. | 8,8 km | ↑↓ 1240 Hm

Ausgangsort: Gries im Sulztal, Parkplatz am Dorfende

Anfahrt mit Öffis: Mit dem Regionalbus 4194 (von Ötztal Bahnhof) bis Haltestelle „Gemeindeamt" und dann umsteigen in den TVB-Bus nach Gries (gehört nicht zum VVT, Ticket ist sehr kostengünstig), verkehrt von Mitte Juni bis Ende September jeweils 2x am frühen Vormittag aufwärts und am Nachmittag abwärts. Info: www.oetztal.com (Wanderbusse)

Anfahrt mit Pkw: Von Längenfeld aufwärts nach Gries bis ans Dorfende, wo ein großer Parkplatz ist

Charakter: Alpiner, steiler Anstieg auf gutem Steig, der aber Trittsicherheit verlangt.

Einkehrmöglichkeit: Nisslalm, ganzjährig geöffnet, Tel. +43/676/56 18 561

Der Gamskogel ist ein richtig stolzer Berg und die Aussichtsloge des mittleren Ötztales: Eindrucksvoll baut er sich als spitze Pyramide über dem Längenfelder Talboden auf. Die Anforderungen halten sich dank des perfekten Steiges in Grenzen. Einige Trittstifte und kurze Drahtseile entschärfen plattige Stellen und heikle Stufen, sodass halbwegs Bergerprobte nicht allzu große Probleme haben sollten.

Wegverlauf: Vom großen, gebührenfreien Parkplatz am Dorfende geht's zunächst zur Nisslalm aufwärts. Es führt eine Forststraße zur Alm (MTB-tauglich; ca. 5 km) oder auch ein schmaler Steig, der uns Wanderer ungleich schöner, aber auch steiler und schneller zum Ziel bringt. Dieser „Schnellaufstieg" zweigt etwas vor dem Parkplatz ab. Sie wandern am besten vom Parkplatz dem Bach entlang talauswärts und queren bei der ersten Brücke. Damit sind Sie bereits am beschilderten Weg.

In engen, steilen Serpentinen schraubt sich der schmale Weg durch den Wald hinauf, wobei Sie die Forststraße mehrmals kreuzen. Die **Nisslalm**, umgeben von Zirbenbäumen, ist eine verlockende, sympathische Einkehr mit Blick zum mächtigen Schrankogel im hinteren Sulztal. Von der Einkehr zieht der Steig

Mit oder ohne Haflinger: im Hintergrund ist der Weg zum Gamskogel zu erkennen.

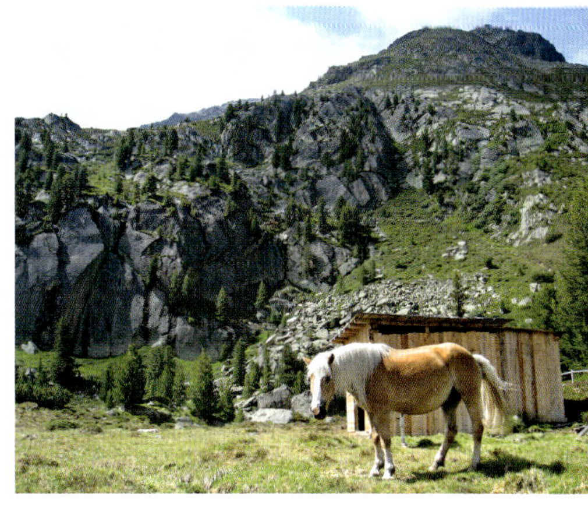

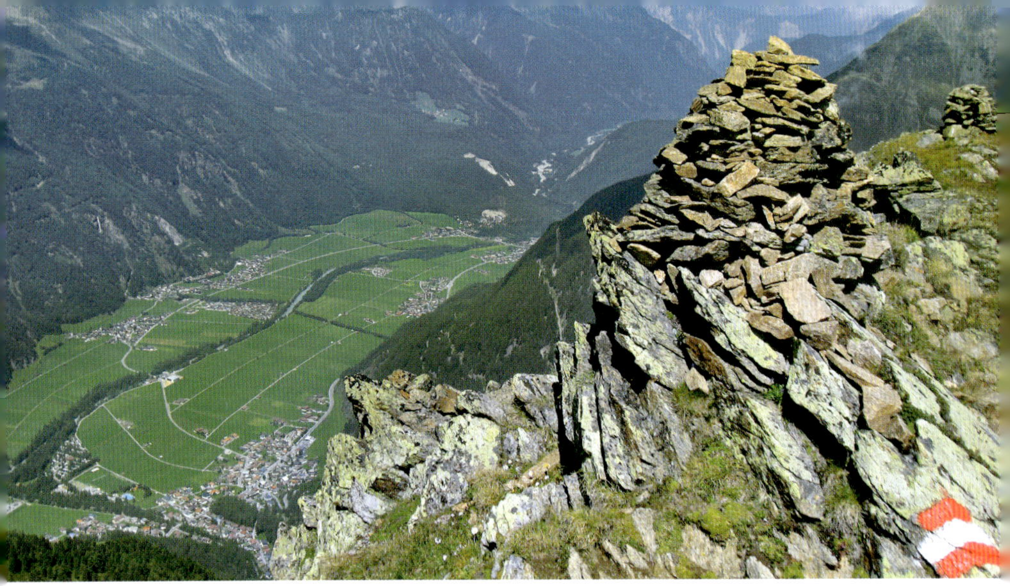

Hoch über dem Längenfelder Talboden: ein Tiefblick, der das erste Mal Bauchkribbeln garantiert.

ohne Höhengewinn inmitten des lockeren Zirbenwaldes, zwischen Granitsteinen und Almrosen ca. 15 Minuten lang talauswärts zu einer Almfläche unterhalb eines eindrucksvollen Kars. Von dort an gewinnen Sie wieder rasch an Höhe.

Eine erste Geländestufe im Kar wird überwunden, dann führt der Steig über die Gratschulter Richtung Gamskogel. Granitplatten und Stufen sind immer wieder mit Tritthilfen und kurzen Drahtseilen versichert, wobei nur wenige Stellen wirklich exponiert sind. Rund 150 Höhenmeter unterhalb des Gipfels gibt es den ersten Talblick: Der Längenfelder Talboden liegt Ihnen urplötzlich zu Füßen.

Weiterhin im Gratverlauf, jetzt durch einige etwas steilere Flanken, geht's in relativ kurzer Zeit hinauf zum großen Gipfelkreuz am **Gamskogel**. Der Aus- und Tiefblick ist schlichtweg atemberaubend. Vom Inntal bis zu den vergletscherten Gipfeln im hintersten Tal überblicken Sie weite Teile des Ötztales. Nach unten schauen Sie auf die Dächer von Huben. Der **Abstieg** folgt dem Aufstiegsweg.

Für den Aufstieg kommt als **Alternative** zum Startpunkt Gries auch der Steig von Burgstein, direkt vom Ötztal, aus in Frage. Dabei sind 1400 Höhenmeter zu bewältigen.

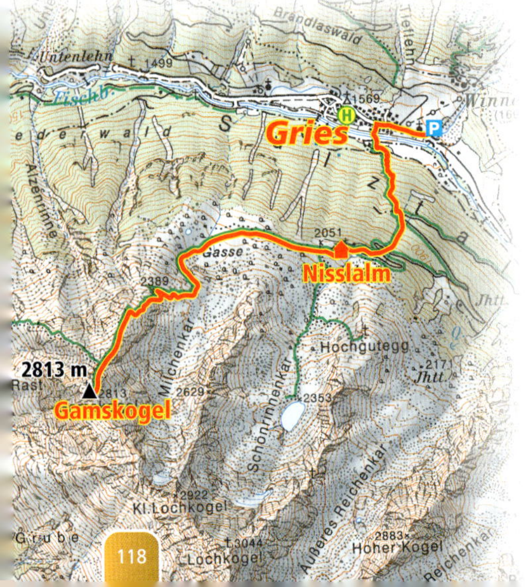

9 Wildes Mannle (3019 m)

Einer der leichtesten Dreitausender der Ötztaler

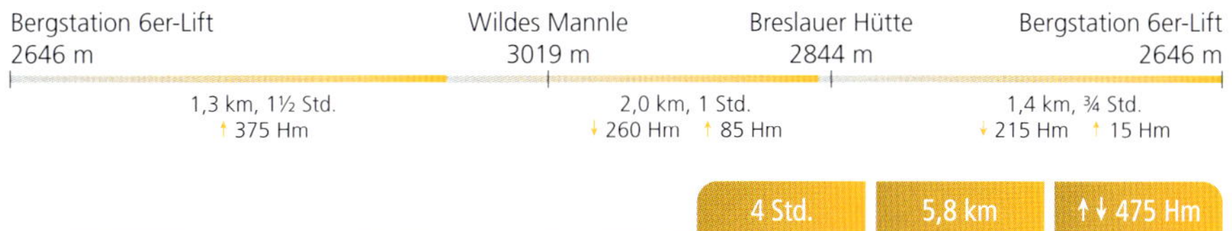

4 Std. | 5,8 km | ↑↓ 475 Hm

Ausgangsort: Vent, Parkplatz beim Alpinarium

Anfahrt mit Öffis: Mit dem Regionalbus 8352 (von Ötztal Bahnhof) bis Haltestelle „Sölden Postamt", Umstieg in Regionalbus 8400 nach Vent bis Haltestelle „Vent Hotel Similaun"

Anfahrt mit Pkw: Durch das Ötztal bis nach Zwieselstein und dort rechts nach Vent zum Parkplatz beim Wildspitzlift

Bergbahn Vent: www.vent.at, Mitte Juni bis ca. 20. September in Betrieb, zwei Sektionen; bitte informieren Sie sich auf der Homepage über die aktuellen Betriebszeiten (Mittagspause!).

Charakter: Sehr steiler Anstieg mit selektivem, ausgesetztem Abschluss; Trittsicherheit unbedingt vonnöten

Einkehrmöglichkeit: Breslauer Hütte, www.breslauerhuette.at, geöffnet ca. Mitte Juni bis ca. 20. September, Tel. +43/676/96 34 596

Das Wilde Mannle hoch über Vent ist einer der leichteren Dreitausender der Ötztaler Alpen. Ohne Gletscherberührung und nur an einer etwas heiklen, aber versicherten Stelle stärker gefordert, erreicht jeder halbwegs geübte Wanderer diesen Gipfel und erfreut sich an der einzigartigen Bergkulisse mit den höchsten Nordtiroler Gipfeln. Mit dem Abstecher unterhalb vom Rofenkarferner zur Breslauer Hütte ergibt sich eine genussvolle hochalpine Rundtour.

Wegverlauf: Von Vent schwebt man mit dem Wildspitzlift nach Stablein hinauf und anschließend mit dem 6er-Sessellift „Wildes Mannle" zur Bergstation auf 2646 Metern. Der Gipfel des Wilden Mannle rückt bereits bei der Liftfahrt ins Blickfeld. Von der Bergstation des zweiten Liftes geht's dann rechts bergauf. Taleinwärts ist auch die Breslauer Hütte schon zu sehen. Der Steig wird zusehends steiniger. Ein Wegweiser taucht auf (2800 m) und

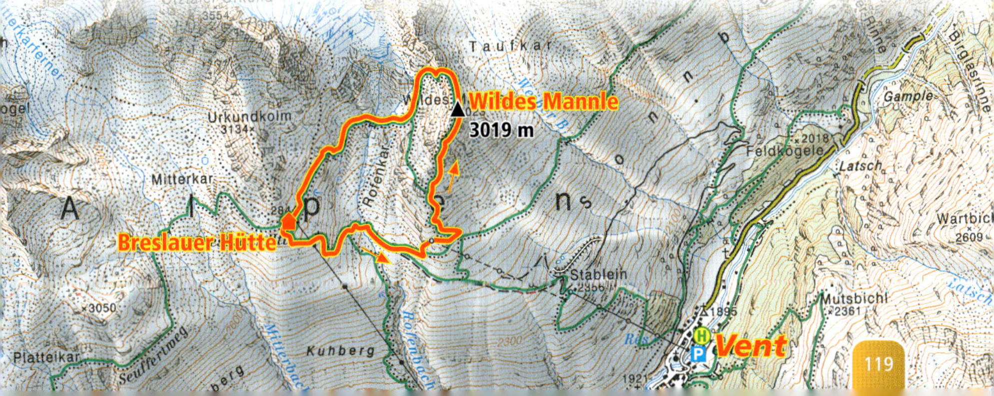

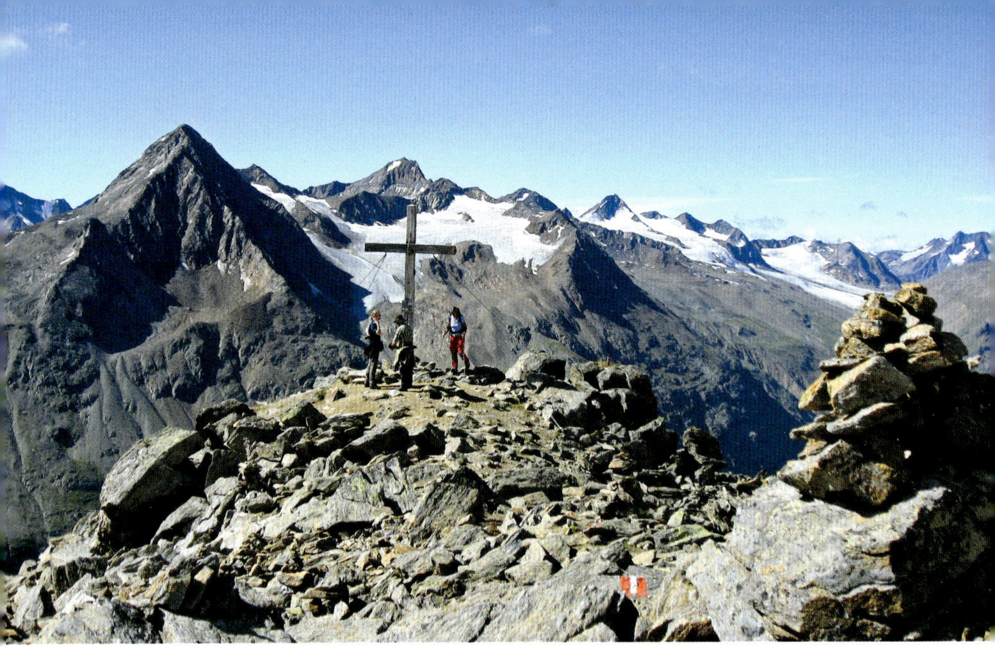

So wild ist der Anstieg auf das Wilde Mannle gar nicht, trotz der stolzen Höhe von 3019 Metern.

zeigt zwei Anstiegsmöglichkeiten zum Ziel: über den Rofenkarferner oder am „Normalweg".

Man wählt den **Normalweg**, da die Rofenkarvariante beim Übergang zur Breslauer Hütte dabei ist. Mit Blick zum beeindruckenden Rofenkarferner, der von der darüber aufragenden Wildspitze herunterzieht, steigt man dem Grat entlang zum **Gipfel** auf. Nach der großzügigen Gipfelschau (Wildspitze, Weißkugel, Ortler, Hintere Schwärze, Schalfkogel ...) führt der Weiterweg, Steinmandln folgend, hinter dem Gipfelkreuz weiter.

In prächtiger Lage: die Breslauer Hütte

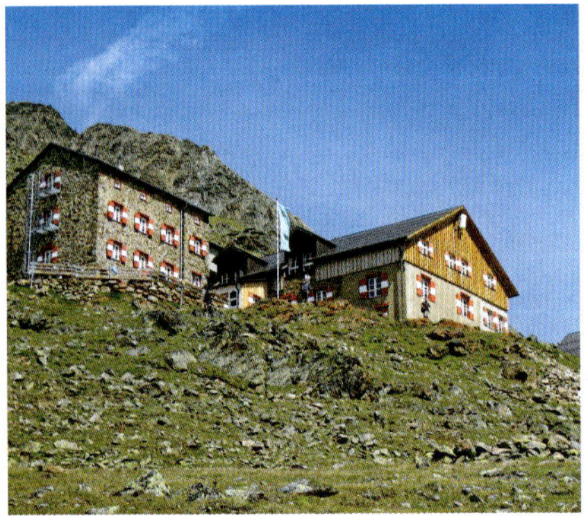

Es folgt der Abstieg ins **Rofenkar**. Hier ist eine kurze, heikle Passage dank Drahtseilen entschärft. Über die Krone der „1850er Moräne" des Rofenkarferners wandert man leicht abwärts. Hoch oben ragt das zerklüftete, steil aufragende Ende des Rofenkarferners auf. Herunten im Kar zeugt ein kleiner türkisfarbener Gletschersee vom letzten Vorstoß des Rofenkarferners im Jahr 1986. Das Rofenkar querend folgt man dem Steig zur **Breslauer Hütte** und erreicht mit relativ kurzem Aufstieg die exquisit gelegene Schutzhütte. Die letzte gemütliche Etappe der Rundtour folgt dem Steig abwärts zur **Bergstation** vom Lift „Wildes Mannle".

Brechsee (2145 m)

Versteckter Pitztaler Bergsee oberhalb schöner Almen

Rehwald 1450 m	Mauchelealm 1840 m	Brechsee 2145 m	Söllbergalm 1849 m	Rehwald 1450 m
2,9 km, 1 Std. ↑ 390 Hm	1,7 km, 1 Std. ↑ 305 Hm	2,0 km, ¾ Std. ↓ 295 Hm	4,0 km, 1¼ Std. ↓ 500 Hm ↑ 100 Hm	

4 Std. | 10,6 km | ↑ 795 Hm ↓ 1405 Hm

Ausgangsort: Zaunhof, Weiler Rehwald

Anfahrt mit Öffis: Mit dem Regionalbus 4204 (von Imst, Bahnhof) bis Haltestelle „Zaunhof Moosbrück" und der Straße entlang nach Rehwald (1,6 km, 200 Hm, 25 Min.)

Anfahrt mit Pkw: Von Imst ins Pitztal fahren und nach der Abzweigung zum Weiler Zaunhof noch einen Kilometer weiter. Vor der Lawinengalerie rechts hinauf zum Weiler Rehwald (Schilder Rehwald, Moosbrücke, Gh. Felsenhof, 1,6 km). Kleiner Parkplatz

Charakter: Problemlose Wanderung, familientauglich mit Kindern ab ca. 8 bis 10 Jahren

Einkehrmöglichkeit: Mauchelealm, Anfang Juni bis Ende September geöffnet, Tel. +43/664/39 70 843; Söllbergalm, Anfang Juni bis ca. Mitte September geöffnet, Tel. +43/ 699/100 87 078

Wunderschön bettet sich der Brechsee in einen Bergkessel am Kaunergrat oberhalb vom Weiler Rehwald. Auf halbem Weg zum See wartet, noch unterhalb der Waldgrenze, die Einkehr in der Mauchelealm. Beim Abstieg vom See führt die

Wo ist denn endlich der See? Gemach und Geduld – es handelt sich nur noch um wenige Minuten.

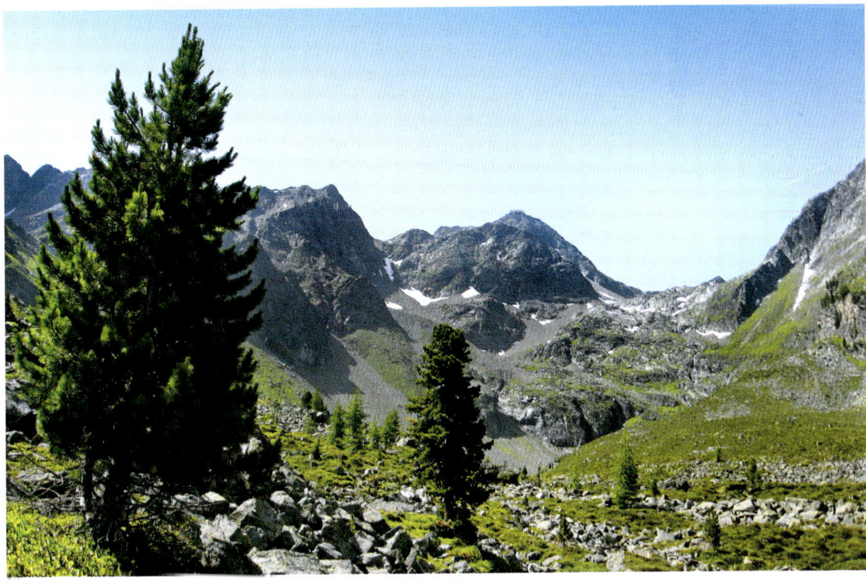

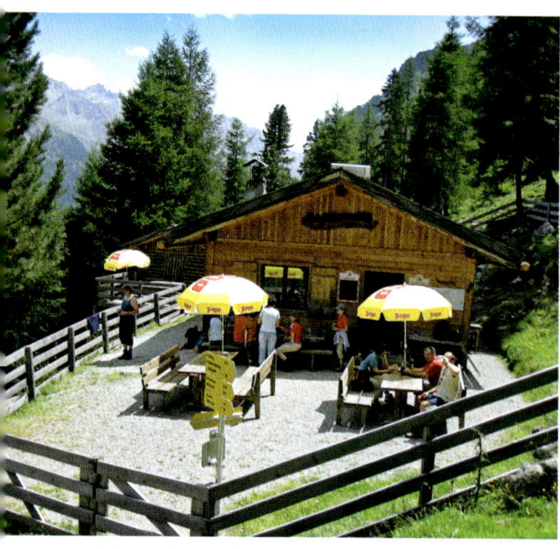

Schön gelegen: die Mauchelealm

Runde über eine weitere Alm, die Söllbergalm. Die Wanderung zum Brechsee verspricht in der Regel viel Ruhe, meist sind nur wenige Wanderer zum kühlen Bergsee unterwegs. Die Wanderung ist für nicht allzu kleine Kinder durchaus zu schaffen, zumal der See ein reizvolles Ziel für Klein und Groß darstellt.

Wegverlauf: Vom Weiler Rehwald folgen Sie der Forststraße im Wald hinauf zur Mauchelealm. Wer die Tour mit dem Mountainbike kombinieren möchte, kann bis zur Alm auffahren (offizielle Mountainbike-Route). Der Aufstieg zur Mauchelealm ist sicherlich nicht der Höhepunkt der Tour, aber mit jedem gewonnenen Höhenmeter gewinnt auch der Reiz. So steht die bewirtschaftete **Mauchelealm** bereits auf einem sehr schönen Platz, umgeben von Zirben, Lärchen und Fichten, und bietet vor allem einen schönen Ausblick auf die gegenüberliegende Talseite zur Ludwigsburger Hütte (1935 m) und zum Gemeindekopf (2771 m).
Von der Alm, wo ausschließlich Galtvieh den Almsommer verbringt, geht's dann

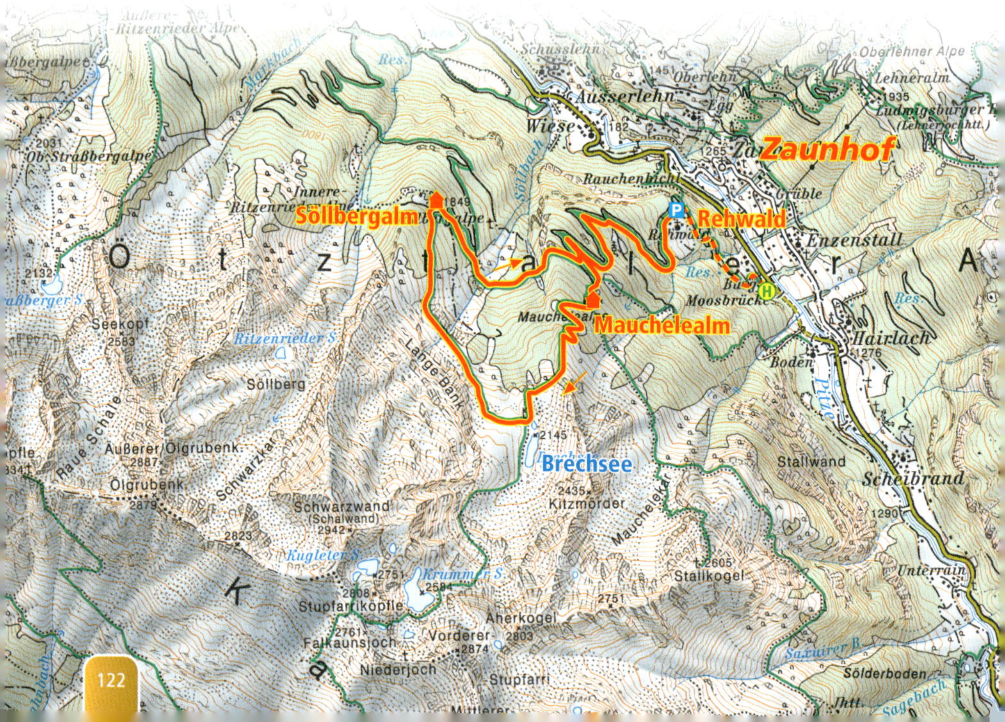

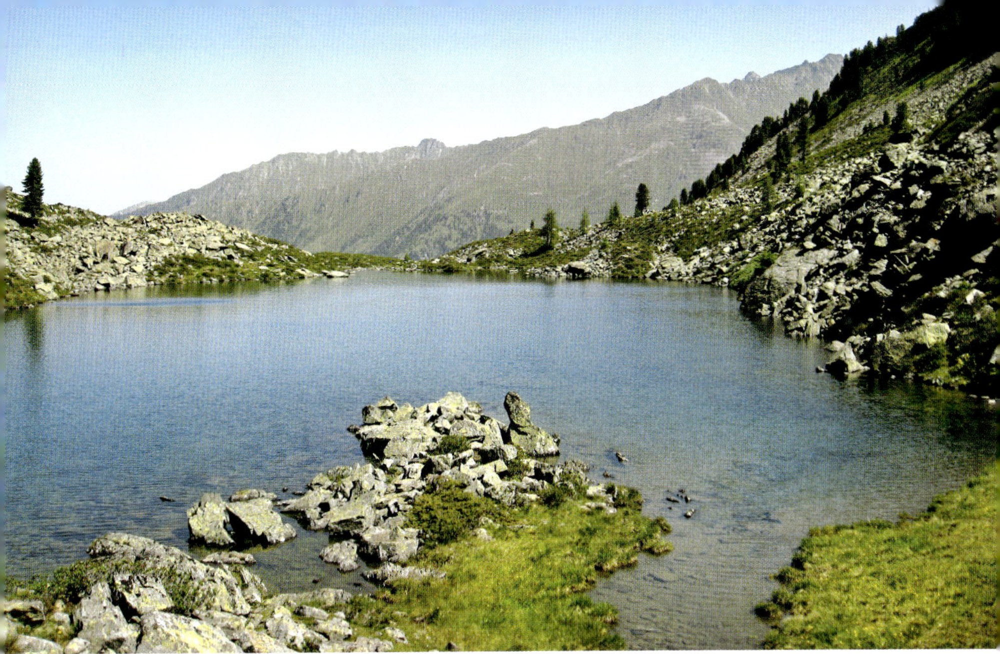

Er hat sich lange nicht sehen lassen: der Brechsee, das Ziel dieser Wanderung.

steil in einem bezaubernden Wald auf schmalem, gut markiertem Steig bergauf. Mit Erreichen der **Waldgrenze** schweift das Auge dann auch talauswärts ins vordere Pitztal. Oberhalb der Waldgrenze führt der Steig in den Bergkessel rechts des Grates, der vom Berg mit dem gruseligen Namen Kitzmörder (2435 m) herunterzieht. Noch einmal geht's durch ein kurzes, exponiertes Waldstück (Seilversicherung) – und dann muss man immer noch aufsteigen, denn der **Brechsee** versteckt sich hartnäckig lange. Im Blockgelände schlängelt sich der Weg zur Geländekuppe, hinter der sich endlich das kleine Hochgebirgs-Gewässer präsentiert. Wer mehr leisten möchte, kann im Kar noch zusätzliche 450 Höhenmeter absolvieren, um einen weiteren Bergsee mit dem Namen **Krummer See** (2584 m) zu erleben.

Vom Brechsee zieht ein Steig zur Söllbergalm talauswärts. Mit angenehmem Gefälle bahnt er sich im Bereich der **„Langen Bank"** den Weg durch herrliches Almgelände, um schließlich unterhalb der Waldgrenze zur **Söllbergalm** zu führen. Der weitere Abstieg folgt dem **Pitztaler Almweg** taleinwärts, wobei in einem weiten Kessel kleinere Bäche, die sich später zum Söllbach vereinen, gequert werden. Nach einer letzten Querung geht's ansprechend steil bergauf, wo man auf den Almenweg der Mauchelealm trifft, dem man talwärts nach **Rehwald** folgt.

Ganz ausdauernde können den **Pitztaler Almenweg** begehen. Man steigt dabei von Wiese zur Söllbergalm auf. Es folgen taleinwärts die Mauchele-, Neuberg-, Tiefental- und die Arzler Alm sowie der Abstieg nach Piösmes (19 km, ↑ 1320 Hm, ↓ 1020 Hm, 9 Std.).

51 Madatschkopf (2783 m)

Gemäßigter Gipfel am vogelwilden Kaunergrat

Parkplatz Verpeilalm 1780 m	Verpeilhütte 2025 m	Madatschkopf 2783 m	Verpeilhütte 2025 m	Verpeilalm 1802 m
1,6 km, ¾ Std. ↑ 245 Hm	2,9 km, 2 Std. ↑ 760 Hm	2,9 km, 1½ Std. ↓ 760 Hm	1,6 km, ½ Std. ↓ 245 Hm	

4¾ Std. | 4,5 km | ↑↓ 1005 Hm

Ausgangsort: Feichten, Parkplatz Verpeilalm oder Ortszentrum

Anfahrt mit Öffis: Mit dem Regionalbus 4220 (von Bahnhof Landeck-Zams) bis Haltestelle „Prutz Postamt", umsteigen in den Regionalbus 4232 und bis zur Haltestelle „Feichten Gemeindeamt" oder bis ans Dorfende zur (inoffiziellen) Haltestelle „Feichtnerhof"

Anfahrt mit Pkw: Vom Inntal durch den Landecker Tunnel nach Prutz und dann ins Kaunertal nach Feichten. Ortseinfahrt beim „Quellalpin" und dort in der Nähe Parkmöglichkeiten beim Aufstieg vom Tal aus. Die Auffahrt zur Verpeilalm ist trotz Fahrverbot-Schild nach Auskunft des Tourismusverbands, wie seit vielen Jahren üblich, auf eigene Gefahr gestattet. Vom „Quellalpin" links und dann beim Lärchenhof auf die eher ruppige, 4,5 km lange Forststraße zur Verpeilalm einbiegen

Charakter: Bergtour auf guten Steigen, ohne große Schwierigkeiten; bis zur Verpeilalm ein genussvoller Familienausflug

Einkehrmöglichkeit: Verpeilhütte, www.verpeilhuette.at, geöffnet ca. Mitte Juni bis Ende September, Tel. +43/650/56 56 540

Der Madatschkopf ist einer der wenigen gemütlich erreichbaren Gipfel im Bereich des zentralen Kaunergrates. Seine Nachbarn ragen wie Himmelsleitern aus Fels auf. Das alpine Ambiente am Gipfel, aber auch auf der Verpeilhütte ist großartig, ja atemberaubend. Der Ausflug zur Verpeilhütte eignet sich hervorragend als Familienausflug, sofern man über die holprige Forststraße bis zur Verpeilalm auffährt.

Wegverlauf: Der Start der Tour zur Verpeilhütte kann bzw. muss auch im Tal erfolgen. Wer öffentlich anreist, oder wem sein Auto leidtut oder wer sich vom Fahrverbotsschild am Beginn der Forststraße beim Lärchenhof abschrecken lässt (das Befahren ist laut TVB auf eigene Gefahr seit vielen Jahren erlaubt), startet in **Feichten**. Vom Parkplatz in der Nähe vom „Quellalpin" am Dorfeingang spaziert man ans Dorfende, um beim Hotel Feichtnerhof dem Steig links bergauf zu folgen. Der schön angelegte Steig überwindet die Steilstufe hinauf „ins Verpeil". Von der **Verpeilalm** an geht's gemütlich im Grunde des eindrucksvollen Kessels zur Verpeilhütte. Vorzugs- und empfehlenswerterweise nicht auf der Almstraße,

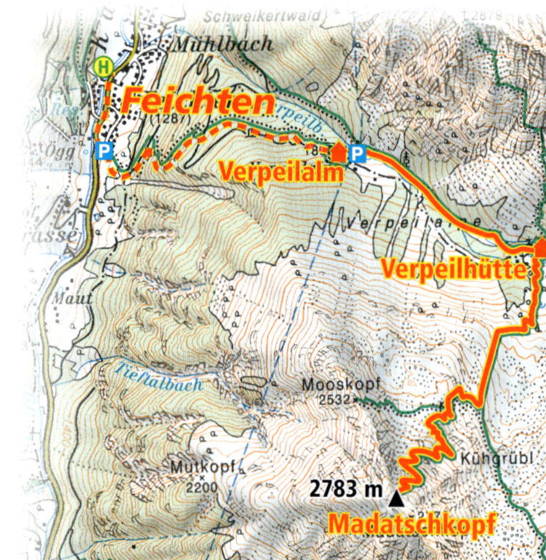

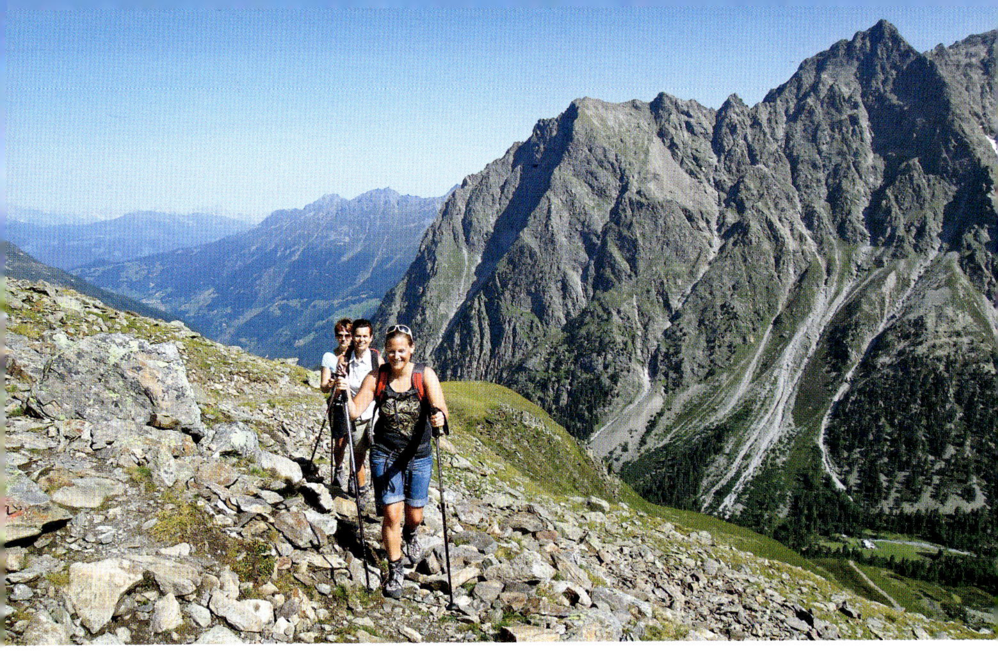

Drei einheimische Damen fast am Ziel; rechts unten ist ganz klein die Verpeilhütte zu sehen.

sondern am Steig, der jenseits vom Verpeilbach durch den Lärchen- und Zirbenwald emporzieht. Die **Verpeilhütte** liegt eindrucksvoll im flachen, weiten Talkessel. Der Aufstieg bis dorthin eignet sich hervorragend für einen Ausflug mit Kindern – nicht nur der Länge wegen, sondern auch aufgrund des kinderfreundlichen, flachen Geländes rund um die Hütte. Vor allem das kleine Bächlein ist zum Spielen bestens geeignet. Über der sympathischen Schutzhütte ragen die namhaftesten Berge des Kaunergrates auf. Von Norden beginnend reihen sich im Halbkreis Schweikert, Gsallkopf, Rofelewand, Verpeilspitze und Watzespitze aneinander. Etwas unscheinbarer und nicht so vogelwild mischt sich der Madatschkopf in den Kreis der Prominenten.

Im Süden zieht ein relativ sanfter Hang zum großen Gipfelkreuz am Madatschkopf hinauf. Der gut markierte Steig hält keine besonderen Schwierigkeiten oder Tücken bereit. Man quert bei der Hütte den Bach und steigt kurz im lichten Zirbenwald und im Almrosengelände auf, um dann über einen ausgeprägten, mit Almrosen bewachsenen Moränenrücken (am **„Schweinsruggn"**, so die Einheimischen) in Richtung der spitzen Madatschtürme aufzusteigen.

In Serpentinen, aber nie allzu steil zieht der Steig dann im felsigen Gelände zum **Gipfel**. Der Ausblick am Madatschkopf ist großartig, liegen doch die höchsten Spitzen des Kaunergrates zum Greifen nahe. Im Süden glitzern die vergletscherten Gipfel der Weißseespitze und der Weißkugel, während sich im Norden vor allem die Parseierspitze am Firmament von den anderen Gipfeln als einziger Dreitausender der Nördlichen Kalkalpen abhebt. **Abstieg** wie Aufstieg.

52 Gorfenspitze (2558 m)

Kühner, wenig besuchter Hausberg von Galtür

Galtür Alpinarium 1585 m		Brotkorb 1885 m		Gorfenspitze 2558 m		Brotkorb 1885 m		Galtür Alpinarium 1585 m
	1,2 km, 1 Std. ↑ 300 Hm		1,9 km, 2 Std. ↑ 675 Hm		1,9 km, 1¾ Std. ↓ 675 Hm		1,2 km, ¾ Std. ↓ 300 Hm	

5½ Std. | 6,2 km | ↑↓ 975 Hm

Ausgangsort: Galtür, Parkplatz beim Alpinarium

Anfahrt mit Öffis: Mit dem Regionalbus 260 (von Bahnhof Landeck-Zams) bis Haltestelle „Galtür Hotel Ballunspitze" und dann 200 m zurückgehen

Anfahrt mit Pkw: Von der Arlberg-Schnellstraße bei Pians ins Paznauntal, nach Galtür (33 km ab Pians), dort bis zum Alpinarium direkt an der Hauptstraße, Parkmöglichkeiten vorhanden

Charakter: Sehr steiler Anstieg mit selektivem, ausgesetztem Abschluss; Trittsicherheit unbedingt vonnöten

Einkehrmöglichkeit: Unterwegs keine, Gastronomie in Galtür

Zwei kühne Berggestalten beherrschen Galtür: die Ballunspitze (2671 m) und die Gorfenspitze (2558 m). Beides sind stolze und auffällige Berge. Während die Ballunspitze etwas hinter Galtür, oberhalb vom Ortsteil Wirl steht, ragt die Gorfenspitze direkt vom Ort 1000 m auf. Ein eindrucksvoller, formschöner Berg, der mit seinem scharfen Gipfel schon erahnen lässt, dass ein gewisses Maß an Trittsicherheit unerlässlich ist. Die Zahl der Besucher hält sich, laut Gipfelbucheintragungen, in sehr überschaubarem Rahmen.

Wegverlauf: Vom Alpinarium leiten die Wegweiser südwärts durch den Ortsteil **Winkl**. Dabei sieht man bereits einen großen Teil der Aufstiegsroute über die vor allem nordgerichtete steile Flanke hinauf

Wie ein gleichförmiger Kegel erhebt sich die Gorfenspitze als Hausberg über Galtür.

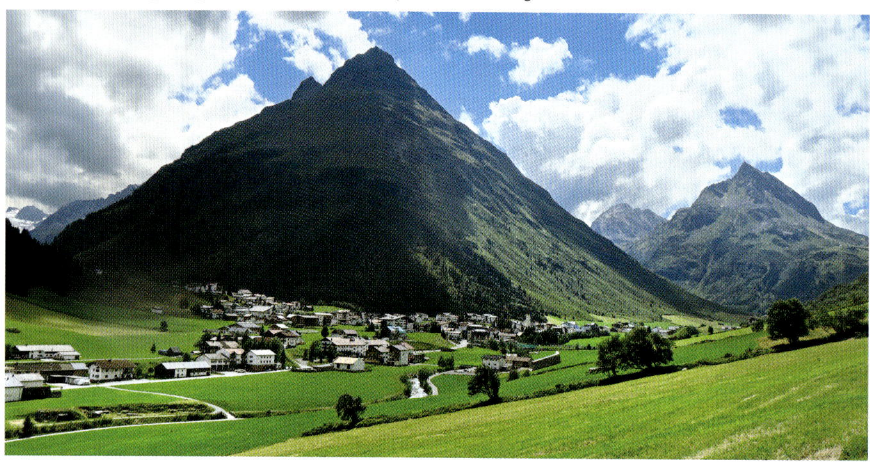

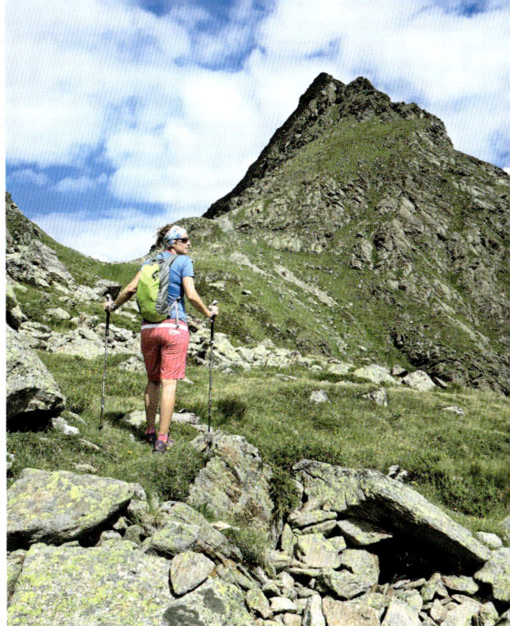

Nicht mehr weit, aber sehr steil und fordernd: die Gipfeletappe

zum bereits sichtbaren Gipfelkreuz. Kurz nach dem letzten Haus, mit Erreichen des Jambaches, zweigt rechts der Steig zur Gorfenspitze ab. Am Schild wird nochmals gemahnt, dass die Tour Geübten vorbehalten sein soll.

Kurze Zeit im Wald, dann durch Stauden gewinnt der schmale Steig an Höhe. Man erreicht eine felsdurchsetzte Schulter, die bei Einheimischen **„Brotkorb“** genannt wird und einen herrlichen Aussichtspunkt bildet. Der schmale Steig zieht dann durch die grüne, baumlose Flanke bergan. Erstmals etwas exponiert, geht's ein Stück nach dem Hinweisschild „Ab hier nur für Geübte“ taleinwärts ansteigend mit Grabenquerungen weiter. Eine erste Probe, ob exponierte Passagen keine Schwierigkeiten bereiten.

Der Anstieg führt in die **Scharte** südlich der Gorfenspitze. Im Westen zeigen sich dort die nahe Ballunspitze und der Kops-Stausee, der sich schon auf Vorarlberger Boden befindet. Rund 100 anspruchsvolle Höhenmeter sind von der Einsattelung hinauf zum höchsten Punkt zu meistern. Der Steig ist im sehr steilen Gelände stellenweise abschüssig und rutschig. Hin und wieder muss man die Hände zu Hilfe nehmen und etwas klettern. Die finalen Meter zum Gipfel wurden mit einem Mini-Klettersteig entschärft. Ab dem Schild „Klettersteig“ ist ein Klettersteig-Set angeraten. Erprobte Bergler/innen werden mit dem Stahlseil des kurzen Klettersteiges ihr Auskommen haben. In leichtem Auf und Ab zieht der Klettersteig auf der linken Seite empor zum Gipfelkreuz auf der wahrlich spitzen Gorfenspitze. Der Ausblick von diesem freistehenden Spitz ist erstklassig. Fast unter den Fußsohlen, 1000 Meter tiefer, liegt Galtür, nach Nordost zieht das Paznauntal hinaus. Die Ferwallgruppe im Norden und im Süden die Silvretta bieten eine große Gipfelschau. Einzig der nahe Piz Buin bleibt hinter der taleinwärts ziehenden Bergkette, deren Beginn die Gorfenspitze ist, verborgen.

Der **Abstieg** erfolgt auf bekannter Route, wobei bis zur Einsattelung gerade im Abstieg höchste Konzentration geboten ist.

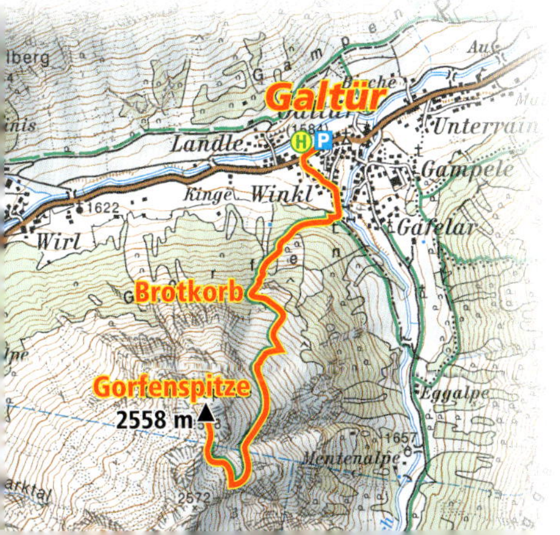

53 Samspitze (2624 m)

Hoch überm Stanzer Tal

Flirsch 1150 m	Vergratsch 2000 m	Ansbacher Hütte 2376 m	Samspitze 2624 m	Ansbacher Hütte 2376 m	Fritzhütte 1727 m	Schnann 1220 m
2,7 km, 2 Std. ↑ 850 Hm	1,1 km, 1 Std. ↑ 375 Hm	1,0 km, ¾ Std. ↑ 250 Hm	1,0 km, ¾ Std. ↓ 250 Hm	2,2 km, 1 Std. ↓ 650 Hm	1,8 km, ¾ Std. ↓ 510 Hm	

6¼ Std. | 9,8 km | ↑1475 Hm ↓1410 Hm

Ausgangsort: Flirsch, Kirche – Dorfplatz

Anfahrt mit Öffis: Mit dem Regionalbus 4242 (von Zams, Bahnhof) bis Haltestelle „Dorfplatz"

Anfahrt mit Pkw: Von Landeck kommend von der Arlberg-Schnellstraße nach Flirsch abfahren. Parkmöglichkeiten am Dorfplatz

Charakter: Beeindruckende, lange Rundtour auf steilen Steigen, aber technisch wenig anspruchsvoll

Einkehrmöglichkeit: Ansbacher Hütte, www.ansbacherhuette.at, geöffnet ab ca. Ende Juni bis ca. 20. September, Tel. ++43/676/84 29 27 136; Fritzhütte, www.fritzhuette.at, geöffnet Anfang Juni bis Ende September, Tel. +43/650/63 43 078

Die Samspitze ist der leicht erreichbare Hüttengipfel der Ansbacher Hütte in den Lechtaler Alpen, hoch über dem Stanzer Tal. Als Tagestour hat man einen strammen Anstieg über steiles Gelände und ebensolche Steige vor sich, wobei aber technisch keinerlei Tücken warten. Der Ausblick ist phänomenal: Die Lechtaler Alpen, die Verwallgruppe und das Stanzer Tal zeigen sich von der schönsten Seite. Mit dem Abstieg über die Fritzhütte nach Schnann ergibt sich eine exquisite Rundtour.

Wegverlauf: Von Flirsch geht's auf einem leider sehr spärlich markierten, sehr steilen Steig bergwärts. Die spärliche Markierung kann gerade zu Beginn etwas Spürsinn für den Wegverlauf im Wald erfordern, zumal der Aufstieg sicherlich nicht überlaufen ist. Der steile Waldaufstieg mündet östlich der schroffen und markanten Blankaspitze (2174 m) in die süd- und südostgerichteten Bergwiesen von **Vergratsch**, die trotz enormer Steilheit ehemals alle gemäht wurden. Oben auf einer Bergschulter zeigt sich bereits die Hütte, jenseits vom Griesltal ostwärts ragt eindrucksvoll die Eisenspitze (2859 m) auf. An einigen noch halbwegs erhaltenen Stadeln vorbei geht's im Zickzackkurs hinauf zur **Ansbacher Hütte**. Unglaublich aussichtsreich steht die Hütte auf der dort gerade noch grünen Bergschulter, mit fabelhaftem Blick

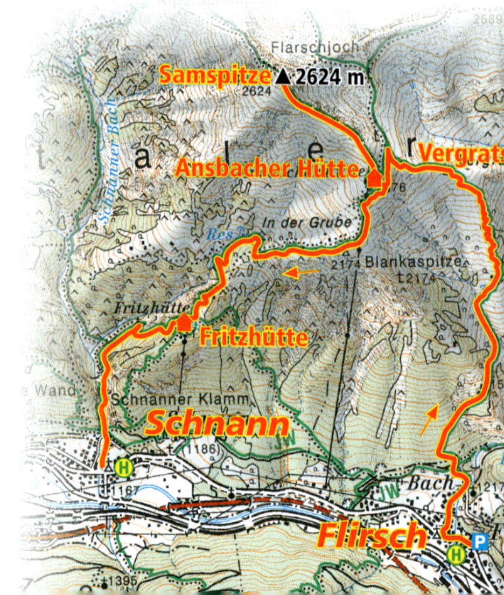

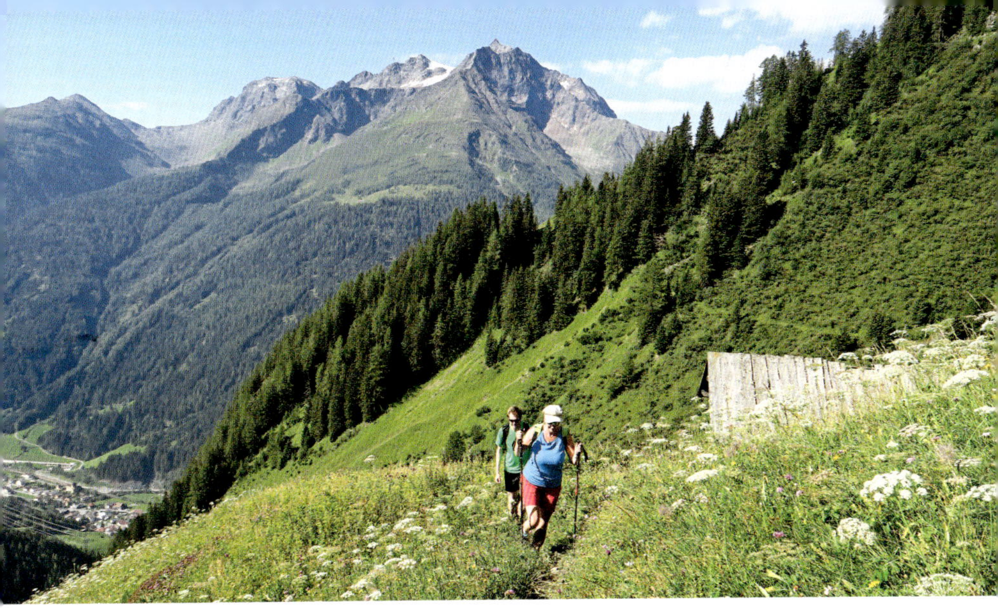

Bei der verfallenen Vergratschalm, im Hintergrund der Hohe Riffler (3168 m)

ins Stanzer Tal und zum Arlberg. Der besondere Blickfang liegt aber im Süden, überm Stanzer Tal: der Hohe Riffler (3168 m) mit seinen beiden Gletscherbecken. Von der Hütte geht's dann völlig unproblematisch weiter zur **Samspitze**. Der freistehende Gipfel bietet eine grandiose Aussicht in die Lechtaler Alpen.

Auf bekanntem Weg geht's wieder zur Ansbacher Hütte zurück, dann folgt der Abstieg in Richtung Schnann. Über wunderbare Bergwiesen auf teils tief ausgewaschenem Steig mit herrlichem Blick in Richtung Arlberg arbeitet man die Höhenmeter ab. Eine Zeit lang ist die **Fritzhütte** auf einer bewaldeten Geländestufe zu erkennen, das nächste Etappenziel am Weg ins Tal: eine ungemein sympathische Einkehr!

Eine Möglichkeit wäre es, von der Fritzhütte nach Flirsch (Steig Nr. 5, Abzweig kurz oberhalb der Hütte) abzusteigen. Empfehlenswerter ist allerdings der Abstieg nach Schnann durch die **Schnanner Klamm**. Dazu wählt man von der Hütte westwärts den sehr gepflegten Steig zum Schnanner Bach hinab. Knapp vor **Schnann** geht es auf Gitterrost-Stegen kurz und imposant durch die tief eingeschnittene, schmale Klamm. An deren Ende ist man bereits im oberen Dorfende angelangt. Von der Kirche fährt man am besten mit dem Bus nach **Flirsch** zurück. Zu Fuß sind es ca. 3 km/1 Stunde.

In bester Lage: die Ansbacher Hütte

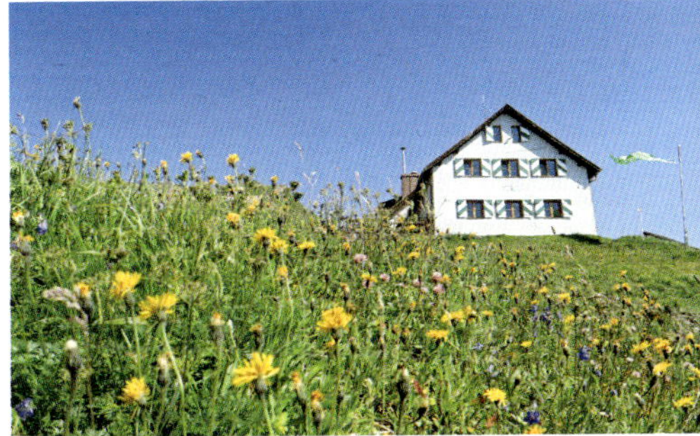

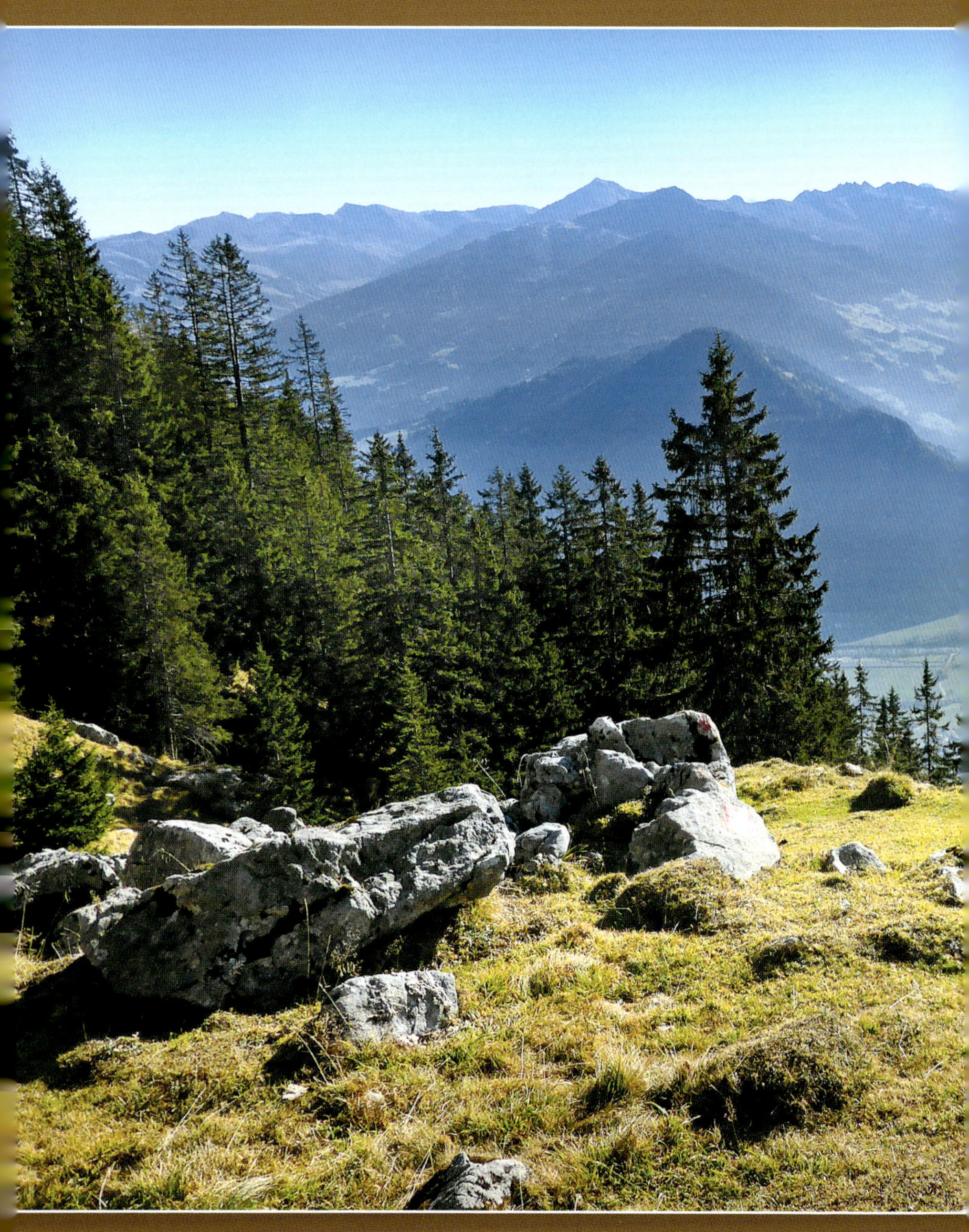

Es folgt der Steilabstieg vom Achselkopf (Tour Nr. 66) mit Blick ins Wipptal.

Herbst

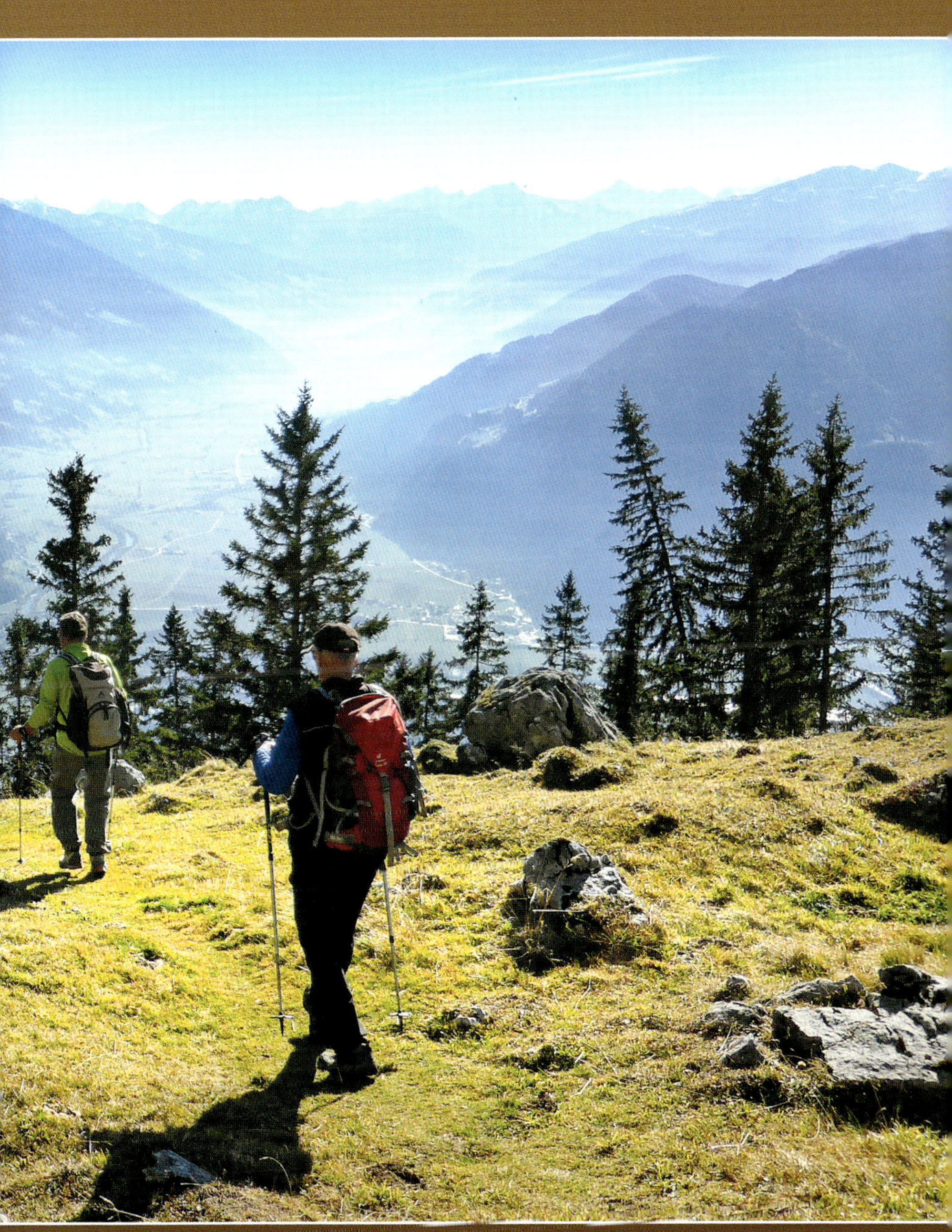

54 Thierbergkapelle und Hechtsee

Beschauliche Waldrunde zu Oasen der Einkehr

P Thierseestraße 640 m	Thierbergkapelle 720 m	Hechtsee 545 m	P Thierseestraße 640 m
1,3 km, ½ Std. ↑ 100 Hm ↓ 20 Hm	1,7 km, ½ Std. ↑ 30 Hm ↓ 200 Hm	3,0 km, 1 Std. ↑ 180 Hm ↓ 90 Hm	

2 Std. | 6 km | ↑↓ 310 Hm

Ausgangsort: Kufstein, Parkplatz Thierseestraße (640 m)

Anfahrt mit Öffis: Regionalbus 4046, Haltestelle „Edschlössl" (ca. 3 km+120 Hm zusätzlich)

Anfahrt mit Pkw: Von Kufstein in Richtung Thiersee fahren – knapp vor der Marblinger Höhe ist rechts ein asphaltierter Parkplatz (ca. 2,5 km ab Kufstein)

Charakter: Einfache und beliebte Rundwanderung vorwiegend im Wald

Einkehrmöglichkeit: Gasthaus Hechtsee, www.hechtsee.at, Montag Ruhetag, Tel. +43/5372/64 516

Sind die Blätter gefallen, der Spätherbst im Land, dann ist es in den Wäldern am Thierberg bei Kufstein besonders still, stimmungsvoll und damit ideal zum Ruhefinden, zum „In-sich-Kehren". Gedeckte Farben erfreuen: das Rotbraun der gefallenen Blätter, das Grau der kahlen Buchen, das Grün der Eiben und Fichten, das matte Silber des Hechtsees. Und einzig strahlend und hell im sehr späten Herbst ist der Glanz in der weihnachtlich geschmückten Thierbergkapelle.

Waldesstille: Nur das Laub raschelt bei Schritt und Tritt.

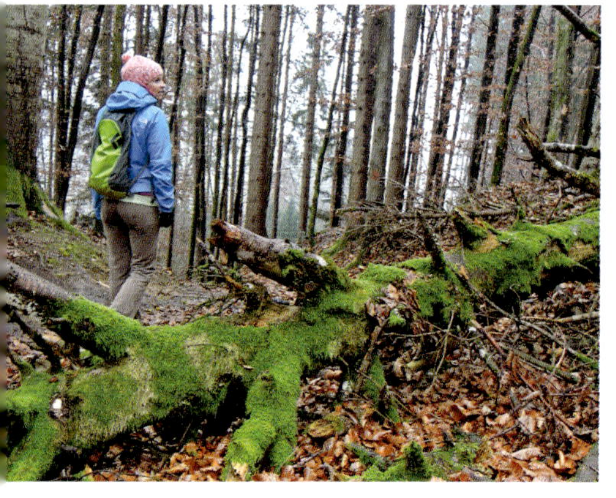

Wegverlauf: Die Rundtour starten Sie am Parkplatz an der Thierseestraße knapp vor der **Marblinger Höhe**. Kommen Sie mit dem Bus, so steigen Sie an der Haltestelle „Edschlössl" aus und gehen von dort linkshaltend über den kleinen Pfrillsee zum Ausgangspunkt der Autofahrer (1,5 km, 120 Hm).

Vom Parkplatz an wandern Sie auf einer asphaltierten Hofstraße, wechseln aber bald schon auf den Steig zur **Thierbergkapelle**. Die letzten Höhenmeter auf die Kuppe mit Kapelle und Ruine gewinnen Sie über Serpentinen. Beide Gebäude sind vom Inntal aus zu sehen und sind damit ein vorzüglicher Aussichtspunkt. Vom renovierten Turm der Ruine, dem Bergfried (freiwillige Spende in Höhe von € 1.– erbeten), schauen Sie unter anderem auf Kufstein, zum Kaisergebirge, ins Thierseetal. Aufgrund dieses einmaligen strategischen Platzes wurde die Burg 1280 gegen die Feinde im Norden errich-

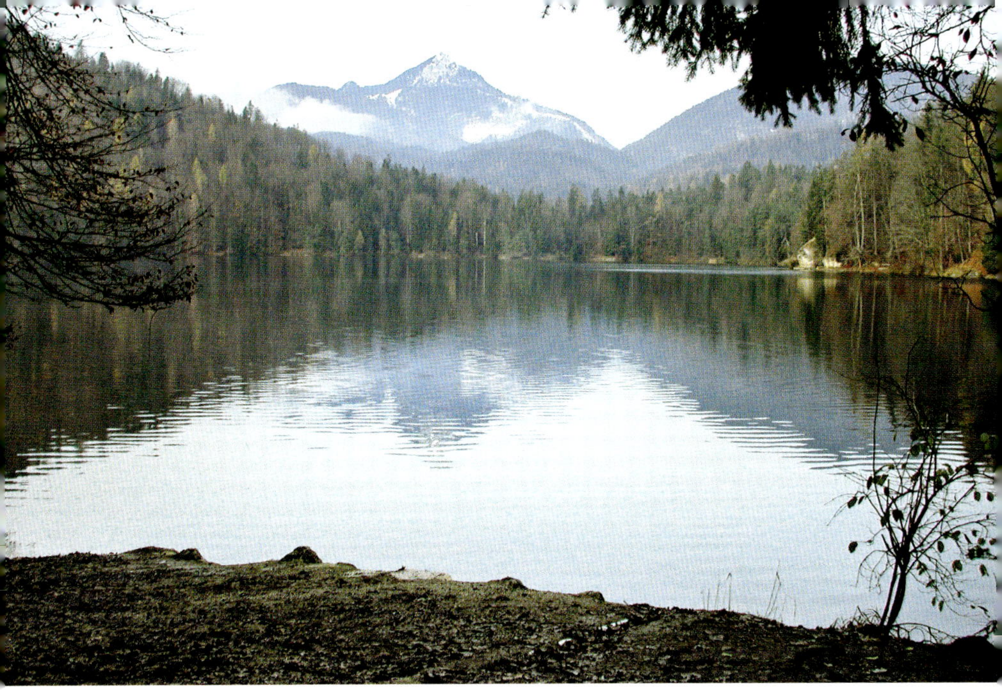

Der Herbst muss nicht immer leuchten, um stimmungsvoll zu sein: gedeckte Farbenschau am Hechtsee

tet, die Kapelle wahrscheinlich nur wenig später. Wegen der Abgeschiedenheit wird die Thierbergkapelle seit Jahrhunderten als Eremitage genützt und ist heute die letzte Einsiedelei Tirols. Alljährlich erstrahlt in der Kapelle bereits in der Vorweihnachtszeit ein Christbaum. Von der Thierbergkapelle gehts abwärts in Richtung **Hechtsee**. Den im Sommer so belebten See erlebt man im Herbst ganz ruhig. Sie umrunden den Hechtsee gegen den Uhrzeigersinn – allerdings nicht ganz, sondern biegen am Nordufer auf den Weg zum **Längsee** ein. Mit Erreichen des Längsees schließt gleich danach die Runde am Ausgangspunkt.

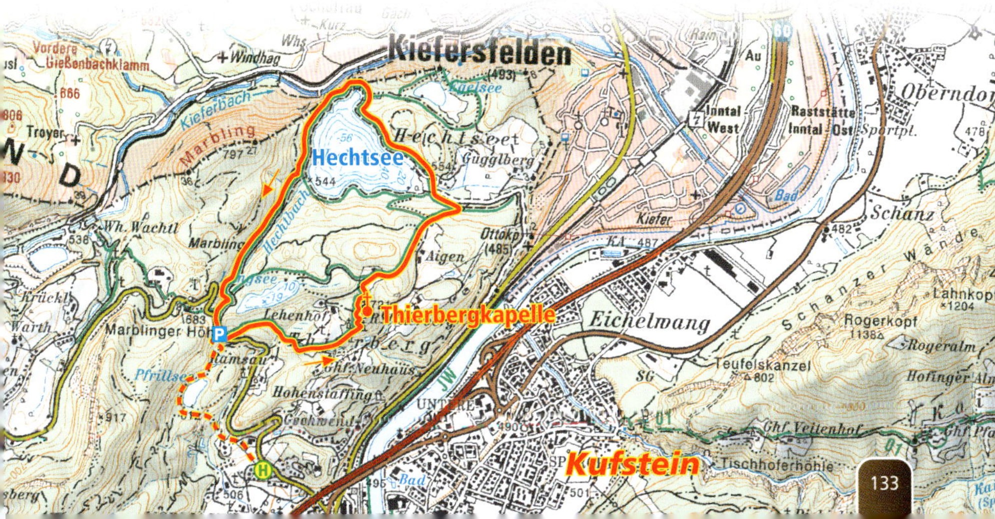

55 Harauer Spitze (1117 m)

Waldwanderung am Grat hoch überm Walchsee

P Walchsee 665 m		Harauer Spitze 1117 m		Haraualm 950 m		Ostende Walchsee 660 m		P Walchsee 665 m
	2,8 km, 1¾ Std. ↑ 500 Hm ↓ 50 Hm		0,5 km, ½ Std. ↓ 170 Hm		3,4 km, ¾ Std. ↓ 290 Hm		1,1 km, ¼ Std. ↑ 15 Hm ↓ 10 Hm	

3¼ Std. | 7,8 km | ↑↓ 515 Hm

Ausgangsort: Walchsee, Parkplatz am nördlichen Seeufer (665 m)

Anfahrt mit Öffis: Regionalbus 4030 (von Kufstein, Kössen) bis Haltestelle „Walchsee Dorfplatz" oder „Hotel Bellevue"

Anfahrt mit Pkw: Unmittelbar nach dem Ortszentrum von Walchsee befindet sich am Nordufer links der Straße ein großer, gebührenpflichtiger Parkplatz.

Charakter: Einfache Rundwanderung auf Steigen und breiteren Wegen – für Kinder ab 10 Jahren geeignet

Einkehrmöglichkeit: Haraualm, geöffnet ca. Mitte Mai bis Anfang November, Montag und Dienstag Ruhetag; Tel. +43/664/20 48 101

Der Walchsee liegt ruhig unter Ihnen, südlich vom See zeichnen sich die scharfen Spitzen des Kaisergebirges wie Sägezähne gegen das Firmament ab. Dieses herrliche Bild malt die „Künstlerin Natur" für die Wanderer während des Aufstiegs zur Harauer Spitze. Dieser unscheinbare Gipfel versteckt sich förmlich am bewaldeten Bergrücken, der sich von der Ortschaft Walchsee nach Nordosten hin erhebt. Nach dem Gipfelglück wartet beim Abstieg mit der Haraualm eine ganzjährig geöffnete, südseitig gelegene Einkehr. Der Spaziergang am nördlichen Seeufer schließt nach dem Abstieg die Rundwanderung über die Harauer Spitze.

Herbstzauber am Grat zur Harauer Spitze

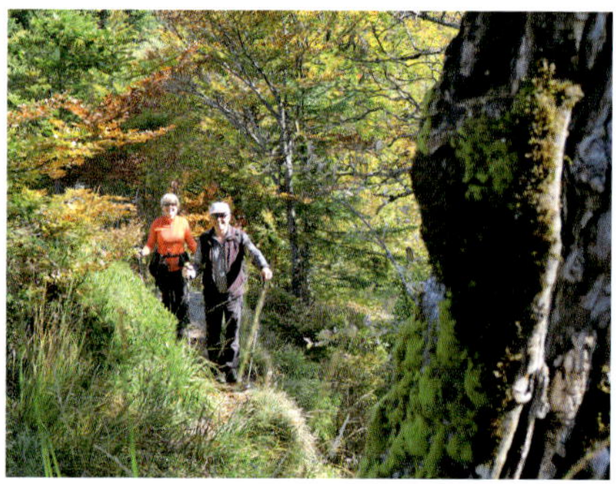

Wegverlauf: Vom Parkplatz am Nordufer gehen Sie ein kurzes Stück zurück Richtung Ortszentrum, um gegenüber vom Hotel Bellevue den Aufstieg anzugehen. Nach wenigen Höhenmetern kommen Sie zum **Kalvarienberg** mit schönem Blick über den Ort und schon wenig später steigen Sie im Wald höher. Bestens markiert folgen Sie dem Steig, der im Spätherbst von Laub bedeckt ist. Das gefallene Laub lässt Licht in den Wald und beschert den ein oder anderen schönen Ausblick auf den See und hinüber zum Kaisergebirge.

Am recht breiten Rücken und stets im lichten Mischwald erreicht der Weg den **Kranzingerberg** (1015 m) und nach kurzem Ab- und Aufstieg weiterhin am Grat, nun links und rechts steiler abfallend, schließ-

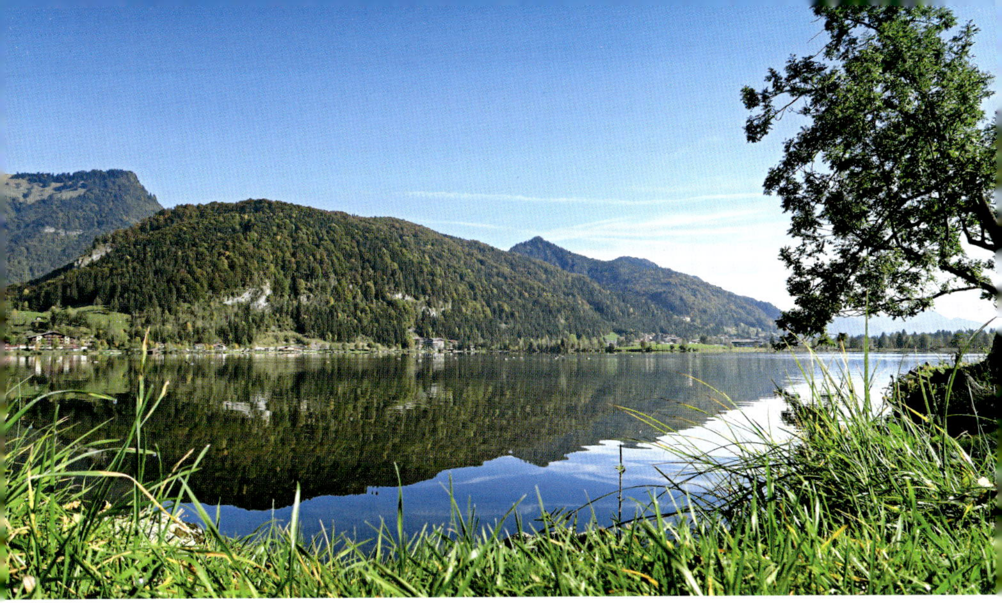

Blick vom Südufer des Walchsees zum bewaldeten Bergrücken, wo sich die Harauer Spitze versteckt

lich die **Harauer Spitze** – ein unscheinbarer, bewaldeter Gipfel, der eingeschränkte Aussicht freigibt.

Der weitere Weg führt am Grat abwärts zum **Sattel**. Dabei münden, von links kommend, die Ausstiege der Klettersteige im Bereich der Ottenalm in den Steig ein. Am Sattel verlassen die Klettersteiggeher diesen nordwärts, hinunter zur Ottenalm. Dieser Abstieg ist anfangs sehr steil und leitet dann durch ein Seitental an der bewirtschafteten **Ottenalm** vorbei ebenfalls nach Walchsee.

Deutlich sanfter kommt man südwärts vom Sattel, der auch als „Glocknerblick“ bezeichnet wird, zur bewirtschafteten **Haraualm**. Nach der Einkehr folgt der Abstieg zum See, wobei längere Zeit die Almstraße benutzt wird. In einer Rechtskurve im unteren Bereich ist der rechts abbiegende Steig über die **St.-Josefs-Kapelle** empfehlenswert. Vorbei am Hotel Panorama im Josefstal kommen Sie zur Hauptstraße, gehen aber weiter bis zum östlichsten Seeufer, um diesem entlang zurück zum Ausgangspunkt zu gelangen.

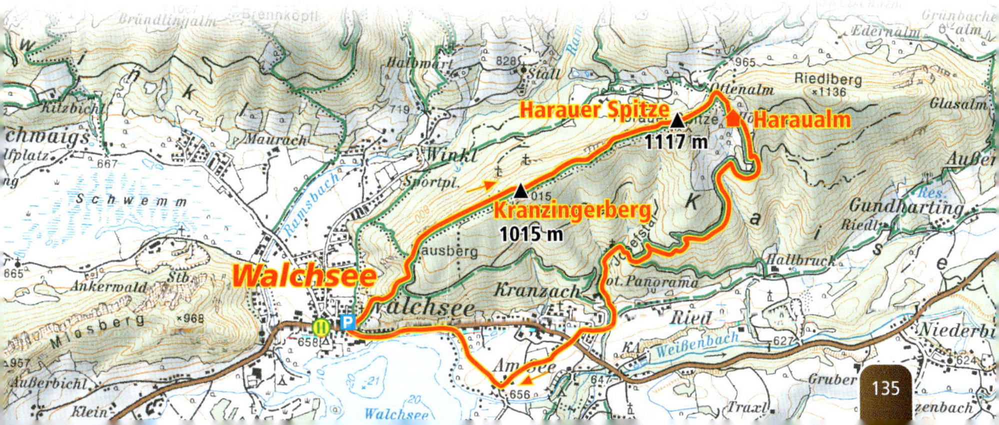

56 Über den Niederkaiser (1280 m)

Am östlichsten Ende vom Wilden Kaiser

Gh. Rummlerhof, 750 m		Einsiedelei Maria Blut, 800 m		Gmailkapelle 975 m		Gscheuerkopf 1280 m		Kaiser Niederalm, 1374 m		Gh. Rummlerhof, 750 m
	2,0 km, ½ Std. ↑ 120 Hm ↓ 70 Hm		0,6 km, ½ Std. ↑ 175 Hm		2,4 km, 1¼ Std. ↑ 425 Hm ↓ 120 Hm		1,6 km, ½ Std. ↑ 180 Hm ↓ 85 Hm		4,0 km, 1¼ Std. ↓ 625 Hm	

4 Std. | 10,6 km | ↑↓ 900 Hm

Ausgangsort: St. Johann, Hinterkaiser, Parkplatz Gh. Rummlerhof (750 m)

Anfahrt mit Öffis: ÖBB – Bahnhof St. Johann (von dort 2,5 km bis zum Gh. Hinterkaiser und dann nach rechts Richtung Einsiedelei, Gmailkapelle); Regionalbus 4000 (von Kitzbühel, Reith i. W.) bis Haltestelle „Litzlfelden" (von dort zur Einsiedelei Maria Blut)

Anfahrt mit Pkw: In St. Johann nordwärts (z. B. auf Höhe der Unterführung) in den Ortsteil Hinterkaiser und dort vom Gh. Hinterkaiser linkshaltend weiter zum Gasthaus Rummlerhof. Vor Erreichen des Gasthauses gibt es auch einen kleineren Parkplatz zwischen zwei Weiderosten.

Charakter: Anspruchsvolle, aber großartige Rundtour für trittsichere Wanderer, nicht kindertauglich

Einkehrmöglichkeit: Gh. Rummlerhof, November geschlossen, Montag Ruhetag, Tel. +43/5352/63 650

Der Niederkaiser ist der östlichste Ausläufer des Kaisergebirges – ein bewaldeter Bergrücken, der nach Süden jäh mit Felswänden abfällt. Er lässt sich in stetem Auf und Ab nahe der Abbruchkante im Zuge einer Rundwanderung überschreiten. Steile und ausgesetzte Passagen erfordern Trittsicherheit und trockene Verhältnisse. Die Tour belohnt mit schönsten Ausblicken auf den Talkessel mit St. Johann, zum Kitzbüheler Horn gegenüber und zum Wilden Kaiser, wobei die massige Maukspitze während der Gratwanderung der Blickfang ist.

Wegverlauf: Vom Parkplatz beim Gasthof Rummlerhof gehen Sie kurz ostwärts zurück, um beim Parkplatz im kleinen Waldstück Richtung Maiklsteig nordwärts abzuzweigen. Der Maiklsteig, ein leichter Klettersteig mit Leitern und

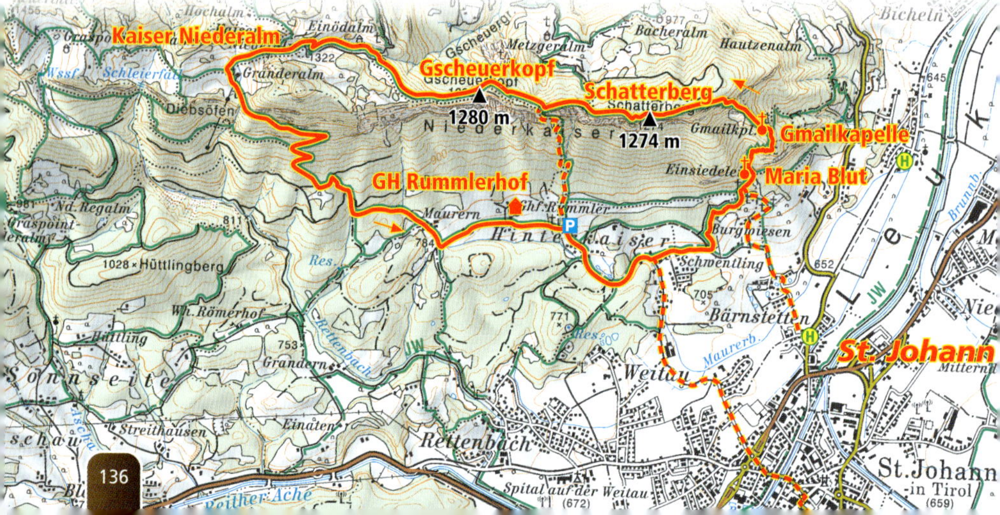

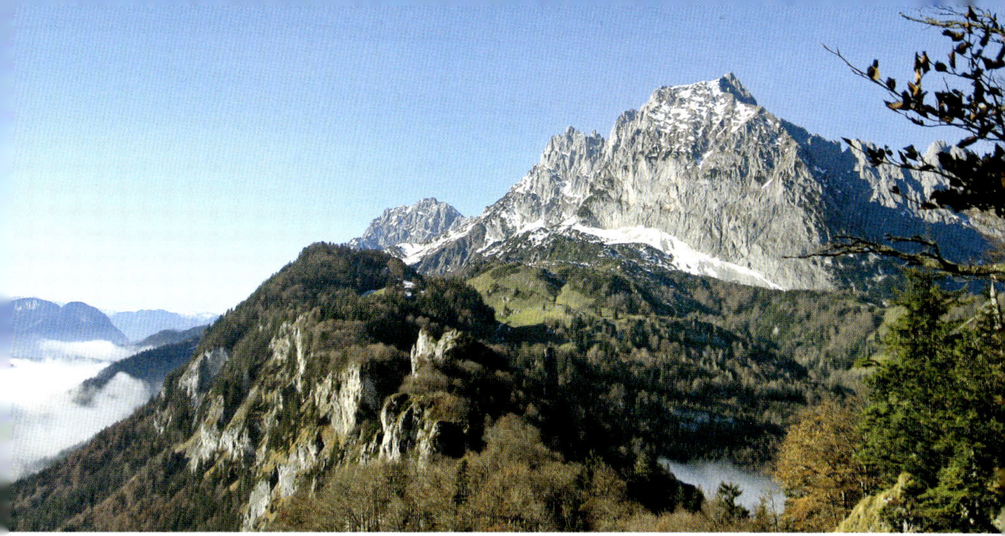

Blick über den Niederkaiser zum Wilden Kaiser mit seinem ersten bzw. letzten großen Gipfel – der Maukspitze

Klammern, führt in direkter Linie auf den Niederkaiser. Wir halten uns allerdings ostwärts und kommen so über breite Wege zur **Einsiedelei Maria Blut**. Mit Laub bedeckt und mit Wurzeln gespickt zieht der Steig in Serpentinen steil zur **Gmailkapelle** aufwärts. Aussichtsreich an eine Felswand angebaut, ist dieser Platz ideal für eine erste Rast.

Der Weiterweg wird deutlich anspruchsvoller. Stets am Rand der Felswand schraubt sich der schmale Pfad über teils felsiges Gelände hinauf auf den Kamm des Niederkaisers. Oberhalb der Felswände geht's nun mit anhaltenden leichten Ab- und Anstiegen westwärts. Nach Süden hin bettet sich St. Johann in den Talkessel, während in Marschrichtung die Maukspitze als westlichster Eckpfeiler des Wilden Kaisers aufragt. Der **Schatterberg** und das **Ursulakreuz** sind zwei der Erhebungen am Weg zum höchsten Gratpunkt, dem **Gscheuerkopf**. Recht luftig erreicht der schmale Weg diesen Aussichtspunkt. Der Weg, bald schon breiter, bringt Sie weiter zur **Einödalm**, von der es nun am Forstweg zur **Kaiser Niederalm** aufwärts geht. Nun wechselt der Weg über den sogenannten Übergang, wohin er von der Alm in wenigen Minuten ansteigt, auf die Südseite und führt abwärts zur **Granderalm**. Dort linkshaltend abwärts auf dem Steig nach **„Maurern"** und zum Rummlerhof.

Alternative: Sie steigen über den **Maiklsteig** auf den Niederkaiser. Dies ist ein „leichter" und kurzer Klettersteig (Schwierigkeit A/B), der in direkter Linie ziemlich in der Mitte vom Niederkaiser durch die Felswände auf den Grat zieht. Es handelt sich dabei nicht um einen klassischen Klettersteig, vielmehr sind es zu Beginn Trittklammern und dann einige senkrechte Leitern, die den Weg durch die Vertikale bahnen. Vom Rummlerhof ostwärts treffen Sie auf die Beschilderungen (kleiner Parkplatz), um dann die Runde im Uhrzeigersinn, beginnend mit dem Maiklsteig und dann absteigend an der Gmailkapelle vorbei, zu machen.

57 Eifersbacher Wasserfall (885 m)

Spaziergang zu einem versteckten kleinen Wasserfall

P Eichenhof-lifte, 680 m	Abzweig Bauernhöfe Tann, Bichln, 740 m	Wasserfall 820 m	Gh. Grander Schupf 825 m	P Eichenhof-lifte, 680 m
0,8 km, ¼ Std. ↑ 60 Hm	2,0 km, ¾ Std. ↑ 120 Hm ↓ 40 Hm	0,8 km, ½ Std. ↑ 60 Hm ↓ 60 Hm	1,7 km, ½ Std. ↓ 145 Hm	

2 Std. | 5,3 km | ↑↓ 240 Hm

Ausgangsort: St. Johann, kostenloser Parkplatz Eichenhoflifte/Hotel Kaiserfels

Anfahrt mit Öffis: Regionalbus Linie 8301, Haltestelle „Eichenhof"

Anfahrt mit Pkw: Vom Ortszentrum St. Johann fahren Sie ca. 1,5 km ostwärts in Richtung Fieberbrunn (Hinweisschilder Eichenhoflifte) und kommen so zum großen gebührenfreien Parkplatz beim Hotel Kaiserfels/Eichenhoflifte (680 m).

Charakter: Ein genussvoller ausgedehnter Spaziergang, familien- und allwettertauglich

Einkehrmöglichkeit: Berggasthof Grander Schupf, www.granderschupf.at, geöffnet Anfang Mai bis Ende Oktober, Montag und Dienstag Ruhetag, Tel. +43/5352/63 925

„Klein, aber oho!", meint ein Wanderer mit Blick von der schmalen Brücke am Fuße des Eifersbacher Wasserfalls auf das Naturschauspiel. Rund 25 m hoch ist der Wasserfall, versteckt im Wald der Winkle-Schattseite bei St. Johann. Es ist nicht allein der Wasserfall, der begeistert, sondern die ganze genussvolle, wenig anstrengende Runde durch den Wald und über Wiesen. Teils geht's dabei auf schmalen Steigen auch über Stege und Treppen zum versteckten Kleinod. Ein weiterer Pluspunkt ist, dass auch eine Einkehr fast am höchsten Punkt des Ausfluges wartet.

Herbstliches Stillleben am Eifersbach – das Theresienbad

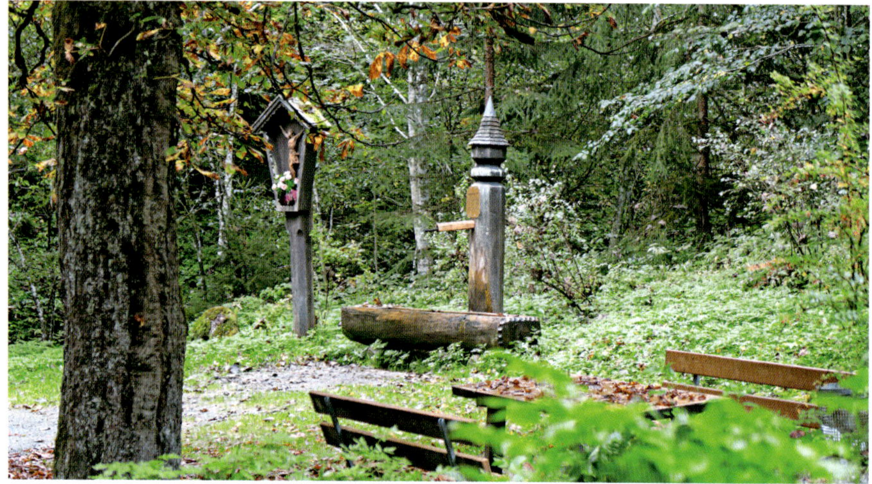

Wegverlauf: Vom großen Parkplatz der Eichenhoflifte (nur Winterbetrieb) folgen Sie wenige Meter in Richtung St. Johann der Zufahrtsstraße zum Gasthof Grander Schupf. Schon bald zweigt aber links eine Hofzufahrt (Sackgassenschild, Wegweiser Eifersbacher Wasserfall) zu den Bauernhöfen Bichln und Tann ab.
Vom **Tannerbauer** an folgen Sie einem schmalen Wiesensteig. In Richtung Norden blicken Sie über St. Johann hinweg zum Niederkaiser, dem östlichen Ausläufer des Kaisergebirges. Nach einem weiteren Gehöft wandern Sie im Wald abwärts und kommen so zum **Theresienbad** (Brunnen mit eisenhaltigem Wasser und einem Wegkreuz) am Eifersbach.
Dem kleinen Bach folgend, mehrmals über schmale Stege querend, erreichen Sie nach einer Stunde den **Eifersbacher Wasserfall** (ca. 2,8 km; 180 Hm). Rund 25 m fällt der Eifersbach über eine Felskante hier in die Tiefe. Der meist kleine Bach hat hoch oben unter dem Gipfel des Kitzbüheler Horns seinen Ursprung.
Der Weiterweg rechts des Wasserfalles ist sehr steil: Über Holzstiegen mit ordentlich hohen Stufen (speziell für Kinder kann dies anstrengend sein) geht es bergwärts. Die Steilstufe ist aber bald überwunden und Sie wandern gemütlich im schönen Wald bis zu einer Forststraße bergauf, die zum nahegelegenen Berggasthaus **„Grander Schupf“** leitet.
Mit Blick zum Niederkaiser und über St. Johann hinweg genießen Sie dort die Einkehr, um dann am nicht asphaltierten Zufahrtsweg talwärts zum Ausgangspunkt zu wandern.

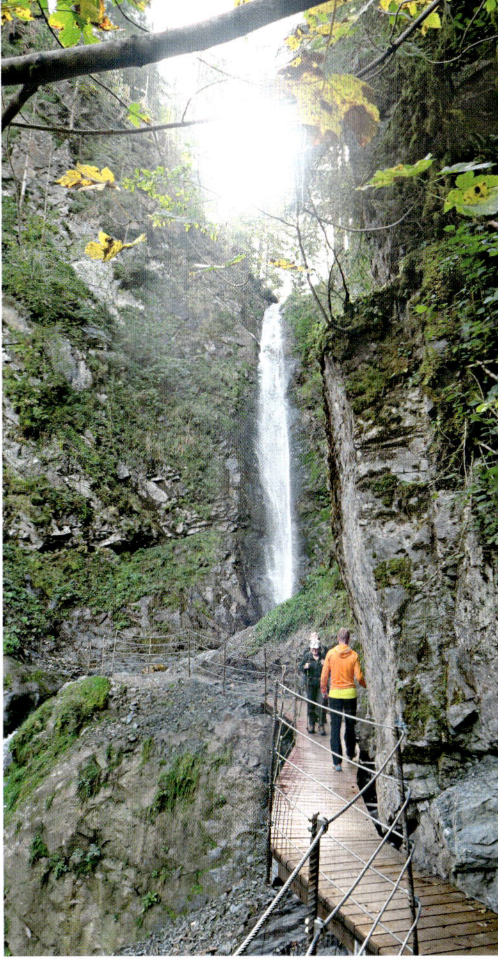

Gut versteckt: der Eifersbacher Wasserfall

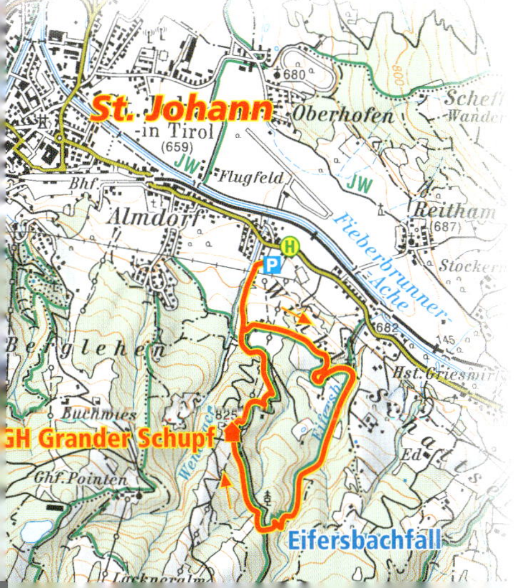

58 Brachalmrunde (999 m)

Am Besinnungsweg hoch über der Kundler Klamm und dem Inntal

P Schießstandweg 540 m	Brachalm 999 m	Scheitelpunkt 1080 m	P Schießstandweg 540 m
2,2 km, 1¼ Std. ↑ 460 Hm	0,6 km, ¼ Std. ↑ 80 Hm	4,7 km, 1½ Std. ↓ 630 Hm ↑ 90 Hm	

3 Std. | 7,5 km | ↑↓ 630 Hm

Ausgangsort: Kundl, Parkplatz Schießstandweg (540 m)

Anfahrt mit Öffis: Regionalbus 8311 bis Haltestelle „Kundl, Klammstraße", dann östlich der Ache zum Parkplatz (ca. 400 m)

Anfahrt mit Pkw: Von Osten auf der Tiroler Straße kommend nach der Querung der Wildschönauer Ache rechts abbiegen und dem Schießstandweg folgend zum Parkplatz unterhalb der Bergkreuzkapelle

Charakter: Wunderbare, beschauliche Rundwanderung ohne großen Andrang mit Ausblicken auf das Inntal im Bereich Kundl, Breitenbach

Einkehrmöglichkeit: Jausenstation Brachalm, geöffnet von Ende Mai bis Mitte September ohne Ruhetag

Die Brachalm war einst ein ganzjährig bewirtschafteter Bauernhof auf einer exponierten Wiese, östlich hoch über der Kundler Klamm gelegen. Inzwischen ist der Hof nur noch in den Sommermonaten landwirtschaftlich und als Jausenstation bewirtschaftet. Der Besinnungsweg zur Brachalm ist ein teils schmaler, abschnittsweise auch etwas steilerer Steig mit 14 Kreuzwegstationen. Ehemals war dieser Abschnitt ein kleiner Teil des allsonntäglichen, viele Kilometer langen Kirchweges von Teilen der Wildschönauer Gemeinde. Der Ausflug „in die Brach" ist eine schöne Rundtour, die sich vom Frühjahr bis zum Wintereinbruch und manchmal auch ganzjährig machen lässt. Besonders schöne Waldstimmungen und viel Ruhe erwarten die Besucher vor allem im Herbst, nachdem die Blätter sich bunt verfärbt haben und die Jausenstation leider schon geschlossen hat.

Wegverlauf: Vom gebührenfreien Parkplatz hinter den letzten Häusern steuern Sie die **Bergkreuzkapelle** an. Dort vorbei gewinnen Sie auf schönem Weg an Höhe. Nach kurzer Zeit, in der Nähe der Ruine Kundlerburg, blicken Sie in den vorderen, noch sehr gemäßigten Teil der Kundler Klamm hinunter. Wechselnd steil geht es weiter bergan. Nach der Querung eines Grabens auf einer kurzen Holzbrücke

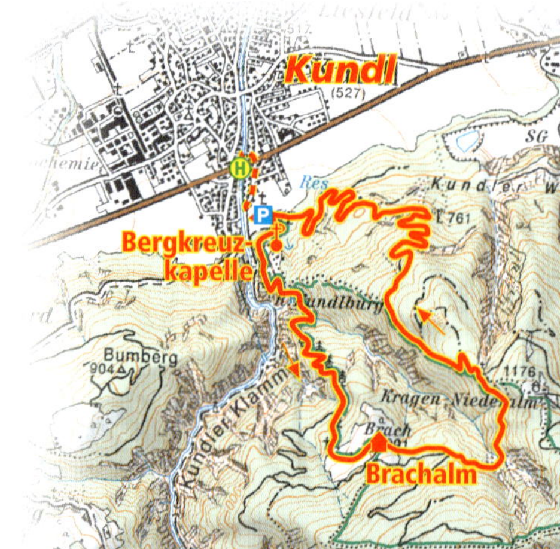

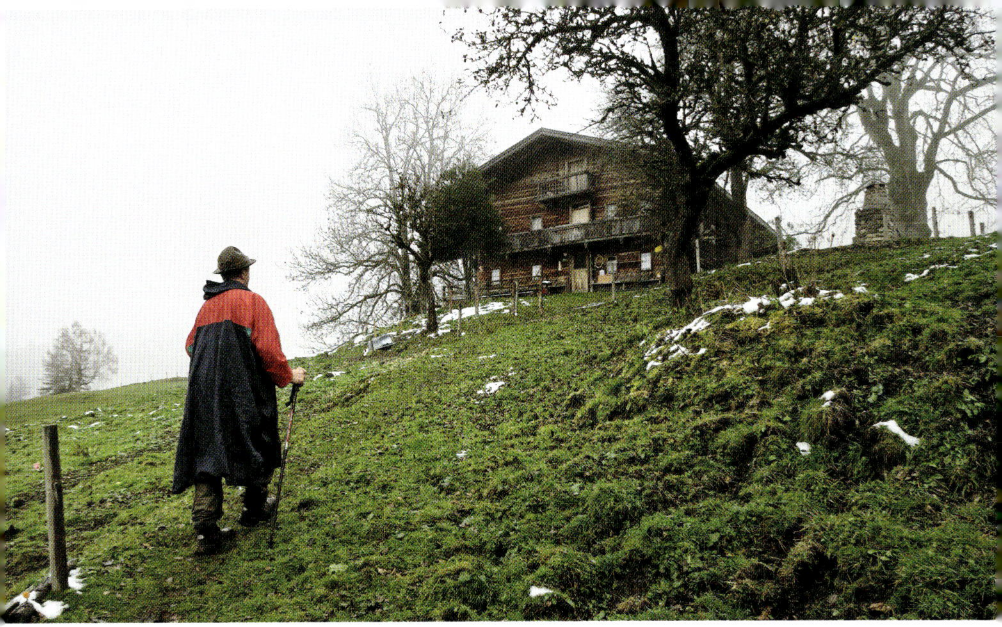

„Die Brach" – ab Mitte September ohne Einkehrmöglichkeit

geht es am eigentlichen Besinnungsweg bergan. Gewohnte Farbmarkierungen fehlen, was nur an einer Stelle etwas problematisch sein kann: Sie treffen bei der 9. Kreuzwegstation auf einen Forstweg und müssen diesem dann ein kurzes Stück nach rechts folgen, um dann ohne Wegweiser wieder auf den Steig mit den Kreuzwegstationen links ansteigend einbiegen zu können.

Ein großes Wegkreuz nach der 14. Kreuzwegstation steht am Waldrand der Wiese, über die Sie nun linkshaltend in wenigen Minuten die Jausenstation erreichen. Ob mit oder ohne Bewirtung bietet die Rast bei der **Brachalm** bezaubernde Augen- und erhabene Tiefblicke auf das Inntal.

Einige kleinere Anstiege sind nach der Alm noch zu meistern, anfangs geht's hinauf bis zum Scheitelpunkt der Runde: entweder am Steig gleich hinter dem Bauernhaus linkshaltend oder rechts am Forstweg bleiben. Beide Wege treffen sich, dann geht's mit weiteren harmlosen Kurzanstiegen auf der Forststraße talwärts bis zum Ausgangspunkt. Die Abkürzung auf einem schmalen, wurzeligen Steig über die ausgeschilderte **„Hahntax"**, auf die Sie nach geraumer Zeit am Forstweg treffen, kommt nur bei trockenen Verhältnissen in Frage.

Der Kreuzweg war für viele Wildschönauer einst der Kirchweg.

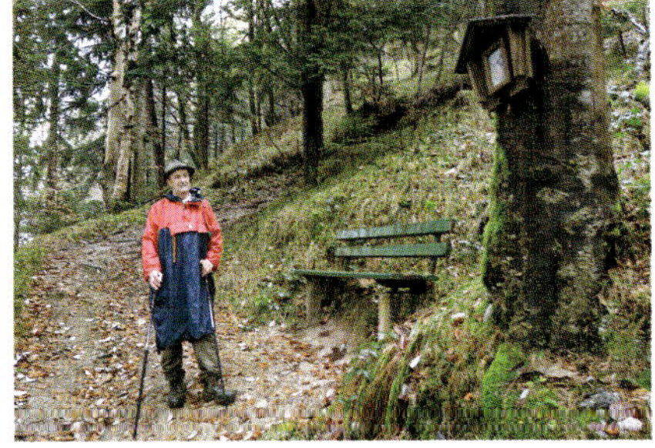

59 Voldöpper Spitze (1509 m)

Auf den Hausberg von Kramsach samt Überschreitung

Krummsee 580 m	Voldöpper Spitze 1509 m	Heumöseralm 1212 m	Krummsee 580 m
4,2 km, 2¾ Std. ↑ 930 Hm	1,4 km, ½ Std. ↓ 300 Hm	5,4 km, 2¼ Std. ↑ 125 Hm ↓ 755 Hm	

5½ Std. | 11 km | ↑↓ 1090 Hm

Ausgangsort: Kramsach, Krummsee (580 m)

Anfahrt mit Öffis: Regionalbus 4113 (von Brixlegg, Breitenbach) bis Haltestelle „Kramsach Krummsee"

Anfahrt mit Pkw: In Kramsach der Beschilderung „Zu den Seen" folgend bis zum Krummsee, dem ersten der Seen. Knapp hinter dem Hotel Krummsee gibt es bergseitig Parkmöglichkeiten.

Charakter: Bergtour ohne nennenswerte Schwierigkeiten, abschnittsweise steil; auch im Frühjahr sehr früh machbar und empfehlenswert

Einkehrmöglichkeit: Unterwegs keine

Der Voldöppberg, wie die Voldöpper Spitze auch genannt wird, ist der Hausberg von Kramsach, benannt nach dem Ortsteil Voldöpp. Von der Autobahn aus zeigt sich der Berg mit einem nach Ost und West ebenmäßig abfallenden Grat, während die sehr steile Südflanke von Felswänden durchzogen ist. Die südgerichtete Lage der Voldöpper Spitze und die nicht allzu große Höhe ermöglichen die Bergtour nahezu ganzjährig. Diese Vorzüge, gepaart mit dem Panoramablick unter anderem zum Kaisergebirge, zum Alpenhauptkamm mit den Zillertaler und Stubaier Alpen, sorgen dafür, dass der Gipfel stets gut besucht ist. Mit der Überschreitung ergibt sich eine ausgedehnte Rundtour.

Der Krummsee macht seinem Namen Ehre.

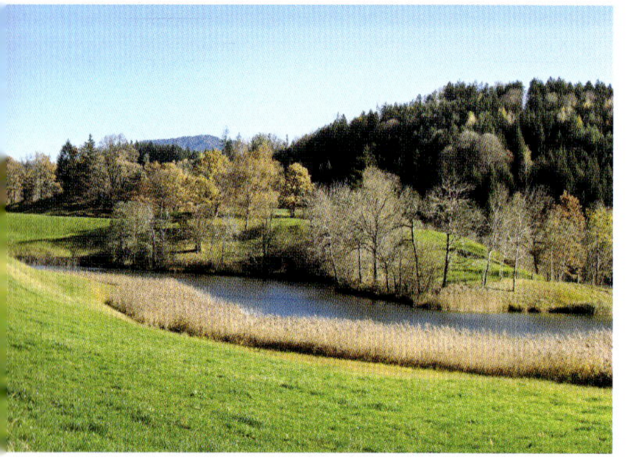

Wegverlauf: Vom Parkplatz beginnt der Aufstieg zunächst am asphaltierten, beschilderten Weg, vorbei an den letzten Häusern und im Wald ansteigend. Die Forststraße wird bald schon verlassen und es geht auf einem Steig weiter bergauf. Die Forststraße abkürzend, wird diese dabei immer wieder in den Kehren tangiert. Später führt nur mehr ein abschnittsweise recht steil ansteigender Pfad am Bergrücken höher. Der lichte Mischwald gibt dabei immer wieder schöne Ausblicke aufs Inntal frei – ein Vorgeschmack auf den Ausblick vom Gipfel. Wobei „Gipfel" relativ ist: Es sind ihrer zwei, zumindest stehen zwei Gipfelkreuze am **Voldöpper Spitz**, oder sollten man Voldöpper Spitzen sagen?

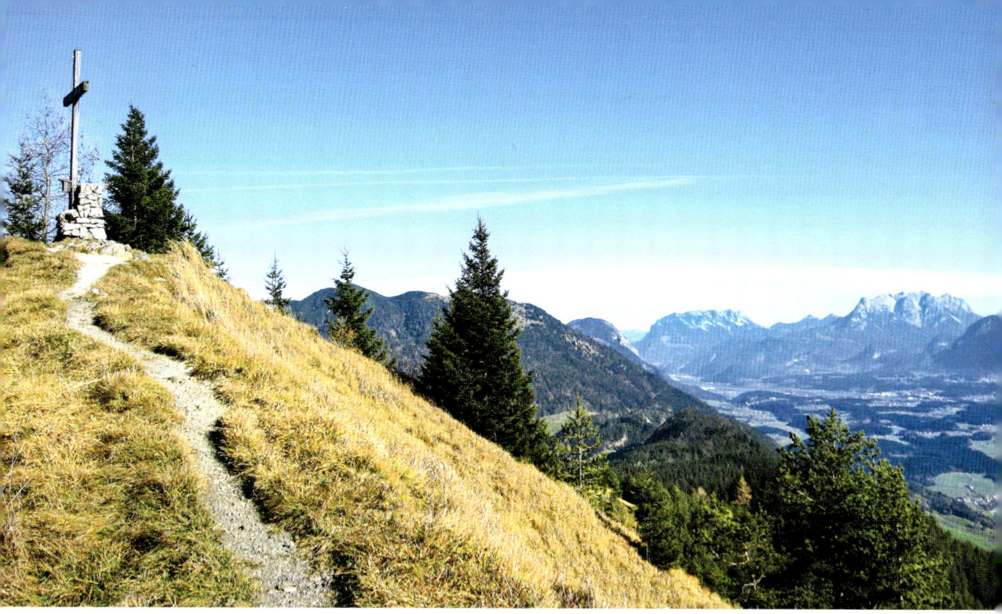

Auf „schmaler" Schneid hoch überm Inntal: der Weg zur Voldöpper Spitze

Am Nord- und Südgipfel erwartet Sie ein grandioses Gipfelpanorama: im Norden das Rofan, der markante Guffert bei Steinberg, im Osten der „Koasa", im Süden übers Inntal hinweg die Tauern und die Zillertaler Alpen, im Westen die Stubaier und Ötztaler Alpen. Und unter Ihnen liegt wie ein blaues Auge der Reintalersee und das geschäftige Inntal, aus dem die Autos bis zum Gipfel zu hören sind. Einzig am Nordgipfel, wo dem erschöpften Wanderer ein Bankerl erbaut wurde, ist der Zivilisationslärm kaum zu hören.

Der **Abstieg** kann natürlich am bekannten Weg gemacht werden, allerdings ist die Überschreitung mit ostseitigem Abstieg sehr empfehlenswert. Problemlos steigen Sie über den breiten Ostrücken zur kleinen **Heumöseralm** ab und dann südseitig im Wald, teils auf Steigen, teils auf Forstwegen. Am Weg Nr. 13 geht es nun ohne nennenswertes Auf und Ab in der Geländeetage oberhalb der Seen und dem trennenden Felsriegel, durch den ein Klettersteig zieht, ostwärts. Es folgt der aufgrund des Klettersteig-Abstiegs stark frequentierte Steig zum Ausgangspunkt.

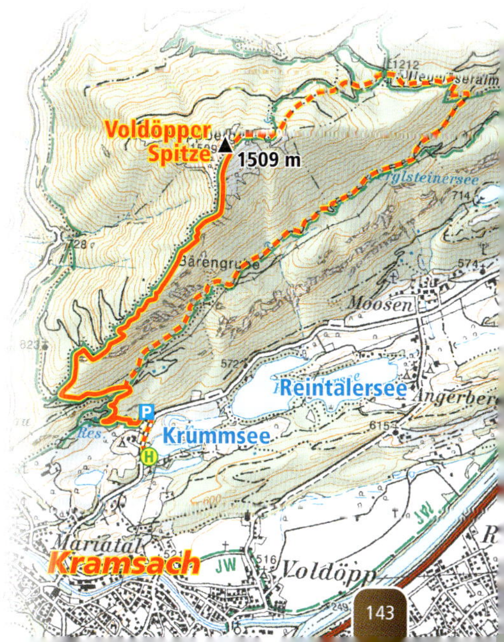

60 Sonnwendbichlalm (1645 m)

Der schönste Aussichtspunkt von Münster und weit darüber hinaus

P Höllenstein	Seiterlingsteig Beginn	Sonnwendbichlalm	Bayreuther Hütte	P Höllenstein
630 m	920 m	1645 m	1540 m	630 m

P Höllenstein – Seiterlingsteig Beginn	Seiterlingsteig Beginn – Sonnwendbichlalm	Sonnwendbichlalm – Bayreuther Hütte	Bayreuther Hütte – P Höllenstein
2,9 km, ¾ Std.	2,5 km, 2 Std.	1,9 km, ¾ Std.	3,8 km, 1½ Std.
↑ 290 Hm	↑ 725 Hm	↑ 40 Hm ↓ 145 Hm	↓ 910 Hm

5 Std. | 11,1 km | ↑↓ 1055 Hm

Ausgangsort: Münster, Parkplatz Höllenstein (630 m)

Anfahrt mit Öffis: Postbus Linie 4111, 4115, 4121 bis Haltestelle „Münster/Gemeindeamt"

Anfahrt mit Pkw: Sie biegen in Münster bei der Kirche nordwärts ab und fahren nach 80 m bei der Gabelung links und dann schnurstracks wieder nordwärts bis zum Parkplatz im Ortsteil Höllenstein (gelbe Hinweisschilder Rodelbahn).

Charakter: Anspruchsvolle Wanderung auf teils exponierten Abschnitten, besonders im Abstieg. Es besteht aber die Möglichkeit eines einfacheren Abstiegs.

Einkehrmöglichkeit: Sonnwendbichlalm, geöffnet von Pfingsten bis Oktober, Tel.: +43/664/24 37 837

Die Felswände des Vorderen Sonnwendjochs (2224 m) ragen über der Sonnwendbichlalm (1645 m) auf, während die Alm auf einer Etage im exponierten Südhang, der nach Münster steil abfällt, in herrlichster Aussichtslage liegt. Gerade im Herbst erfreut diese steile Südseite konditionsstarke Wanderer mit viel Sonne und ungemein abwechslungsreichen An- und Abstiegen. Der Ausgangspunkt – der Ortsteil Höllenstein – liegt am Fuß der steilen und felsdurchsetzten Südflanke, die zum Vorderen Sonnwendjoch hinaufzieht. In dieser Sonnenseite logiert, vom Ausgangspunkt nicht einzusehen, gut 1000 m höher und etwas westlich die Sonnwendbichlalm. Der Seiterlingsteig schlängelt sich in Falllinie der Alm geschickt durch das Steilgelände bergwärts.

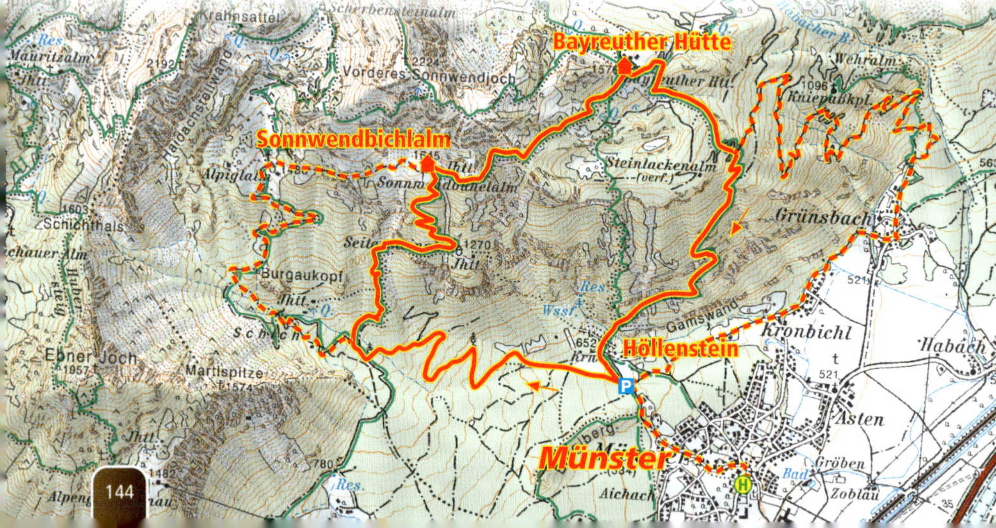

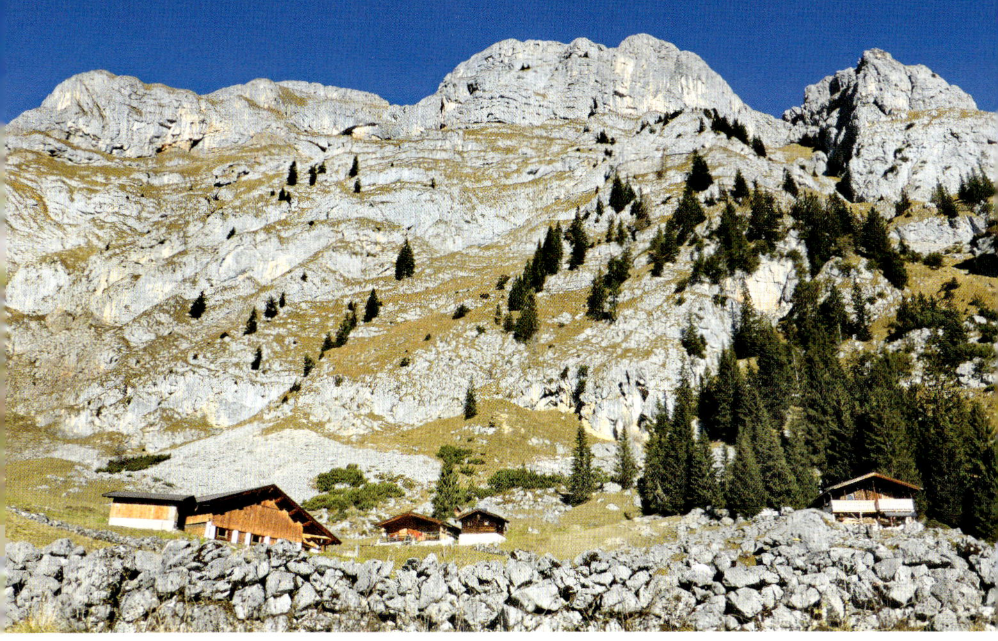

Vom Tal aus nicht zu sehen: der Logenplatz der Sonnwendbichlalm

Wegverlauf: Vom Parkplatz steigen Sie am Forstweg westwärts an (Rodelbahn im Winter) und kommen nach ca. 45 Minuten Gehzeit zum beschilderten Abzweig des **Seiterlingsteigs** zur Sonnwendbichlalm bzw. Seitensteinalm, die im Dialekt als Seiterlingalm bezeichnet wird.

Der Steig zieht größtenteils im Wald ansehnlich steil höher. Schon bald erfreuen erste Ausblicke auf das Inntal und vordere Zillertal und lassen erahnen, wie aussichtsreich diese Wanderung wird. Der lange Steilaufstieg bringt Sie auf die Geländeetage mit der **Sonnwendbichlalm**: Am Fuß der Felswände zum Vorderen Sonnwendjoch gebettet, inhalieren Sie von dort einen fulminanten Ausblick südwärts über das Zillertal hinweg zu den vergletscherten Gipfeln der Zillertaler Alpen ganz hinten am Horizont. Näher, aber über 1000 m tiefer, zeigt sich das Inntal. Eine fantastische Schau! Im späteren Herbst, nachdem die Alm nicht mehr bewirtschaftet ist, gibt es für Wanderer meist eine Getränke-Selbstbedienung. Für all jene, die schon zufrieden sind, empfiehlt sich der Abstieg westwärts, der über die Almstraße durch das weite Kar mit der **Alpbühelalm** führt.

Ausdauernde Bergler lenken die Schritte hingegen ostwärts, um am wunderbaren **Höhensteig** leicht abwärts und aussichtsreich in 45 Minuten zur **Bayreuther Hütte** zu wandern. Dort grüßen aus dem östlichsten Unterland nun der Zahme und Wilde Kaiser sowie die Kitzbüheler Alpen.

Nur trittsichere Bergler können bei trockenen Verhältnissen den **Steinapfelsteig** wählen, der ungemein steil und teils sehr ausgesetzt durch die grasige Steilflanke abwärts zieht. Alternativ gibt es auch den Fahrweg von der Bayreuther Hütte.

61

Berglsteinersee (715 m)

Nah gelegene Bergseeidylle

P Reintalersee Ost 600 m	Berglsteinersee 715 m	Salberg 760 m	P Reintalersee Ost 600 m
1,4 km, 25 Min. ↑ 150 Hm ↓ 35 Hm	1,0 km, 20 Min. ↑ 45 Hm ↓ 10 Hm	2,9 km, 1 Std. ↑ 35 Hm ↓ 185 Hm	

1¾ Std. | 5,3 km | ↑↓ 230 Hm

Ausgangsort: Kramsach, Parkplatz Reintalersee Ost (600 m)

Anfahrt mit Öffis: Regionalbus 4113 (von Brixlegg, Breitenbach) bis Haltestelle „Kramsach Parkplatz Halbinsel"

Anfahrt mit Pkw: In Kramsach der Beschilderung „Zu den Seen" folgen bis zum gebührenpflichtigen Parkplatz Ost (dem 2. Parkplatz) am Reintalersee

Charakter: Erholsamer Herbstspaziergang

Einkehrmöglichkeit: Gasthaus Berglsteinersee, aktuelle Informationen über Facebook „Berglsteinersee 712er Lounge", Montag und Dienstag Ruhetag, Tel. +43/5337/65 600

Ein Kleinod mitten im Gebirge: Umgeben von Wald, in einer Mulde unterhalb einer Felswand gelegen, bezaubert der Berglsteinersee als talnaher Gebirgssee, der seit 1928 als Naturdenkmal anerkannt ist und damit besonderen Schutz genießt. Speziell im Spätherbst, wenn sich das Laub verfärbt hat, ist der Berglsteinersee mit seinen einzigartigen Herbststimmungen ein wunderbares Ausflugsziel, zumal auch ein Gasthaus mit gehobener Küche „oben" am Berg die Besucher erwartet.

Wegverlauf: Vom Parkplatz am östlichsten Ende vom Reintalersee spazieren Sie ohne „harte" Steigungen über einen Fahrweg (Fahrverbot) im herbstlich ver-

Der herbstliche Berglsteinersee: eine Oase der Ruhe und Erholung

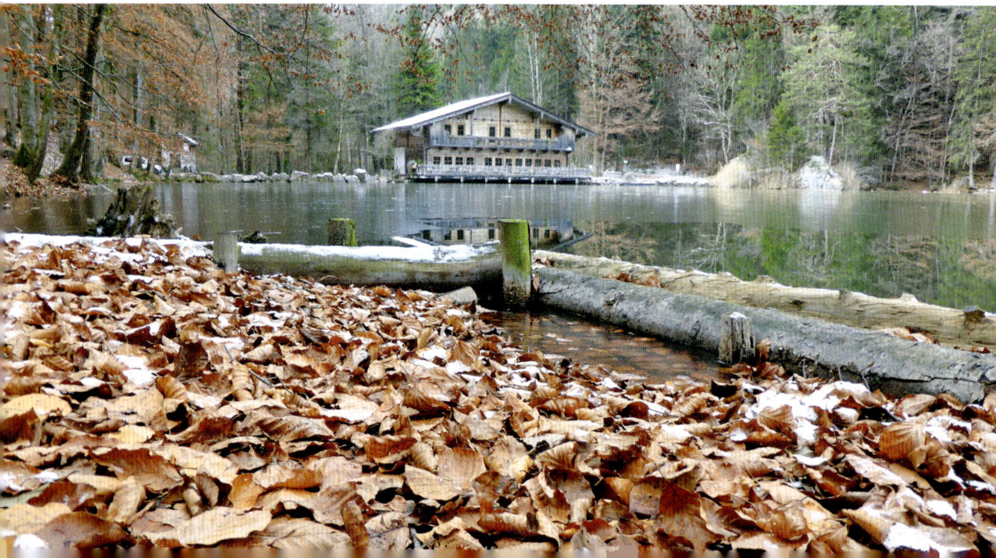

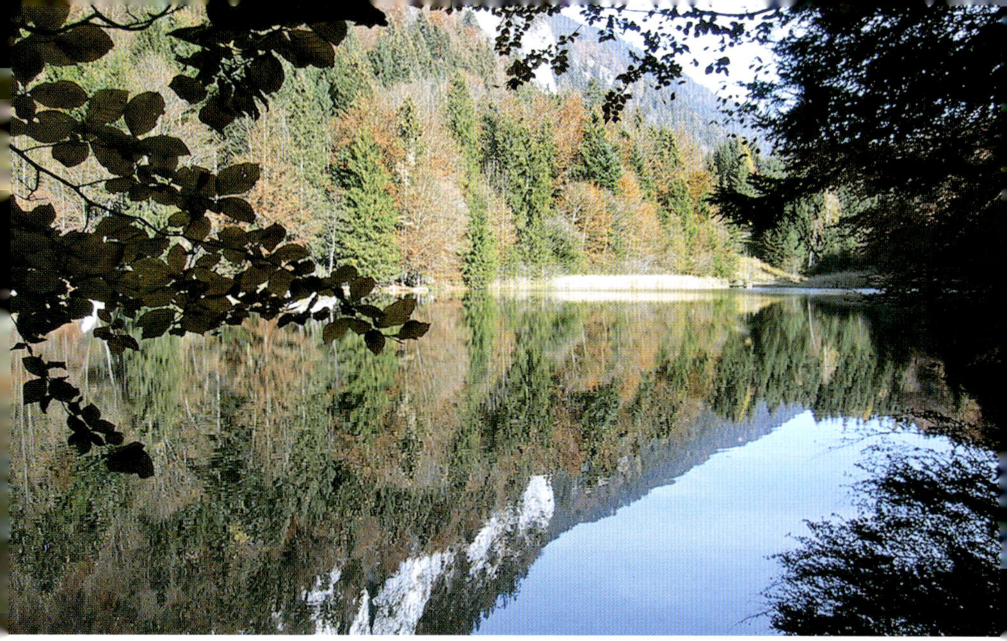

Der bunte Herbstwald bewundert sich im Spiegel.

zauberten Wald zum See. Bereits nach 20 Minuten erreichen Sie das westliche **Seeufer** mit dem stilvollen Gasthaus. Die beste Route in die Gaststube führt in 15 Minuten mit schönen Stimmungen um den See. Mit Blick über die Terrasse lässt sich dann auch in der Einkehr die herbstliche Seeidylle beobachten. Um den See und die dahinter aufragende Mooswand rankt sich eine düstere Sage. So soll eine schöne Ritterstochter dort den vorzeitigen Tod gefunden haben, weil der Vater des Burgfräuleins ihren Geliebten, einen mittellosen Jäger, mit Hunden aus der Burg hetzte, bis er in den See stürzte und ertrank.

Den **Rückweg** können Sie natürlich am bekannten Weg bestreiten, aber nicht nur des Kalorienabbaus wegen ist die Runde über den **„Salberg"** empfehlenswerter. Neue Ausblicke und mehr Einsamkeit begleiten Sie bei diesem „Umweg". Sie wandern ans östliche Seeende und kommen nach kurzem Anstieg zum Salberg, einer kleinen Bauernhofansiedlung mit schönem Inntalblick ostwärts bis hin zum Zahmen und Wilden Kaiser. Der Hofzufahrt folgend geht's abwärts bis kurz vor einen Graben, wo Sie rechts zu einem einzelnen Hof gelangen. Abwechselnd über Feld- und Waldwege erreichen Sie den Weiler **Moosen** und in Kürze wieder den Parkplatz am Ausgangspunkt.

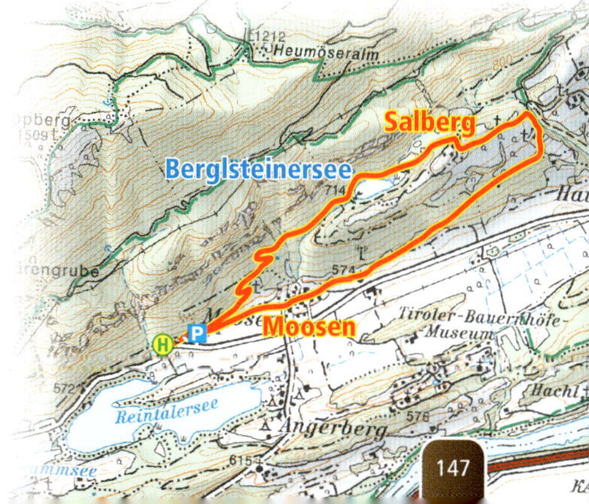

62 Weihnachtsegg (1740 m)

Dort oben ist fast immer die stillste Zeit im Jahr

Rodelhüttenweg Beginn, 630 m	Brandkögerl 1285 m	Jöchlalm 1535 m	Weihnachtsegg 1740 m	Jöchlalm 1535 m	Brandkögerl 1285 m	Rodelhüttenweg Beginn, 630 m

2,2 km, 2¼ Std. ↑ 670 Hm ↓ 20 Hm	1,2 km, ¾ Std. ↑ 250 Hm	0,6 km, ½ Std. ↑ 195 Hm	0,6 km, 20 Min. ↓ 195 Hm	1,2 km, 40 Min. ↓ 250 Hm	2,2 km, 1¾ Std. ↓ 670 Hm ↑ 20 Hm

6¼ Std. | 8 km | ↑↓ 1115 Hm

Ausgangsort: Jenbach, Abzweigung Rodelhüttenweg am oberen Ortsrand (665 m)

Anfahrt mit Öffis: Regionalbus 8336 bis Haltestelle „Achenseestraße 84" oder Regionalbus 8329 bis „Haltestelle Achensee Apotheke"

Anfahrt mit Pkw: Sie fahren vom Ortszentrum Jenbach ein Stück die Kasbachstraße bergwärts bis zur Abzweigung der Zufahrtsstraße zur Jenbacher Rodelhütte. Nach wenigen Metern verzweigt sich der Rodelhüttenweg (asphaltierte Straße) wiederum. In diesem Bereich parken oder 100 m weiter Richtung Rodelhütte auf kleinem Parkplatz

Charakter: Anspruchsvolle und steile Wanderung

Einkehrmöglichkeit: Keine

Das Weihnachtsegg ist eine wenig ausgeprägte Erhebung genau oberhalb von Schloss Tratzberg – und zwar am langen Grat, der vom Stanser Joch nach Osten abfällt. Woher das Weihnachtsegg seinen klingenden Namen hat, konnte auch von einem Jenbacher Heimatkundler nicht in Erfahrung gebracht werden.

Die Vermutung liegt nahe, dass ein(e) Bergler(in) vor langer Zeit jährlich zu Weihnachten diesen aussichtsreichen Fleck besucht hat und so der Name Einzug in die Karten gefunden hat. Gerade in schneearmer Vorweihnachtszeit animiert das Ziel mit dem klingenden Namen zum Aufstieg und belohnt mit herrlichen, großzügigsten Inntalblicken und überdies mit Ruhe, sprich mit wenig Besuch. Das liegt zum einen daran, dass das Weihnachtsegg wenig bekannt ist, und zum anderen am anspruchsvollen An- und Abstieg mit 1115 Höhenmetern im

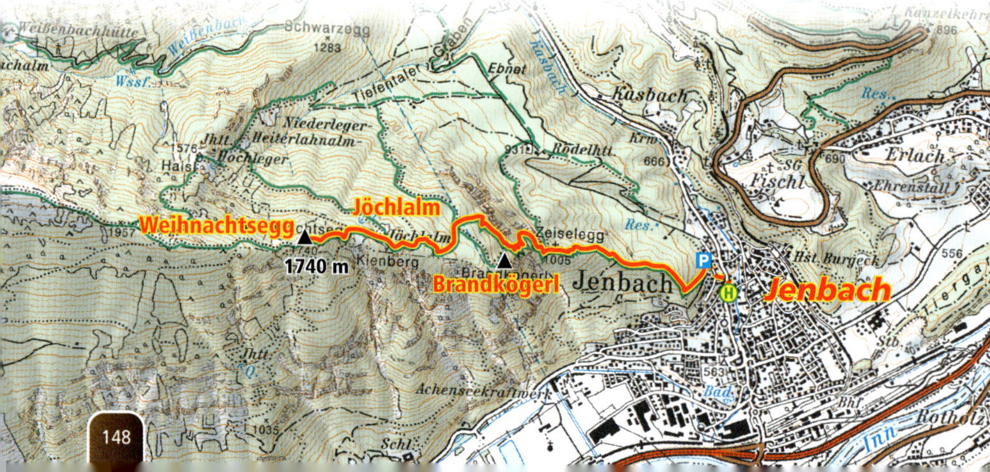

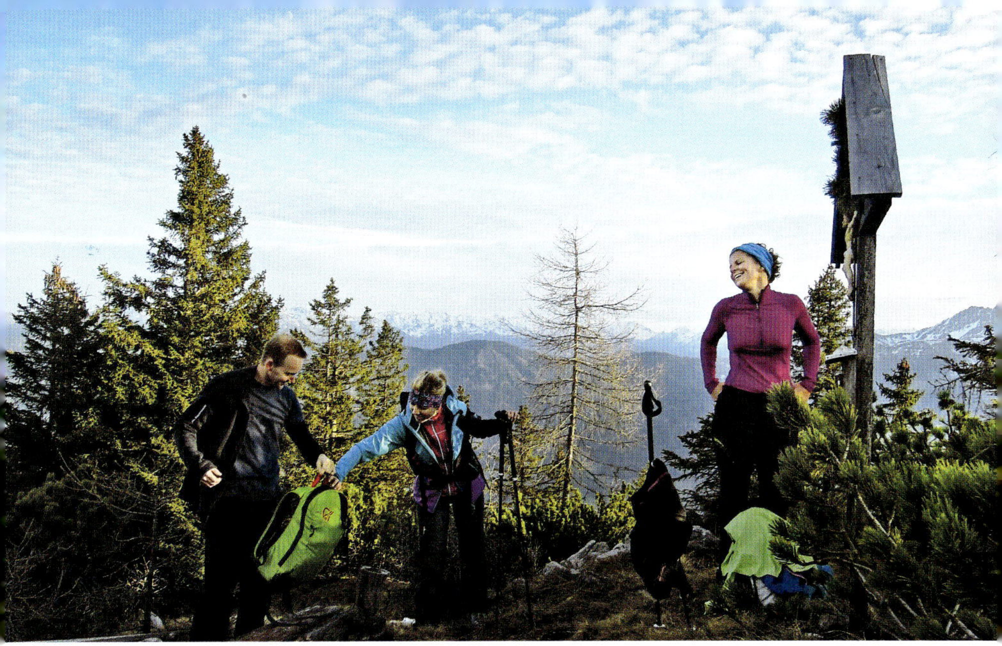

Fast wie Weihnachten, auch wenn's nur die Freude auf die eigene Jause ist …

sehr steilen und abschnittsweise exponierten Gelände.

Wegverlauf: Vom Ausgangspunkt an der Straße zur Jenbacher Rodelhütte am oberen Ortsende starten Sie westwärts (links) dem Zeiselegg-Weg und gleich darauf dem Waldweg (Sackgassenschild) folgend, um so zum Beginn des beschilderten Steiges in Richtung Weihnachtsegg zu kommen (Beschilderung „Stanser Joch"). Der Steig ist bestens markiert und führt stets im Bereich des bewaldeten Gratrückens sehr steil und durchgängig laubbedeckt bergwärts. Das **Zeiselegg** und das **Brandkögerl** sowie weiter oben die **Jöchlalm** (1535 m) sind „kleine" Zwischenstationen am stets steilen und fordernden Aufstieg. Mit zunehmender Höhe gibt es als Vorgeschmack bereits schöne Ausblicke zum Rofangebirge und ostwärts übers Inntal hinweg zum Kaisergebirge, zu den Kitzbüheler Alpen und den Loferer Steinbergen. Später, am Ende des anspruchsvollen Aufstiegs, gesellt sich beim kleinen Gipfelkreuz des Weihnachtseggs am Grat hoch über dem Schloss Tratzberg nun auch der Inntalblick in Richtung Westen.

Der **Abstieg** führt über die bekannte Route zurück nach Jenbach, wobei nochmals höchste Konzentration im Steilgelände gefordert wird.

Weihnachtsstollen?

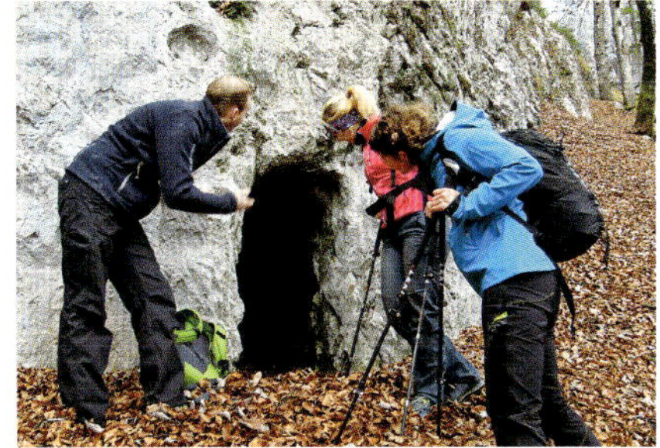

63 Hirschkopf (1960 m)

Auf den östlichsten Gipfel des Karwendelhauptkammes

P Karwendelrast 860 m		Waldhorbalm 1575 m		Hirschkopf 1960 m		Waldhorbalm 1575 m		P Karwendelrast 860 m
	3,3 km, 2 Std. ↑ 715 Hm		1,1 km, 1¼ Std. ↑ 385 Hm		1,1 km, ¾ Std. ↓ 385 Hm		3,3 km, 1 Std. ↓ 715 Hm	

5 Std. | 8,8 km | ↑↓ 1100 Hm

Ausgangsort: Vomperberg, Parkplatz Gh. Karwendelrast

Anfahrt mit Öffis: Dorfbus 4 Schwaz (von Schwaz, Bahnhof) bis Haltestelle „Vomp Gemeindeamt"; Fußmarsch 2,6 km/300 Hm auf den Vomperberg oder direkt ab dem Bahnhof Schwaz (4,2 km bis zum Ausgangspunkt)

Anfahrt mit Pkw: In Vomp beim Gemeindeamt den Berg hinauf nach Vomperberg. Nach dem Wald am Vomperberg nach links zum Wanderparkplatz beim Gasthaus Karwendelrast

Charakter: Bergtour mit steilem, aber problemlosem Anstieg

Einkehrmöglichkeit: Gh. Karwendelrast am Ausgangspunkt; ganzjährig an Wochenenden geöffnet, Tel. +43/5242/62 251; Waldhorbalm von Juni bis ca. Mitte September sonntags Almausschank und Selbstbedienungs-Getränkebox, von Mitte September bis ca. Mitte Oktober tägliche Bewirtung, Tel. +43/650/41 01 840

Der Hirschkopf ist der östlichste Gipfel des nahezu 40 km langen Karwendelhauptkamms, wobei sich der Gipfel als sanfte Kuppe präsentiert und sich relativ leicht ersteigen lässt. Die sich nach Westen anreihenden Nachbargipfel verlangen allerdings gewisses Klettervermögen. Die Fiechter Spitze (2298 m) als unmittelbare Nachbarin zum Beispiel weist im direkten Weiterweg vom Hirschkopf ausgesetzte Kletterei im III. Schwierigkeitsgrad auf. Der Hirschkopf hingegen ist für „Normal-Wanderer" trotz anhaltend steilem Gelände ohne größere Schwierigkeiten zu besteigen und erfreut mit großartiger Aussicht auf das Inntal.

Gasthaus Karwendelrast

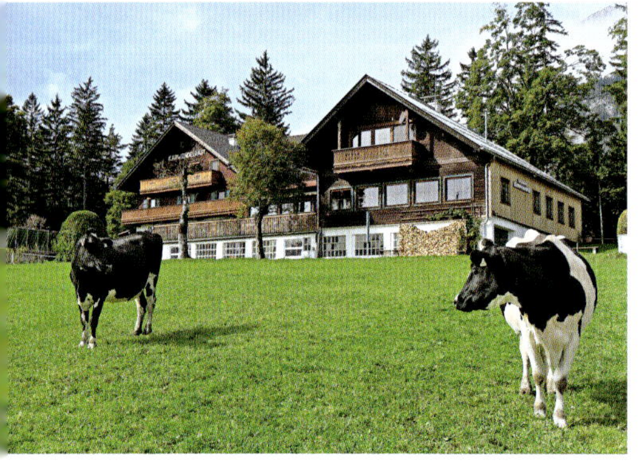

Wegverlauf: Vom Parkplatz beim Gasthaus Karwendelrast folgen Sie dem Steig (Wegweiser Fiechter Spitze) hinter dem Schild vom Klimaweg im Wald steil aufwärts. Nach ca. 150 Höhenmetern kommt man so auf eine Forststraße. Dieser nun folgend (die Rechtskurve könnte auch abgekürzt werden), an einem Forsthaus vorbei, bis wiederum der Steig (Wegweiser Vomper Joch) links ansteigend abzweigt. Der schmale Pfad schraubt sich mitunter steil bergan.

Der Waldaufstieg führt etwas unterhalb der Waldhorbalm zum herrlichen Aus-

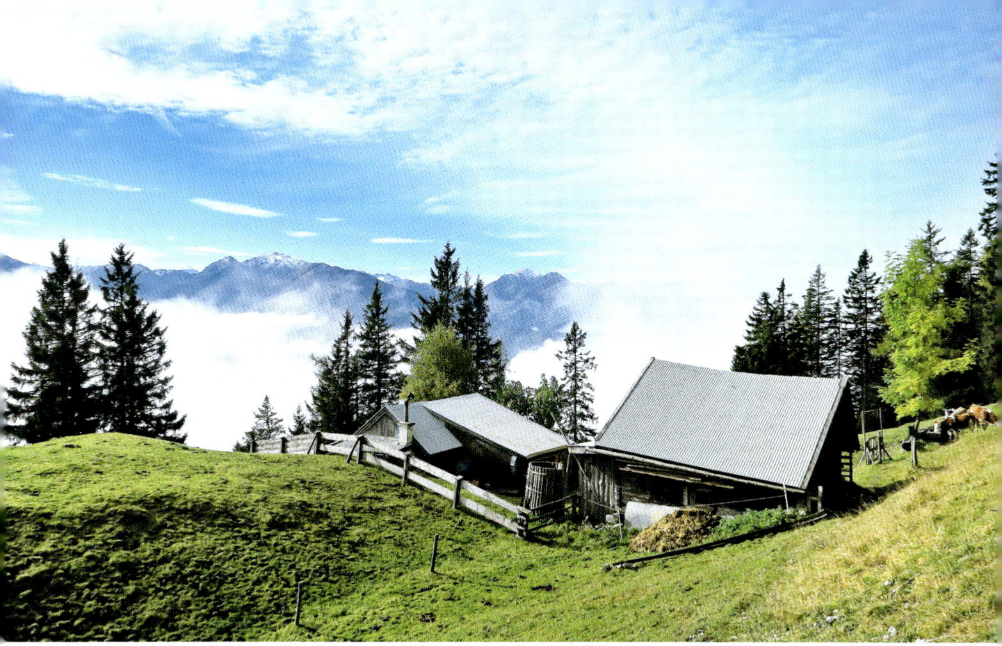

Die Waldhorbalm – ein kleines Paradies hoch überm Inntal

sichtspunkt **„Meart"**, wo von einem Bankl aus der Blick ins Inntal abfällt und zu den Bergen der Tuxer Alpen jenseits vom Inntal schweift. Wald und Latschen säumen den weiteren Weg bis zur **Waldhorbalm**. Ab der Alm folgen ein paar gemütlichere Meter am Weg rechts aufwärts von der Lichtung in den Wald, um dann, nahezu in der Falllinie ansteigend, wieder deutlich anstrengender aufs **„Jöchl"** zu gelangen und von dort nach Westen zum Gipfelkreuz am **Hirschkopf**. Der sanfte letzte Gipfel des Karwendelhauptkamms beschert den Besuchern einen fulminanten Inntal- und „Alpenhauptkammblick". Der Abstieg erfolgt auf bekanntem Weg.

Eine **alternative Route** wäre vom Jöchl über den ausgeprägten Ostrücken (Vomper Joch) und dann abwärts zur Jagdhütte Ochsenhag. Von dort zieht dann ein sehr ausgesetzter, teils versicherter Steig westwärts zur Forststraße. Diese Variante sollten allerdings nur orientierungs- und trittsichere Hirschkopf-Besteiger versuchen.

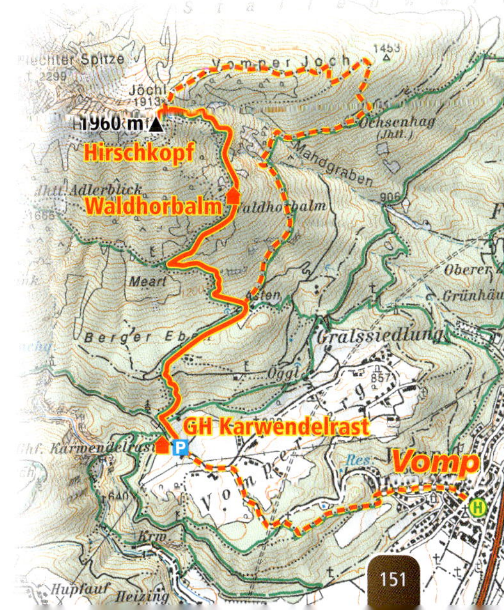

64 Haller und Thaurer Zunterkopf (1918 m)

Zünftige Herbsttour im üppigen Latschengelände

P Wasserschloss 745 m	Guggermauer 1483 m	Haller Zunterkopf 1966 m	Thaurer Zunterkopf, 1918 m	Kaisersäule 1700 m	P Wasserschloss 745 m
2,9 km, 2 Std. ↑ 740 Hm	1,2 km, 1½ Std. ↑ 480 Hm	1,0 km, ½ Std. ↑ 60 Hm ↓ 100 Hm	0,7 km, 20 Min. ↓ 220 Hm	4,2 km, 2 Std. ↑ 20 Hm ↓ 980 Hm	

6½ Std. | 10 km | ↑↓ 1300 Hm

Ausgangsort: Thaur, Gratisparkplatz Wasserschloss am oberen Dorfende (745 m)

Anfahrt mit Öffis: IVB-Bus Linie D, E, DE (= Linien 501, 502, 503) ab Innsbruck Hauptbahnhof bis Haltestelle „Thaur Mitte" (zusätzlich 1,4 km; 140 Hm)

Anfahrt mit Pkw: Im Dorfzentrum Thaur rechtshaltend in die Kaponssiedlung bergan fahren – ganz links oben in der Siedlung am Waldrand befindet sich der gebührenfreie Parkplatz beim Wasserschloss in der Nähe vom Romediuskirchl (Auffahrt also rechts und nicht zum Parkplatz beim Thaurer Schlössl).

Charakter: Sehr lange und anspruchsvolle Bergtour auf steilen Steigen

Einkehrmöglichkeit: Keine

Im Dialekt werden die Latschen/Legeföhren als Zuntern bezeichnet und damit ist vom Thaurer und Haller Zunterkopf schon viel gesagt: Latschen säumen den südseitigen Aufstieg, wobei es im obersten Teil durch richtige Latschengassen steil bergauf geht. Im Sommer ist dieser Aufstieg aufgrund der unerträglichen Hitze im „Zuntern-Dickicht" kaum zu machen, im Spätherbst dagegen ist die Tour geradezu ideal. Besonders schön und empfehlenswert für erfahrene und ausdauernde Bergler ist die lange Rundtour von Thaur hinauf zum Haller Zunterkopf, mit Übergang zum Thaurer Zunterkopf und Abstieg über die Kaisersäule und Thaurer Mähder.

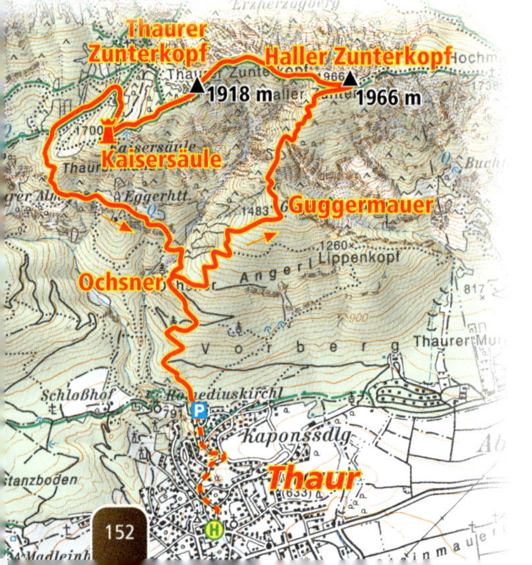

Wegverlauf: Vom Parkplatz beim Wasserschloss geht's von Beginn an steil ostwärts bergauf. Bei prinzipiell guter, aber manchmal etwas verwirrender Beschilderung im unteren Teil halten Sie sich stets in Richtung „Guggermauer" und „Ochsner". Das erste Etappenziel ist der **Ochsner** (1083 m, 340 Hm), ein unscheinbarer „Gipfel", von dem es weiter hinauf zur **Guggermauer** geht. Dort findet sich nicht nur eine unbewirtete Berghütte, sondern, etwas östlich der Hütte, am oberen Ende eines tiefen Grabens namens Gerschaffl ein exzellenter Aus- und Tiefblick auf das Inntal.

Wenig oberhalb von Guggermauer beginnt der Latschengürtel. Sehr steil

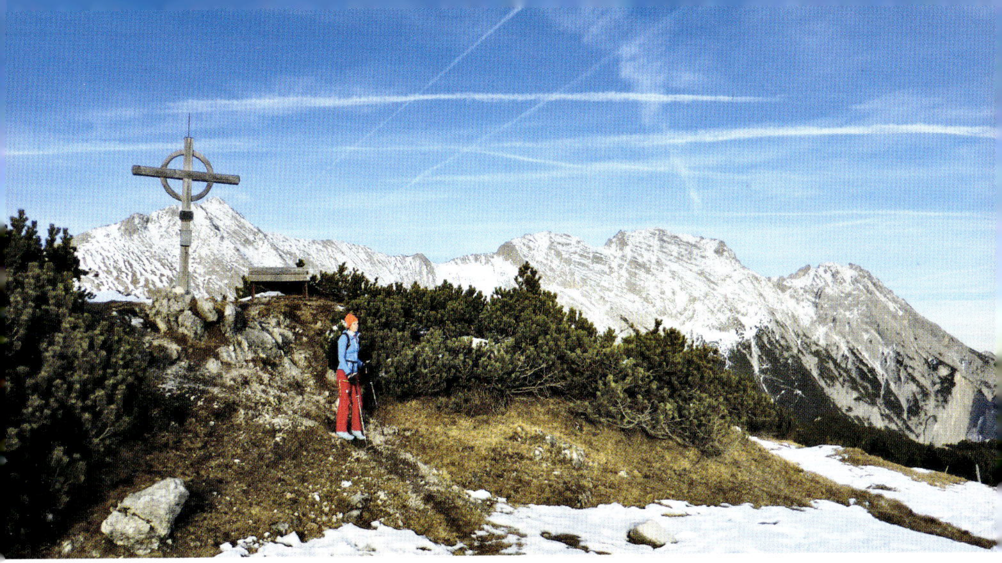

Am Thaurer Zunterkopf, im Hintergrund (hinterm Kreuz) die Speckkarspitze und rechts der Bettelwurf

schraubt sich der Steig teils durch Latschengassen hinauf zum **Haller Zunterkopf** (1966 m), der ebenfalls latschengekrönt ist. Zum „DeLuxe-Inntalblick" gesellt sich beim kleinen Gipfelkreuz eine fulminante Rundumsicht, wobei vor allem der Blick ins angrenzende Halltal mit dem alpinen Talschluss, zum Bettelwurf und zur Nordkette erfreut. Apropos: Der Haller Zunterkopf gilt als östlichster „richtiger" Gipfel der Nordkette.

Ziemlich nah in Richtung West ist der **Thaurer Zunterkopf** (1918 m), den Sie auf dem am Grat entlangziehenden Steig in ca. 30 Minuten erreichen. Dabei erwartet Sie beim Abstieg vom Haller Zunterkopf in die Scharte eine felsige, aber versicherte Steilstufe.

Der Abstieg vom Thaurer Zunterkopf erfolgt zur **Kaisersäule** (1700 m). Die 14 m hohe Pyramide erinnert an den Tirol-Besuch von Kaiser Franz I. im Jahr 1815 und an seinen Aufstieg bis an diese Stelle. Sie steigen in Richtung Thaurer Alm ab, folgen aber im „Talgrund" (Schlung), am Beginn des Forstweges dem zwar beschilderten, aber unscheinbaren Steig in Richtung **Thaurer Mähder**. Der Abstieg zieht links, also ostwärts haltend hinab und ist zu Beginn relativ leicht zu verfehlen. Im sehr steilen Gelände unterhalb vom Thaurer Zunterkopf queren Sie die Mähder an der **Eggerhütte** vorbei zum **Ochsner**. Dabei sind Sie immer wieder im sehr exponierten Gelände unterwegs, wo Ausrutschen absolut nicht erlaubt ist. Vom Ochsner steigen Sie auf bekanntem Weg zum Parkplatz ab.

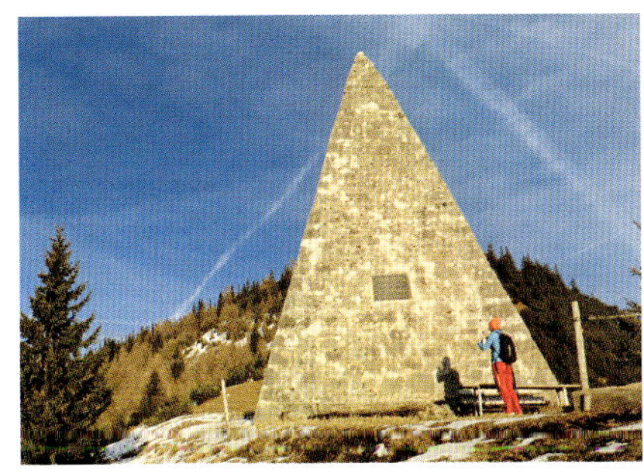

Kaisersäule: Bis hierher schaffte es 1815 sogar Kaiser Franz I.

65 Rumer, Vintl- und Thaurer Alm

Almenwanderung an den Südhängen der Nordkette

Karwendelparkplatz 760 m		Rumer Alm 1243 m		Vintlalm 1567 m		Thaurer Alm 1465 m		Karwendelparkplatz 760 m
	3,0 km, 1½ Std. ↑ 485 Hm		2,1 km, 1 Std. ↑ 370 Hm ↓ 45 Hm		1,6 km, ½ Std. ↑ 70 Hm ↓ 175 Hm		4,3 km, 1½ Std. ↑ 45 Hm ↓ 750 Hm	

4½ Std. | 11 km | ↑↓ 970 Hm

Ausgangsort: Rum, Karwendelparkplatz (760 m)

Anfahrt mit Öffis: IVB-Bus Linien 501, 502 (von Innsbruck Hauptbahnhof) oder von Hall Linie 503 bis Haltestelle „Rum – Murstraße", umsteigen in Regionalbus A bis zur Haltestelle „Sanatorium" oder Regionalbus 8357 von Neu-Rum/Bahnhof kommend bis Haltestelle „Sanatorium"

Anfahrt mit Pkw: In Rum beim Kreisverkehr östlich der Kirche nordwärts in Richtung Privatklinik Hochrum fahren – knapp oberhalb vom Sanatorium kommt der Karwendelparkplatz.

Charakter: Beliebte, nicht gerade kurze Almrunde auf schmalen Steigen mit schönsten Inntalblicken

Einkehrmöglichkeit: Rumer Alm, geöffnet bis ca. Mitte Dezember, ab ca. Silvester bis Ende März und dann ab Mitte April wieder geöffnet, Tel. +43/664/42 76 159; Vintlalm, private Hütte, keine geregelten Öffnungszeiten; Thaurer Alm, www.thaureralm.at, täglich geöffnet von ca. Ende April bis Ende Oktober/ Anfang November, Tel. +43/650/26 38 016

Ausgedehntes Herbstgenießen garantiert diese Drei-Almen-Wanderung zu den südseitig gelegenen Almen oberhalb von Rum und Thaur. Herrliche Ausblicke auf das Inntal und die Bergwelt südlich davon machen die knapp fünfstündige Wanderung zum besonderen Erlebnis, gerade an sonnigen Spätherbsttagen.

Die Runde verläuft überwiegend im Wald wie hier, doch meist deutlich steiler.

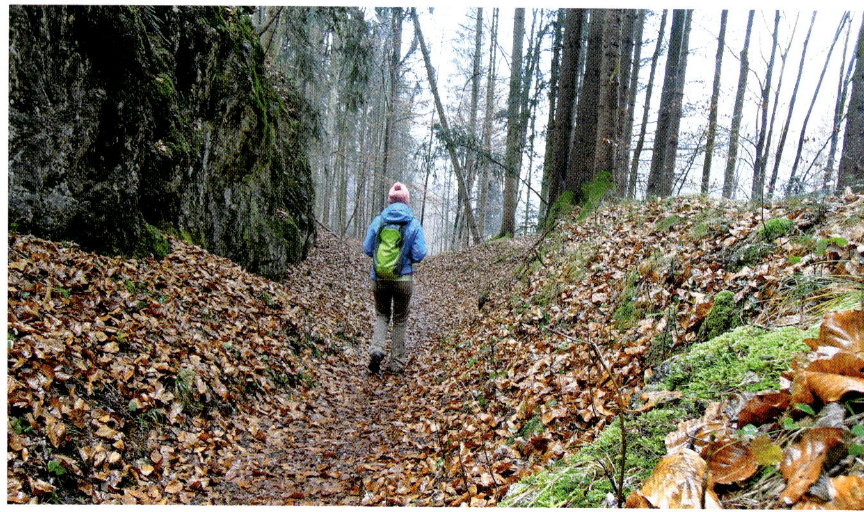

Wegverlauf: Vom Karwendelparkplatz oberhalb vom Sanatorium wandern Sie durch den Waldspielplatz bergwärts und folgen den Schildern in Richtung Rumer Alm. Für den Aufstieg gibt es die Möglichkeit, der Forststraße zu folgen, ungleich schöner ist es aber, den schmalen **„Sennermahdsteig"** zu wählen. Dieser Steig schlängelt sich in abwechselnder Steilheit durch teils steilen Wald zur Rumer Alm und gibt dabei immer wieder schöne Ausblicke frei.

An der **Rumer Alm** angelangt (hat an Wochenenden fast ganzjährig geöffnet), verwöhnt auf der Terrasse sitzend der Ausblick südwärts in breiter Linie zum Alpenhauptkamm. Die Vintlalm ist das nächste Ziel.

Sie folgen dem Forstweg ostwärts ansteigend bis zu seinem Ende und gewinnen anschließend im ansehnlich steilen Gelände rasch an Höhe. Besonders eindrucksvoll sind die geologischen Formationen, die sich Ihnen im weiten Graben zeigen: Abbrüche und Felstürme mit der „berühmten" Rumer Nadel (ein ca. 30 m hoher Felsturm mit Kletterroute III+/IV–). Der Steig wird nach einem ideal platzierten „Aussichtsbankl" flacher und führt oberhalb der markanten Felsformationen ostwärts zur **Vintlalm**. Die Alm steht am Gratrücken oberhalb vom Garzanmahd in exquisiter Fernsichtlage.

Von der Vintlalm gibt es einen Steig über das Garzanmahd talwärts. Dieser Steig ist aber für den Abstieg nicht empfehlenswert, da er sehr steil, teilweise rutschig und weiter unten auch geröllig ist. Der halbstündige Höhenbummel hinüber zur **Thaurer Alm** auf einem sehr schmalen Fahrweg ist hingegen ein Genuss.

Für den finalen Abstieg von dort bietet sich die knieschonende Forststraße an, aber schöner, wenn auch steiler können Sie am **Gasperlsteig** Höhe abbauen. Im unteren Bereich biegen Sie auf den **Adolf-Pichler-Weg** ein, um so dank bester Beschilderung wieder zielstrebig zurück zum Ausgangspunkt zu gelangen.

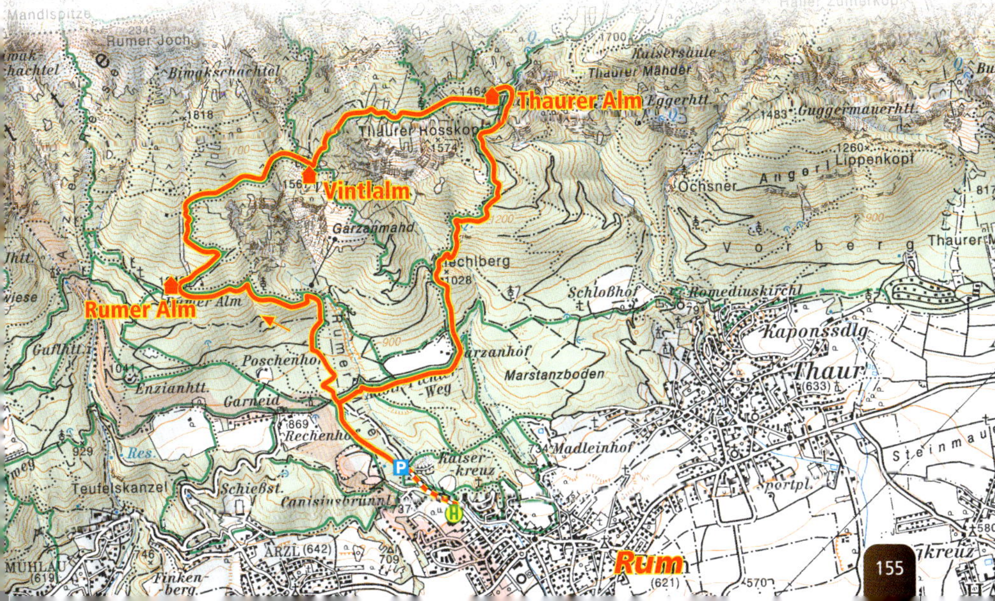

66 Achselkopf-Rundtour

Anspruchsvolle Genusstour über den Dächern der Landeshauptstadt

Gh. Berchtoldshof 660 m		Gh. Rauschbrunnen 1088 m		Aspachhütte 1534 m		Achselbodenhütte 1645 m		Gh. Berchtoldshof 660 m
	2,5 km, 1½ Std. ↑ 430 Hm		1,3 km, 1¼ Std. ↑ 450 Hm		2,0 km, 1 Std. ↑ 200 Hm ↓ 90 Hm		4,5 km, 2¼ Std. ↑ 70 Hm ↓ 1055 Hm	

6 Std. | 10,3 km | ↑↓ 1150 Hm

Ausgangsort: Innsbruck-Sadrach, Gh. Berchtoldshof

Anfahrt mit Öffis: IVB-Bus Linie H ab Innsbruck Hauptbahnhof bis Haltestelle „Berchtoldshof"

Anfahrt mit Pkw: Entweder über Allerheiligen oder Hötting kommend in die Schneeburggasse 140 (Gh. Berchtoldshof) und dort parken (Kurzparkzone). Parkmöglichkeiten auch aufwärts Richtung Buzihütte am Berchtoldshofweg

Charakter: Anspruchsvolle Rundtour hoch über Innsbruck

Einkehrmöglichkeit: Gh. Rauschbrunnen, www.rauschbrunnen.at, Dienstag Ruhetag, ab November meist nur Samstag und Sonntag geöffnet, Tel. +43/680/22 54 811

Die ausgedehnte Rundtour führt über den vielbesuchten Innsbrucker Naherholungsgürtel unmittelbar oberhalb der letzten Häuser von Sadrach und Hötting hinaus und begeistert neben der großartigen Stadtschau auch mit meist geringem „Wandereraufkommen". Die Tour ist allerdings nicht nur lang, sondern abschnittsweise auch sehr anspruchsvoll und verlangt immer wieder Trittsicherheit. Der Achselkopf ist eine bewaldete Gratschulter in Falllinie der markanten

Rauschbrunnen: Ein Platz auf der Terrasse des Gasthauses ist an solchen Spätherbsttagen sehr begehrt.

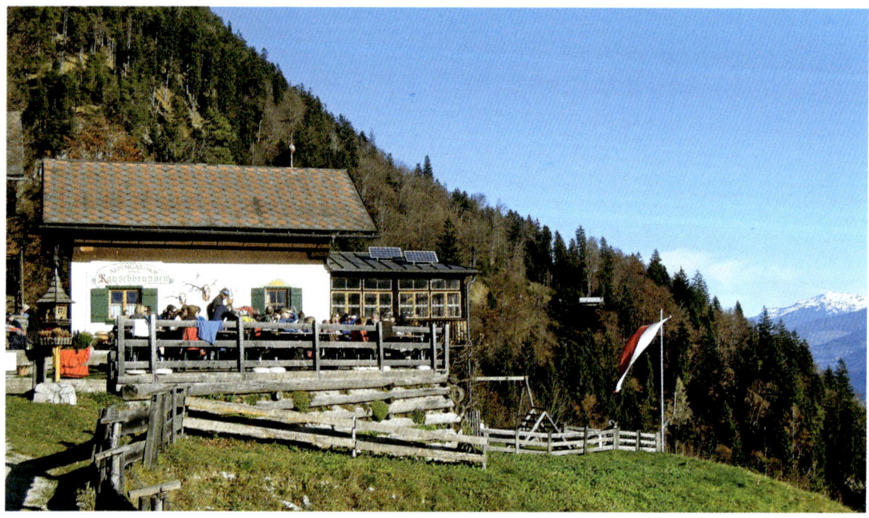

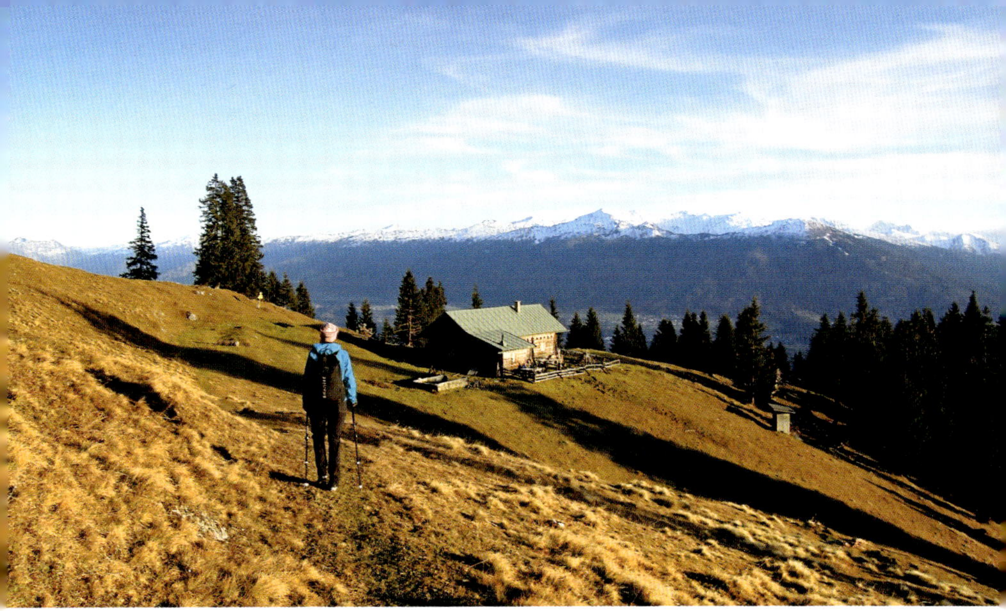

Die letzten Meter zur Achselbodenhütte, spät im Jahr und spät am Tag

Brandjochspitze östlich der Seegrube. Die Bergtour führt westlich vom Achselkopf ansteigend am beliebten Berggasthaus Rauschbrunnen vorbei bergan, quert dann ostwärts zur Achselbodenhütte und östlich vom Achselkopf im exponierten Steilhang talwärts.

Wegverlauf: Vom Gasthaus Berchtoldshof geht's zu Beginn auf der öffentlichen Straße in Richtung **Buzihütte** und dann am Wanderweg weiter gerade bergauf. Bald schon gibt's erste Wegweiser in Richtung Rauschbrunnen. Für kurze Zeit folgen Sie im Wald einer Forststraße

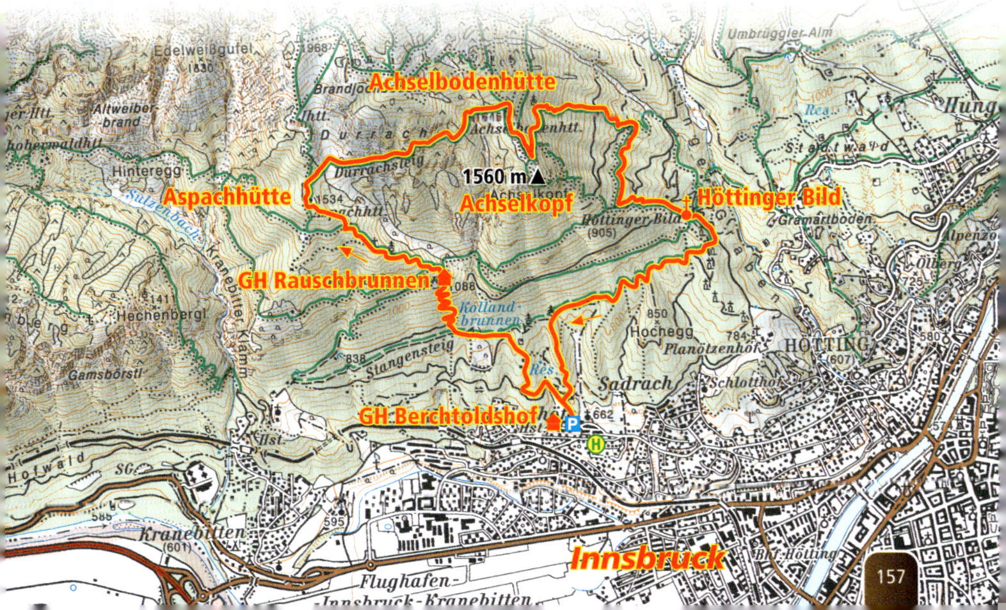

Achselbodenhütte
1560 m
Achselkopf
Aspachhütte
Höttinger Bild
GH Rauschbrunnen
GH Berchtoldshof
Innsbruck

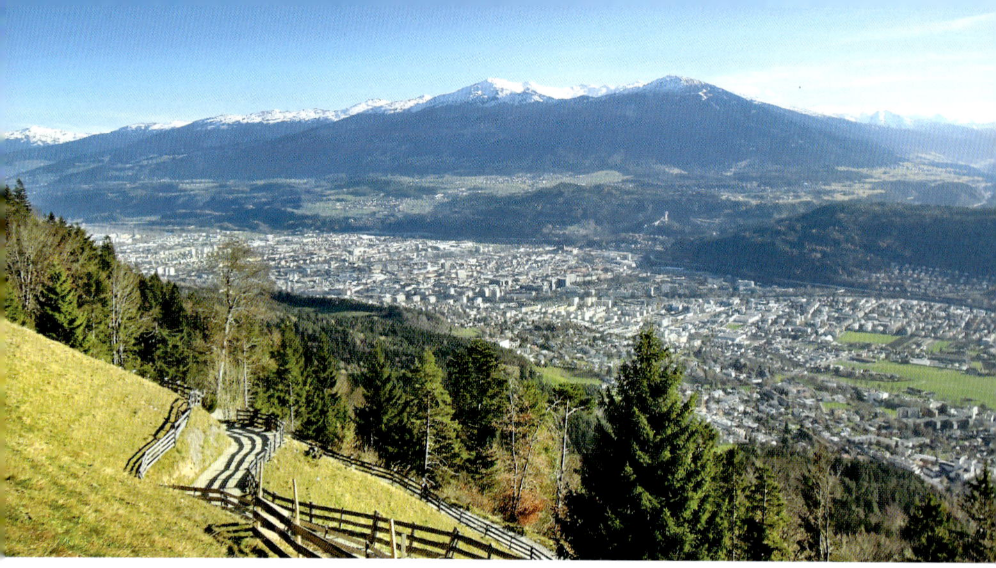

In voller Breite präsentiert sich die Landeshauptstadt kurz vor dem Gasthof Rauschbrunnen.

ostwärts, um dann in mehr als einem Dutzend enger, moderat ansteigender Serpentinen schnurstracks dem beliebten Ausflugsgasthaus entgegenzusteigen. Dieser Abschnitt ist stark frequentiert, was an der unvergleichlich schönen Lage des Gasthofs **Rauschbrunnen** (1088 m) mit seiner beliebten Terrasse liegen mag.

Vom Rauschbrunnen an reduziert sich die Anzahl der Wanderer rasch. Der Anstieg zur unbewirtschafteten Aspachhütte folgt einem bewaldeten Bergrückens auf steilem, gutem Steig. Die **Aspachhütte** (1534 m) ist keine Einkehr, sondern ein Bergrettungsstützpunkt, auf einer schönen Waldlichtung platziert. Etwas oberhalb der Aspachhütte zweigt dann nach Osten der **Durrachsteig** ab.

Ohne große Steigungen quert dieser Steig die steile, teils felsige, teils latschenbewachsene Flanke und leitet die Wanderer zum Achselboden mit der **Achselbodenhütte** (1645 m). Die unbewirtschaftete Hütte logiert auf einem unbewaldeten Rücken mit sensationellem Ausblick auf das Inntal und die Bergwelt südlich davon. Nur kurz unterhalb der Hütte zweigt nach links der Weg zur Höttinger Alm ab. Dieser Weg kommt nur dann in Frage, wenn man die Runde noch weiter ausdehnen möchte. Sonst geht's am Bergrücken noch ein Stück abwärts in Richtung **Achselkopf** (1572 m), der durch ein Kriegerdenkmal erkennbar ist. Noch vor dem Denkmal biegt wiederum links ein ausgeschilderter Steig in die sehr steile, bewaldete Ostflanke des Achselkopfs. Dieser Abschnitt erfordert absolute Trittsicherheit und trockene Verhältnisse.

Der Abstieg führt an der Wallfahrtskirche **Höttinger Bild** (905 m) vorbei zum Gasthof **Planötzenhof**. Kurz oberhalb vom Gasthof, beim Parkplatz, wandern Sie am Waldweg westwärts zurück zur **Buzihütte** und erreichen so wenig später den Ausgangspunkt und die Bushaltestelle beim Berchtoldshof.

Neue Magdeburger Hütte (1637 m)

Anspruchsvolle Rundtour mit Karwendelbahn-Fahrt

Bahnhof Kranebitten 690 m	Magdeburger Hütte 1637 m	Bahnhof Hochzirl 930 m
6,0 km, 3 Std. ↑ 1200 Hm ↓ 250 Hm		6,0 km, 2 Std. ↑ 230 Hm ↓ 930 Hm

5 Std. | 8 km | ↑ 1430 Hm ↓ 1180 Hm

Ausgangsort: Innsbruck, Bahnhof Kranebitten (690 m)

Anfahrt mit Öffis: Ideal mit ÖBB, S-Bahn oder REX, alternativ Regionalbus 4123, 4176 bis Haltestelle „Kranebitten Gh. Kranebitten" oder „Standschützenkaserne"

Anfahrt mit Pkw: Auf der Straße in Richtung Zirl am westlichen Stadtende von Innsbruck nach Kranebitten und dort rechts hinauf zum Bahnhof Kranebitten. Unterhalb vom Bahnhof gibt es einige Parkmöglichkeiten entlang der Straße.

Charakter: Äußerst anspruchsvolle Wanderung in absturzgefährlichem Gelände; nicht kindertauglich; nur bei trockenen Verhältnissen

Einkehrmöglichkeit: Neue Magdeburger Hütte, www.magdeburger-huette.at, geöffnet vom Muttertag bis Mitte Oktober, Tel. +43/5238/88 790 oder +43/664/42 36 137

Die Neue Magdeburger Hütte steht im Sattel zwischen dem Hechenberg und dem Großen Solstein. Der Normalanstieg führt von Zirl zur Hütte. Der Schleifwandsteig ermöglicht den Zustieg von Kranebitten durch die Kranebitter Klamm im teils extrem exponierten Gelände an den Ost- und Nordostabhängen des Hechenbergs. Nur wer trittsicher ist, sollte diesen Steig in Angriff nehmen, denn an etlichen Stellen herrscht Absturzgefahr, wobei es auch einige Seilver-

Im Einschnitt zwischen dem Hechenberg (links) und dem Kleinen Solstein (rechts) steht die Neue Magdeburger Hütte.

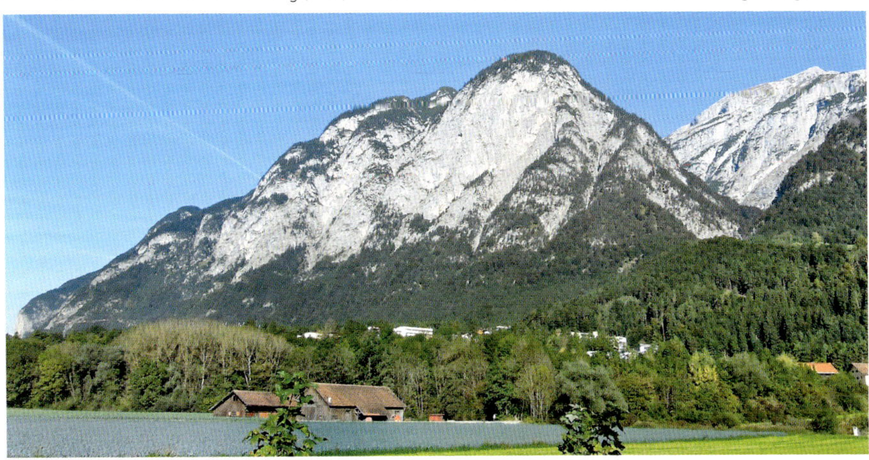

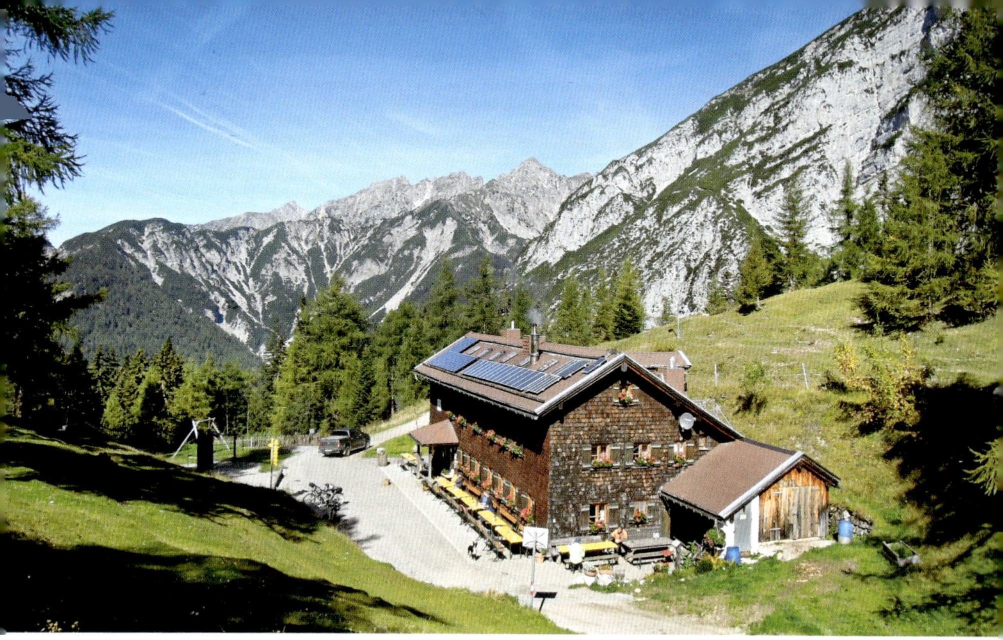

Bei Wanderern und Bikern gleichermaßen geschätzt: die Neue Magdeburger Hütte

sicherungen gibt. Im Abstieg ist der Schleifwandsteig noch anspruchsvoller. Mit dem Abstieg über die Zirler Mähder ins Brunntal und zum Bahnhof Hochzirl mit der abschließenden Bahnfahrt ergibt sich eine eindrucksvolle und empfehlenswerte Rundtour.

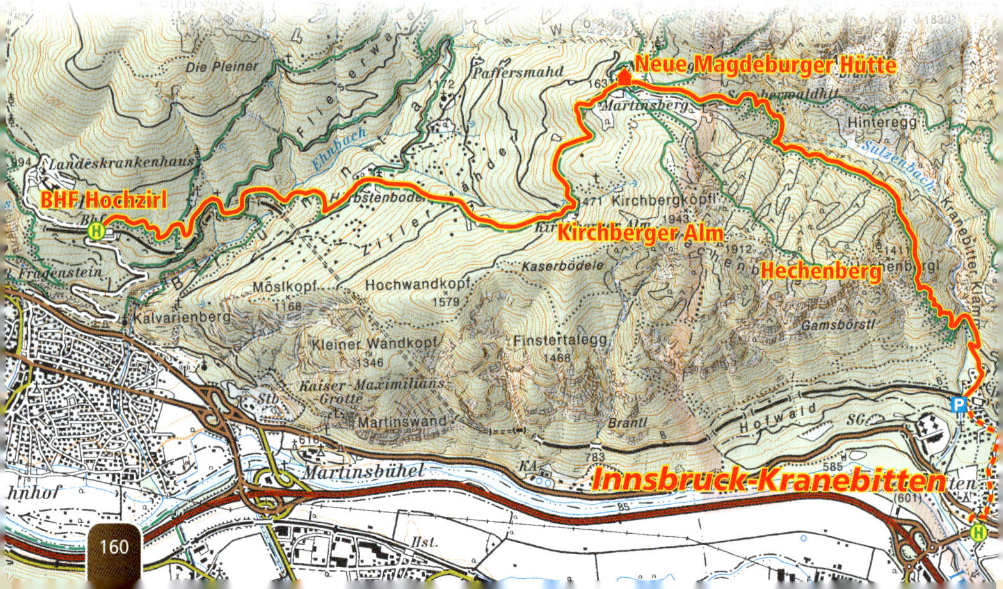

Wegverlauf: Vom **Bahnhof Kranebitten** führt die Route zu Beginn auf der asphaltierten Straße in Richtung Kranebitter Klamm, mit Blick auf den Hechenberg und die Einsattelung rechts davon, wo sich die Magdeburger Hütte befindet. Bereits nach wenigen Minuten, bei der ersten Kehre verlassen Sie die Straße und folgen dem Schleifwandsteig in die **Kranebitter Klamm**.

Nach der Querung des aus der Klamm kommenden Sulzbaches schraubt sich der schmale Pfad schon bald in vielen Serpentinen im Steilgelände zu den senkrechten Felswänden des Hechenbergs nach oben. Mit zunehmender Höhe öffnen sich eindrucksvolle Ausblicke auf Innsbruck und das Mittelgebirge. Nach Norden hin zeigt sich der westlichste Ausläufer der Nordkette mit den imposanten Felsflanken der Hohen Warte und des Solsteins.

Der **Schleifwandsteig** biegt auf ca. 1200 m Höhe in den oberen Bereich der Kranebitter Klamm hinein. Es erwarten Sie dort am sehr schmalen, im Herbst teilweise mit Laub bedeckten Weg mehrfach Stellen mit jähem Abbruch – Trittsicherheit und entsprechendes Schuhwerk sind unabdingbar. Später ist etwas entspannteres Gehen möglich und die ausgesetzten Stellen werden weniger. Die letzten Meter des langen Aufstiegs zur **Hütte** genießen Sie auf breitem Fahrweg. Idyllisch am weiten Sattel zwischen dem Hechenberg (Kirchberger Köpfl) und dem Solstein gelegen, empfängt das Schutzhaus die Wanderer und Radfahrer (selbige natürlich von Zirl kommend).

Nach der Einkehr geht's über die **Zirler Mähder** abwärts nach Hochzirl. Anstatt dem „faden" Forstweg zu folgen, der durch das Brunntal zur Hütte führt, wählen Sie den Steig über die **Kirchberger Alm**. Unterhalb der Alm geht's durch den romantischen, lichten Lärchenwald der Zirler Mähder mit den zahlreichen Wochenendhäuschen abwärts bis zu einem Forstweg und auf diesem kurz talauswärts. Gut beschildert leitet ein Steig, den Ehnbach querend, auf die andere Talseite und mit kleinem Gegenanstieg zum Bahnhof **Hochzirl**. Mit der Karwendelbahn (= Mittenwaldbahn) ist in leider nur 8 Minuten Kranebitten erreicht.

In den überaus gepflegten Zirler Mähdern

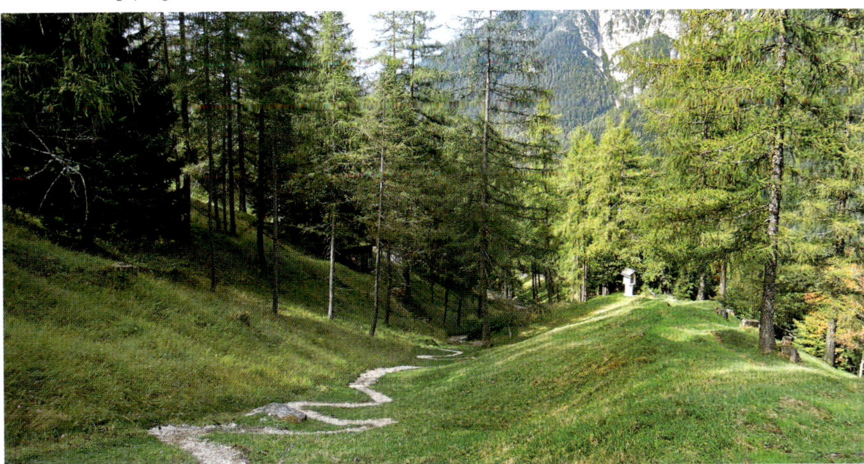

68 Pleisenhütte (1757 m) und Karwendelsteg

Weit- und Tiefblicke im vorderen Karwendel

P Schraffelbrücke, 980 m	Gh. Wiesenhof 1020 m	Pleisenhütte 1757 m	Karwendelsteg 1080 m	Bürzelkapelle 1130 m	P Schraffelbrücke, 980 m
1,5 km, 20 Min. ↑ 40 Hm	7,1 km, 2¼ Std. ↑ 735 Hm	5,4 km, 1½ Std. ↓ 675 Hm	2,0 km, ½ Std. ↑ 50 Hm	1,0 km, 40 Min. ↓ 150 Hm	

5¼ Std. | 7,5 km | ↑↓ 830 Hm

Ausgangsort: Scharnitz, Parkplatz Schraffelbrücke (980 m) – der nächste Parkplatz zu den Karwendeltälern; alternativ Parkplatz Länd

Anfahrt mit Öffis: Zugverbindung (REX, RB) von Innsbruck Hauptbahnhof nach Scharnitz (zusätzlich 1,5 km Fußweg ab Bahnhof)

Anfahrt mit Pkw: Im Dorfzentrum von Scharnitz von der Hauptstraße nach Osten abzweigen und den Beschilderungen Karwendeltäler folgen bis zum zweiten Karwendelparkplatz unmittelbar vor dem Fahrverbot

Charakter: Rundtour durch Mischwälder mit großartiger Fernsicht bei der Pleisenhütte, eindrucksvolle Querung der Karwendelklamm

Einkehrmöglichkeit: Pleisenhütte, geöffnet von Ende Mai bis Mitte Oktober ohne Ruhetag; vom 2. November-Wochenende bis Ostern Samstag und Sonntag geöffnet, vom 26.12. bis 6.1. täglich; Tel. +43/664/91 58 792

Der legendäre Pleis'n Toni (1920–2007) hat schon gewusst, wo der schönste Platz für eine Hütte im Karwendel ist, als er vor über 60 Jahren seine Pleisenhütte (1757 m) in der Nähe von Scharnitz erbaut hat. Auf knapp mehr als halbem Weg zur Pleisenspitze (2569 m) steht sie an der Waldgrenze und bietet einen umwerfenden Ausblick: Insgesamt rücken dort oben acht Gebirgsgruppen ins Blickfeld. In sonniger und aussichtsreicher Lage erfreut die Pleisenhütte gerade auch im Herbst die Wanderer, wobei die Tour ganzjährig machbar ist. Der Aufstieg erfolgt über breite Wege ohne nennenswerte Schwierigkeiten. Beim Abstieg queren Sie die tiefeingeschnittene Karwendelklamm über den Karwendelsteg.

Wegverlauf: Sie wandern zunächst auf der asphaltierten Straße der jungen Isar entlang bis zum Gasthaus **Wiesenhof** und biegen unmittelbar vor diesem links ab in Richtung Pleisenhütte. Im Buchen-Mischwald gewinnen Sie gemäch-

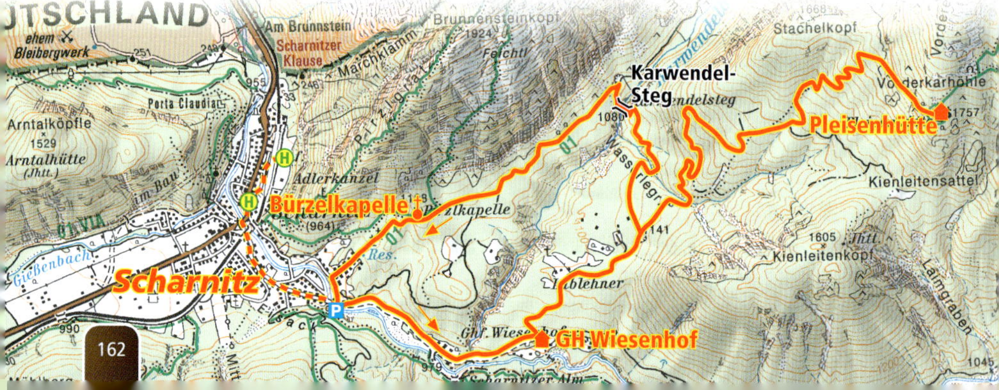

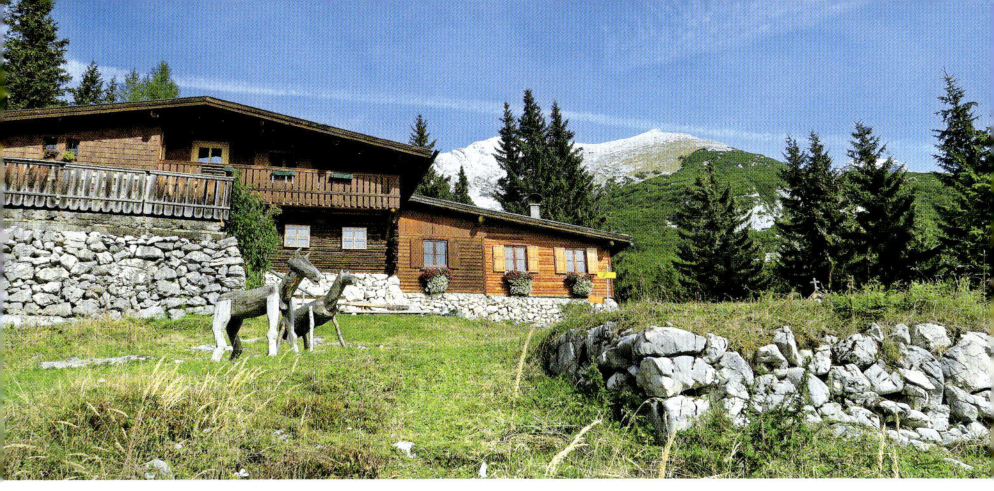

Die Pleisenhütte mit der Pleisenspitze im Hintergrund

lich an Höhe. Erst auf den letzten 2 km wird der Weg etwas steiler. Abgesehen von ein paar wenigen Karwendelblicken zwischendurch, öffnet sich der großartige Ausblick erst unmittelbar vor Erreichen der **Hütte** (ca. 2½ Std.). Wer noch höher hinaus will, hat nochmals ca. 2 Stunden Aufstieg bis zum Gipfel der Pleisenspitze (2569 m) zu bewältigen.
Beim **Abstieg** bleiben Sie lange Zeit am bekannten Weg und biegen dann, deutlich oberhalb vom Wiesenhof, rechts ab – dem Schild „Karwendelsteg" folgend. Schon bald geht's auf schmalem Steig zur **Karwendelklamm** abwärts. Eine Brücke (= Karwendelsteg) überspannt den engen, tiefen Felsschlund, durch den sich der aus dem Karwendeltal kommende Karwendelbach zwängt. Im Herbst zeigt sich dieser Ort mit unvergleichlicher Farbenpracht: Die letzte wasserüberspülte Felsstufe vor der Klamm ist gelb und ockerfarben, die Tümpel tiefblau, unterhalb des Steges ist der Fels wieder grau, die Blätter leuchten ab Oktober in Braun- und Rottönen, während die Bergspitzen mitunter schon weiß angezuckert sind.
Jenseits der Klamm erreichen Sie bald die Fahrstraße des Karwendeltales, auf der Sie nun talauswärts gehend zum Weg gelangen, der rechts in Richtung **Bürzelkapelle** abzweigt. Von der Kapelle zieht der anfangs schmale, steile Plattsteig talwärts zum Ausgangspunkt.
Alternativ bietet sich auch die kürzere Rundwanderung ohne Hüttenaufstieg „nur" über den Karwendelsteg an. Sie zweigen also am Weg vom Gasthof Wiesenhof in Richtung Pleisenhütte sofort zum Karwendelsteg ab. Bei dieser kurzen Variante sind Sie insgesamt ca. 2½ Stunden unterwegs (225 Hm, 7 km).

Langsam wird's am Karwendelsteg herbstlich bunt.

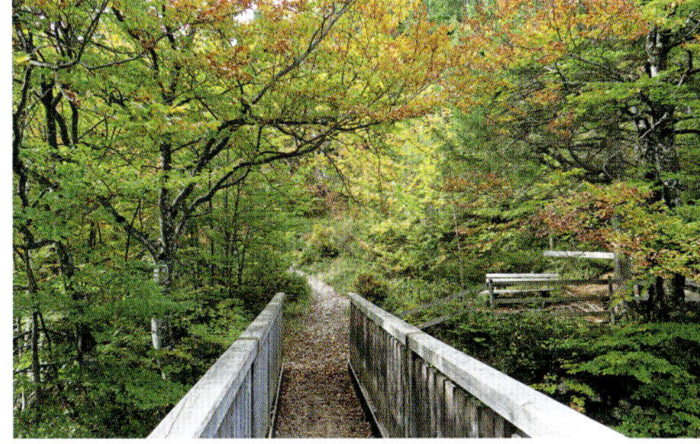

69 Rauthhütte (1605 m)

Rundwanderung von der Buchener Höhe

P Buchener Höhe 1245 m		Inntalblick 1560 m		Rauthhütte 1605 m		Parkplatz Moos 1170 m		P Buchener Höhe 1245 m
	2,1 km, 1 Std. ↑ 345 Hm ↓ 30 Hm		0,5 km, ¼ Std. ↑ 65 Hm ↓ 15 Hm		2,3 km, 1 Std. ↓ 435 Hm		2,1 km, ½ Std. ↑ 100 Hm ↓ 25 Hm	

2¾ Std. | 7 km | ↑↓ 510 Hm

Ausgangsort: Haltestelle (Parkplatz) Buchener Höhe (1245 m) an der Straße Telfs – Leutasch

Anfahrt mit Öffis: Regionalbus 8354 ab Seefeld oder Telfs, Haltestelle „Buchener Höhe"

Anfahrt mit Pkw: Von Telfs oder von Leutasch kommend bis zur Buchener Höhe zum Parkplatz in der Nähe der Zufahrt zum Interalpen-Hotel

Charakter: Einfache Wanderung auf schmalen Steigen

Einkehrmöglichkeit: Rauthhütte, www.rauthhuette.at, geöffnet im Herbst bis ca. 20.10. und dann wieder ab ca. 15.12., Tel. +43/664/28 15 611

Es sind herzerfrischende Ausblicke, eine gemütliche Einkehr, ein schöner Weg und eine wunderbare Herbststimmung, die Sie am Weg zur Rauthhütte begeistern werden. Die Rundwanderung führt auf schmalen Steigen von der Buchener Höhe (1245 m) hinauf zur Rauthhütte (1605 m), hinunter nach Leutasch/Moos (1173 m) und durch das Rappental/Katzenloch zurück. Die Anstrengungen halten sich dabei in Grenzen – auch für Familien eignet sich der Ausflug daher bestens.

Der Herbst kann schon was!

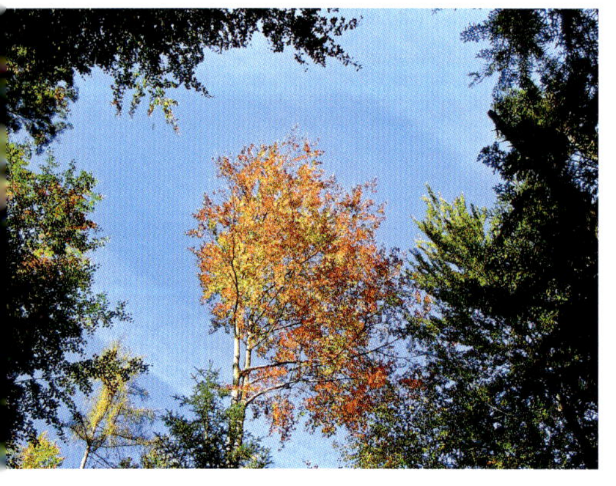

Wegverlauf: Der gebührenfreie Parkplatz auf der **Buchener Höhe** zwischen Telfs und Leutasch ist der Ausgangspunkt dieser Runde. Gut beschildert zieht der Steig zielstrebig auf dem östlichen Ausläufer der Hohen Munde hinauf zur Rauthhütte. Schon nach wenigen Minuten sind Sie von herbstlich bunt verfärbten Buchen umgeben und wissen jetzt, woher der Name Buchener Höhe stammt. Auf Höhe des ORF-Sendemasts sollten Sie unbedingt den kurzen Abstecher von wenigen Minuten zum **„Inntalblick"** machen, der Sie mit einem sehenswerten Tiefblick auf Telfs und das Inntal belohnt.

Zurück auf der ursprünglichen Route zeigt sich schon bald die **Rauthhütte** in aussichtsreicher Lage auf einer Schulter am Fuß der Hohen Munde: Wetterstein, Karwendel, der weitläufige Leutascher Talboden, das Inntal, die Zillertaler und Stubaier Gipfel im Süden sind im Blick.

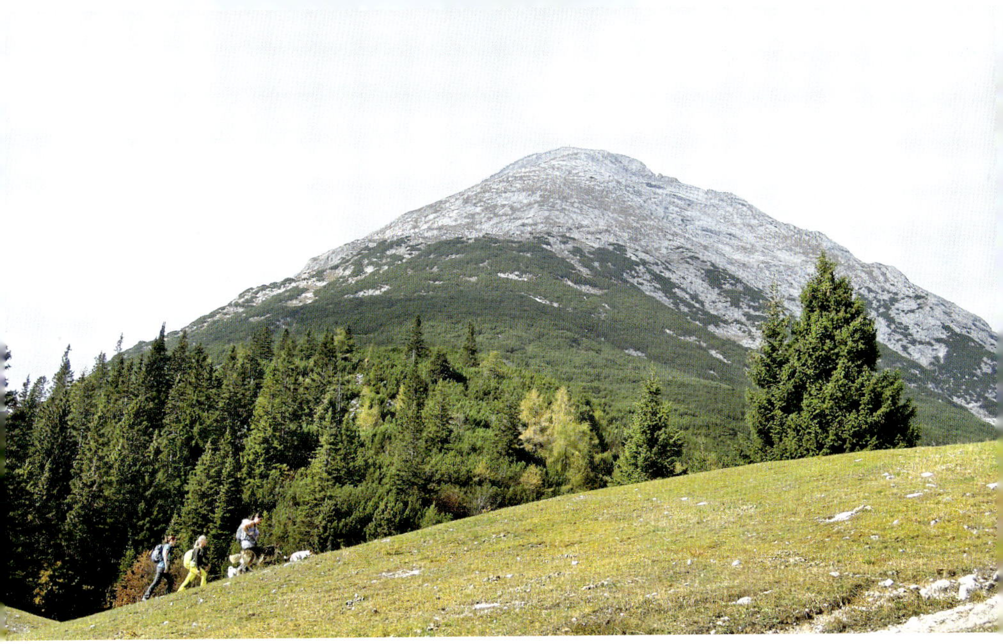

Auf der Schulter der Hohen Munde im flotten Schritt zur nahen Rauthhütte

Von der Rauthhütte steigen Sie am Steig über die ehemalige Skipiste nach **Leutasch-Moos** ab – so lukrieren Sie im Unterschied zur Alternative am Fahrweg weiterhin besten Weitblick. Vom großen Parkplatz am Talboden folgen Sie nach wenigen Metern auf der Straße dem Steig rechts ab durch das idyllische **Rappental** und **Katzenloch** zurück zur Buchener Höhe.

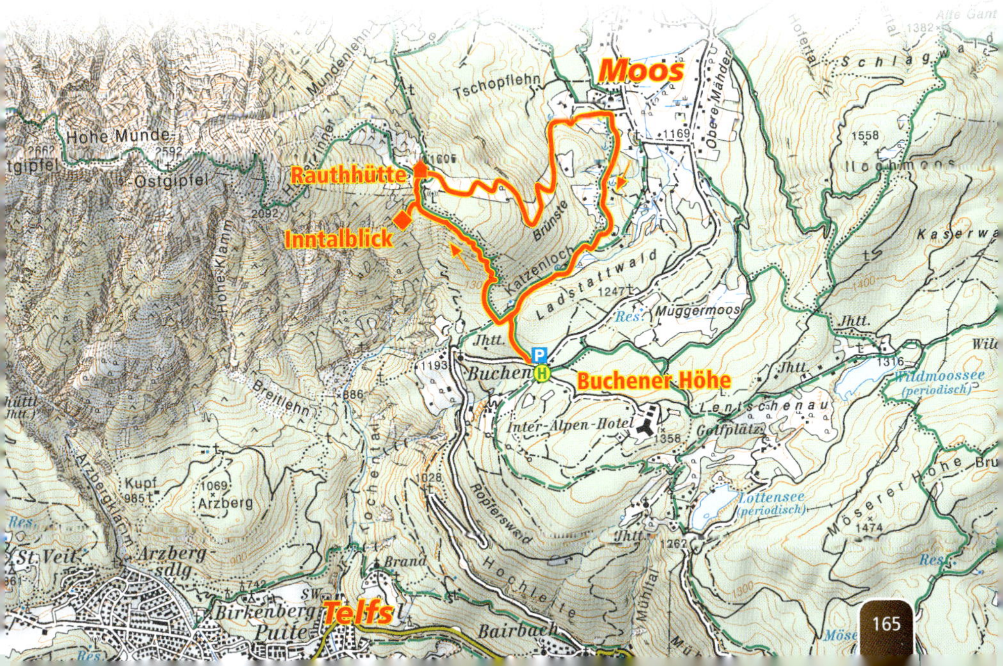

70 Telfer Wiesen – Stockerhof (1156 m)

Das Naherholungsgebiet für alle Generationen

Bahnhof Kreith 985 m		Wendepunkt 1090 m		Gh. Stockerhof 1156 m		Bahnhof Kreith 985 m
	4,2 km, 1¼ Std. ↑ 155 Hm ↓ 50 Hm		2,4 km, ¾ Std. ↑ 115 Hm ↓ 40 Hm		1,4 km, ½ Std. ↑ 30 Hm ↓ 210 Hm	

2½ Std. | 8 km | ↑↓ 300 Hm

Ausgangsort: Mutters, Kreith Bahnhof (985 m)

Anfahrt mit Öffis: Regionalbahn STB (Stubai), Haltestelle Kreith

Anfahrt mit Pkw: In Mutters-Dorfmitte Richtung Kreith bis zum kleinen Feuerwehrhaus (ca. 3,5 km; knapp vor dem Bahnhof), Parkmöglichkeiten für einige wenige Autos

Charakter: Einfache Rundwanderung bzw. Spaziergang mit wunderbaren Stubaiblicken

Einkehrmöglichkeit: Stockerhof, April bis Ende Oktober täglich geöffnet, ab November Montag und Dienstag Ruhetag, Tel. +43/664/53 28 806

„Schöner kann mans auf der Welt nit haben!", meint ein Wanderer, der gerade bei strahlendem Sonnenschein in den Telfer Wiesen dahinschlendert und seinen Blick ins hinterste Stubaital zum vergletscherten Talschluss mit dem Zuckerhütl schweifen lässt. Der Spaziergang über die Telfer Wiesen ist ein Vergnügen für alle Altersstufen. Die Länge der Wanderung lässt sich nach Bedarf variieren, da die Stubaitalbahn, von Innsbruck kommend, durch die Telfer Wiesen nach Telfes „zuckelt" und man somit zum Beispiel bei der Haltestelle „Telfer Wiesen" starten kann oder direkt nach Telfes wandern und von dort mit der Bahn wieder zurückfahren kann. Die schönste Zeit für die Telfer Wiesen ist der Spätherbst, wenn sich das Rotgold der verfärbten Lärchen mit dem Weiß der Bergspitzen im hinteren Stubaital trifft. Mit der Einkehr im Stockerhof bekommt die Runde noch das „i-Tüpferl" für einen gelungenen Ausflug.

Der Startpunkt in Kreith kommt den Autofahrern entgegen, allerdings sind die Parkmöglichkeiten in Kreith mit Ausnahme der wenigen Plätze beim kleinen Feuerwehrhaus kurz vor dem Bahnhof rar.

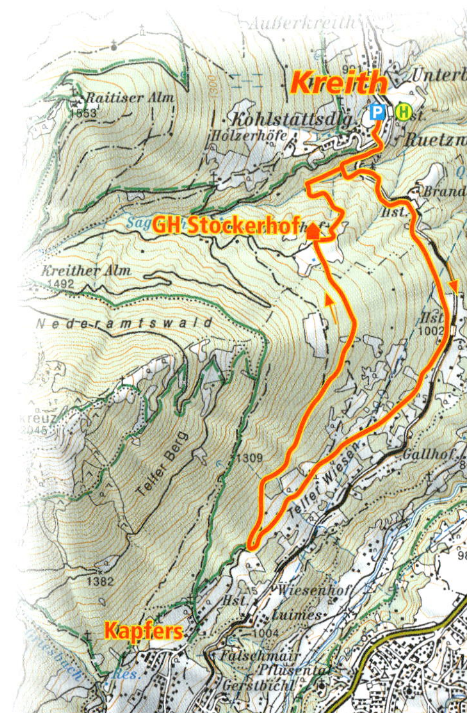

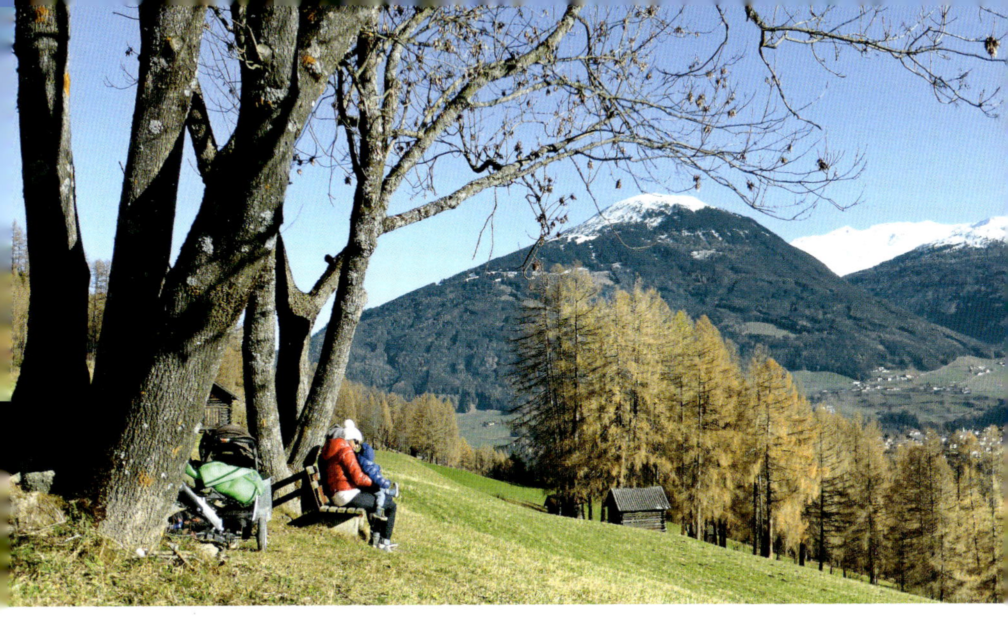

Energietanken in den Telfer Wiesen mit Blick zum Patscherkofel

Wer nicht mit dem Auto anreisen muss, sollte von Innsbruck kommend auch des Erlebnisses wegen die Anreise mit der „Stubaier" bevorzugen.

Wegverlauf: Vom Bahnhof in **Kreith** verlassen Sie in wenigen Minuten die besiedelte „Zivilisation" und kommen in den schattigen Kreither Graben, den die Stubaitalbahn auf einer kühnen Stahlbrücke (Kreither Viadukt) im Bogen überfährt, während Sie, dem Fahrweg folgend, in wenigen Minuten auch wieder im „Hollen" anlangen. Es wird aussichtsreich und wohltuend. Der Ausblick ins Stubaital öffnet sich Schritt für Schritt. Im Spalier stehen Serles, Habicht, Wilder Freiger, Wilder Paff und Zuckerhütl vor Ihnen, rechter Hand die Kalkkögel. Im Rückblick das vordere Wipptal mit Gipfeln der Tuxer Alpen, vor allem der Patscherkofel mit seiner markanten, sendemast-gezierten Gipfelkuppe. Talauswärts fängt die Nordkette in Breitseite den Blick. Das Dahinschlendern im lockeren Lärchenwald und über Wiesen bereitet auf breiten Wegen wenig Anstrengung und viel Freude, und das fast ohne Verkehr, denn einzig die Stubaitalbahn fährt ab und an durch die Idylle. Noch vor Erreichen von Telfes führt ein Weg ansteigend wieder talauswärts zum **Stockerhof**, einem wunderschön in einer großen Lichtung residierenden, beliebten Ausflugsgasthaus.

Nach der Schnitzelpause (die Stockerhof-Schnitzel sind eine Berühmtheit!) bieten sich **zwei Varianten** für das kurze Schlussstück zum Ausgangspunkt: Drückt das Schnitzel die Ambitionen für einen weiteren kurzen Anstieg, steigen Sie vom Gasthaus am Weg recht steil in den Kreither Graben ab und kommen so schneller zum Ausgangspunkt (30 Min.) als über den Forstweg, der oberhalb des Gasthauses mit einem kurzem Anstieg wartet (40 Min.).

71 Kartnallhöfe (1284 m)

Stubaier Bauernhöfe in Extremlage

P Freizeitzentrum 995 m		Milders – Steig Forchach, 1100 m		Forchach 1345 m		Kartnallhöfe 1285 m		P Freizeitzentrum 995 m
	2,8 km, 35 Min. ↑ 105 Hm		1,5 km, ¾ Std. ↑ 245 Hm		1,2 km, 25 Min. ↑ 60 Hm ↓ 120 Hm		1,5 km, ¾ Std. ↓ 290 Hm	

2½ Std. | 7 km | ↑↓ 410 Hm

Ausgangsort: Neustift, gebührenfreier Parkplatz beim Freizeitzentrum (995 m)

Anfahrt mit Öffis: Regionalbus Linie 590 (Linie Stubai) bis Haltestelle „Freizeitzentrum"; wer die Tour verkürzen möchte, kann auch in Milders aussteigen.

Anfahrt mit Pkw: In Neustift kurz nach der Kirche beim Kreisverkehr unmittelbar vor der Brücke über die Ruetz befindet sich rechts das Freizeitzentrum mit reichlich Parkmöglichkeiten.

Charakter: Rundwanderung mit etwas steileren Abschnitten im Aufstieg nach Forchach; lässt sich fast ganzjährig machen. Die exponierte Lage der Höfe bringt schöne Blicke auf das Stubaital.

Einkehrmöglichkeit: Jausenstation Oberkartnall (Donnerstag Ruhetag), Tel. +43/5226/3488; Jausenstation Unterkartnall (Mittwoch Ruhetag), Tel. +43/5226/3429. Bis auf wenige Tage haben beide Jausenstationen ganzjährig geöffnet.

Die Bergbauernhöfe von Kartnall sieht man bereits bei der Anfahrt nach Neustift rechts oben in steilster Lage oberhalb eines Felsbandes. Die beiden Höfe dürften ihren Ursprung im Mittelalter haben. Damals wurde der Talboden immer wieder überschwemmt und daher suchten die Bauern einen sicheren Platz für die Bewirtschaftung, ein sicheres „Viertel". So lässt sich auch der Name Kartnall erklären: Er soll sich aus dem romanischen Wort „Quartinale" (Viertel) herleiten. Die beiden Höfe Ober- und Unterkartnall werden immer noch bewirtschaftet und auch jeweils als Jausenstation geführt.

Natürlich lässt sich Kartnall, das besondere „Viertel" von Neustift, in direkter Linie von Neustift erwandern (45 Min.,

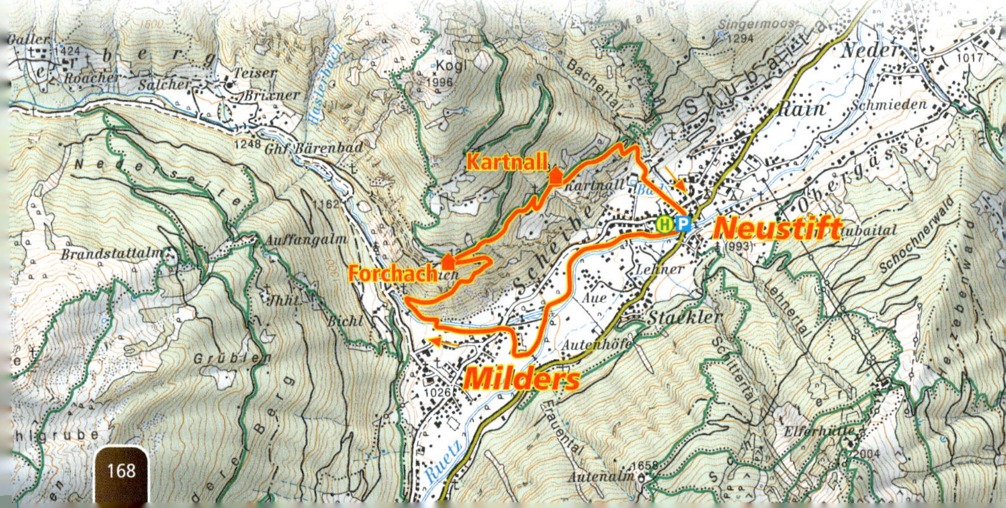

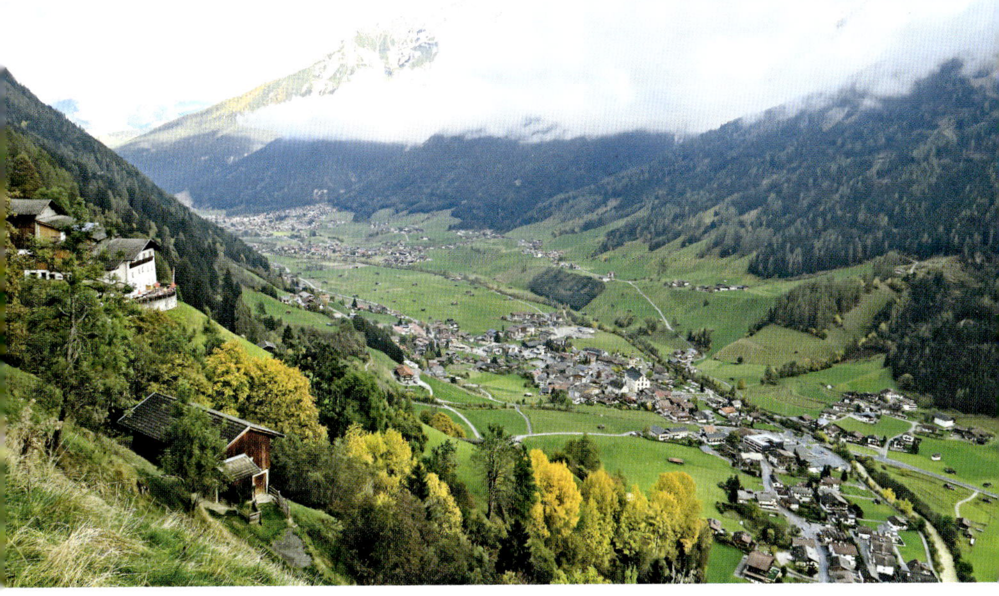

Leben am Steilhang: die Bergbauernhöfe von Kartnall

300 Hm). Empfehlenswerter ist jedoch die Rundtour über Milders und Forchach, einem weiteren exponiert gelegenen Bergbauernhof.

Wegverlauf: Vom **Freizeitzentrum** Neustift wandern Sie am Uferweg der Ruetz entlang taleinwärts. Im Ortsteil **Milders** biegen Sie rechts ab in Richtung Oberbergtal (gut beschildert) und wandern nun am Oberbergbach bis kurz vor das kleine Kraftwerkshaus. Von dort (kleine Brücke über den Bach) geht's nun am Steig aufwärts nach Forchach. Zu Beginn gibt es dabei mit zunehmendem Höhengewinn schöne Ausblicke auf Milders und zu den jenseits des beginnenden Oberbergtals liegenden Bichlhöfen.

Etwas später erreicht der Steig den Waldgürtel. Teils mit Moos überwucherte Steine säumen den schmalen Weg, dem ehemals einzigen Weg nach Forchach. Mit Erreichen erster, teils verfallender Heustadel kommen Sie in die Forchacher Mähder und wenig später zum Bergbauernhof **Forchach**.

Vom Hof wandern Sie nun auf der asphaltierten Straße zu Beginn noch kurz ansteigend talauswärts. Schöne Ausblicke, vor allem auf die gegenüberliegende Talseite zu den Kalkzacken des Elfers, dem Neustifter Hausberg, begleiten Sie. Schon bald, nachdem es wieder abwärts geht, begeistert zudem der Blick auf Neustift. Damit sind auch schon die Höfe von **Kartnall** mit den beiden Jausenstationen im Blickfeld und wenig später erreicht.

Über einen breiten Wiesenweg geht's nun nach **Neustift** hinunter. Die Bewunderung gilt dabei den Bauern, die diese Wiesen bewirtschaften: Die Steilheit der Hänge ist beängstigend und am unteren Ende der Wiesen warten überdies senkrechte Felsabbrüche. Der Feldweg verjüngt sich im Wald zu einem breiten Steig, auf dem Sie Neustift wieder erreichen.

72 Blaser (2241 m)

Auf den bekannten Blumenberg in der Nachsaison der Blüte

Leiten 1300 m	Adlerblick 1510 m	Bergmähder 1770 m	Blaser 2241 m	Waldgrenze 1770 m	Leiten 1300 m
1,3 km, 40 Min. ↑ 240 Hm ↓ 30 m	1,1 km, 40 Min. ↑ 260 Hm	2,1 km, 1¼ Std. ↑ 470 Hm	2,1 km, ¾ Std. ↓ 470 Hm	2,0 km, ¾ Std. ↓ 470 Hm	

4 Std. | 6,5 km | ↑↓ 970 Hm

Ausgangsort: Trins, Parkplatz Weiler Leiten (1300 m)

Anfahrt mit Öffis: Regionalbus 4146 ab Bahnhof Steinach bis Haltestelle „Wienerhof" (rechts aufwärts an Kirche vorbei) oder bis zum Dorfende, Haltestelle „Waldfestplatz" (ab dort beschildert)

Anfahrt mit Pkw: In Trins bald nach der Dorfeinfahrt bei der Engstelle rechts abbiegen und an der Kirche vorbei durch den Ortsteil Leiten bis zum Parkplatz oberhalb vom Ort. Dort ist nur wenig Platz. Alternativ kurz nach dem Dorfanfang unmittelbar nach dem Hotel Trinserhof links parken oder am Dorfende beim Parkplatz P4.

Charakter: Bergtour auf guten Steigen und Wegen, mit ausgezeichneten Ausblicken

Einkehrmöglichkeit: Im Herbst keine, von Anfang/Mitte Juni bis ca. Ende September Blaserhütte, www.blaserhuette.at, Tel. +43/ 664/57 18 200

Der Blumenberg Tirols – so wird der Blaser vielfach geadelt, zu Recht! Nicht, dass die Bergtour auf den Blaser in den „Blühmonaten" Juni und Juli kein Muss wäre, aber viele kennen den Blumenberg eben nur zu dieser blumenreichen und daher auch vielbesuchten Zeit. Im Herbst, nachdem auch die Blaserhütte schon im Winterschlaf ist, hat der Blaser einen ganz besonderen Charme. Die südseitige Lage ermöglicht die Tour bis zum ersten Schneefall (sehr oft also inzwischen bis nach Weihnachten) bei wohltuender Ruhe: Nur wenige Gleichgesinnte nützen den nicht nur föhn-, sondern auch sonnenbegünstigten Berg für eine unschwierige, aber bezaubernde Herbsttour. Durch die vorgeschobene Lage punktet der Blaser zudem mit herrlichen Ausblicken von der Nordkette bis weit in den Süden jenseits vom Brenner.

Wegverlauf: Vom Parkplatz zieht ein Tal im rechten Winkel von der Forststraße abzweigend bergwärts. Am Steig Nr. 30 geht's kurz dieses Tal bergauf, schon bald leitet der Steig nach rechts aus dem kleinen Tal und durch den Wald höher. Es taucht ein hoher Drahtzaun auf, der den Bannwald vor ungebetenen Wildtier-Besuchen schützt. Der ausgeschilderte Abstecher zur Aussichtsplattform **Adlerblick** ist sehr empfehlenswert. Von der hölzernen Warte (5 Min. Hinweg, leicht abwärts) gibt es einen unvergleichlichen Tiefblick auf Trins und auf das Gschnitztal mit dem schönen Talschluss. Nach dieser kurzen Extratour (10 Min.) steigen Sie die Forststraße abkürzend weiter bergauf und kommen so an der Waldgrenze zu den herrlichen Bergmähdern mit den vereinzelten Stadeln, die auch nach der Blütezeit einen lieblichen Reiz haben. Nun geht's mit besten Ausblicken ostwärts zu den Zillertalern und

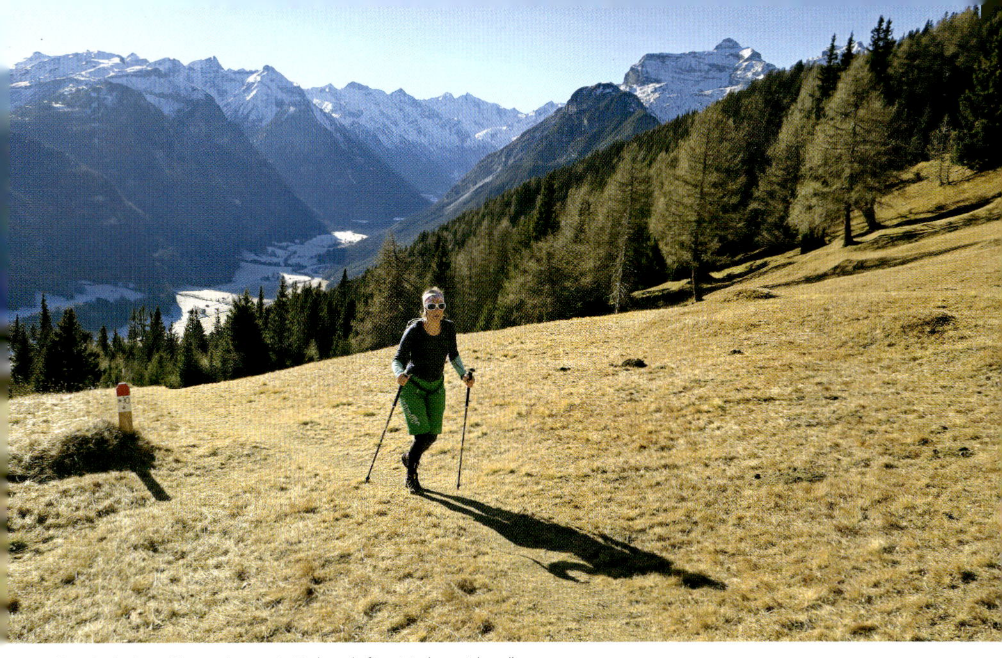

Der Gschnitzer Blumenberg: ein Ziel auch für „Herbstzeitlose"

westwärts zu den Stubaiern im hintersten Gschnitztal über die Wiesen bergan. Die Forststraße wird dabei abermals erreicht und bald schon wieder abgekürzt. Ein kurzes Stück folgen Sie nochmals dem Fahrweg, um dann am Steig (Nr. 13) zur **Blaserhütte** und zum Gipfel zu gelangen.

Die nahe Serles ist der erste Blickfang am Gipfel, danach schweift der Blick in weiten Kreisen zu den ostwärts ziehenden Seitentälern des Wipptals mit den Tuxer Bergen, hinaus zum Inntal und über die Berge rund ums Gschnitztal.

Als **Variante** für den Abstieg könnte man von der Hütte taleinwärts absteigen (Schilder Radroute; Weg Nr. 31). Der Steig Nr. 31 verlässt dann den Radweg, um auf direktester Linie, praktisch in Falllinie, durch ein kleines, enges Tal zum Parkplatz zu leiten (Schild „Speed sehr steil"). Der Weg ist nicht nur wenig knieschonend, sondern auch ordentlich schattig.

Entspannter und gelenksschonender ist es natürlich, wenn Sie, anstatt den Schnellabstieg am Steig zu wählen, weiter auf der Radroute, am Fahrweg bleiben. Die allermeisten Herbstwanderer steigen aber wohl aus gutem Grund am bekannten Aufstiegsweg auch wieder ab.

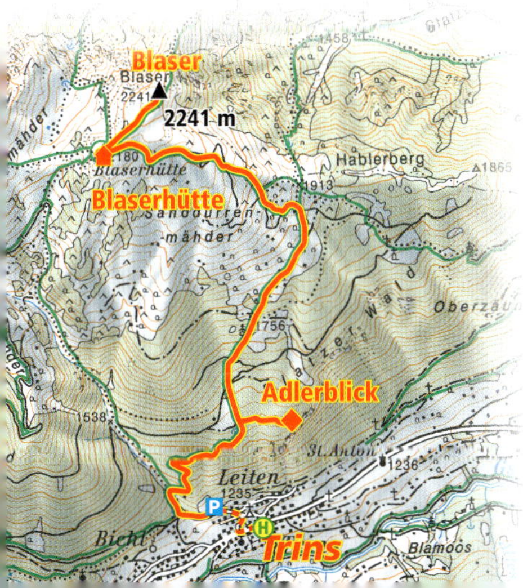

73 Friedensglockenweg zum Möserer See

Ein beschaulicher Spaziergang zu besonderen Plätzen

P Seewaldalm 1230 m		Möserer See 1284 m		Möserer See 1284 m		Friedensglocke 1185 m		P Seewaldalm 1230 m
	1,5 km, ½ Std. ↑ 70 Hm ↓ 15 Hm		0,9 km, 20 Min. ↑ 25 Hm ↓ 25 Hm		1,4 km, ½ Std. ↑ 15 Hm ↓ 115 Hm		2,2 km, 40 Min. ↑ 115 Hm ↓ 70 Hm	

2 Std. | 6 km | ↑↓ 225 Hm

Ausgangsort: Mösern, Hinterkaiser, Parkplatz Seewaldalm (1230 m)

Anfahrt mit Öffis: Regionalbus 5454 (von Seefeld bzw. Telfs) bis Haltestelle „Mösern Lifte Seewaldalm"

Anfahrt mit Pkw: Von Telfs kommend durch Mösern in Richtung Seefeld fahren. Bald nach dem Ort befindet sich der Parkplatz Seewaldalm/Seewaldlift (von Seefeld kommend entsprechend kurz vor Mösern).

Charakter: Einfacher, familientauglicher Spaziergang, ganzjährig machbar

Einkehrmöglichkeit: Gh. Möserer Seestube, Montag Ruhetag, Tel. +43/5212/4779; weitere Lokale in Mösern

Ein Schild am Möserer See bringt's auf den Punkt: „Hier werden Sie je nach Tages- und Jahreszeit entweder ‚heilige Ruhe' oder umtriebiges Vergnügen beobachten können!" Speziell im Herbst ist es am Möserer See heilig ruhig, wobei an Wochenenden doch vermehrt ruhesuchende Wanderer und Spaziergänger anzutreffen sind. Die wohl beliebteste Rundwanderung folgt dem Friedensglockenweg, der den Besuch des Möserer Sees und der größten Glocke Tirols über angenehme Wege durch Wälder und Siedlungsgebiet verbindet. Die Friedensglocke (2,51 m hoch; 2,54 m Durchmesser; 10.180 kg) steht frei auf einem Hügel bei Mösern mit traumhaftem Blick auf das Inntal. Der Standort gilt als einer der schönsten Plätze Tirols. Die Friedensglocke wurde für gute Nachbarschaft in den Alpenländern 1997 errichtet und läutet täglich um 17:00 Uhr.

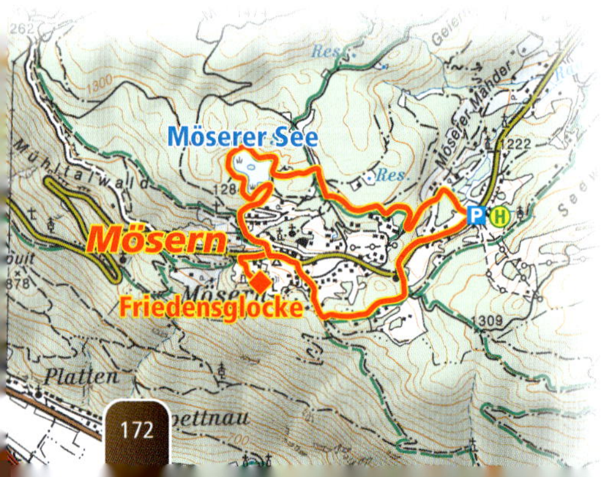

Gemütliches Naturerleben und besinnliche Anregungen möchte der Friedensglockenweg vereinen. Sieben Stationen geben entsprechende Impulse – stets auf den jeweiligen Platz abgestimmt. Sie erreichen dabei zum Beispiel an der zweiten Station jenen Standpunkt, den bereits der große Maler Albrecht Dürer, vom Blick auf das Inntal überwältigt, in einem seiner Bilder festgehalten hat.

Wegverlauf: Die **erste Station** befindet sich am Start beim Parkplatz Seewaldalm und hat das Motto „Friede braucht Weg und Mühe". Wobei sich die Mühen auf dem meist breiten, auch für etwas geländegängige Kinderwagen geeignetem Weg in Grenzen halten. Nach der erwähnten

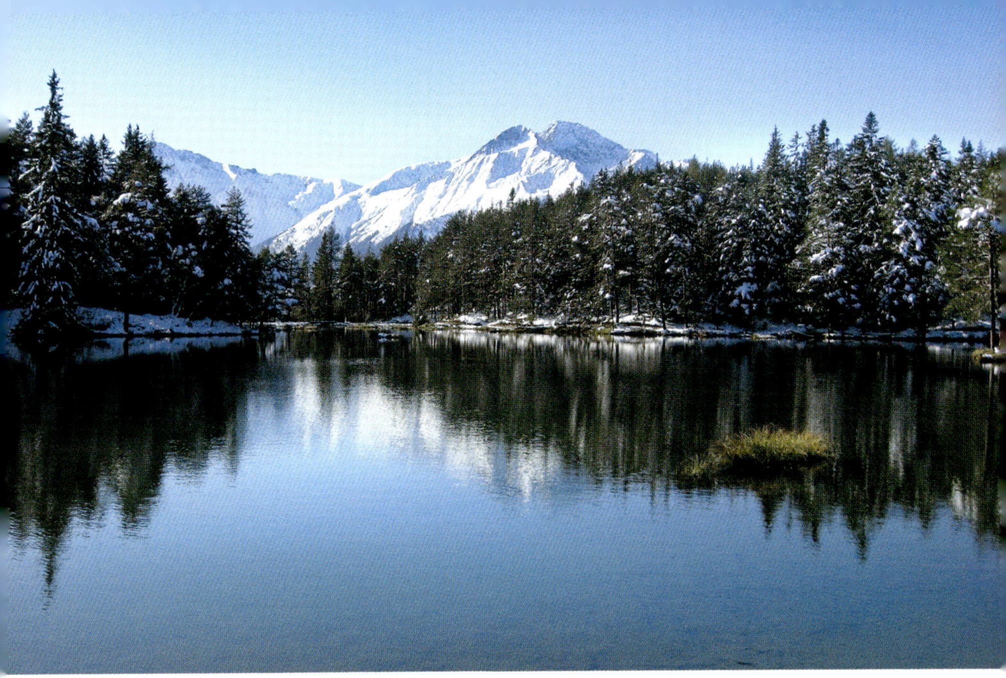

Am Möserer See: In Kanada könnt's nicht schöner sein.

aussichtsreichen **zweiten Station** erreichen Sie den **Möserer See**, ein landschaftliches Kleinod, das ganzjährig seinen Reiz hat, wobei die Ruhe im Herbst besonders wohltuend ist. Nach der Umrundung des Sees spazieren Sie nach Mösern hinunter und erreichen die **Friedensglocke**. Die imposante, freistehende Glocke steht auf einem Hügel am Südrand des Seefelder Plateaus. Unten im Inntal zieht sich der Inn als grün-schimmerndes Band durch den breiten Talboden. Telfs schmiegt sich an den Fuß der Hohen Munde, der Blick reicht über das Mieminger Plateau und das Oberinntal hinweg weit nach Westen.

Für den **Rückweg** spazieren Sie am Gehsteig entlang der Straße zurück bis zur Kirche und folgen wenig später nach rechts den Schildern in Richtung Gschwandtkopf. Im Wald umwandern Sie somit den Gföllbichl und kommen so wieder zum Parkplatz bei der **Seewaldalm**.

Alternativ und kürzer, aber weniger schön können Sie auch dem Spazierweg entlang der Straße zum Ausgangspunkt folgen.

Friedensglocke: Täglich um 17 Uhr ertönt ihr Klang.

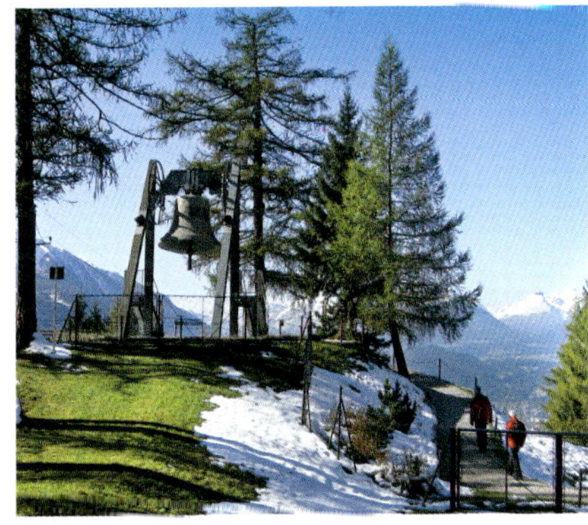

74 Dürrenbergalm und Koflerjoch (1861 m)

Die Sonnenterrasse von Reutte

P Urisee 910 m		Dürrenbergalm 1438 m		Koflerjoch 1861 m		Dürrenbergalm 1438 m		P Urisee 910 m
	2,6 km, 1½ Std. ↑ 525 Hm		1,7 km, 1¼ Std. ↑ 460 Hm ↓ 40 Hm		1,7 km, ¾ Std. ↓ 460 Hm ↑ 40 Hm		2,6 km, 1 Std. ↓ 525 Hm	

4½ Std. | 8,6 km | ↑↓ 1025 Hm

Ausgangsort: Reutte, Parkplatz Urisee (910 m)

Anfahrt mit Öffis: Mit der Bahn zum Bahnhof Reutte und dann zu Fuß 2,5 km zum Urisee

Anfahrt mit Pkw: Vom Fernpass kommend in Richtung Füssen fahren und dann direkt beim Urisee zum Parkplatz. Nach der Tour müssen Sie allerdings bis Reutte-Nord weiterfahren, um dort umzukehren. Alternativ in Reutte-Süd ausfahren und dann über Breitenwang und den Ortsteil Mühl zum Urisee fahren.

Charakter: Problemlose Wanderung, ganzjährig machbar bis zur Dürrenbergalm

Einkehrmöglichkeit: Dürrenbergalm, www.duerrenberg-alm.at, Mitte November bis 26. Dezember geschlossen, Montag Ruhetag, Tel. +43/664/53 39 772

Die Jausenstation Dürrenbergalm (= Dürrenbergalpe) verdient zu Recht die Bezeichnung „Sonnenterrasse von Reutte" – die südseitige Lage nördlich vom Reuttener Talkessel verwöhnt die Wanderer mit viel Sonne das ganze Jahr über und mit schönsten Ausblicken auf Reutte, weit ins Lechtal und zu den Tannheimer

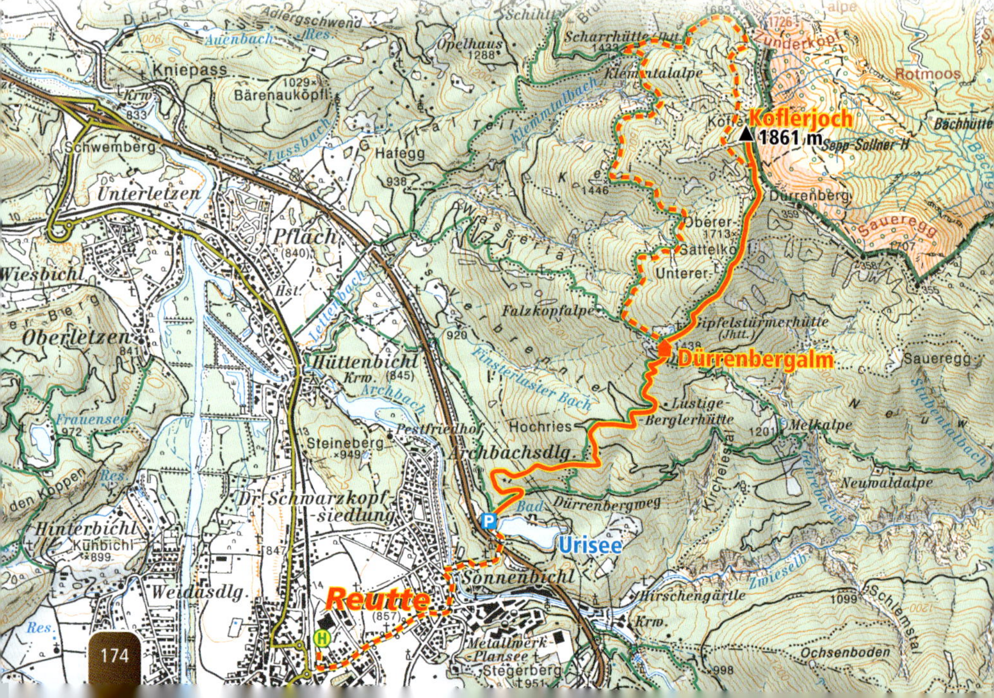

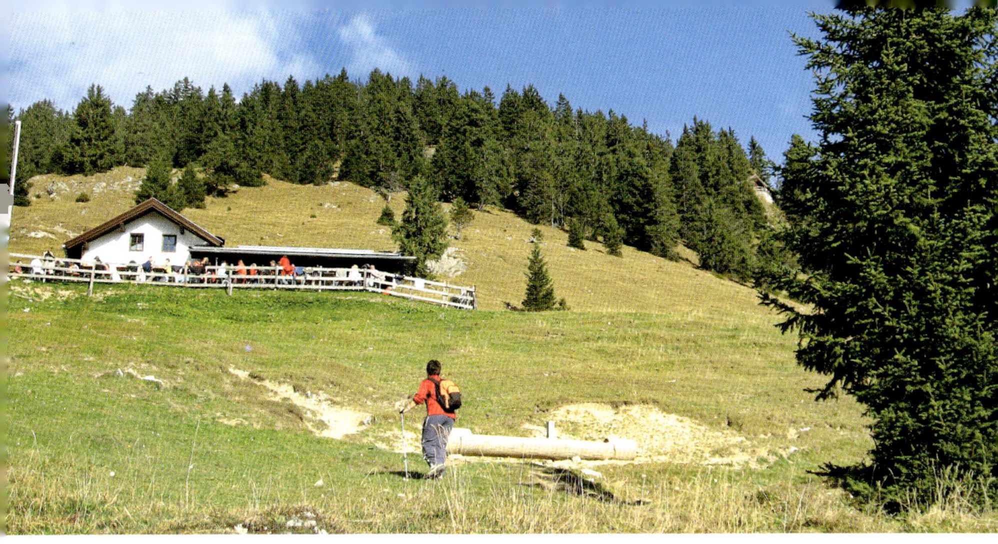

So viel Sonne, dass es oft dürr ist – doch Wanderer verdursten hier nicht.

Bergen. Der Name Dürrenberg soll auch von der von der trockenen (= dürren) südseitigen Lage herrühren. Der Ausflug eignet sich also ideal für späte Herbsttage, wenn man dankbar für jeden Sonnenstrahl ist. Je nach Kondition, Lust und Laune endet der Aufstieg bei der Dürrenbergalm oder oberhalb auf Grathöhe an der bayerisch-tirolerischen Grenze am Koflerjoch.

Wegverlauf: Vom **Urisee** ist die Dürrenbergalm entweder über eine Forststraße oder auf einem Steig zu erreichen, womit sich die sonnigen Aussichtsplätze auf der Alm Wanderer und Mountainbiker teilen. „Unberadete" wählen fast immer den bestens beschilderten Steig, der die Serpentinen der Forststraße abkürzt und zielstrebig zur Alm führt.

Vom Parkplatz starten Sie zunächst am Forstweg, begleitet vom Blick auf den türkisfarbenen Urisee. Schon bald taucht aber der Wegweiser **„Dürrenberger Alpe-Steig"** nach links leitend auf. Mit zunehmend schönen Ausblicken südwärts geht's hinauf zur Alm. Der Weiterweg zum Hausberg der Dürrenbergalm, zum Koflerjoch, bringt Sie, über die Wiesen hinter der Alm ansteigend, bald schon in die südostgerichteten Hänge des Unteren Sattelkopfes.

Der bewaldete **Obere Sattelkopf** wird überschritten und nun stets mit Blick zum angepeilten Gipfel geht es im latschenbewachsenen Gelände zur Grathöhe. Über den teils schrofigen Südgrat erreichen Sie in wenigen Minuten den Gipfel des **Koflerjochs**. Dort oben gesellt sich nun auf der Grenze zu Bayern der Blick ins weiß-blaue, flach auslaufende Nachbarland zur Gipfelschau.

Der **Abstieg** führt über den bekannten Weg wieder talwärts. Bei eventuellen Überschüssen von Kondition und Motivation kann vom Koflerjoch auch westwärts zum **Pflacher Älpele** abgestiegen und dann am Steig Nr. 24 in vermeintlich gleichbleibender Höhe zurück zur Dürrenbergalm gegangen werden (4,8 km, ↑ 300 Hm ↓ 730 Hm, 1¾ Std.)

75 Hahnenkamm (1938 m)

Vielfältigste Möglichkeiten am Hausberg der Reuttener

Bergstation Bergbahn, 1730 m	Hahnenkamm 1938 m	Hochjoch 1754 m	Lechaschauer Alm 1670 m	Bergstation Bergbahn, 1730 m
1,8 km, 40 Min. ↑ 260 Hm ↓ 50 Hm	1,6 km, ¾ Std. ↑ 100 Hm ↓ 280 Hm	4,6 km, 1¾ Std. ↑ 330 Hm ↓ 420 Hm	2,0 km, 35 Min. ↑ 100 Hm ↓ 40 Hm	

3¾ Std. | 10 km | ↑↓ 790 Hm

Ausgangsort: Höfen, Parkplatz Reuttener Seilbahnen (Hahnenkammbahn, 925 m)

Anfahrt mit Öffis: Regionalbus 4268 (von Reutte Bahnhof) bis Haltestelle „Tourismusbüro"; bis zum Parkplatz 1,3 km

Anfahrt mit Pkw: Von Reutte Richtung Lechtal und nach ca. 3,5 km in Höfen rechts ab zur Reuttener Seilbahn

Charakter: Bergtour auf guten Steigen und Wegen, mit ausgezeichneten Ausblicken

Einkehrmöglichkeit: Panoramarestaurant, Lechaschauer Alm; alle Infos unter www.bergwelt-hahnenkamm.at

Der Hahnenkamm ist der Hausberg der Reuttener und begeistert die zahlreichen Besucher. Er ist dank der Gondelbahn leicht zu erreichen und bietet für jede Altersstufe wunderschöne Wandermöglichkeiten mit fulminanten Ausblicken. Der Hahnenkamm hat zu jeder Jahreszeit seinen Reiz und ist vom Frühjahr bis zum Spätherbst empfehlenswert. Da die Bergbahnen meist bis Ende Oktober/Anfang November fahren, ist gerade der Herbst eine beliebte Zeit, um oben im sonnigen Almgebiet noch eine aussichtsreiche, genussvolle Runde zu ziehen und Sonne zu tanken. Das verzweigte, bestens ausgeschilderte Wegenetz bietet für nahezu jeden Anspruch die richtige Runde.

Eine mittellange Tour führt von der Bergstation auf den Gipfel des Hahnenkamms und dann am gutmütigen Grat zwischen dem Lech- und Tannheimer Tal nordwärts in Richtung der Schneid (2009 m). Der pyramidenförmige Gipfel, der den beherrschenden Felsgestalten der Köllenspitze und der Gehrenspitze vorgelagert ist, wird nicht überschritten, sondern im Uhrzeigersinn umrundet. Der Rückweg führt dabei an der bewirtschafteten Lechaschauer Alm vorbei.

Wegverlauf: Die Wanderung startet mit der Gondelfahrt der **Reuttener Bergbahnen**. Mit wunderbarem Blick auf den Reuttener Talkessel folgt zunächst der Aufstieg zum antennenbestückten **Gipfel** des Hahnenkamms. Sie folgen dem Steig südwärts (nach links) und erreichen nach kurzem Aufstieg den Grat südlich des Gipfels. Damit öffnet sich der einzigartige Ausblick ins Lechtal und ins Tannheimer Tal mit dem malerischen Haldensee. Bereits 40 Minuten nach dem Aufbruch stehen Sie am Gipfelkreuz.

Nun geht's am Grat leicht fallend nordwärts. Linker Hand, in Richtung Westen, grüßen dabei die namhaften und formschönen Berge der Tannheimer Gruppe,

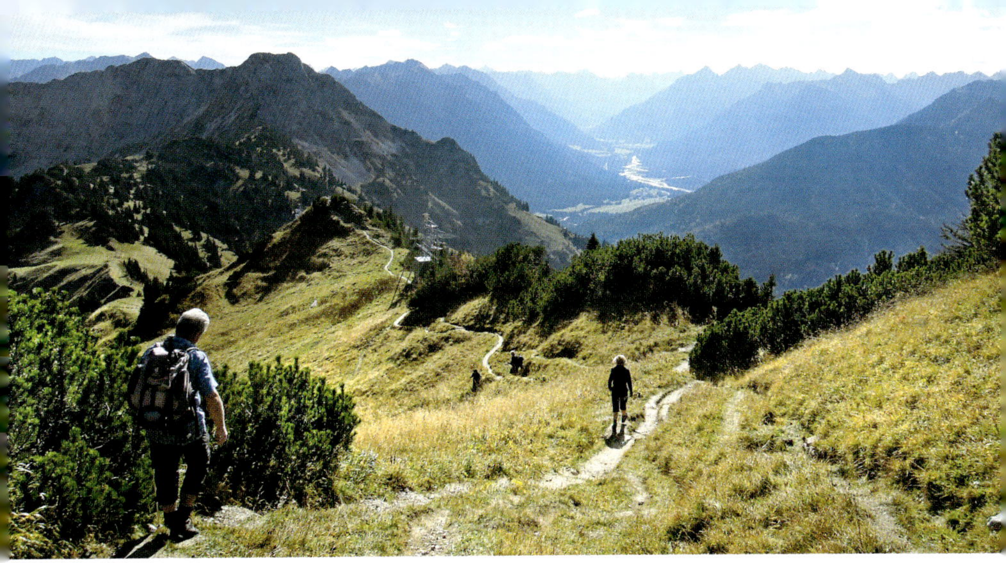

Wären Gratwanderungen nur immer so schön …

deren senkrechte Kalkwände aus den Berghängen herausstechen. Die bekanntesten Gipfel sind dabei Rote Flüh, Gimpel, Köllen- und Gehrenspitze. Die beiden Letzteren ragen links und rechts der Schneid heraus, die sich am Ende des Gratverlaufes als breite Pyramide vergleichsweise zahm zeigt.

Sie bleiben stets am Grat bis zum Hochjoch (1754 m), wo der letzte Aufschwung zur Schneid ansetzt. Davor wird das **Tiefjoch** (1717 m) durch- und der kleine bewaldete Gipfel **„Die Ditzl"** (1817 m) überschritten. Vom **Hochjoch** folgen Sie nun nach links dem Steig über die steilen Grashänge an der Südwestseite der Schneid, um dann ins **Sabachjoch** (1860 m) aufzusteigen. Unterhalb der felsdurchsetzten Nordflanke der Schneid geht's nun in kurzem Ab- und Aufstieg zum **Gehrenjoch** (1858 m) und auf der Lechtaler Seite 200 Höhenmeter in Richtung Gehrenalpe talwärts.

Noch vor Erreichen der Alpe zweigt der **Alpenrosensteig** ab, auf dem Sie nun ohne nennenswerte Steigungen zur **Lechaschauer Alm** und zur Bergstation der Seilbahn kommen.

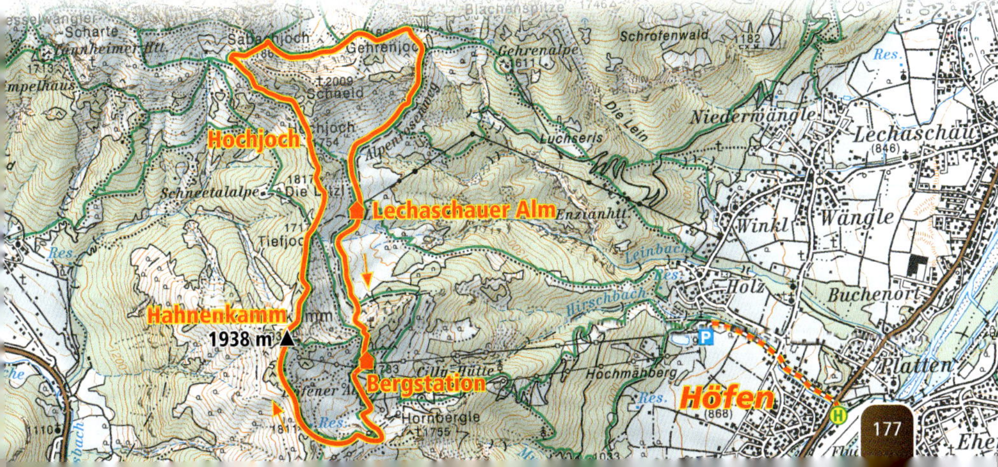

76 Farst (1482 m)

Das Schwalbennest des Ötztals

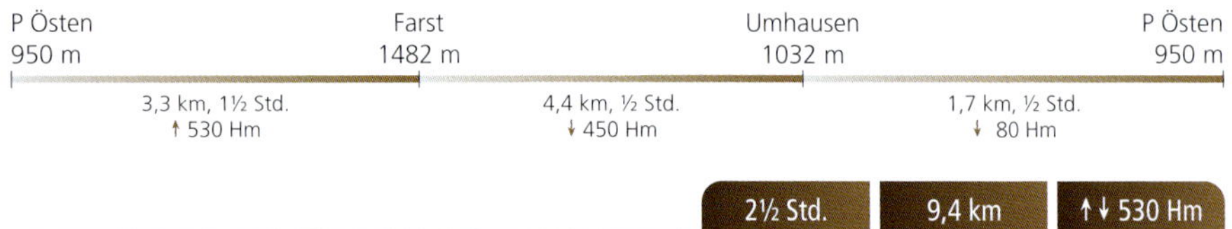

Ausgangsort: Umhausen Ortsteil Östen, Gratisparkplatz (950 m)

Anfahrt mit Öffis: Regionalbus 4194, 8352 bis Haltestelle „Umhausen – Östen"

Anfahrt mit Pkw: Vom Inntal kommend folgt der Ortschaft Tumpen der Umhausener Weiler Östen mit großem Parkplatz direkt an der Hauptstraße

Charakter: Einfache Wanderung auf Fahrwegen, ganzjährig zu machen

Einkehrmöglichkeit: Jausenstation Farst, ganzjährig geöffnet, Tel. +43/650/23 77 337

Die Höfe von Farst kleben förmlich am Steilhang – 500 m hoch über dem Talboden. Der Weiler besteht aus sechs Bauernhöfen und einer Kapelle und ist eine Enklave der Ruhe und ein Sonnenparadies. Farst ist nicht nur die extremst gelegene, ganzjährig bewohnte Siedlung Tirols, sondern auch eine der ältesten Ansiedelungen des Ötztales. Der Adlerhorst bzw. das Schwalbennest des Ötztales, wie Farst oft bezeichnet wird, ist einer der sonnigsten Plätze und bietet grandiose Aus- und Tiefblicke sowie eine geöffnete Jausenstation und eignet sich damit hervorragend für einen herbstlichen Ausflug.

Tiefblick von Farst auf Umhausen

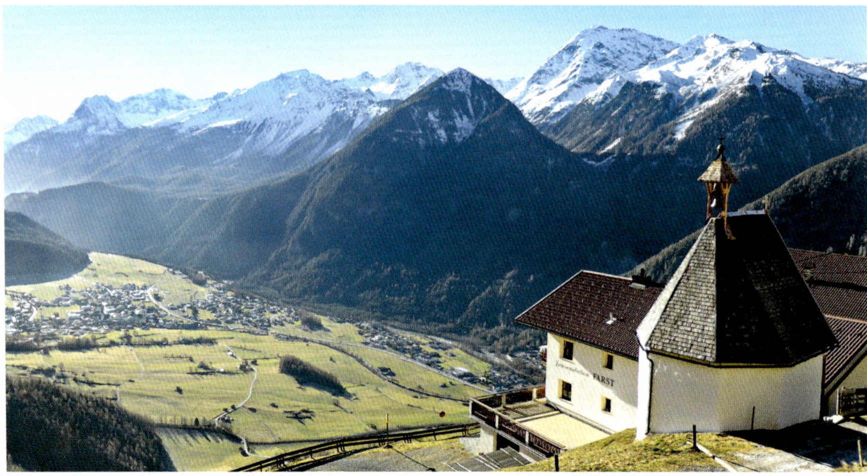

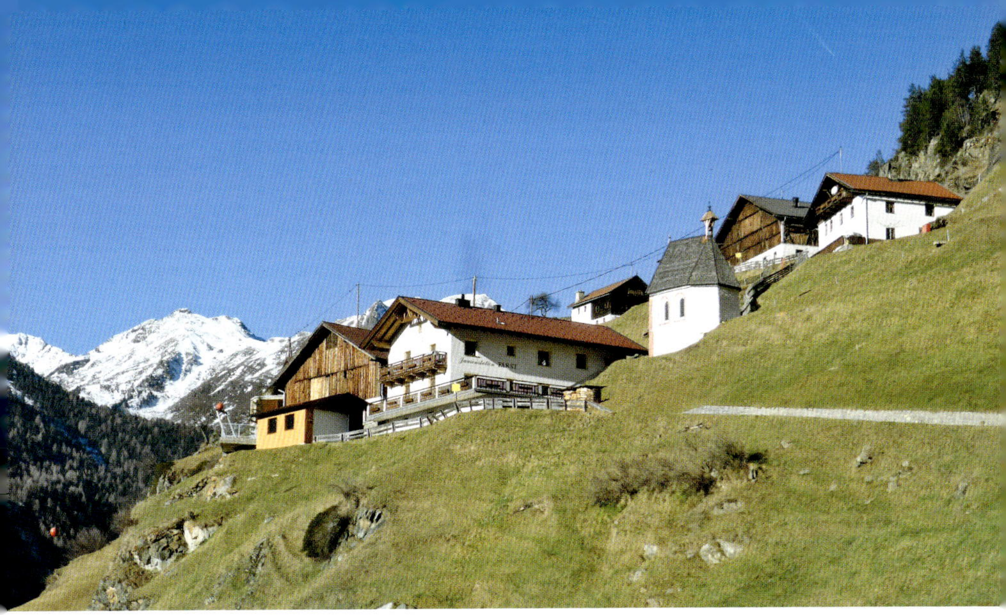

Farst: ein kleines Paradies in Extremlage

Wegverlauf: Sie starten im Umhauser Ortsteil **Östen** an der Ötztaler Landesstraße, wo ein großer gebührenfreier Parkplatz sich als Ausgangspunkt anbietet. Oben sehen Sie bereits die Höfe, die Sie über die Hofzufahrt erreichen. Hofzufahrt klingt so harmlos – es ist aber ein Weg, der, teils aus dem Fels gesprengt, in Serpentinen hinauf zu den Höfen zieht.

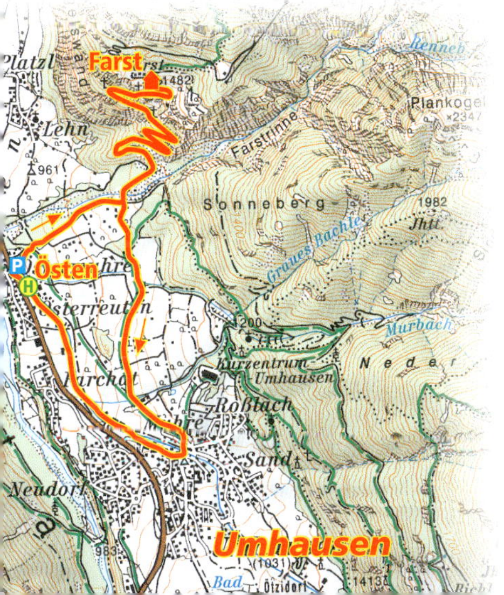

Ein Genuss für den Ausflug, ist dieser Weg für das tägliche Auf und Ab mit Auto für die Bewohner von Farst doch eine ordentliche Prozedur. Der Aufstieg ist problemlos, wenn auch steil (19 % Steigung) und wird mit jedem Höhenmeter aussichtsreicher. Ringsum zeigen sich die Berge wie Kronen, die das Tal umschließen. Die Wiesen von Farst erscheinen nur wenig flacher als die Felswand unterhalb der Höfe. Diese unglaubliche Lage macht den Weiler zu einem wahren Sonnenparadies. In der **Jausenstation Farst** können Sie den fulminanten Ausblick bis zum Hochfirst im hintersten Ötztal bei Obergurgl und den Tiefblick auf Umhausen in vollen Zügen genießen.

Der **Abstieg** folgt dem bekannten Weg, wobei nach der Bachquerung die Wiesenwanderung taleinwärts in die Ortschaft Umhausen sehr empfehlenswert ist, um dann von dort über den Feldweg wieder zum Startpunkt zu kommen.

77 Rundtour Brand und Burgstein

Zwei abgelegene und doch so nahe Weiler

Längenfeld 1180 m		Brand 1385 m		Hängebrücke 1400 m		Burgstein 1430 m		Längenfeld 1180 m
	1,8 km, 40 Min. ↑ 205 Hm		0,8 km, 20 Min. ↑ 70 Hm ↓ 55 Hm		0,6 km, ¼ Std. ↑ 30 Hm		2,1 km, ¾ Std. ↑ 50 Hm ↓ 300 Hm	

2 Std. | 5,3 km | ↑↓ 355 Hm

Ausgangsort: Längenfeld, Parkplatz Ortszentrum in Kirchennähe
Anfahrt mit Öffis: Regionalbus 4194 (von Ötztal Bahnhof) bis Haltestelle „Kirche"
Anfahrt mit Pkw: Vom Inntal kommend ins Ötztal. Im Dorfzentrum parken (Kirchennähe)
Charakter: Genussvolle Rundtour über dem Talboden mit spannender Hängebrücke
Einkehrmöglichkeit: Jausenstation Brand, Tel. +43/5253/5283, ab ca. September Montag und Dienstag Ruhetag; s'Dorfstüberl Burgstein; Tel. +43/5253/5213

Burgstein und Brand, die beiden Weiler 200 Höhenmeter oberhalb von Längenfeld, stechen angesichts ihrer schönen Lage bereits bei der Anfahrt ins Auge. Diese beiden exklusiven „Platzln" lassen sich in einer überaus angenehmen und ruhigen Runde erwandern. Die zweistündige Wanderung eignet sich fast für jedes Wetter, für etwas geländegängige, erlebnishungrige Kinder ebenso wie für ruhesuchende Erwachsene ... Ein besonderer Moment ist dabei die Begehung der 84 m langen Hängebrücke über die „Maurinne" zwischen den beiden Weilern. Die Brücke ist sogar mit einer eigenen pfotenfreundlichen Hundespur ausgestattet.

Wegverlauf: Die Wanderung startet im **Ortszentrum** von Längenfeld. Parkmöglichkeiten gibt es im Bereich der Kirche,

Kapelle auf Brand

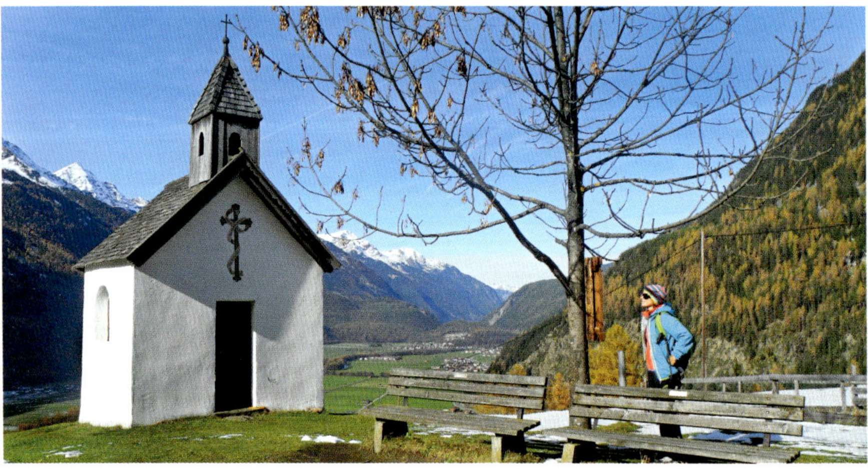

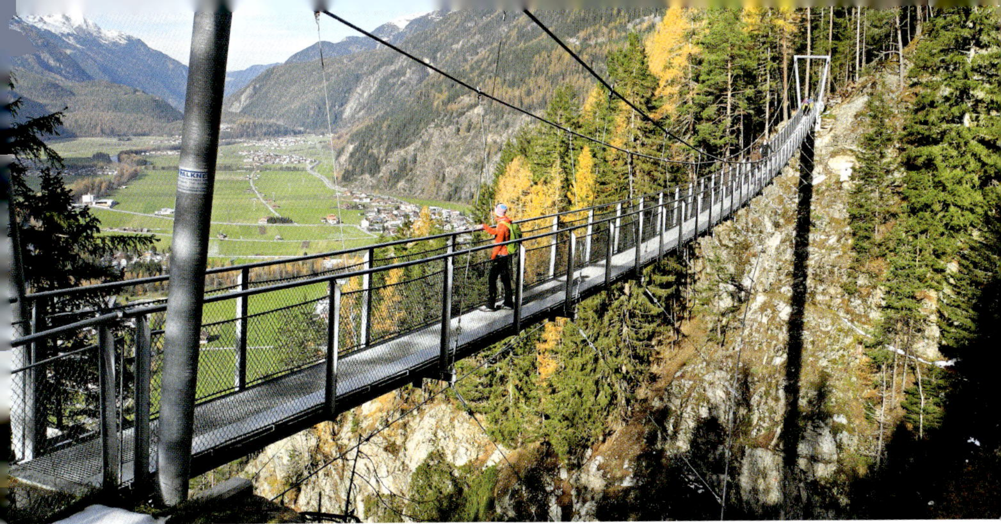

Die Hängebrücke überspannt die Maurinne und serviert einen luftigen Ausblick auf den Längenfelder Talboden.

wo bereits die Wegweiser nach Brand, dem ersten Ziel, zu finden sind. Der Weg führt nördlich an der Kirche vorbei am Fischbach entlang, der aus dem Sulztal kommt. Aber schon nach wenigen Metern gibt die Schotterstraße bergan Richtung **Brand** die Richtung vor. Der Weiler mit Jausenstation ist nach rund 40 Minuten erreicht und bietet den ersten schönen Ausblick auf den langgezogenen, „brettlebenen" Talboden von Längenfeld, der sich über eine Strecke von ca. 7 km von den Orsteilen Winklen bis Huben erstreckt. Der Grund für den flachen Talboden findet sich vor ca. 10.000 Jahren: Damals donnerte der größte Bergsturz der Zentralalpen – der Bergsturz von Köfels – zu Tal. Ungeheure Gesteinsmassen haben sich damals quer über das Tal gelegt, die daraus resultierenden Ablagerungen sind die Ursache für die Ebene von Längenfeld.

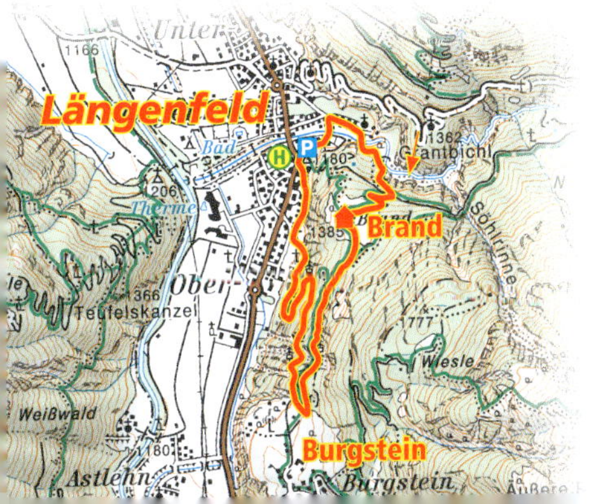

Vom aussichtsreichen Platz folgt nun der Spaziergang mit etwas Auf und Ab, aber stets in nahezu gleichbleibender Höhe im Wald taleinwärts nach Burgstein. Ehemals musste die Maurinne selektiv überwunden werden, seit 2013 überspannt eine 84 m lange, beeindruckende **Hängebrücke** den tiefen Einschnitt.

Nach der Brücke sind schon bald die relativ flachen Wiesen von **Burgstein** erreicht, die talseitig größtenteils abrupt mit senkrechten Felswänden enden. Durch diese lotrechte Bastion führen vom Talboden herauf ein Klettersteig und diverse Kletterrouten. Der Weiler Burgstein eignet sich hervorragend für die Einkehr, um dann am ehemaligen breiten Zufahrtsweg, der teils aus dem Fels gesprengt ist und auch durch Tunnels führt, problemlos talauswärts nach **Längenfeld** hinunter zu schlendern.

78 Auf dem Serfauser Sonnenplateau

Auf selten begangenem Weg von Ried über Serfaus nach Tösens

P Lourdeskapelle, 890 m	Serfauser Feld 1150 m	Serfaus Zentrum 1430 m	St. Georgen 1104 m	Tösens/Via Claudia Augusta, 945 m	P Lourdeskapelle, 890 m
2,6 km, 1¼ Std. ↑ 295 Hm ↓ 35 Hm	3,5 km, 1¼ Std. ↑ 300 Hm ↓ 20 Hm	2,6 km, 1 Std. ↑ 55 Hm ↓ 380 Hm	0,7 km, ¼ Std. ↓ 160 Hm	5,5 km, 1½ Std. ↑ 155 Hm ↓ 210 Hm	

5¼ Std. | 15 km | ↑↓ 805 Hm

Ausgangsort: Ried, Parkplatz Lourdeskapelle an der Via Claudia Augusta (890 m)

Anfahrt mit Öffis: Regionalbus 4236 (von Landeck), 4218/4220 (von Landeck, Nauders) bis Haltestelle „Ried i. O. Gemeindeamt"

Anfahrt mit Pkw: In Ried den Inn auf der Zufahrtsstraße von Serfaus/Fiss/Ladis queren und unmittelbar nach der Brücke links abbiegen (Wegweiser Lourdeskapelle, Via Claudia Augusta). Im Bereich der Lourdeskapelle (ca. 300 m ab Brücke) gibt es einen Parkplatz, aber auch danach noch Buchten, um zu parken.

Charakter: Ausgedehnte Rundwanderung auch auf sehr schmalen und exponierten Steigen

Einkehr: Gastronomie in Serfaus

Die ausgedehnte Wanderung von Ried auf das Sonnenplateau von Serfaus zeichnet sich durch Beschaulichkeit und Ruhe aus, aber auch durch schöne Ausblicke und spannende Abschnitte. Die Wanderung beginnt auf kulturhistorisch bedeutsamem Boden – an der Via Claudia Augusta bei Ried – und führt zu einem weiteren kulturell wichtigen Platz: zu einer der ältesten Kirchen Nordtirols. Darüber hinaus erwarten Sie sehr entspannende, überaus sonnige und ruhige Passagen.

St. Georgen, eine der ältesten Tiroler Kirchen

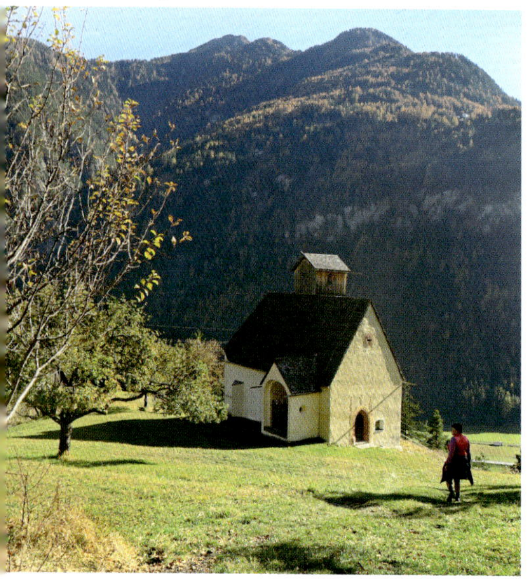

Wegverlauf: Vom Parkplatz bei der **Lourdeskapelle** wandeln Sie auf den Spuren der Römer: Die hier inzwischen asphaltierte Via Claudia Augusta bringt Sie bis zum Weiler **Frauns**. Dort zweigt nun rechts der Waldsteig hinauf auf das Serfauser Feld ab – das weitläufige Plateau unterhalb von Serfaus.

Über asphaltierte Wege geht's am **Serfauser Feld** nach Serfaus hinauf. Dabei genießen Sie schöne Ausblicke auf den Talboden bei Ried, wo der Inn sich als blau-grünes Band zeigt. Gegenüber liegt die Ortschaft Fendels, darüber erhebt sich der Glockturmgrat. Etwas weiter nördlich rücken die Häuser von Kaunerberg und die Gipfel des nördlichen Kaunergrates in den Blick. Am östlichen Dorfende erreicht der Weg **Serfaus**. Beim Bummel durch den Tourismusort gilt es den Abstieg in Richtung Tösens trotz fehlender Hinweisschilder auszumachen. Sie halten sich zu Beginn an die blauen Wegweiser „Sportplatz“ (links am Gh. Angerhof vorbei) und kommen so zum hölzernen Dorfbrunnen vor dem Hotel Adler, wo Sie links abwärts ans untere Dorfende wandern. Dort finden sich endlich Wegweiser Richtung „Argensteig“ (nach rechts).

Sehr steil auf schmalem Weg geht's nun in die **Argenschlucht** hinunter. Größte Vorsicht und trockene Verhältnisse sind unabdingbar. Auch nach der Querung des Argenbachs auf schmaler Brücke bleiben das Gelände und der Steig anspruchsvoll. Entspannter präsentiert sich der Abstieg nach **St. Georgen**, wo die sehenswerte romanische Kirche auf schönem Platz über dem Inntal logiert. Sie zählt zu den ältesten Kirchen Nordtirols und birgt einige besondere Schätze – deshalb ist sie auch verschlossen. Die Schönheit lässt sich aber durch das kleine Fenster rechts der Tür erspähen.

Relativ rasch wird absteigend **Tösens** erreicht, wobei Sie nicht in den jenseits des Inns liegenden Ort wechseln, sondern bestens beschildert auf der linken Innseite, auf der Via Claudia Augusta nun zurück nach **Ried** wandern. Die alte römische Wegstrecke verläuft in der teils sehr steilen Flanke oberhalb des Inns und ist abschnittsweise sogar seilversichert. Ab dem Weiler Frauns geht's auf dem asphaltierten Römerweg zum Ausgangspunkt zurück.

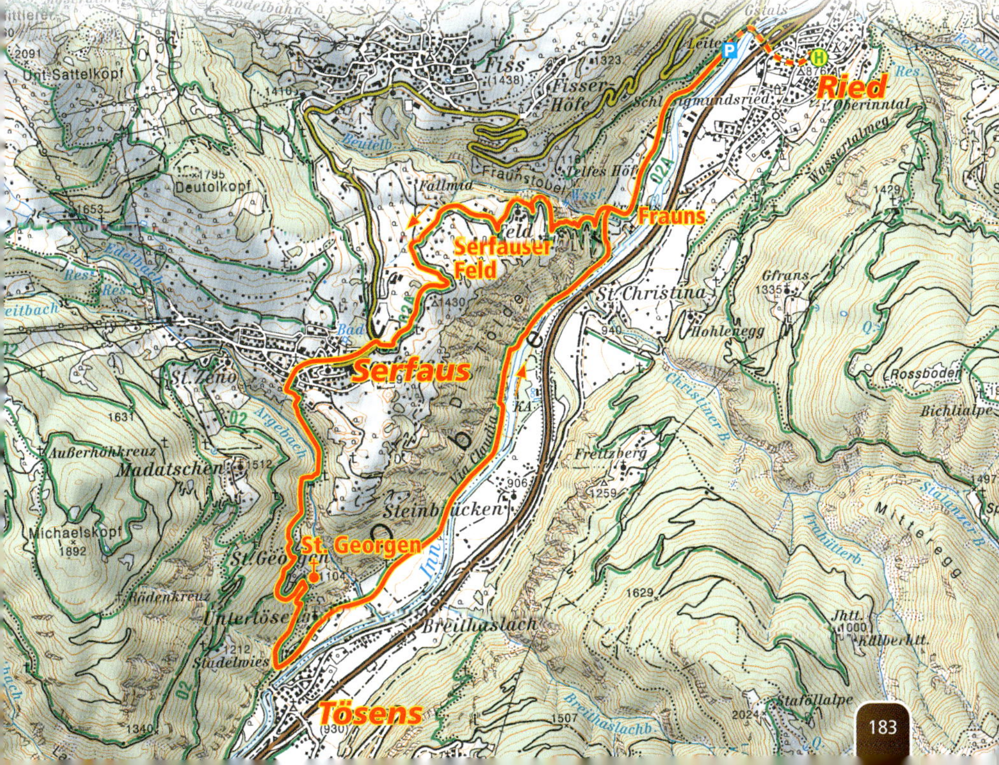

79 Ruine Schrofenstein (1122 m)

Keine Burg im Oberinntal steht an so kühner Stelle

P Schwimmbad 780 m	Ruine Schrofenstein 1122 m	Stanz 1038 m	P Schwimmbad 780 m
2,3 km, 1¼ Std. ↑ 380 Hm ↓ 35 Hm	1,3 km, ¼ Std. ↑ 20 Hm ↓ 105 Hm	2,4 km, ½ Std. ↓ 260 Hm	

2 Std. | 6 km | ↑↓ 400 Hm

Ausgangsort: Perjen, Parkplatz Schwimmbad (780 m)

Anfahrt mit Öffis: Regionalbus 4206 (von Imst), 4232 (vom Kaunertal), 4236 (von Serfaus), 4240 (von Galtür), 4242 (von St. Anton) – jeweils bis Haltestelle „Perjener Brücke"; oder mit ÖBB bis Haltestelle „Landeck-Zams" (0,5 km östlich von Perjen)

Anfahrt mit Pkw: Von Osten kommend biegen Sie nach Zams und unmittelbar vor der Stadteinfahrt Landeck nordwärts nach Perjen ein. Nach der Inn-Querung links in Richtung Schwimmbad abbiegen, wo ein Parkplatz zur Verfügung steht.

Charakter: Kurze, einfache Wanderung auf schmalem Steig; für kleine Kinder nur bedingt empfehlenswert

Einkehrmöglichkeit: Dorfwirt Stanz, www.dorfwirtstanz.at, Montag und Dienstag Ruhetag; Tel. +43/699/17 17 78

Am Nordende des Landecker Talkessels ragt am steilen Berghang der 12 m hohe Bergfried der ehemaligen Burganlage Schrofenstein auf. Der sechsstöckige Turm diente ursprünglich als Wohnturm. Vom Rest der Burg ist leider nichts mehr zu sehen. Der Standort der Burg auf einem Felsvorsprung oberhalb von Perjen war strategisch ideal, um die Verkehrswege in Richtung Vinschgau (Reschen), Arlberg und Fernpass zu kontrollieren. Schrofenstein war ab dem 12. Jahrhundert bewohnt und ist der Stammsitz der Ministerialen von Schrofenstein, eine der ehemals bedeutendsten Familien des Landes. Bis Mitte des 19. Jahrhunderts wurde Schrofenstein als Wohnsitz genutzt, danach ist die Burg verfallen. Sie befindet sich in Privatbesitz und ist nicht zugänglich, aber der geschichtsträchtige Platz ist trotzdem ein beliebtes, da sehr aussichtsreiches Ziel für eine kurze Wanderung von Perjen über Stanz und wieder zurück.

Wegverlauf: Schon lange vor Erreichen des Parkplatzes beim **Schwimmbad** zeigt

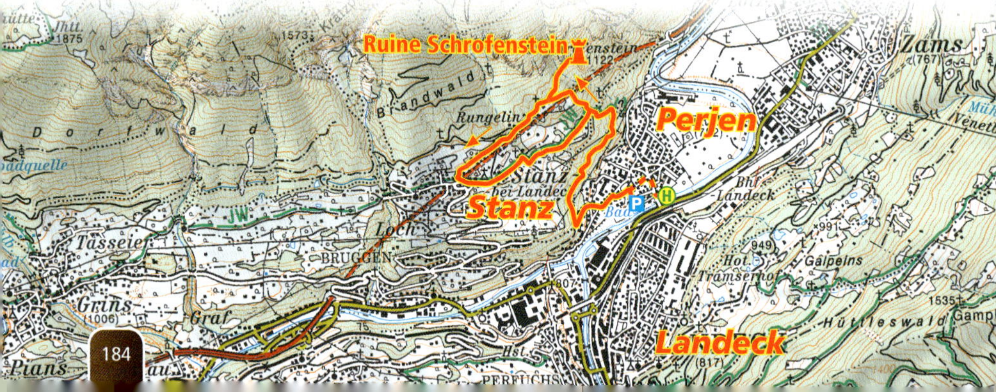

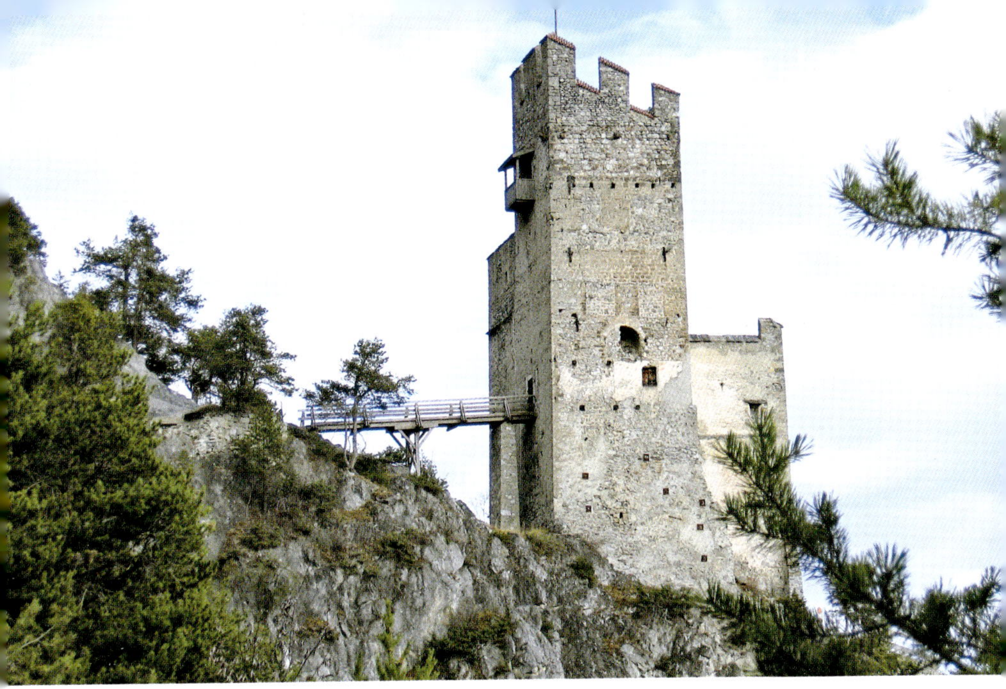

Schrofenstein: einst eine stolze Burg, nun eine immer noch stolze Ruine

sich die eindrucksvolle Ruine Schrofenstein am steilen Hang oberhalb von Perjen. Dank guter Beschilderung sind Sie schon bald am Weg dort hinauf. Anfangs noch am breiten Karrenweg, ab der **Birch-Anger-Kapelle** dann am schmalen Steig gewinnen Sie an Höhe und an Ausblick auf den Landecker Talkessel.

Nach der Kreuzung mit dem Jakobsweg, der nach links Richtung Stanz zieht, geht's ansprechend steil weiter bergauf. Sollten Sie es lieber gemütlicher wollen, wählen Sie besser den Weg über Stanz, der ebenfalls in einer Linksschleife zur Ruine leitet. Stolz und beeindruckend ragt der 12 m hohe Burgfried der **Ruine Schrofenstein** als nicht nur geografischer Höhepunkt der Wanderung auf. Der Ausblick auf den Landecker Talkessel mit Zams, Landeck und Perjen erklärt die strategische Lage der ehemaligen Burg und die Beliebtheit des Ausflugsziels. Von der Ruine wandern Sie westwärts in das berühmte „Zwetschgendorf" **Stanz**. Im Anschluss geht's auf breiten Wiesenwegen ostwärts, um auf den schon bekannten Steig zu treffen, über den es wieder nach Perjen hinuntergeht.

Auf den ersten Metern bergwärts in Perjen

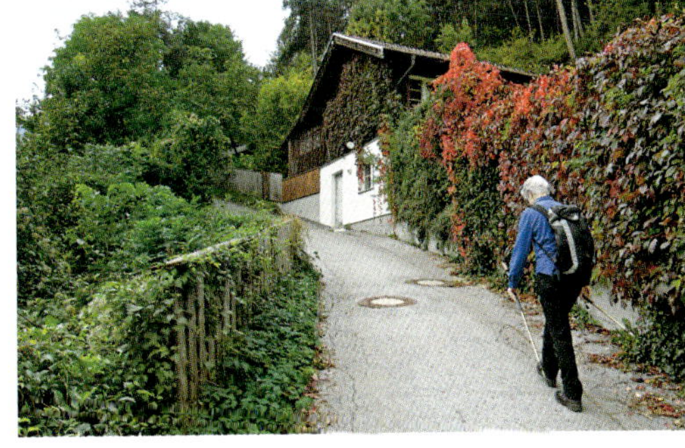

80 Burg Laudegg – Ladis – Obladis

Zu Besuch beim ehemals weltbekannten Sauerbrunn

Prutzer Sauerbrunn 875 m	Ladis 1185 m	Obladis 1395 m	Aussichtsturm 1487 m	Prutzer Sauerbrunn 875 m
1,5 km, 1 Std. ↑ 310 Hm	1,3 km, ¾ Std. ↑ 210 Hm	2,6 km, 1 Std. ↑ 150 Hm ↓ 60 Hm	5,0 km, 1¼ Std. ↓ 610 Hm	

4 Std. | 10,4 km | ↑↓ 670 Hm

Ausgangsort: Prutz, Parkmöglichkeiten entlang der Straße beim Prutzer Sauerbrunn/Campingplatz

Anfahrt mit Öffis: Regionalbusse 4236, 4220, 4218 (ab Bahnhof Landeck-Zams) bis Haltestelle „Prutz Postamt"

Anfahrt mit Pkw: Im Inntal bei Zams durch den Landecker Tunnel bis Prutz, nun nicht links in den Ort (auch Richtung Kaunertal), sondern rechts über die Brücke und kurz innabwärts bis zur „Sauerbrunn-Station". Rechts entlang der Straße und des Campingplatzes zwischen Bäumen parken. Im Dorfzentrum von Prutz ist von Montag bis Samstagmittag Kurzparkzone (Tageskarte im Gemeindeamt erhältlich).

Charakter: Einfache, ausgedehnte Rundtour mit wunderbaren Ausblicken; kann auch abgekürzt werden

Einkehrmöglichkeit: Café Obladis, www.obladis.at, Tel. +43/5472/20 69 91

Stolz steht die Burg Laudegg auf einer senkrechten Felswand oberhalb von Prutz. Dahinter schmiegt sich rund um den Burgweiher das sonnige Ladis versteckt an den Hang. Oberhalb von Ladis, in Obladis, entspringt das einst weit über die Landesgrenzen hinaus bekannte Mineralwasser Sauerbrunn. Die Quelle befindet sich im Gebäude mit dem Caféhaus. Bereits 1212 wurde das Heil- und Mineralwasser entdeckt und lockte honorige Persönlichkeiten aus aller Welt nach Obladis. In der ersten Hälfte des 19. Jahrhunderts wurde ein großes Kurhotel in Obladis erbaut, welches aber 1972 abbrannte. In der Folge wurde ein neues, viel kleineres Gebäude errichtet, in dem ein Café untergebracht ist. Das staatlich anerkannte Heil- und Mineralwasser Sauerbrunn, dessen gesundheitsfördernde und heilende Wirkung wissenschaftlich nachgewiesen ist, wird in Obladis in Flaschen abgefüllt. Im Freien gibt es einen frei zugänglichen Brunnen mit dem „Sauerbrunn" und dem Schwefelwasser. Aus der Zeit der Hochblüte von Sauerbrunn stammen die zahlreichen Wanderwege und auch ein großer Aussichtsturm am sonnenverwöhnten Hang überm Inntal.

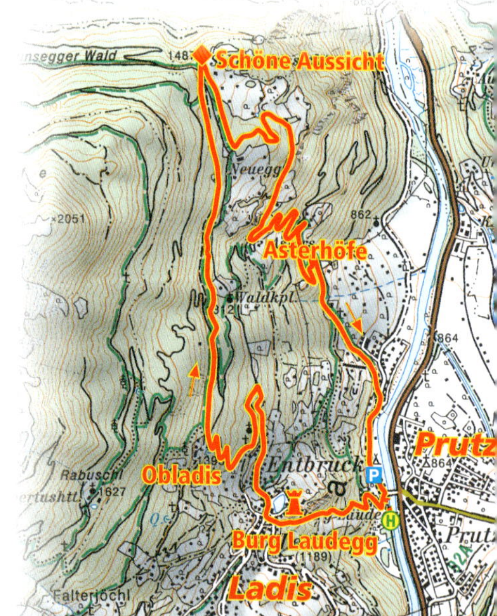

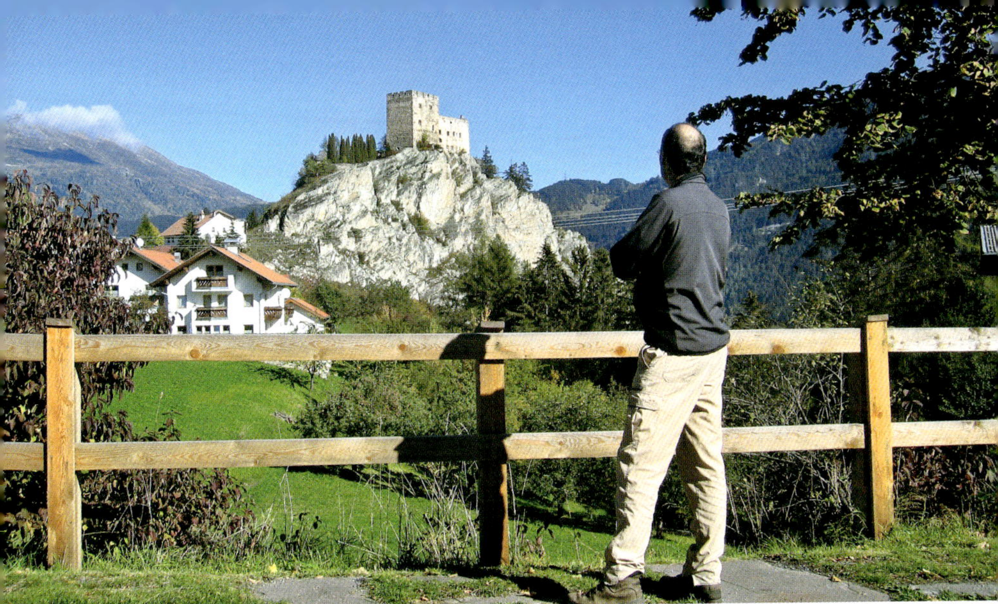

Burg Laudegg: Dahinter schmiegen sich die Häuser von Ladis ins kleine Plateau.

Wegverlauf: Von der **Prutzer Sauerbrunn-Station** geht man zurück zur Brücke und dort an der Kapelle vorbei, den Schildern „Sauerbrunn-Rundweg" folgend, aufwärts in Richtung Ladis. Bei einer ersten Wegkreuzung, noch in der Siedlung **Entbruck**, den Schildern Panzerweg folgen (nicht Ladis-Hallagras) und kurz darauf aber dann bei den nächsten Wegweisern nicht mehr Richtung Panzerweg, sondern links am **„Muggla-steig"** empor, der unterhalb der Felswand mit der Burg in angenehmer Steigung nach Ladis zieht und schöne Ausblicke auf Prutz bereithält. Der Steig erreicht den Ort im Bereich des malerischen Burgweihers unterhalb der **Burg Laudegg** (erbaut 1200, nur in den Sommermonaten mittwochs zu besichtigen). Mitten im Ort zweigt der **Wasserwanderweg** nach Obladis hinauf ab. Der Weg folgt einem kleinen Bächlein mit Wasserrädern und anderen kleineren Wasserspielen und mündet in den Walweg. Auf diesem erreicht man **Obladis** bzw. das Gebäude mit dem Café, in dem das berühmte Mineralwasser Sauerbrunn entspringt. Beim Brunnen vor dem Haus kann man sowohl das „Sauerbrunn" als auch das Schwefelwasser trinken.

Nun folgt man dem **Herrenweg** (Promenadenweg, jetzt Wodeweg) ohne große Höhenunterschiede Richtung Landeck nach **Neuegg** (auffälliges Gebäude mit Cafébetrieb im Sommer) und zum kurz dahinter stehenden 12 m hohen zweistöckigen **Aussichtsturm** (Wodeturm). Die Ausblicke sind überaus schön: Der vordere Kaunergrat, der Inn, Fließ und Hochgallmigg zeigen sich von der schönsten Seite.

Vom Turm spaziert man zurück, um kurz vor Neuegg auf einen Forstweg Richtung Asterhöfe/Prutz einzubiegen. Ab den **Asterhöfen** geht's auf der asphaltierten Hofezufahrt nach Prutz zurück.

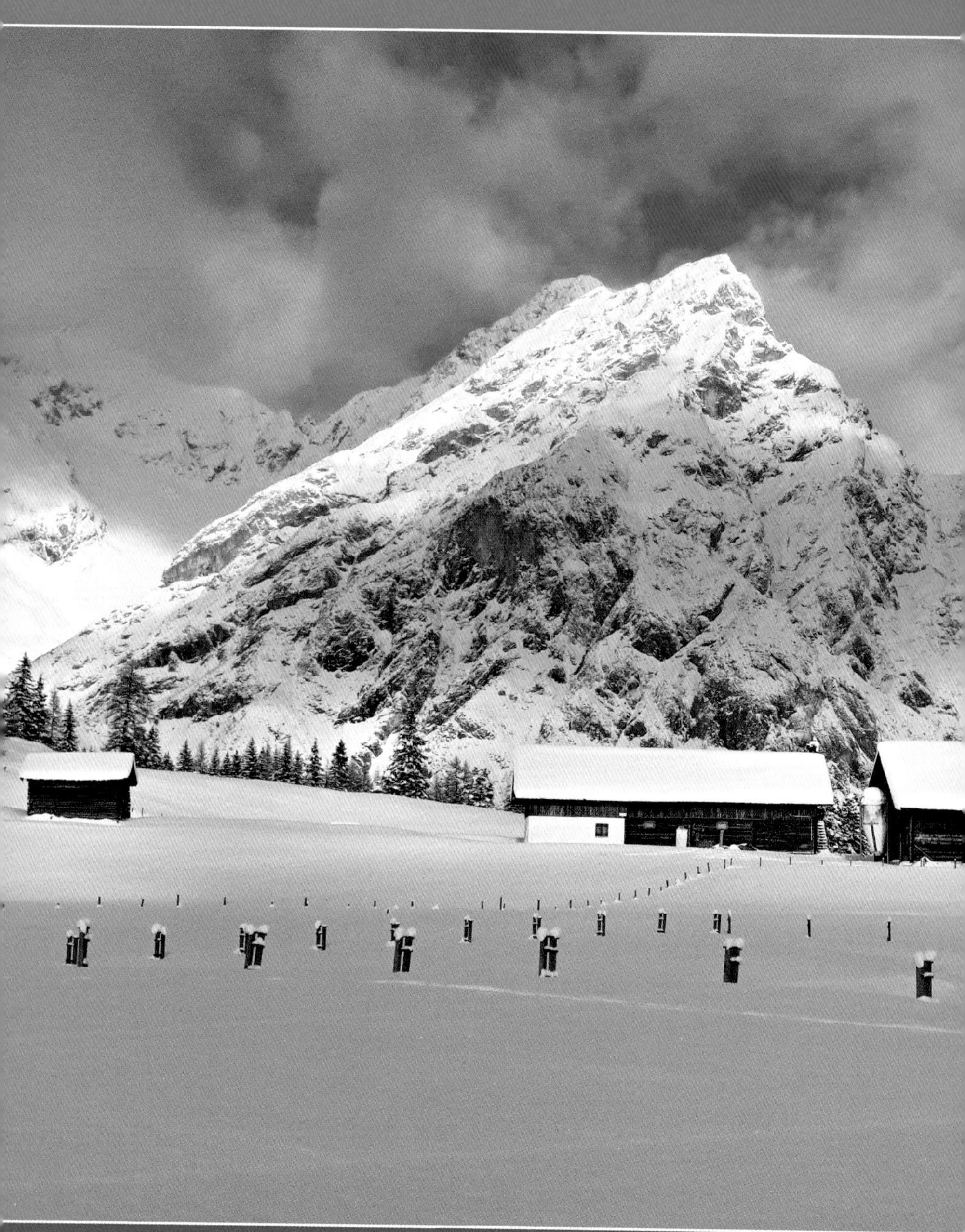

Walderalm – frisch verschneit (Tour 88)

Winter

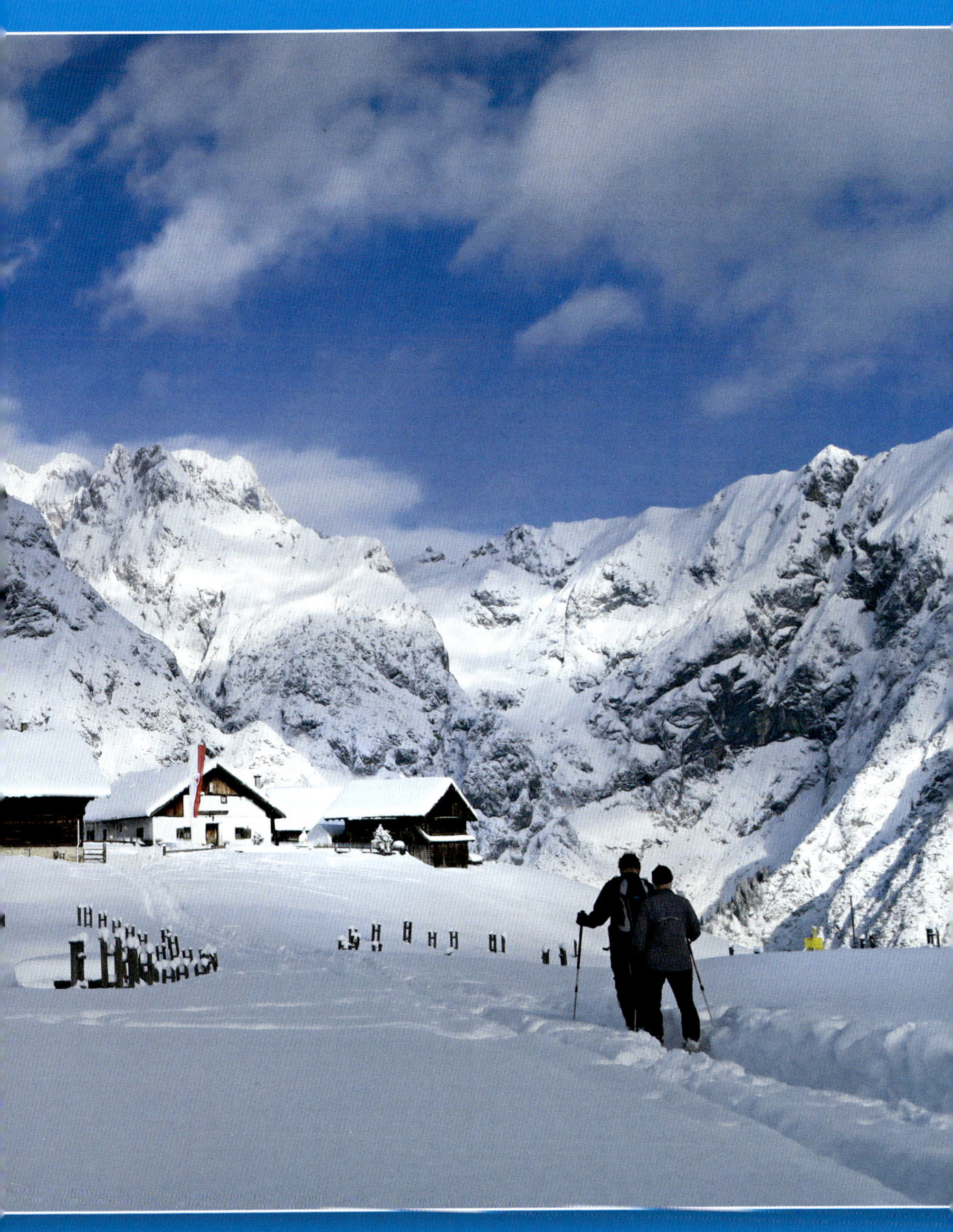

81 Fischbachalm und Griesner Alm (1024 m)

Das Tor zum Wilden Kaiser

Mautstelle 756 m		Fischbachalm 856 m		Griesner Alm 1024 m		Fischbachalm 856 m		Mautstelle 756 m
	2,6 km, ½ Std. ↑ 100 Hm		1,4 km, ½ Std. ↑ 170 Hm		1,4 km, 20 Min. ↓ 170 Hm		2,6 km, 20 Min. ↓ 100 Hm	

1¾ Std. | 8 km | ↑↓ 270 Hm

Ausgangsort: Griesenau, Parkplatz Mautstelle (756 m)

Anfahrt mit Öffis: Postbus Linie 4000, Haltestelle „Kirchdorf Griesenau"

Anfahrt mit Pkw: Auf der Verbindungsstraße Kössen – Kirchdorf L176 in Griesenau beim gleichnamigen Gasthaus nach Westen (700 m) bis zum Parkplatz bei der Mautstelle

Charakter: Winterspaziergang hinein in die beeindruckende Kulisse des Wilden Kaisers, leider wenig Sonne

Einkehrmöglichkeit: Fischbachalm, www.fischbachalm.at, geöffnet Mitte Dez. bis 10.11., kein Ruhetag, Tel. +43/5352/65 526; Griesner Alm, www.griesneralm.at, Tel. +43/5352/64 443; Ein Brand hat die Alm 2021 zerstört, sie wird wieder errichtet.

Das Kaiserbachtal gilt als das Tor zum Wilden Kaiser und ist im Winter wohl die eindrucksvollste und angenehmste Möglichkeit, den Bann und Zauber dieses Gebirges hautnah zu erleben. Schon am Eingang ins Kaiserbachtal zeigt die Lärcheggspitze als Pförtner ihre Zacken, die an die Spitzen einer Kaiserkrone erinnern. Ein Vorgeschmack auf die Szenerie im hinteren Kaiserbachtal.

Wegverlauf: Von der Verbindungsstraße Kössen – Kirchdorf geht's beim Gasthaus

Die Griesner Alm ist 2021 leider abgebrannt, sie wird neu errichtet.

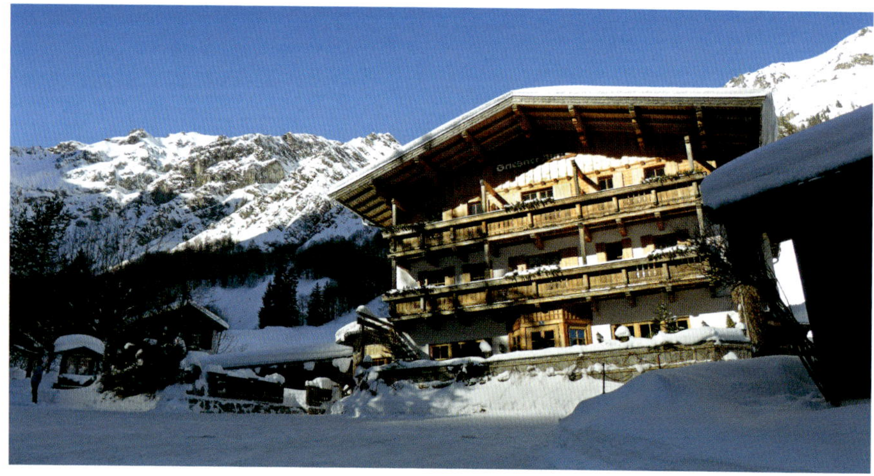

Griesenau hinein ins Kaiserbachtal zum Parkplatz bei der **Mautstelle**. Wer mit öffentlichen Verkehrsmitteln anreist, steigt bei der Haltestelle Griesenau aus dem Bus und wandert 700 m dorthin. Der Schranken der Mautstelle bleibt vom 1. 12. bis zum 1. 3. jeden Jahres behördlich verordnet geschlossen. Das Kaiserbachtal gehört somit nahezu ausschließlich den Fußgängern, Rodlern, Langläufern und auch Tourengehern.

Während die Langläufer links des Kaiserbaches laufen, wandern Sie rechts davon am geräumten Fahrweg ins Tal. Nach und nach zeigen sich nach dem Lärchegg weitere Zacken des Kaisers, wie zum Beispiel der des Mitterkaisers. Schon bald, nach einer knappen halben Stunde, weitet sich das Tal. Die erste Einkehrmöglichkeit im verschneiten Almgelände ist erreicht: die **Fischbachalm**.

Kurz nach der Fischbachalm, nun links des Kaiserbaches, wird in der Gedenkkapelle der Bergtoten des Wilden Kaisers gedacht. Viele Namen reihen sich auf den Messingtafeln aneinander. Von der Fischbachalm geht's taleinwärts, jetzt deutlich ansteigend zur **Griesner Alm**. Die Südhänge des Feldberges erscheinen im Gegensatz zu den nordseitigen wilden Felsfluchten richtig zahm. Nicht von ungefähr spiegelt sich der krasse Unterschied in den Bergnamen wider: Totenkirchl, Fleischbank, Predigtstuhl ragen nah und senkrecht auf. Sie krönen den Ausflug und „schützen" das Kaiserbachtal monatelang vor der Wintersonne. Hinaus aus dem Kaiserbachtal geht's auf bekanntem Weg, wobei sich eine Rodel kaum rentiert, denn nur der hinterste Teil wäre zum Rodeln steil genug.

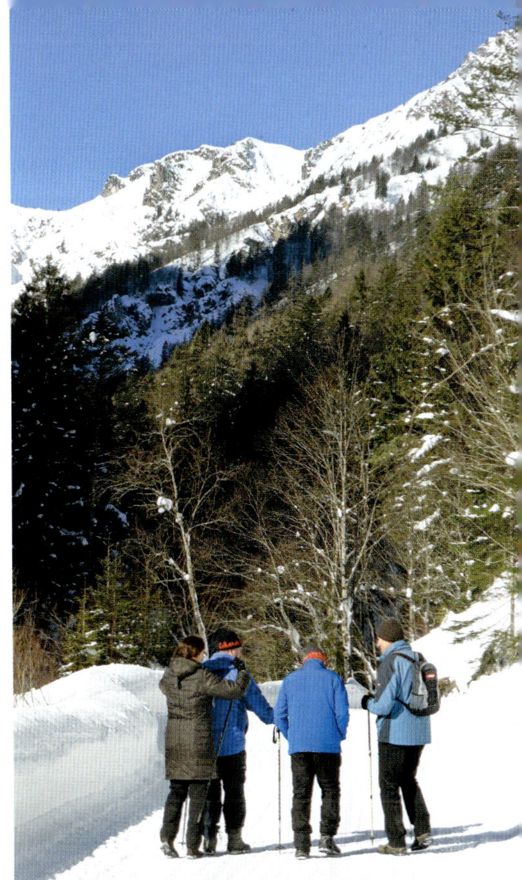

Im vorderen Kaiserbachtal gibt's noch Sonne.

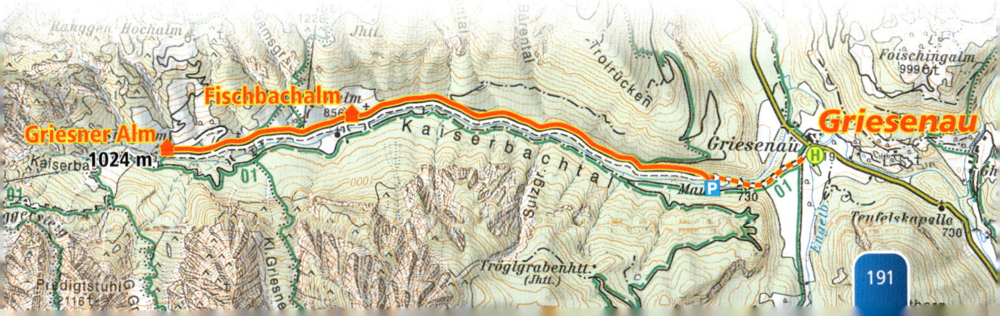

82 Zur Ritzau-Alm (1161 m) im Kaisertal

Winterrunde zum „schönsten Platz Österreichs"

P Kaisertal 500 m	Steig zur Ritzau-Alm 785 m	Ritzau-Alm 1161 m	Antoniuskapelle 860 m	P Kaisertal 500 m
2,0 km, ¾ Std. ↑ 285 Hm	2,2 km, 1 Std. ↑ 375 Hm	4,4 km, 1¼ Std. ↓ 340 Hm ↑ 40 Hm	4,0 km, 1 Std. ↓ 360 Hm	

4 Std. | 12,6 km | ↑↓ 700 Hm

Ausgangsort: Kufstein, Parkplatz Kaisertal (500 m)

Anfahrt mit Öffis: Regionalbus 4030 (von Kufstein Bahnhof) bis Haltestelle „Kaisertal"

Anfahrt mit Pkw: Von Kufstein, Autobahnausfahrt Nord, weiter in Richtung Ebbs, bis nach ca. 1 km (ab Kreisverkehr) rechts beschildert die Straße zum Parkplatz Kaisertal abbiegt. Je ein großer gebührenpflichtiger Parkplatz links und rechts der Straße

Charakter: Herrliche Kulisse in einem der schönsten Hochtäler Österreichs und entsprechend stark besucht, besonders an Wochenenden

Einkehrmöglichkeit: Veitenhof, www.veitenhof.at, Montag/Dienstag Ruhetag, Tel. +43/5372/63 415; Ritzau-Alm, www.ritzaualm.com, Montag Ruhetag, im Jänner/Feber ca. 3 Wochen geschlossen, Tel. +43/5372/63 624; Jausenstation Hinterkaiserhof, Tel. +43/5372/62 574; Gh. Pfandlhof, www.pfandlhof.at, Donnerstag Ruhetag, Tel. +43/5372/62 118

Das Kaisertal war das letzte bewohnte Tal Österreichs ohne Anbindung ans öffentliche Straßennetz. Erst 2008 wurde das Hochtal zwischen dem Zahmen und dem Wilden Kaiser mittels eines Tunnels mit einer Zufahrtsstraße erschlossen, um längerfristig die Abwanderung der ca. 30 Bewohner zu verhindern. Der Tunnel ist aber mit einem Schranken abgesperrt und darf nur von einem kleinen Kreis an Fahrberechtigten durchfahren werden. Somit ist das Verkehrsaufkommen im Kaisertal praktisch nicht vorhanden. Besucher müssen über die 285 Stufen des Kaiseraufstieges steigen, um ins Naturschutzgebiet (seit 1963) zu gelangen. Der Besucheransturm ist mit der Wahl zum schönsten Platz Österreichs in einer Fernsehsendung noch weiter angestiegen. Die Schönheit des Tales ist neben der Abgeschiedenheit vor allem durch die felsigen Gipfel des Kaisergebirges, die das sanfte, weite Tal überragen, geprägt. Eine der schönsten Winterrundwanderungen führt von Kufstein zu bewirtschafteten Ritzau-Alm. Damit ist man in einer Jahreszeit unterwegs, in der das Kaisertal nicht so überlaufen ist.

Wegverlauf: Vom gebührenpflichtigen Parkplatz am Kaiseraufstieg geht's gleich

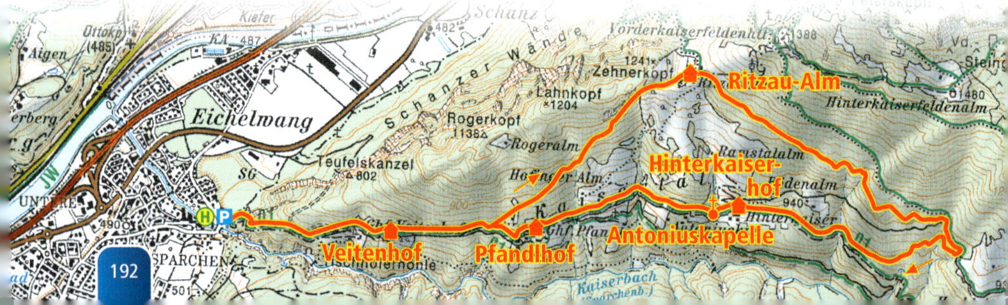

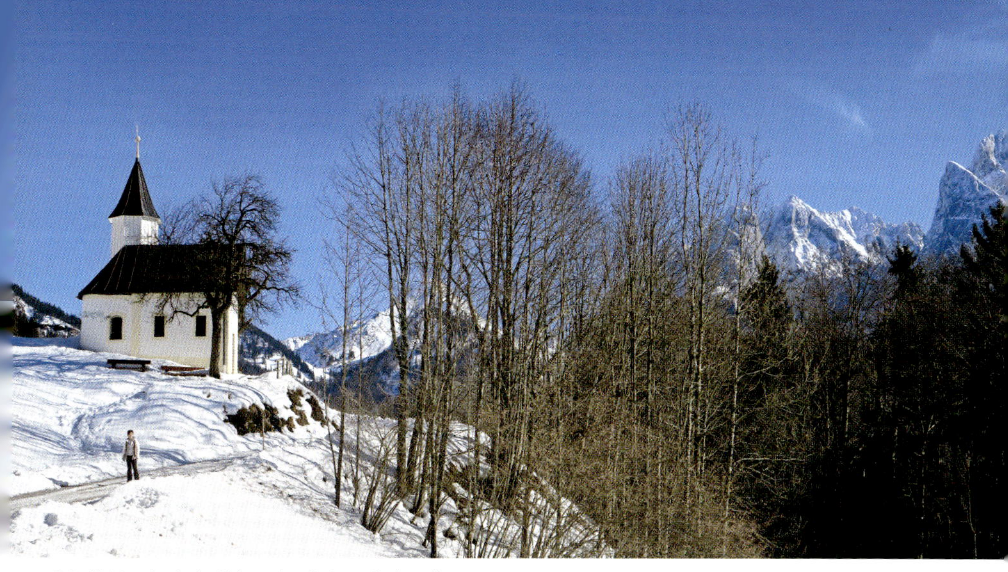
Seit 1711 steht sie im Kaisertal – die Antoniuskapelle.

zu Beginn über die 285 Stufen bergwärts. Zurückblickend zeigt sich Kufstein mit der dominierenden Festung. Baumgesäumt erreicht man den Fahrweg, der aus dem „Annatunnel" kommend sich mit dem breiten Wanderweg trifft. Deutlich flacher geht's nun am **Gasthof Veitenhof** vorbei taleinwärts. Die ersten Ausblicke auf die beeindruckende Nordseite der Gipfel des Wilden Kaisers zeigen sich, bevor dann kurz nach dem Veitenhof im Wald der breite Steig gut beschildert links aufwärts zur Ritzau-Alm abzweigt.

In ansehnlicher Steigung und den ganzen Winter über auch bestens angetreten geht's im lichten Wald empor, bis die Wiesen knapp vor der beliebten Einkehr erreicht werden. Dort präsentiert sich das weite Kaisertal in aller Pracht: Von den Gipfeln des Zahmen Kaisers, links mit der Naunspitze beginnend, ziehen sich die formschönen Bergspitzen in einem Bogen hinüber auf die andere Talseite. Besonders schön sind dabei die Felszacken des Wilden Kaisers unter anderem mit Predigtstuhl, Totenkirchl, Fleischbank, Karlspitze, Ellmauer Halt, und Sonneck. Wenige Minuten später ist die **Ritzau-Alm** in einer Senke am Aufschwung zur Naunspitze erreicht. Das Almensemble samt Kapelle schmiegt sich hier wunderbar in den Sattel.

Nach der Einkehr wandert man wenige Meter bergauf und folgt dann dem Forstweg, der anfangs leicht fallend taleinwärts zieht, um dann in einem weiten Bogen in leichtem Gefälle talauswärts zu leiten. Dabei erreicht man die Einkehr **Hinterkaiserhof** und in unmittelbarer Nähe davon die **Antoniuskapelle**, das meistfotografierte Motiv des Kaisertales. Am weiteren Weg gibt es schöne Ausblicke auf das wieder näher kommende Kufstein und den dahinter aufragenden, stumpfkegeligen Pendling. Abschließend geht's über die 285 Stufen wieder zum Ausgangspunkt talwärts.

83 Kelchalm /Bochumer Hütte (1432 m)

Wo einst die Knappen wohnten

P Grüntal 900 m		Kelchalm 1432 m		P Grüntal 900 m
	3,5 km, 1½ Std. ↑ 530 Hm		3,5 km, 1 Std. ↓ 530 Hm	

2½ Std. | 7,0 km | ↑↓ 530 Hm

Ausgangsort: Aurach, Parkplatz Grüntalkapelle (gebührenfrei)

Anfahrt mit Öffis: Regionalbus 4010 (von Kitzbühel) bis Haltestelle „Hechenmoos", bis zum Parkplatz 1 km (20 Min.)

Anfahrt mit Pkw: Von Kitzbühel in Richtung Jochberg/Pass Thurn fahren und zwischen Aurach und Jochberg beim Gasthof Hechenmoos links abbiegen (Schilder), zur Kapelle am Ende der Straße fahren und dort parken

Charakter: Einfache Winterwanderung, gemeinsam mit Rodlern und Tourengehern

Einkehrmöglichkeit: Kelchalm (= Bochumer Hütte), www.kelchalm.at, geöffnet vom 1. 5. bis 31. 10. und vom 7. 12. bis 31. 3., Tel. +43/5356/20 299

Die Kelchalm auch Bochumer Hütte genannt, ist eine der ältesten Berghütten im gesamten Alpenraum. Bereits 1832 wurde die Hütte errichtet, allerdings nicht für Erholungssuchende, sondern für die Knappen, die dort oben Kupfer abgebaut haben. Zwei Jahre nach Stilllegung des Bergbaues wurde 1928 die Hütte erstmals als Alpenvereinshütte genützt. Nach einer wechselvollen Geschichte wurde die Unterkunft 1964 von der Alpenvereinssektion Bochum erworben und seit damals ist

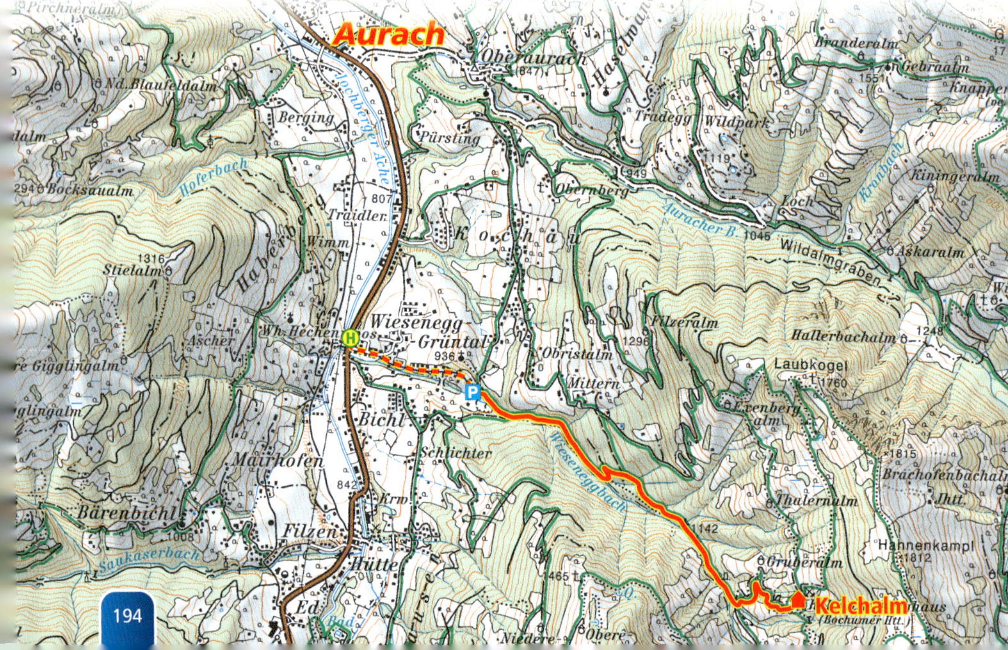

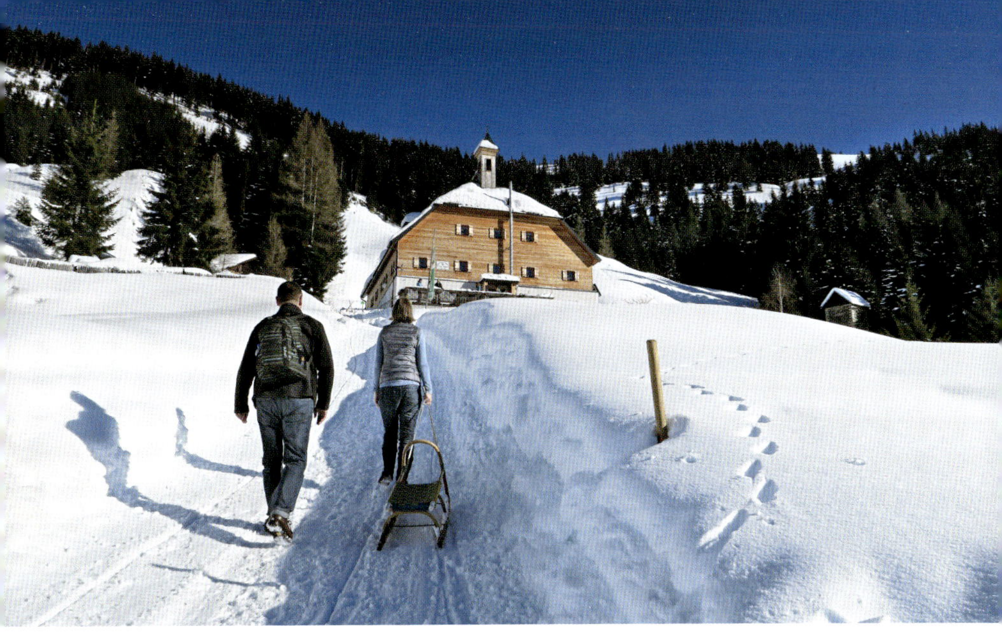

Glockenturm am Haus: Mit der Glocke wurden die Knappen einst zum Essen gerufen, jetzt kommen die Winterwanderer auch ohne Läuten.

auch der Name Bochumer Hütte geläufig. Das optische Markenzeichen der Schutzhütte ist der Glockenturm am Giebel, mit dessen Glocke früher die Bergleute zum Essen gerufen wurden. Der ursprünglichste Name Kelchalm soll vom griechischen Wort „chalkos“ (= Kupfer) stammen. Die Kelchalm liegt sonnig und überraschend einsam in einem kleinen Seitental bei Aurach in der charakteristisch sanften Bergwelt der Kitzbüheler Alpen.

Wegverlauf: Tourengeher, Rodler und Winterwanderer starten gemeinsam am Parkplatz bei der **Kapelle im Grüntal** und wandern entlang des Baches am Forstweg taleinwärts. Unmittelbar nach dem Start schließt sich förmlich eine Tür hinter dem mitunter geschäftigen touristischen Treiben rund um Kitzbühel. An manchen Tagen herrscht aber auch hier Hochbetrieb, überhaupt dann, wenn auch die Skitour zum Saalkogel gute Verhältnisse aufweist. Lange Zeit geht's im Wald angenehm ansteigend bergwärts. Mit zunehmender Höhe zeigt sich die Umgebung von der schönsten Seite – der tief verschneite Talschluss grüßt mit Schützkogel, Gamshag und Tristkogel. Talauswärts fängt der Blick die Gamsstadt Kitzbühel ein. Nach ca. 2,5 km sind die Almwiesen der **Gruberalm** erreicht und ab da geht's nun abschließend in strammerer Steigung dem Ziel entgegen.

Das Kelchalm-Berghaus ist eine der ältesten Berghütten im Alpenbogen und hat seinen ursprünglichen Charakter weitgehend behalten. So sind zum Beispiel in der Gaststube noch die alten Gewölbe zu sehen. So gemütlich es in der Hütte ist, so schön ist es auch auf der kleinen Terrasse.

Für den raschen **Abstieg** können Winterwanderer auch auf der Hütte eine Rodel ausleihen.

84 Faulbaumgartenalm (1490 m)

Die urigste Alm weit und breit

P Luegergraben 1120 m	Brücke 1201 m	Faulbaumgartenalm 1490 m	P Luegergraben 1120 m
1,2 km, 20 Min. ↑ 80 Hm	2,4 km, 1 Std. 10 Min. ↑ 290 Hm	3,6 km, 1 Std. (zu Fuß) ↓ 370 Hm	

2½ Std. | 7,2 km | ↑↓ 370 Hm

Ausgangsort: Inneralpbach, Privatparkplatz Luegergraben (1120 m)

Anfahrt mit Öffis: Regionalbus 4074 (von Jenbach über Brixlegg), Haltestelle „Inneralpbach" und anschließend zu Fuß nach links in den Luegergraben, zusätzlich 2 km, 100 Hm

Anfahrt mit Pkw: Von Brixlegg nach Inneralpbach, beim Hotel Wiedersbergerhorn verzweigt sich das Tal. Nach links in den Luegergraben fahren, nach 2 km ist der Parkplatz.

Charakter: Einfache Winterwanderung in einen „Graben", der sich herrlich weitet; wer rodelt, muss sich auch mit Flachstellen anfreunden können. Keine Schneeschuhe notwendig.

Einkehrmöglichkeit: Faulbaumgartenalm (Fam. Moser), geöffnet ab Winterbeginn bis ca. Mitte April, Montag Ruhetag, Tel. +43/5336/5102 oder +43/664/97 65 444

Seit rund 300 Jahren steht die Faulbaumgartenalm in kaum veränderter Form im hinteren Luegergraben, wo der Graben schon längst kein Graben mehr ist. Die verwitterten, von der Sonne rotbraun gefärbten Holzbalken verleihen der Alm eine kaum zu übertreffende urige Gemütlichkeit. Wer sich auf der Terrasse oder in der kleinen Stube, die rund 15 Personen Platz bietet, zur Rast begibt, fühlt sich auf Anhieb wohl. Dabei ist dem legendären „Moser-Hans" die Beliebtheit

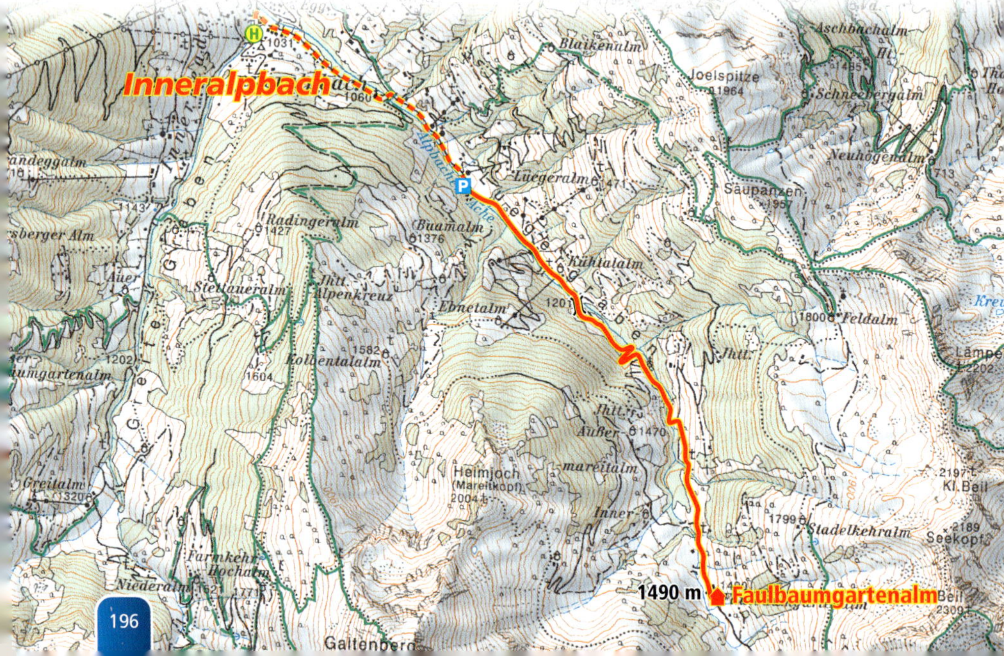

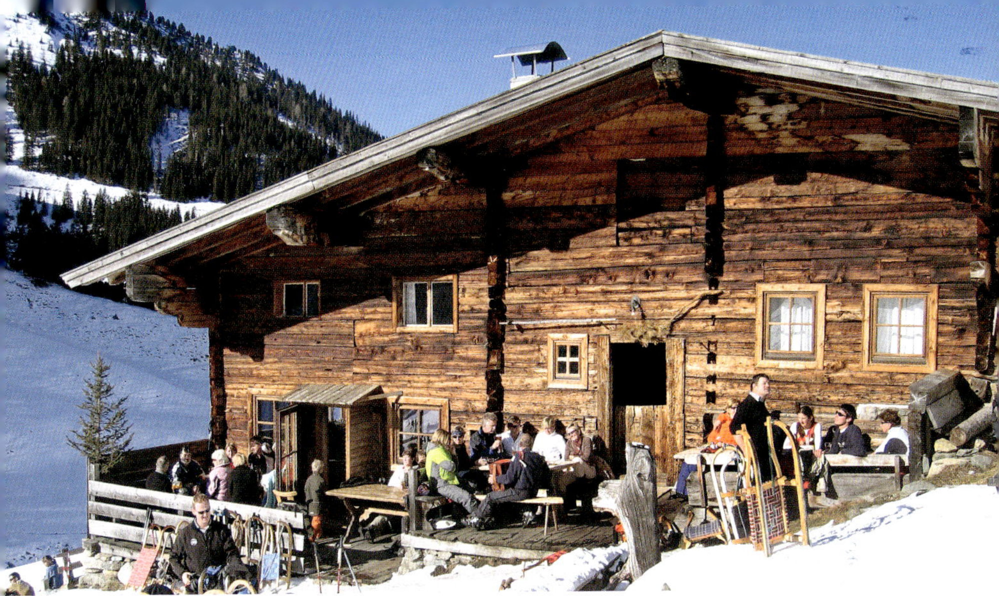

Fast 300 Jahre durfte oder musste die Alm einen Winterschlaf halten – damit ist's nun vorbei!

der Alm schon fast zu viel. Der Weg zur Faulbaumgartenalm hält im unteren Bereich dank des engen Luegergrabens und weiter oben durch die Höhenlage sehr lange eine wunderbare Winterlandschaft für die Besucher bereit. Der Anstieg zeichnet sich durch sanfte Steigungen aus, die für jede Altersstufe und auch speziell für Familien gut machbar sind.

Wegverlauf: Der letzte der Parkplätze im **Luegergraben** ist privat und gebührenpflichtig, wobei meist der Bauer höchstpersönlich den Parkobolus einhebt. Sollte der Parkplatz scheinbar überquellen, darf man sich nicht entmutigen lassen. Die allermeisten der Besucher sind in der Regel Skitourengeher, die peu à peu den Anstieg zur Faulbaumgartenalm verlassen, um einem der vielen beliebten Skitourengipfel zuzustreben.

Zunächst geht's am präparierten Weg flach ins Tal. Nachdem die sehr junge Alpbacher Ache über eine **Brücke** gequert wird, steilt der Weg etwas auf und muss zum Überwinden der Geländestufe auch ein paar Kehren machen. Mit diesem Höhengewinn verliert der Luegergraben den Grabencharakter, es öffnet sich der Blick talauswärts übers Alpbachtal, wobei im oberen Bereich sich nördlich vom Inntal sogar das Rofangebirge erspähen lässt.

Taleinwärts zeigt sich nach der Steilstufe der Talkessel nun deutlich weiter. Einzig der rechts massiv aufragende Große Galtenberg (2424 m) fällt aus dem Rahmen des sonst so sanft anmutenden Talschlusses. Schon bald ist die **Faulbaumgartenalm** links am Hang, also westseitig gelegen, erreicht. An schönen Tagen lässt sich das Ambiente der urigen Alm bis in den Nachmittag hinein im Sonnenschein auf den Bänken sitzend, den Rücken an die jahrhundertealten Balken gelehnt, genießen. Zurück geht's auf dem bekannten Weg – mit oder ohne Rodel.

85 Feilalm und Feilkopf (1562 m)

Wo einer der schönsten Blicke auf den Achensee wartet

Parkplatz Karwendeltäler, 980 m	Sommersteig-Abzweig, 995 m	Feilalm 1380 m	Feilkopf 1562 m	Feilalm 1380 m	Parkplatz Karwendeltäler, 980 m
1,1 km, ¼ Std. ↑ 15 Hm	2,7 km, 1½ Std. ↑ 385 Hm	1,6 km, ¾ Std. ↑ 180 Hm	1,6 km, ½ Std. ↓ 180 Hm	6,4 km, 1½ Std. ↓ 400 Hm	

4½ Std. | 13,4 km | ↑↓ 580 Hm

Ausgangsort: Pertisau, Parkplatz Karwendeltäler (980 m)

Anfahrt mit Öffis: Regionalbus 8332 (von Jenbach Bahnhof) bis Haltestelle „Karwendeltäler"

Anfahrt mit Pkw: Von Wiesing (Autobahnausfahrt) zum Achensee, in Maurach nach Pertisau; gut ausgeschildert zum großen gebührenpflichtigen Parkplatz am Eingang der Karwendeltäler

Charakter: Auf durchgehend breitem Weg oder mit Steigabkürzung

Einkehrmöglichkeit: Feilalm, www.feilalm.at, von Dezember bis März täglich geöffnet, Tel. +43/676/60 15 841

Die bewirtschaftete Feilalm bietet einen der schönsten Ausblicke auf den Achensee und gilt als panoramareichste Alm im Achenseegebiet. Sie residiert in herrlicher Aussichtslage am Bergrücken des Feilkopfs zwischen dem Falzthurn- und dem Gerntal. Bereits am Ausgangspunkt in Pertisau ist im Schnittpunkt der beiden Karwendeltäler die Alm unterhalb des Feilkopfgipfels auszumachen, der als teils bewaldeter Bergkegel geradeaus vom Parkplatz im Blick ist. Von der Feilalm ist dieser Gipfel mit einem kurzen, aber sehr lohnenden Abstecher zu erreichen.

Wegverlauf: Vom Parkplatz der Karwendeltäler wandern Sie zunächst ohne jegliche Steigung taleinwärts. Die Abzweigung ins Falzthurntal lassen Sie im wahrsten Sinne des Wortes links liegen und halten sich an den rechten der beiden breiten Wege (gut ausgeschildert mit Feilalm, Pletzachalm). Nach ca. 1 km zweigt links der **Sommerweg** zur Feilalm ab. Dieser Steig ist stets gut angetreten und zieht durch den anfangs dichten, später lichter werdenden Wald bergwärts.

Dieser direktere, aber steilere Weg zur Feilalm kommt allerdings nur in Frage, wenn Sie keine Rodel mithaben. Schnee-

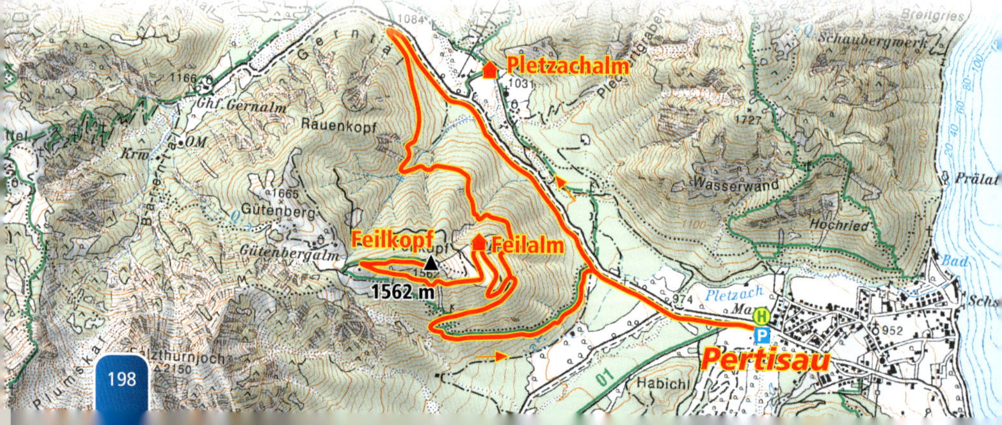

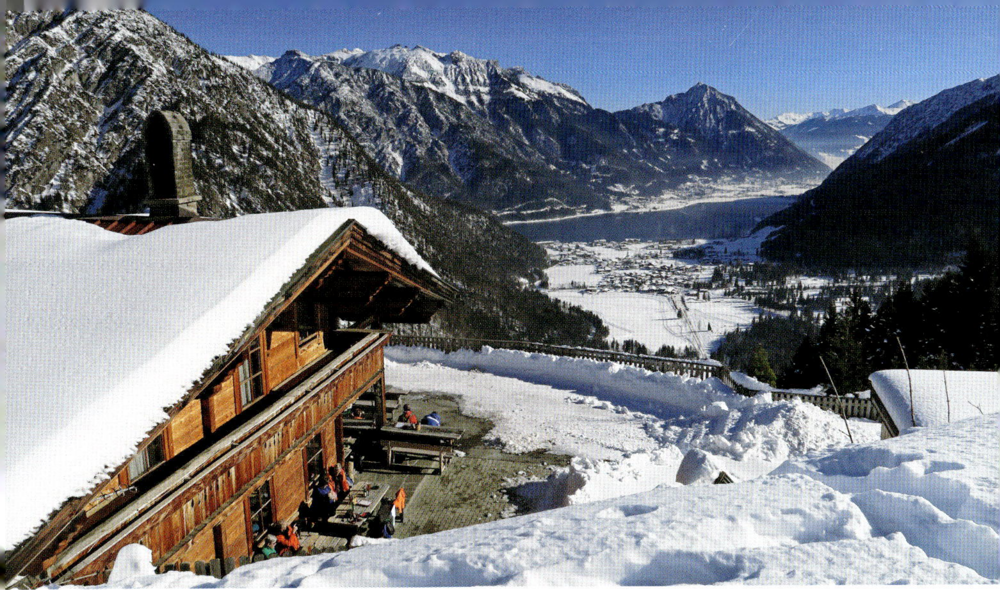

Ein Wintertag auf der Feilalm – Herz, was willst du mehr?

schuhe sind für diesen Abschnitt nur unmittelbar nach Neuschneefällen wirklich notwendig. In der Regel ist dieser Direktaufstieg binnen kurzer Zeit gut gespurt. Im oberen Bereich des Sommerweges begeistert der Ausblick ins Falzthurntal, wo im Talschluss sehr eindrucksvoll das Sonnjoch und die Lamsenspitze in winterlicher Pracht aufragen. Der Steig erreicht wenig unterhalb der Feilalm den breiten Rodelweg.

Wer den flacheren, breiten Aufstieg bevorzugt, wandert weiter taleinwärts, passiert dabei die bewirtschaftete **Pletzachalm** (1040 m) rechts des Weges und kommt dann zur Abzweigung links aufwärts zur Feilalm. In wechselnder Steilheit steigt der Rodelweg von dort talauswärts an. Mit Erreichen des Bergrückens öffnet sich der Blick hinaus nach Pertisau und zum Achensee. Wenig später ist die panoramareiche **Feilalm** erreicht. Der Ausblick zum Achensee mit dem dahinterliegenden Rofangebirge ist einzigartig und begeistert Rodler und Wanderer. Allen, die noch ein Stück weiter hinauf gehen und etwas mehr Ruhe haben wollen, ist der Aufstieg zum Gipfel des Feilkopfs (1562 m) ans Herz zu legen. Dazu folgen Sie dem ausgetretenen Pfad am Forstweg hinter der Hütte, der in einem Linksbogen in Richtung Gütenbergalm in den Sattel östlich des Gipfels leitet. „Von hinten" geht's in leichter Steigung von dort zum Gipfelkreuz am **Feilkopf**. Der Ausblick ist damit noch etwas eindrucksvoller und meist sehr viel ruhiger als auf der Alm zu genießen.

Am bekannten Weg geht's dann wieder zurück zur **Feilalm**. Sind Sie ohne Rodel zur Feilalm aufgestiegen, besteht die Möglichkeit, in der Alm eine Rodel auszuleihen. Die Rodelstrecke ist teilweise flott, weist aber immer wieder auch Flachstücke auf. Je nach Lust und Zustand der Rodelbahn können Sie also entweder auf Kufen oder Schusters Rappen ins Tal zurückkehren.

86 Walderalm (1511 m)

Kalendererprobtes Karwendelidyll

P Kranzach 890 m	Walderalm 1511 m	P Kranzach 890 m
4,2 km, 1½ Std. ↑ 620 Hm		4,2 km, 1 Std. ↓ 620 Hm

2½ Std. | 8,4 km | ↑↓ 620 Hm

Ausgangsort: Gnadenwald, Ortsteil Kranzach (östlich von St. Michael)

Anfahrt mit Öffis: Regionalbus Hall 3 ab Bahnhof Hall bis Haltestelle „Kranzach", Achtung, nicht sonntags!

Anfahrt mit Pkw: Vom Inntal am besten zu erreichen von Wattens über Fritzens hinauf nach Gnadenwald. Wo die Straße die Querstraße östlich von St. Michael erreicht, befindet sich unmittelbar rechts der Kreuzung (ca. 50 m) der Parkplatz für Wanderer.

Charakter: Winterwanderung ohne Rodlerverkehr auf stets angetretenem Pfad. Schneeschuhe sind nur unmittelbar nach Neuschnee notwendig.

Einkehrmöglichkeit: Walderalm, www.walderalm.at, geöffnet Donnerstag bis Sonntag von 9 bis 18 Uhr, öffnet meist erst nach den Weihnachtsfeiertagen, Tel. +43/5223/78 359

Die Winterwanderung zur Walderalm (1511 m) ist bei vielen äußerst beliebt. Der direkte Aufstieg von Gnadenwald folgt dem Forstweg durch den steilen Wald hinauf auf den weiten Sattel, der den Übergang ins Vomper Loch bildet und wo die Alm liegt. Ein malerischer Anblick, der viele Kalenderblätter ziert. Der Aufstieg wird nicht präpariert, allerdings fährt der Hüttenwirt immer wieder mit seinem Quad zur Hütte, die auch im Winter geöffnet ist. Außerdem sind sehr viele Wanderer mit und ohne Schneeschuhe dorthin unterwegs. Damit gibt es praktisch den ganzen Winter über eine gut angetretene Spur.

Ein herrlicher Wintersteig ohne Rodelbetrieb

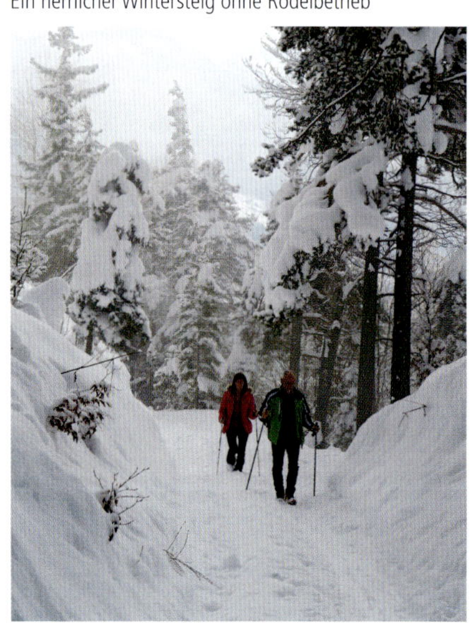

Wegverlauf: Der Start ist am gebührenfreien **Wanderparkplatz** im Gnadenwalder Ortsteil Kranzach, etwas östlich von St. Michael. Gut ausgeschildert geht's von dort der Walderalm entgegen. Während des Aufstieges gibt der Wald immer wieder schöne Ausblicke auf das Inntal frei, nach Westen hin auch auf Innsbruck. Beim Blick nach oben zeigt sich ab und

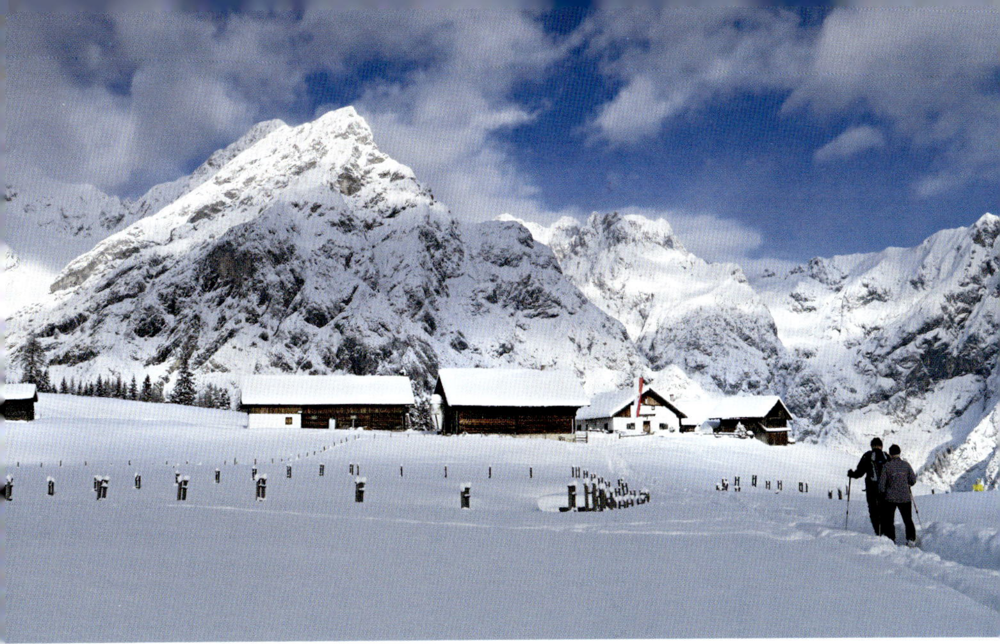

Nah am Inntal und doch so fern der Hektik – die Walderalm im Winter

an der schroffe Hundskopf als letzter Gipfel am Grat, dessen weiterer Verlauf von dort nach Osten in den Sattel mit der Walderalm herunterzieht.

Mit Erreichen der freien Almfläche sind Sie dann schon bald am **Sattel**. Die letzte Linksschleife des Fahrweges wird von den Wanderern meist abgekürzt und ist somit auch entsprechend gut angetreten. Am nördlichen Ende der Gratsenke, bevor der Berghang ins Vomper Loch abfällt, stehen die Almgebäude der **Walderalm**. Die abschließenden Schritte zur Alm bieten die Möglichkeit, das kalendererprobte Bild mit der malerischen Alm und den dahinter – jenseits vom Vomper Loch – aufragenden Bergen wie Hochglück, Huderbankspitze oder Lampsenspitze auf sich wirken zu lassen. Es rentiert sich aber auch der Blick zurück, das heißt nach Süden: Die Tuxer Alpen – östlich des Patscherkofels als Abschluss vom Voldertal, vom Wattental und dem Hochtal von Weerberg westlich des Gilferts – zeigen sich in aller Pracht. Ebenso das Stubaital, wo hinten das Zuckerhütl als höchster Gipfel der Stubaier Alpen mit seiner markanten Form ins Auge sticht.

Nach der Einkehr in der urigen Walderalm geht's auf bekanntem Weg wieder zurück nach **Gnadenwald**.

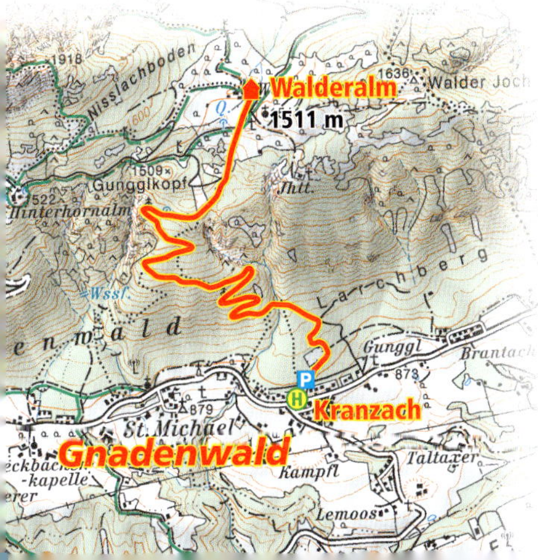

87 St. Magdalena (1287 m)

Klosterluft im ehemaligen Salzreich schnuppern

P Halltal 785 m	1. Ladhütte 920 m	2. Ladhütte 1075 m	St. Magdalena 1287 m	Salzbergweg 1000 m	P Halltal 785 m
1,3 km, 25 Min. ↑ 135 Hm	1,0 km, 25 Min. ↑ 155 Hm	2,2 km, 40 Min. ↑ 210 Hm	1,5 km, ½ Std. ↓ 287 Hm	1,9 km, ½ Std. ↓ 215 Hm	

2½ Std. | 7,9 km | ↑↓ 500 Hm

Ausgangsort: Absam, Parkplatz Halltal

Anfahrt mit Öffis: Regionalbus 502 und 503 (von Innsbruck Hauptbahnhof), Regionalbus Hall 3 (ab Bahnhof Hall) bis Haltestelle „Absam/Eichat Bettelwurfsiedlung"; von dort 500 m bis zum Parkplatz

Anfahrt mit Pkw: Von Hall nordwärts nach Absam, stets auf der Salzbergstraße. An deren oberstem Ende nicht nach rechts in Richtung Gnadenwald, sondern 400 m geradeaus aufwärts durch die Bettelwurfsiedlung zum großen Parkplatz

Charakter: Winterwanderung ins stadtnahe, aber überaus alpine Karwendel; die Rodelbahn ist sehr steil und meist nur an wenigen Tagen wirklich lohnend, Schneeschuhe sind nicht notwendig.

Einkehrmöglichkeit: St. Magdalena, variable Öffnungszeiten, aktuelle Infos gibt es auf Facebook, Tel. +43/650/57 03 391

Das Halltal ist vom Salzbergbau geprägt, der urkundlich belegt 1232 begonnen hat und bis 1967 betrieben wurde. St. Magdalena geht auf die Blütezeit des Salzbergbaues zurück, als sich im Mittelalter ein Verwalter der Saline als Einsiedler ins Halltal zurückgezogen und dort eine Klause und Kapelle erbaut hat. Im Laufe der Zeit entwickelte sich aus der Klause ein Frauenkloster und aus der Kapelle eine Kirche. Als das Kloster 1522 aufgelassen wurde, diente es den Landesfürsten als Jagdquartier, bis es 1689 bei einem schweren Erdbeben einstürzte. Die Kirche und die Kaplanei überdauerten dank gewisser Renovierungsarbeiten die folgenden Jahrhunderte. Seit dem 19. Jahrhundert beherbergt die ehemalige Kaplanei die Gastwirtschaft St. Magdalena, wo die Knappen immer wieder ihren gesamten Wochenlohn versetzt haben sollen. St. Magdalena steht nordseitig etwas erhöht auf einem Geländeabsatz in einer runden Waldlichtung mit schönem Blick auf die südseitigen schroffen Bergflanken von Bettelwurf und Speckkarspitze.

Der Ausflug ins Halltal ist geprägt von den Spuren des „weißen Goldes" – auf Schritt und Tritt trifft man nämlich auf Spuren des Salzbergbaues.

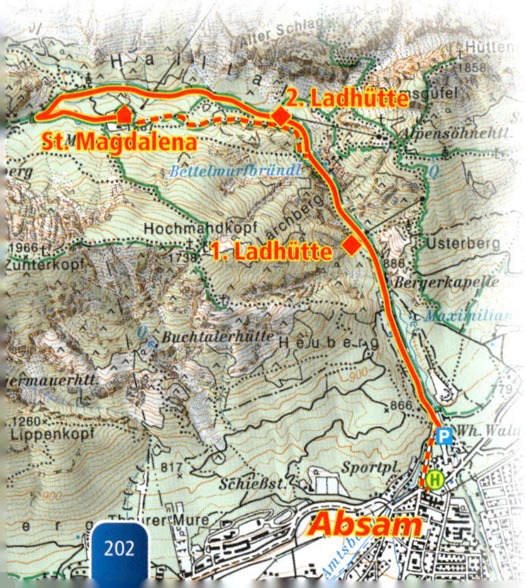

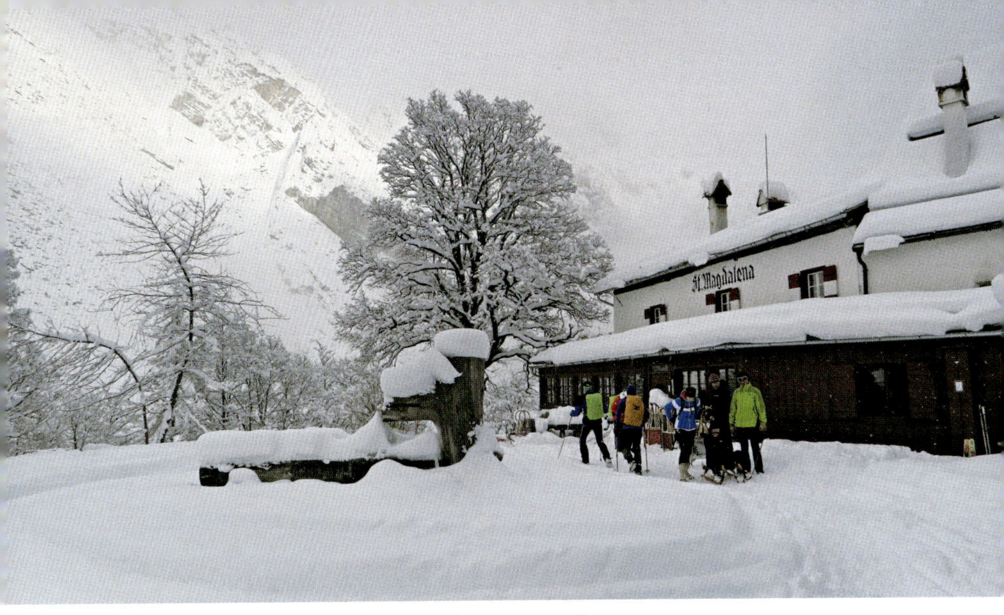

Ein Wintertag wie aus dem Bilderbuch – der warme Ofen wartet schon!

Wegverlauf: Man startet am nördlichen Rand von Absam, am gut ausgeschilderten, gebührenfreien Parkplatz **Halltal** und folgt stets der anfangs noch gemächlich ansteigenden Forststraße, die bei entsprechender Schneelage als Rodelbahn präpariert ist. Nach knapp 1 km steht an jener Stelle, an der sich das Tal verengt und die das eigentliche Tor ins Halltal bildet, die **Bergerkapelle**. Wenig später, nach Querung des Baches, zeigt sich die **erste Ladhütte**. Die Ladhütten dienten als Materiallager, als Unterstand und zudem wurde in ihnen die Durchlaufmenge der Sole gemessen. Das Salz wurde nämlich als Salz-Wasser-Gemisch durch eine 9 km lange Holzrohrleitung aus den Stollen im Halltal in die Saline Hall transportiert.

Bald wird der Weg richtig steil und erreicht im Bereich vom Bettelwurfeck eine Steigung von 32 %. Nach dieser Steilstufe biegt der Weg nach Westen und wird zum sogenannten **Buchenwaldele** hin, wo die zweite Ladhütte steht, wieder deutlich flacher. Mit Blick zum Talschluss mit dem Großen Lafatscher und dem Rosskopf wandert man weiter ins Halltal, um dann links auf- und wieder kurz talauswärts nach **St. Magdalena** zu gelangen. Der Weg geradeaus führt zu den verfallenden Herrenhäusern, den ehemaligen Betriebsstätten und Arbeiterunterkünften.

Nach der Einkehr in St. Magdalena ist für den Rückweg der ehemalige **Fluchtsteig** empfehlenswert. Der Fluchtsteig diente den Bergarbeitern als sicherer Weg, wenn vom Bettelwurf Lawinen drohten.

Der Steig, der an einigen Stellen seilversichert ist, führt direkt von St. Magdalena an der Nordseite talwärts und mündet nach dem **Bettelwurfeck** wieder in den bekannten Weg ein. Der Fluchtsteig wird auch im Winter häufig begangen. Über die Verhältnisse informiert der Wirt in St. Magdalena.

88 Kemater Alm (1673 m)

Gekrönt von den Zacken der Kalkkögel

P Sportcafé 990 m		Abzweig Salfeins 1450 m		Kemater Alm 1673 m		P Sportcafé 990 m
	4,0 km, 1¼ Std. ↑ 460 Hm		1,7 km, ¾ Std. ↑ 225 Hm		5,7 km, ½ Std. (Rodel) ↓ 685 Hm	

2½ Std. | 11,4 km | ↑↓ 685 Hm

Ausgangsort: Grinzens, Eingang Senderstal, Parkplatz Sportcafé

Anfahrt mit Öffis: Regionalbus 4162 (von Innsbruck Hauptbahnhof) bis Haltestelle „Grinzens Abzw. Kemater Alm", verkehrt Montag bis Freitag alle 15 Min., am Wochenende alle 30 Min.

Anfahrt mit Pkw: Von Axams weiter westwärts nach Grinzens, gut beschildert links aufwärts zum Parkplatz beim Sportcafé. Der Parkplatz ist privat und gebührenpflichtig.

Charakter: Vor allem im Bereich der Alm herrliches Ambiente dank der Kalkkögel; ideal mit der Rodel

Einkehrmöglichkeit: Kemater Alm, www.kemater-alm.at; nur von Ostern bis Mitte Mai und im November geschlossen, Tel. +43/5234/65 679

Wie eine Krone überragen die eindrucksvollen Felszacken der Kalkkögel die Kemater Alm. Die Nordtiroler Dolomiten, wie die Kalkkögel der Ähnlichkeit wegen oft genannt werden, bilden gemeinsam mit den Almgebäuden die eindrucksvolle Kulisse, die den Winterausflug zur Kemater Alm so lohnend machen. Dieser überaus schöne Anblick steht etwas im Gegensatz zu dem über weite Strecken

Die Kemater Alm, am Fuße der Kalkkögel

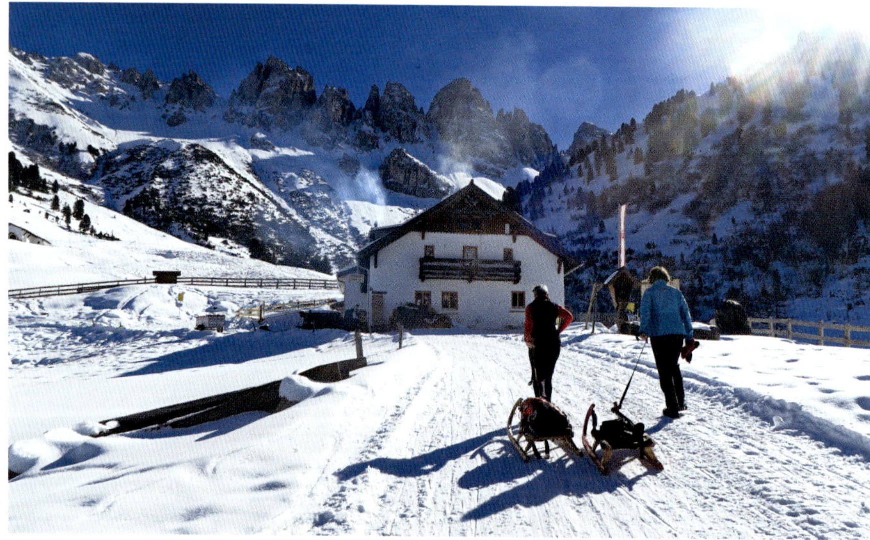

wenig aussichtsreichen Anmarsch. Es geht von Grinzens dem Sendersbach entlang durch das Senderstal. Der Wald säumt den Weg, verhindert Ausblicke und verleiht dem Aufstieg eine geradezu wohltuende Monotonie. Vor allem aber schattet er die Rodelbahn relativ stark ab, was der Qualität der Rodelstrecke wiederum sehr dienlich ist und über lange Zeit perfekte Rodelverhältnisse garantiert. Nur während einer gewissen Zeitspanne am Vormittag ist die Bahn in der Sonne. Die Strecke von Grinzens zur Kemater Alm steigt nie besonders stark, aber nahezu kontinuierlich ohne jegliche Kehren an. Erst im allerletzten Abschnitt ist die Steigung beim Aufstieg bzw. das Gefälle beim Herausrodeln etwas stärker. Die Kemater Alm ist aufgrund der guten Rodelbahn, der schmackhaften Küche und der malerischen Umgebung ein überaus beliebtes Winterziel.

Wegverlauf: Der Startpunkt beim **Sportcafé Grinzens** ist unmittelbar mit Erreichen des Ortes bestens beschildert. Von der Hauptstraße geht's 250 m links hinauf zum gebührenpflichtigen Parkplatz am Eingang ins **Senderstal**. Etwas mehr als eine Stunde säumt dichter Wald den Rodelweg, der stets parallel zum Sendersbach verläuft. Nur ganz wenige empfinden diesen Abschnitt als langweiligen „Schlauch", die allermeisten genießen ihn als ruhespendendes Wandervergnügen. Die Steigung ist dabei nicht allzu schweißtreibend, aber aufgrund der Länge doch etwas kräfteraubend.

Nach ca. 4 km lichtet sich der Wald im Bereich der Abzweigung in Richtung Salfeins. Erstmals zeigen sich ein paar felsige Spitzen der Kalkkögel. Kurz bevor die

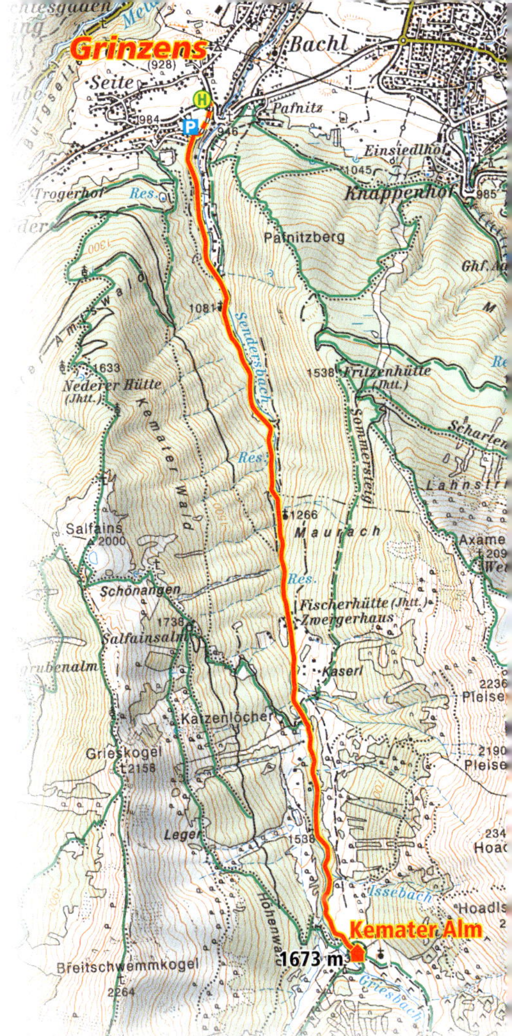

Alm ins Blickfeld kommt, präsentiert sich die Felskrone mit den Schlicker Zinnen, dem Steingrubenkogel und der Ochsenwand, die die **Kemater Alm** überragt. Erst knapp vor dem Ziel fügen sich die Alm und die Kalkkögel zu dem so geschätzten harmonischen Bild. Nach der Einkehr ist der **Rückweg** sicherlich am empfehlenswertesten mit der Rodel zu machen. Wer keine mitnimmt, kann sich auf der Alm eine ausleihen.

89 Durchs Fotscher Tal zur Potsdamer Hütte

Hochalpines Wintererlebnis in einem unbewohnten Seitental

P Eisbrücke 1092 m		Bergheim Fotsch 1464 m		Potsdamer Hütte 2020 m		Bergheim Fotsch 1464 m		P Eisbrücke 1092 m
	3,5 km, 1 Std. ↑ 375 Hm		5 km, 1¾ Std. ↑ 600 Hm		5 km, 1¼ Std. ↓ 600 Hm		3,5 km, ¾ Std. ↓ 375 Hm	

4¾ Std. | 8,5 km | ↑↓ 975 Hm

Ausgangsort: Gratis-Parkplatz Eisbrücke zwischen Sellrain und Tanneben (1092 m)

Anfahrt mit Öffis: Linie 4166 (von Innsbruck Hauptbahnhof) bis Haltestelle „Sellrain Gh. Neuwirt"

Anfahrt mit Pkw: Ins Sellraintal, im Ort Sellrain den Schildern „Fotsch/Bergheim Fotsch" südwärts ansteigend folgen bis zum Parkplatz Eisbrücke in der Linkskurve

Charakter: Die Wanderung und der Rodelausflug bis zum ehemals bewirtschafteten Bergheim (seit 2016 bis auf weiteres geschlossen) ist sehr beliebt und bekannt, der Weiterweg zur Potsdamer Hütte bietet ein sehr empfehlenswertes, hochalpines Erlebnis auf weiterhin präpariertem breitem Weg.

Einkehrmöglichkeit: Potsdamer Hütte, aktuelle Infos zu Öffnungszeiten über Facebook, Tel. +43/72 03 16 585

Das Fotscher Tal zeigt sich erst dann in seiner ganzen Winterpracht, wo viele Winterausflügler schon am Umkehrpunkt angelangt sind: Erst nach dem Fotscher Bergheim weitet sich das Tal in einen hochalpinen Talkessel mit markanten Berggestalten, allen voran die beherrschende Hohe Villerspitze in schneebedeckter Einsamkeit. Dieses hochalpine Ambiente lässt es beinahe nicht vermuten, dass dort mit der schön gelegenen Potsdamer Hütte eine auch im Hochwin-

Der lange Anmarsch zur Potsdamer Hütte hat sich wohl ausgezahlt, oder?

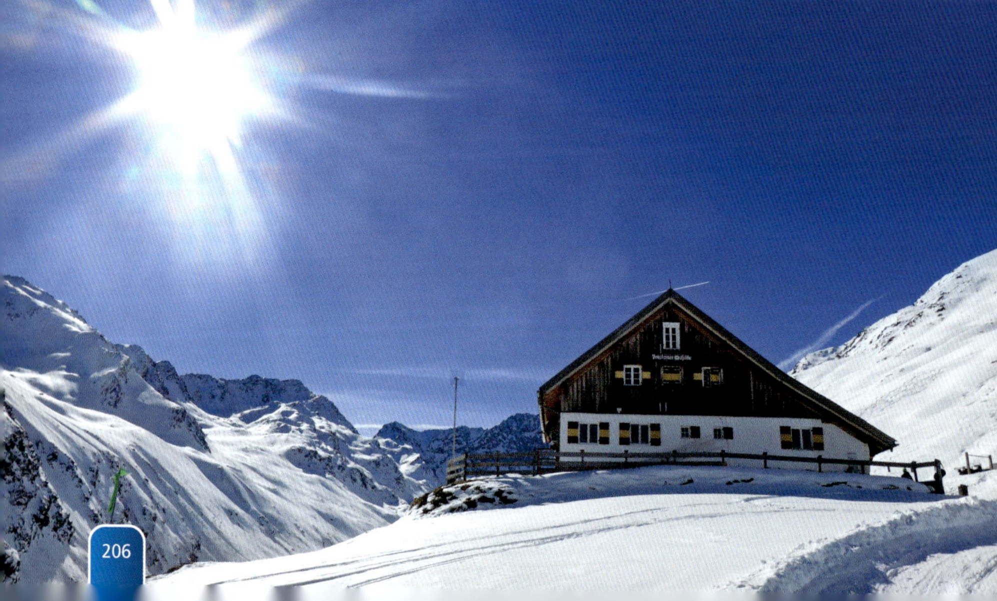

ter bewirtete Einkehr wartet. Bis zum Bergheim zeigt sich das unbesiedelte Sellrainer Seitental hingegen noch eng und durch die beliebte Rodelbahn meist sehr belebt.

Wegverlauf: Der Aufstieg beginnt am gebührenfreien Parkplatz bei der **Eisbrücke** zwischen Sellrain und Tanneben. Die stetig ansteigende Rodelbahn führt dem Fotscher Bach entlang durchs noch enge Tal in einer Stunde Fußmarsch zum Gasthof Bergheim. Als der Gasthof noch bewirtschaftet war, wurde die Rodelbahn fleißig präpariert. Inzwischen wird der Forstweg in mehr oder weniger regelmäßigen Abständen vom Wirt der Potsdamer Hütte und vom Fotscher Berufsjäger angefahren.

Kurz hinter dem **Bergheim** ändert sich der Charakter des Tales: Mit der Waldgrenze öffnet sich das bislang enge Tal und zeigt sich weit, eindrucksvoll und einsam. Der Weg hingegen bleibt weiterhin genussvoll, das heißt präpariert und nie besonders steil. Den flachen Talboden quert der Weg bei der **Hintraalm** (1900 m) und führt in einer weit ausholenden Kehre hinauf auf den aussichtsreichen Hügel, auf dem die **Potsdamer Hütte** exponiert und eindrucksvoll weilt. Nach 1¾ Stunden ab dem Gasthof Bergheim und nach knapp 3 Stunden ab der Eisbrücke genießen Sie das hochalpine Panorama in dieser besonderen Lage.

Für den **Rückweg** eignet sich eine Rodel natürlich hervorragend, auch wenn der Weg keine offizielle Rodelbahn ist. Bis auf ein Flachstück warten bis zurück zum Ausgangspunkt immerhin 8,5 km Rodelvergnügen – ansonsten wird es ein sehr ergiebiger Rückmarsch ins Tal.

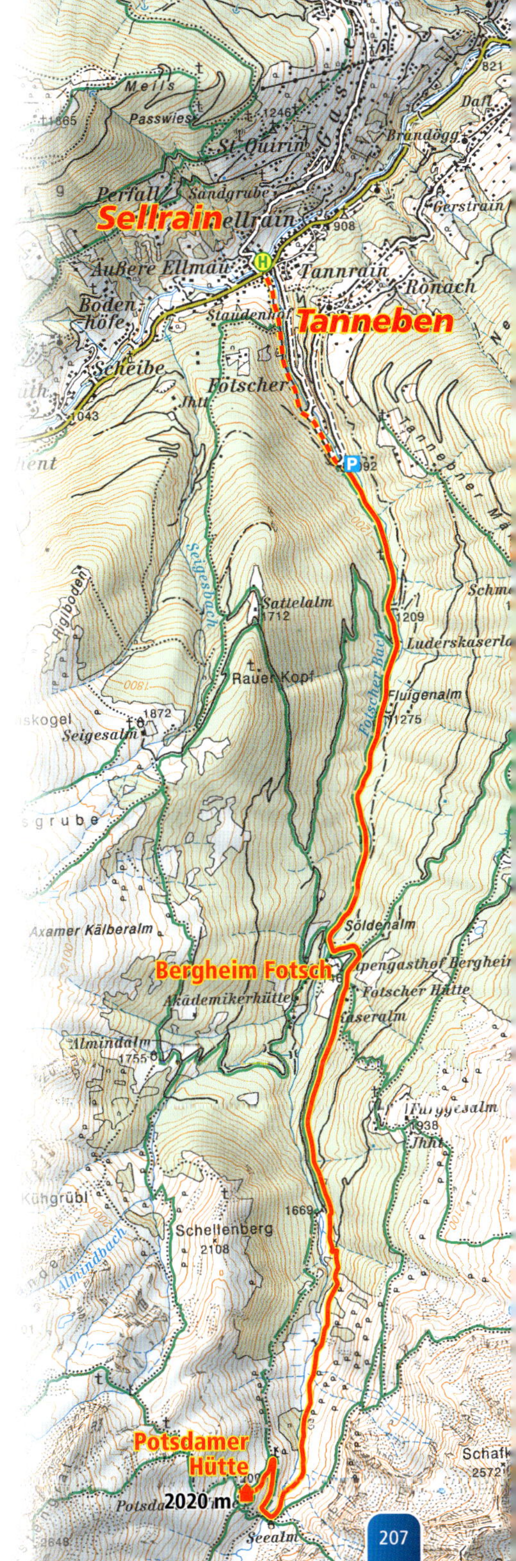

90 Juifenalm (2022 m)

Ein Logenplatz überm Zirbenwald

P Juifenau 1422 m		Jagdhütte 1800 m		Juifenalm 2022 m		P Juifenau 1422 m
	3,0 km, 1 Std. ↑ 380 Hm		1,7 km, ¾ Std. ↑ 220 Hm		4,7 km, ½ Std. ↓ 600 Hm	

2¼ Std. | **9,4 km** | **↑↓ 600 Hm**

Ausgangsort: Gries im Sellrain, Weiler Juifenau, Parkplatz Juifenalm

Anfahrt mit Öffis: Regionalbus 4166 (von Innsbruck Hauptbahnhof) bis Haltestelle „Gries i. S. Juifenau" und anschließend ca. 600 m entlang der Straße bis zum Parkplatz Juifenalm

Anfahrt mit Pkw: Von Kematen ins Sellraintal bis Gries und im Ort nach dem Sportgeschäft links ab in Richtung Praxmar/Lüsens. Nach ca. 3 km kommen die gebührenpflichtigen Parkplätze der Juifenalm.

Charakter: Winterausflug auf gewalzter Strecke in nahezu hochalpinem Ambiente

Einkehrmöglichkeit: Juifenalm, www.juifenalm.at, Dienstag Ruhetag (Ferienzeiten ausgenommen), geöffnet ab ca. Mitte Dezember bis ca. Mitte April, Tel. +43/664/54 22 090

Die Juifenalm liegt jenseits der Zweitausender- und Waldgrenze auf der westgerichteten Seite des Lüsenstales (auch Lisenstal), das von Gries im Sellrain südwärts nach Praxmar und Lüsens zieht. Die kleine Alm besticht mit ihrer Lage oberhalb der Waldgrenze und herrlichen Bergblicken, wie zum Beispiel zum Zischgeles und zur Lampsenspitze. Bei Rodlern zählt die Juifenalm zu den großen Klassikern im Großraum Innsbruck. Aber nicht nur Rodler zieht es hinauf zum aussichtsreichen Ziel, auch Skitourengeher und Winterwanderer sind un-

Noch ist's ein Stückl: Die Juifenalm liegt oberhalb der Waldgrenze.

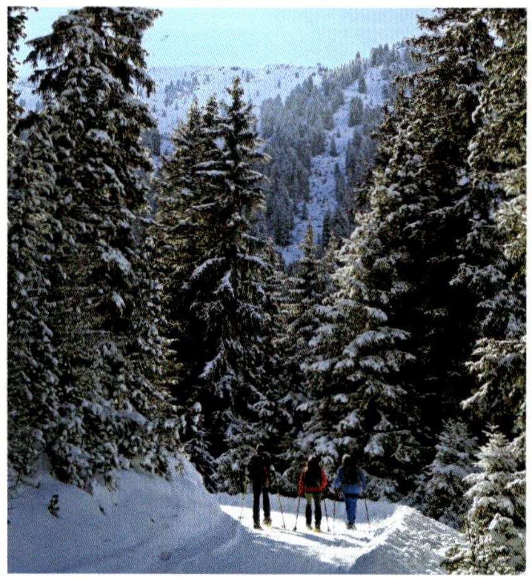

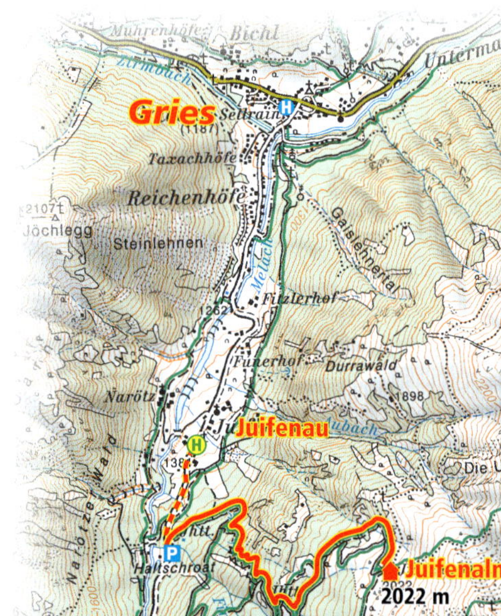

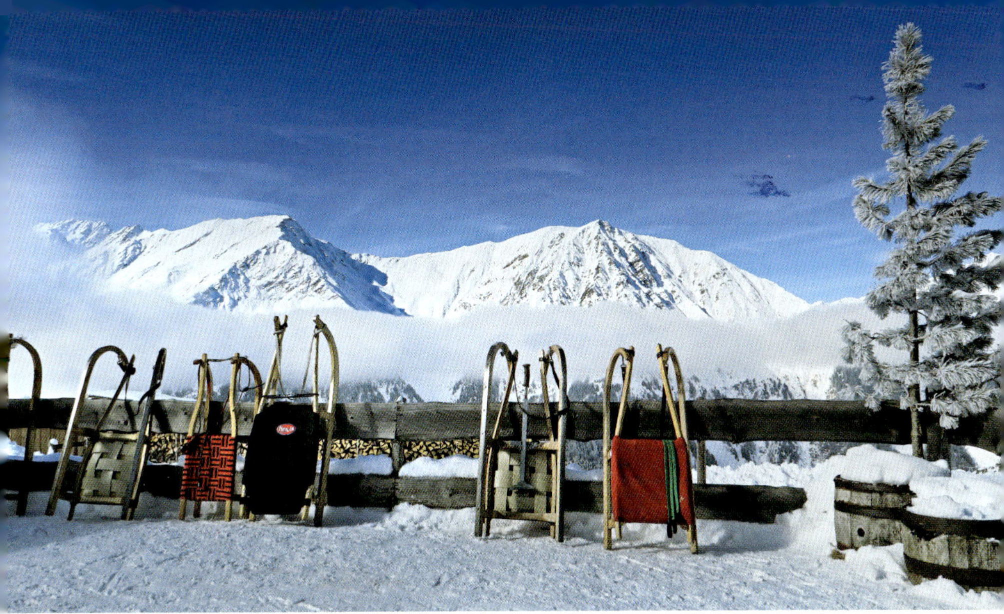

An der Juifenalm dürfen auch die Rodeln rasten.

terwegs. Mit fast 5 Kilometern Länge und 600 Höhenmetern bergauf kommt die körperliche Leistung nicht zu kurz.

Wegverlauf: Auf halbem Weg von Gries nach Praxmar, ein kleines Stück nach dem **Weiler Juifenau** zweigt der Rodelweg zur Juifenalm ab. Dort befinden sich zwei große gebührenpflichtige Parkplätze. Auf dem stets für Rodler gewalzten Forstweg marschiert man in zahlreichen, weit ausholenden Schleifen bergwärts. Lange Zeit gibt dabei der Wald keine Ausblicke frei. Mit zunehmender Höhe wird der Wald lichter und zusehends ein reiner Zirbenwald.

Nach ca. 3 km, mit Erreichen einer **Jagdhütte** (ca. 1720 m) wird der Zirbenwald immer wieder von Schneisen unterbrochen, und es zeigt sich die eindrucksvolle Bergwelt: Gegenüber reihen sich Freihut, Grieskogel, Lampsenspitze und Zischgeles aneinander, während talauswärts jenseits vom Sellraintal der Rosskogel den Blick bannt. Knorrige Zirben und die Bergkulisse begleiten Sie nun bergwärts bis zu den freien Almflächen der Juifenalm. Gerade in diesem Abschnitt begeistert das fast schon hochalpine Flair voll-auf. Etwas oberhalb der Waldgrenze wartet in schönster Aussichtslage die **Juifenalm** auf die zahlreichen Rodler und Winterwanderer. An Wochenenden kann die kleine Gaststube oft mit dem Andrang nicht Schritt halten. Die verständliche Beliebtheit des Ausfluges hat zur Folge, dass dann leider Wartezeiten vor der Türe einzuplanen sind. Bei Schönwetter und entsprechenden Temperaturen wird auch die Terrasse von den Wirtsleuten eröffnet. Talwärts geht's auf bekannter Strecke – entweder mit oder ohne Rodel. Die Überlegung, ob man rodeln oder doch lieber zu Fuß ins Tal gehen will, sollte man allerdings schon zu Hause machen, denn auf der Juifenalm gibt es keinen Rodelverleih!

91 Maria Waldrast über Gasthof Sonnenstein

Winterliches Pilgern auf ungewohntem Weg

P Medraz 980 m	Gh. Sonnenstein 1364 m	Maria Waldrast 1638 m	Gh. Sonnenstein 1364 m	P Medraz 980 m
4,0 km, 1¼ Std. ↑ 400 Hm	2,7 km, 1 Std. ↑ 340 Hm ↓ 60 Hm	2,7 km, 1 Std. ↓ 340 Hm ↑ 60 Hm	4,0 km, ¾ Std. ↓ 400 Hm	

4 Std. | 13,4 km | ↑↓ 800 Hm

Ausgangsort: Gratis-Parkplatz Medraz (980 m)

Anfahrt mit Öffis: Stubaitalbus (Busfahrplan Regiobus – Linie ST) bis Haltestelle „Fulpmes Medraz Dorf".

Anfahrt mit Pkw: Ins Stubaital und taleinwärts einige 100 m nach der Ortseinfahrt Fulpmes nach rechts Richtung Medraz abzweigen. Durch die Unterführung in die Siedlung Medrazer Stille. Den gelben Wander-Wegweisern „Gh. Sonnenstein" folgend kommen Sie zum Parkplatz am Beginn der Forststraße, die am Ende der Siedlung talauswärts führt.

Charakter: Relativ lange Wanderung zum höchstgelegenen Wallfahrtsort Tirols auf nicht so bekannter Route. Mit öffentlichen Verkehrsmitteln gut kombinierbar als Überschreitung ins Wipptal.

Einkehrmöglichkeiten: Klostergasthof Maria Waldrast, www.mariawaldrast.at, ganzjährig geöffnet, kein Ruhetag, Tel. +43/5273/6219

Hinweis: Der Gasthof Sonnenstein hat im Winter nicht geöffnet, allerdings ist der Weg zum Gasthaus und der Weiterweg nach Maria Waldrast stets gut angetreten.

Vom Stubaital, an der Nordseite der Serles vorbei führt eine wunderschöne Winterwanderung nach Maria Waldrast und weiter ins Wipptal. Der Wallfahrtsort wird vom Stubaital aus viel weniger oft besucht als von Matrei aus, damit ist dieser Weg für viele eine überraschend schöne „Neutour" zu einem bekannten Ziel. Besonders empfehlenswert ist der Abstieg zu Fuß oder mit der Rodel nach Matrei – die Nutzung öffentlicher Verkehrsmittel zur An- und Rückfahrt vorausgesetzt.

Wegverlauf: Vom gebührenfreien Parkplatz in der **Medrazer Stille** zieht der präparierte Forstweg zum Gasthof Sonnenstein, benannt nach dem Vorgipfel der Serles, dem Sonnenstein. Reizvoll sind während des Anmarsches die Aus-

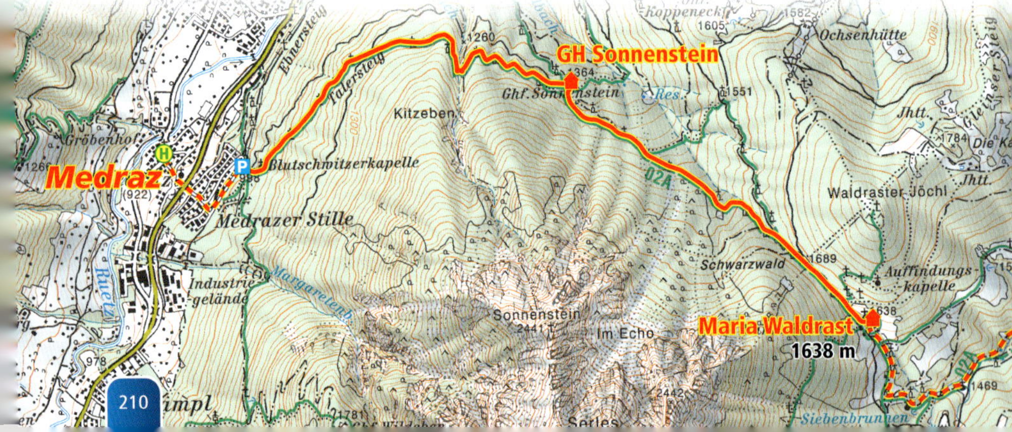

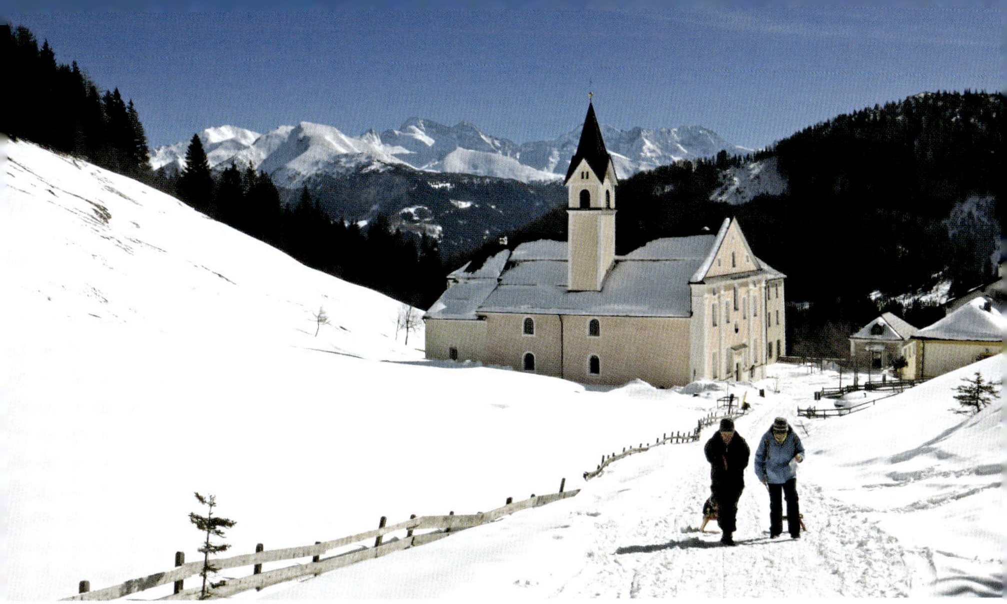

Maria Waldrast mit Blick zum Olperer

blicke zu den Kalkkögeln, die oberhalb der Schlick aufragen, und nach Norden zur Nordkette und zum Patscherkofel. Eine Etage unter den Gipfeln zeigen sich auf sonnigen Terrassen Patsch, Mieders und Telfes. Bald taucht auch das Serles-Massiv oberhalb des Weges auf, bevor Sie den **Gasthof Sonnenstein** nach ca. 1¼ Stunden erreichen. Der weitere Weg folgt einem Bogen unterhalb der Abhänge der Serles zum **Sattel** Richtung Wipptal/Waldrast. Dieser Teil des Weges wird nach ergiebigen Schneefällen mit dem Schneewiesel, sonst von den „Winterpilgern" per pedes präpariert. Vom Sattel geht's kurz abwärts nach **Maria Waldrast** (1 Std.), wobei kurz vor Erreichen des Klosters der Zillertaler Hauptkamm mit Olperer, Fußstein, Schrammacher ein überaus schönes Hintergrundbild des jahrhundertealten Pilgerortes bildet.

Für all jene, die ihr Auto in Medraz haben, empfiehlt sich der Anmarsch mit eigener Rodel. Wer öffentlich ins Stubai gefahren ist, der kann sich das Rodelziehen ersparen und leiht sich in Maria Waldrast eine Rodel aus, um so auf der meist gut präparierten, flotten Rodelbahn in wenigen Minuten nach **Mützens** oberhalb von Matrei hinunter zu rodeln. Alternativ wandern Sie auf der Zufahrtsstraße talwärts. Von Mützens sind Sie in Kürze in **Matrei**, wo Bus oder Bahn Ihnen den Nachhauseweg bequem ermöglichen.

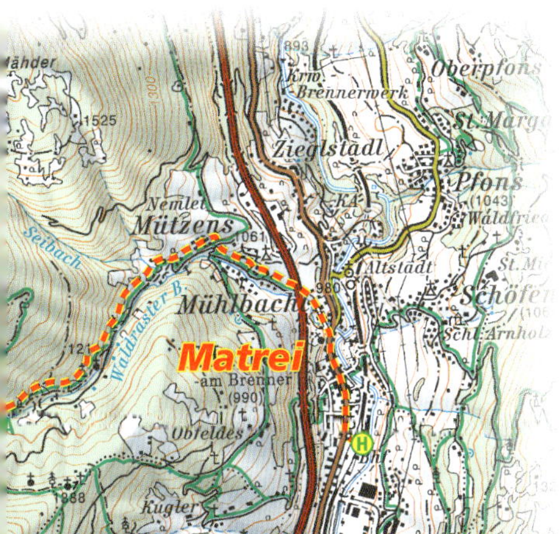

92 Milderaunalm (1671 m)

Das Stubaital zu Füßen, den Habicht auf Augenhöhe

P Oberegg 1215 m		Milderaunalm 1671 m		P Oberegg 1215 m
	4,0 km, 1½ Std. ↑ 460 Hm		4,0 km, 1 Std. ↓ 460 Hm	

2½ Std. | 8 km | ↑↓ 460 Hm

Ausgangsort: Parkplatz Oberegg – Tunignhof (1215 m; Parkgebühr € 4.–)

Anfahrt mit Öffis: Stubaitalbus (Busfahrplan Regiobus – Linie ST von Innsbruck) bis Haltestelle „Krößbach Ort"

Anfahrt mit Pkw: Von der Neustifter Kirche fahren Sie weiter taleinwärts und kommen nach ca. 5 km zum Weiler Krößbach, wo Sie bei der Bushaltestelle rechts abzweigen und so nach 1 km zum Parkplatz in Oberegg kommen.

Charakter: Gemütliche Wanderung auf einer familienfreundlichen Rodelbahn mit herrlichen Blicken übers Stubaital. Bei An- und Abreise mit öffentlichen Verkehrsmitteln gut kombinierbar mit dem Abstieg/Abfahrt nach Milders

Einkehrmöglichkeiten: Milderaunalm, www.milderaunalm.tirol, kein Ruhetag, ganzjährig geöffnet, nur während der Übergangszeiten evtl. kurzzeitig geschlossen, Tel. +43/699/10 03 68 13

Die Milderaunalm, „hinter" Neustift am taleinwärts rechten Berghang unterhalb der Brennerspitze gelegen, bietet einen feinen Ausblick: Mit Höhengewinn präsentiert sich sehr bald das Stubaital von Neustift bis hinaus nach Fulpmes samt den begrenzenden Bergkämmen des Serles- und Habichtkammes. Besonders imposant zeigt sich im oberen Bereich auf der gegenüberliegenden Talseite der nahe Habicht mit der teils vergletscherten Steilflanke oberhalb der Mischbachalm.

Wegverlauf: Vom Parkplatz **Oberegg** folgen Sie stets dem im Winter als Rodel-

Wer lieber ohne Rodel aufsteigt, kann sich oben eine ausleihen.

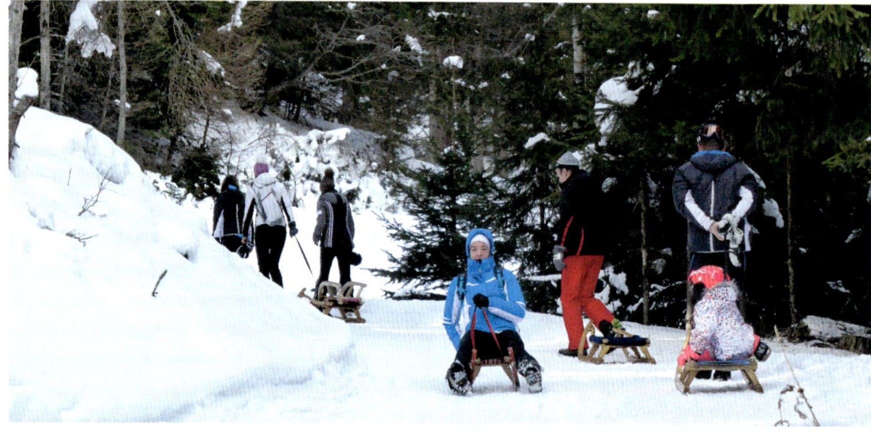

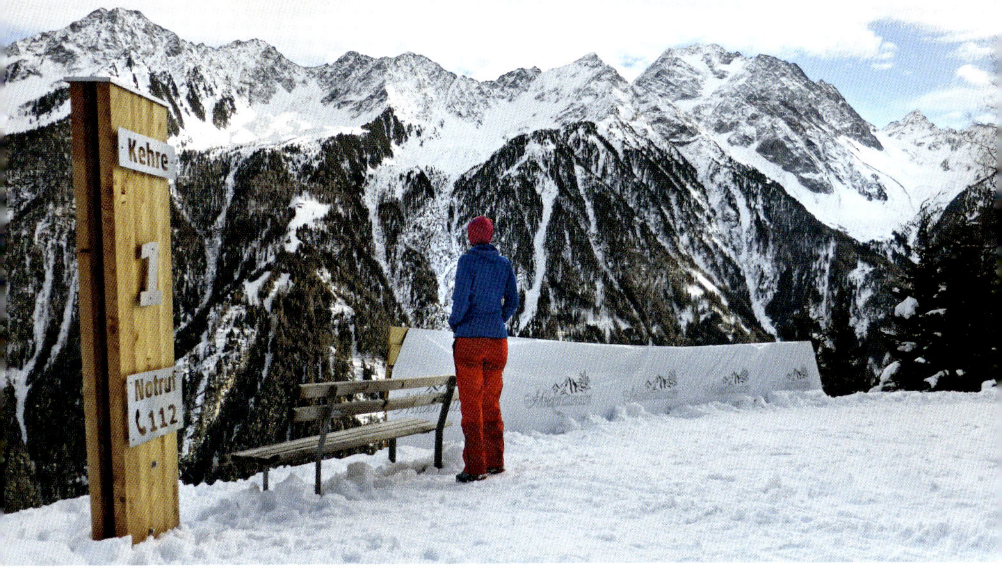

Unterwegs fasziniert der Blick auf die Stubaier Bergwelt und den Talboden.

bahn präparierten Fahrweg. Nicht allzu steil zieht er bergwärts – sieben nummerierte Kehren kündigen sozusagen im „Countdown" das Ziel an. Dabei sind Sie großteils im Wald unterwegs, aber an einigen Stellen laden die Aussicht und Sitzgelegenheiten zum „Talschauen" ein. Mit Erreichen einer freien Almfläche ist bereits die Alm in Sichtweite. Auf diesen letzten Metern beeindruckt vor allem der Habicht, der sich mächtig und stolz präsentiert.

Die **Milderaunalm** empfängt die Besucher mit relativ modernem Flair, da die Einkehr nach vielen Jahren ohne Bewirtung erst 2015 neu gestaltet wurde. Sollten Sie ohne Rodel aufgestiegen sein und der Zustand der Bahn doch den Wunsch nach einer Rodelpartie aufkommen lassen, dann hat der Wirt auch Rodeln zum Ausleihen. Dienstags, freitags und samstags findet „offizielles" Nachtrodeln statt, da gibt es zur Rodel auch eine Stirnlampe, damit Sie auf der unbeleuchteten Bahn gut zurechtkommen.

Alternativ zum bekannten Talweg können Sie auch nach **Milders** absteigen bzw. rodeln. Diese Strecke ist ca. 1,5 km länger als nach Oberegg. In Milders kommen Sie beim Kraftwerk „heraus" und wandern dann in ca. 10 Minuten ins Ortszentrum bis zur Bushaltestelle.

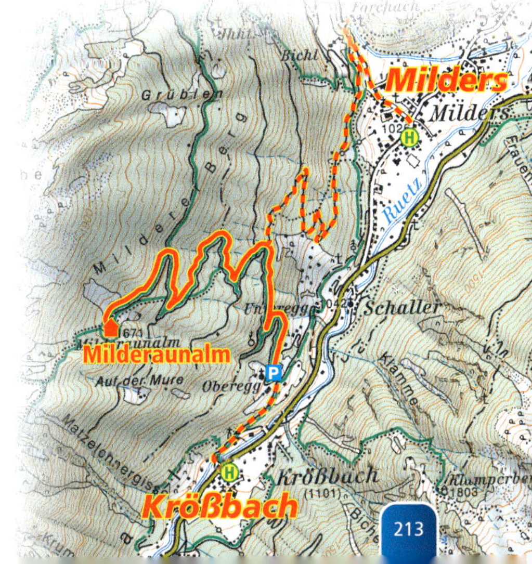

93 Kalte Herberge (1569 m)

Kurze Bergwallfahrt auf kalten Wegen

P Toldern 1460 m		Holzebensiedlung 1500 Hm		Kalte Herberge 1569 m		Wildlahnertal 1530 m		P Toldern 1460 m
	400 m, 10 Min. ↑ 40 Hm		800 m, 20 Min. ↑ 70 Hm		1 km, 20 Min. ↓ 40 Hm		1 km, 20 Min. ↓ 70 Hm	

1 Std. 10 Min. | 3,2 km | ↑↓ 110 Hm

Ausgangsort: Schmirn, Toldern (1460 m); Parkplatz kurz vor dem Feuerwehrhaus

Anfahrt mit Öffis: Postbus Linie 4144 (von Steinach Bahnhof) bis Haltestelle „Toldern". Achtung, Sonntag kein Busverkehr!

Anfahrt mit Pkw: In das Schmirntal, an der Kirche vorbei bis zum nächsten Weiler Toldern. Im Bereich der ersten Häuser, kurz vor dem Feuerwehrhaus und der Abzweigung ins Wildlahnertal, zweigt rechts eine Straße zur Holzebensiedlung ab. Dort ist rechts der Straße ein Parkplatz.

Charakter: Idyllische Winterwanderung zu einem Wallfahrts-Kleinod mit schönen Ausblicken auf das malerische Olperer-Fußstein-Massiv im Wildlahnertal. Lohnende Erweiterungsmöglichkeit bei Busbenützung.

Einkehrmöglichkeit: Gh. Olpererblick in unmittelbarer Nähe des Ausgangspunktes, Montag Ruhetag, Tel. +43/5279/20 120

Eine kalte „Hörbige" (= Herberge) sollen die Mutter Gottes und das Jesuskind im Wald oberhalb von Toldern gefunden haben, so erzählt es die Legende: An einem stürmischen Herbsttag hatte ein Jäger unter einer großen Fichte vor dem unwirtlichen Wetter Schutz gesucht. Dort fand er eine Mutter mit ihrem Kind. Voll Mitleid näherte sich ihnen der Jäger und meinte: „Da habt's ihr aber eine kalte Hörbige!" Daraufhin verschwand die Frau mit dem Kinde und dem Jäger wurde bewusst, dass dies die Mutter Gottes mit dem Jesuskind gewesen sein musste. Die Wallfahrtskirche Kalte Herberge, die an diese Legende erinnert, ist zum beliebten, schnell und leicht erreichbaren Wanderziel sommers wie winters geworden. Die idyllische Rundwanderung zieht auch eine Schleife ins malerische Wildlahnertal mit dem kalendererprobten Talabschluss des Olperer-Fußstein-Massivs. Von Toldern bis etwas oberhalb des Wallfahrtskirchleins führt auch eine beliebte Rodelbahn (1,6 km).

Wegverlauf: Vom Parkplatz bzw. der **Haltestelle Toldern** spazieren Sie auf der talauswärts ansteigenden Straße zu den höchstgelegenen Häusern der **Holzebensiedlung**. Hier verläuft parallel zur Straße auch die Rodelbahn. Ab der Siedlung sind Rodelbahn und Aufstieg nicht mehr getrennt. Sozusagen als „Countdown" dienen dabei die Kreuzwegstationen. Schon bald erreichen Sie eine große Waldlichtung, an deren Rand malerisch die **Wallfahrtskirche** Kalte Herberge steht.

Geistig gestärkt wandeln Sie nun nach den wenigen Metern zurück zur Rodelbahn und queren diese mit leichtem Gefälle ins Wildlahnertal. Zwischen den Bäumen zeigt sich dabei der massige, noch vergletscherte Olperer gegen den

Horizont. Schon bald ist die **Brücke** über den Wildlahnerbach erreicht und damit der Rückweg nach Toldern. Mit dem majestätischen Talschluss im Rücken breitet sich nun der Talkessel von Toldern mit den verstreuten Bauernhäusern aus, denen Sie sich nähern.

Variante: Die Winterwanderung zur Kalten Herberge lässt sich mit Bus oder Busunterstützung lohnend erweitern. Sie starten dabei noch vor dem Weiler Aue, bei der **Hohen Warte** – eine kleine Gedenkstätte vor dem allerletzten Gefälle zum Schmirner Talboden (Haltestelle „Rohrach"). Dort zweigt kurz nach der Bushaltestelle rechts ein geräumter Forstweg ab (Ankündigungstafel; einige Parkmöglichkeiten). Oder noch länger: Sie starten in **Lorleswald**, wo der Winterwanderweg „Unterer Weg" ausgeschildert ist (Haltestelle „Lorleswald"). Bei beiden Varianten (250 Hm, 6 km, 2¼ Std. oder 300 Hm, 7,4 km, 2¾ Std.) wandern Sie stets auf der Schattseite, meist mutterseelenallein ohne große Steigungen taleinwärts. Nach ca. 3 km bzw. 4,3 km kommen Sie so in die **Holzebensiedlung** und damit schon bald zum Beginn der Rodelbahn zur Kalten Herberge und auf beschriebenem Weg nach Toldern. Der Bus bringt Sie zurück zum Ausgangspunkt.

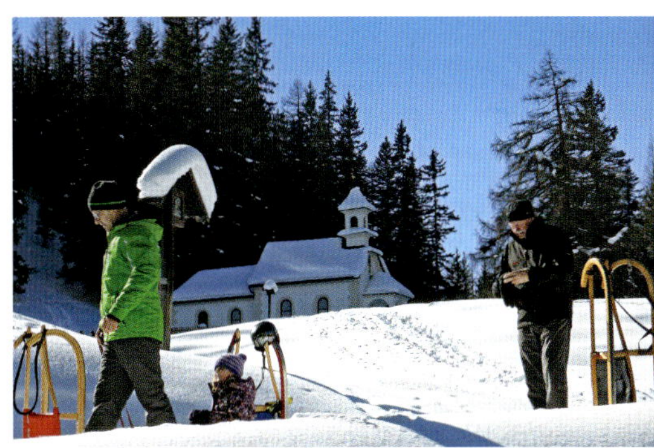

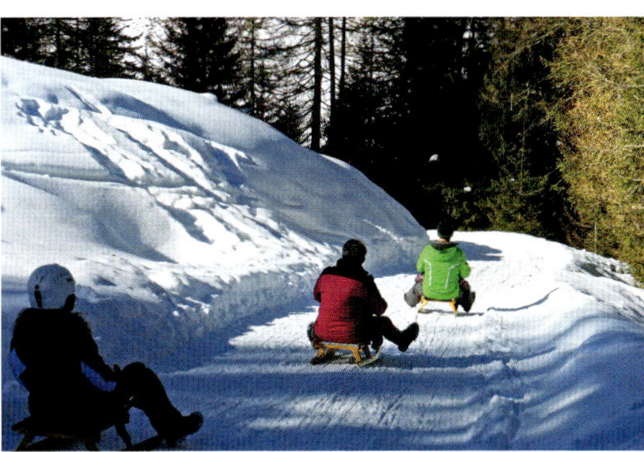

Die Kalte Herberge ist auch bei Rodlern ein beliebtes Ziel.

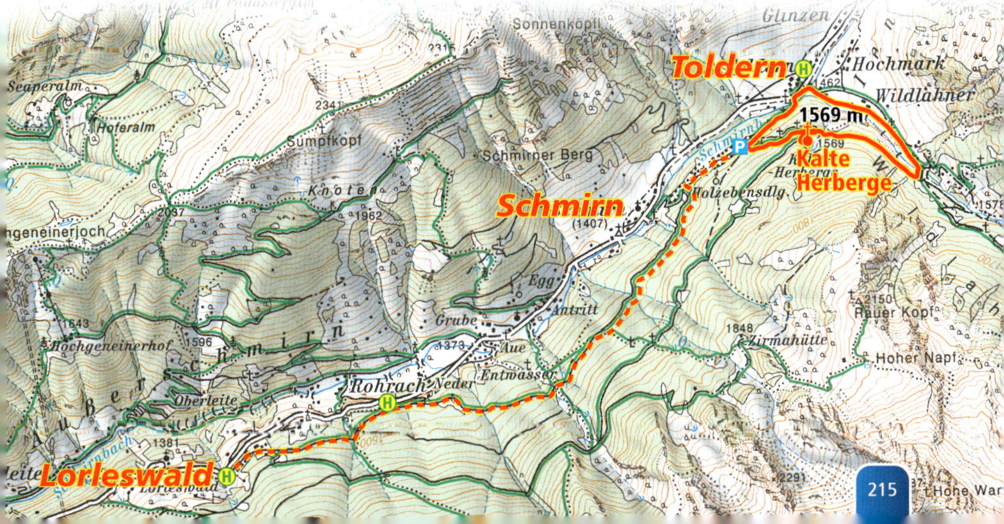

94 Sattelbergalm (1637 m)

Auf winterlichem Schleichweg zum Ziel

Brenner 1374 m	Beginn Forstweg 1365 m	Steinalm 1700 m	Sattelbergalm 1637 m	Vinaders 1260 m
1,2 km, ¼ Std. ↓ 10 Hm	1,5 km, 1 Std. ↑ 330 Hm	2,8 km, ¾ Std. ↑ 70 Hm ↓ 130 Hm	3,6 km, 1 Std. ↑ 20 Hm ↓ 400 Hm	

3 Std. | 9,1 km | ↑420 Hm ↓540 Hm

Ausgangsort: Brenner, Bahnhof

Anfahrt mit Öffis: Zug von Innsbruck kommend (S4 oder REX) bis Haltestelle „Brenner", Regionalbus 4145 für die Rückfahrt, Haltestelle „Vinaders Abzw. Nösslach"

Anfahrt mit Pkw: Nur sinnvoll, wenn von der Sattelbergalm wieder auf gleichem Weg zurückgegangen wird. Parken südlich der Ortschaft Brenner rechts der Staatsstraße an der Abzweigung der Forststraße oder alternativ am südlichsten Punkt des großen Marktplatzes

Charakter: Sehr ruhige, wenig bekannte Route zu einem bekannten Ziel auf meist angetretenem Weg. Schneeschuhe sinnvoll.

Einkehrmöglichkeit: Sattelbergalm, www.sattelbergalm.at, täglich geöffnet, Tel. +43/5274/87 717

Rodler, Skitourengeher, Wanderer: Alle stürmen die Sattelbergalm – allerdings fast ausschließlich von Gries und Vinaders. Dabei gibt es eine weitere, sehr schöne Aufstiegsvariante, die für Winterwanderer geradezu perfekt ist: der Aufstieg vom Brenner über die Steinalm. Vielen ist diese Variante nicht bekannt und folglich ist sie nicht überlaufen – ein herrlicher „Schleichweg" für Freunde der Ruhe und Beschaulichkeit. Gerade bei dieser Tour spielt die Anreise mit öffentlichen Verkehrsmitteln ihre Stärke aus, da man nicht auf bekanntem Weg zurück-

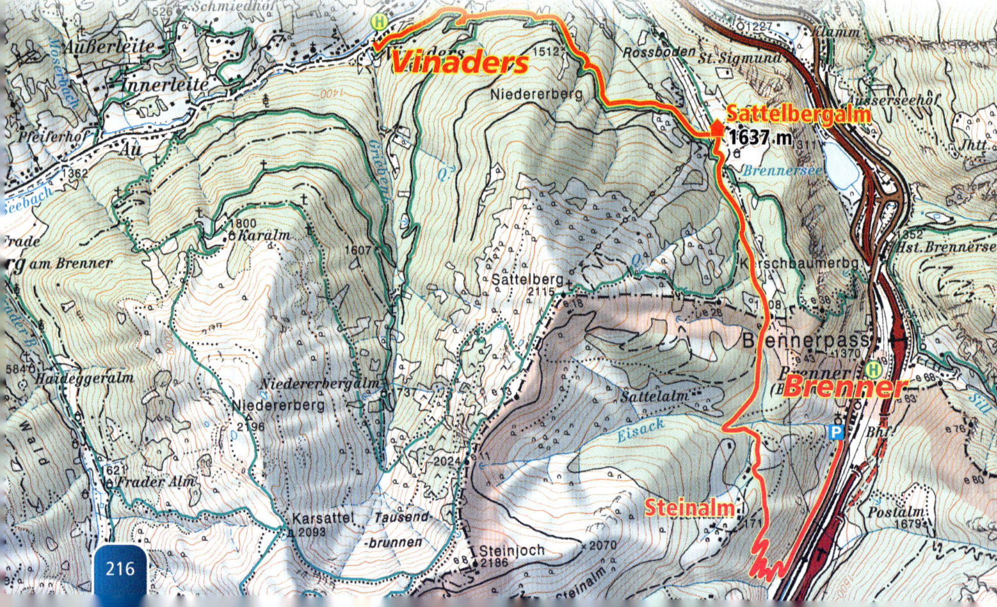

kehren muss, sondern eine kleine „Überschreitung" nach Vinaders oder Gries machen kann.

Wegverlauf: Wer mit dem Zug anreist, wandert vom **Bahnhof Brenner** schnurstracks südwärts. Am südlichen Ende des großen Marktplatzes folgen Sie dem meist geräumten Radweg, bis nach einem eingezäunten Feld rechts der Weg in Richtung Steinalm abzweigt. Autofahrer parken am Marktplatz (nicht an Markttagen: jeweils am 5. und 20. jeden Monats) oder an einem kleinen Parkplatz bei der Abzweigung des Bergweges.

Am breiten, meist von den wenigen Kennern dieses Schleichweges bereits angetretenen Weg geht's in Serpentinen hinauf zur **Steinalm** (Schneeschuhe sind speziell unmittelbar nach Schneefällen empfehlenswert). Dabei gibt es immer wieder Tiefblicke auf das Nadelöhr des Alpentransits: auf die Autobahn, die Staatsstraße und die Bahnlinie etwas südlich vom Brennerpass. Oberhalb der Verkehrsachse zeigen sich zahlreiche Lawinenverbauungen, die nach dem Lawinenunglück von 1975 errichtet wurden. Damals sind in einer riesigen Lawine sechs Menschen in ihren Autos ums Leben gekommen und der Pass war zwei Wochen lang unpassierbar.

Mit Erreichen des Almbereiches geht's nun ohne weitere große Aufstiege nordwärts Richtung Sattelbergalm, wobei auch die **Staatsgrenze** passiert wird. Vom breiten Weg zweigt jenseits der Grenze ein Steig (Mountainbike-Schiebestrecke) links bergauf zum Sattelberg (2115 m) ab, meist ist er von Skitourengehern bei entsprechender Schneelage bereits gespurt. Gipfelwillige Wanderer sind

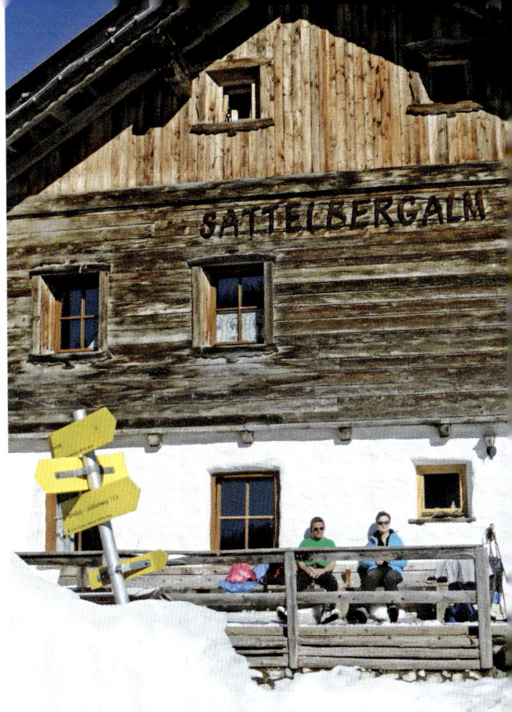

Ein Platz an der Sonne: Das tut gut!

(Schneeschuhe empfehlenswert!) von dort in ca. 1 Stunde (400 Hm) am beliebten **Gipfel**. Von der Abzweigung ist dann bald die bewirtschaftete **Sattelbergalm** erreicht.

Kurz vor der Alm kommen Sie auf die ehemalige Skipiste und damit ins freie Almgelände, das den Blick übers Wipptal hinaus bis zur Nordkette freigibt. Wer mit dem Auto am Brenner steht, der muss auf bekanntem Weg wieder zurück, im Gegensatz zu den Öffi-Benutzern. Von der Alm ist dabei der präparierte Rodelweg nach **Vinaders** zu empfehlen (Rodelverleih in der Alm), allerdings hat die Strecke einige Flachstellen. Alternativ könnte man auch über die ehemalige Skipiste nach Gries absteigen und – wie von Vinaders – dann mit dem Bus nach Steinach zum Bahnhof zurückkehren.

95 Simmeringalm (1813 m)

Das Mieminger Plateau auf dem Präsentierteller

P Grünberglift 1033 m	Abzweig am Zwischensimmering, 1318 m	Simmeringalm 1813 m	Zwischensimmering 1318 m	P Grünberglift 1033 m
2,8 km, 1 Std. ↑ 305 Hm ↓ 20 Hm	3,5 km, 1¼ Std. ↑ 500 Hm	3,5 km, 50 Min. ↓ 500 Hm	2,8 km, 40 Min. ↓ 305 Hm ↑ 20 Hm	

3¾ Std. | 12,6 km | ↑↓ 825 Hm

Ausgangsort: Gratis-Parkplatz kurz vor dem Grünberglift (1033 m)

Anfahrt mit Öffis: Linie 4176, Haltestelle „Obsteig Mooswaldsiedlung"

Anfahrt mit Pkw: In Obsteig beim Hotel Bergland nach Süden (die Abzweigung befindet sich von der Kirche noch 1,2 km westwärts an der Hauptstraße) zum Grünberglift

Charakter: Lange, aber problemlose Wanderung auf präparierter Rodelbahn zu einer der aussichtsreichsten Almen in weitem Umkreis. Alternativaufstieg auf schmalem Bergsteig möglich.

Einkehrmöglichkeit: Simmeringalm, geöffnet ab ca. Mitte Dezember bis ca. Ende März sowie von Mai bis ca. Ende Oktober; Montag Ruhetag. Tel. +43/664/23 05 745, oder +43/660/57 23 799

Die Simmeringalm am östlichen Ausläufer des Tschirgant besticht mit unvergleichlicher Aussichtslage: Wie am Präsentierteller zeigen sich das Mieminger Plateau, begrenzt von der Mieminger Kette, die Hohe Munde und das Oberinntal im Großraum Telfs sowie die westlichsten Karwendelberge, die das Seefelder Plateau überragen. Aber auch der Ausblick nach Süden auf die Bergkette zwischen dem Kühtai und dem Inntal erweist sich als erstklassig. Dabei beeindruckt vor allem der Acherkogel, der wie ein Pförtner den Blick ins Ötztal empfängt.

Auch er fühlt sich auf der Simmeringalm pudelwohl!

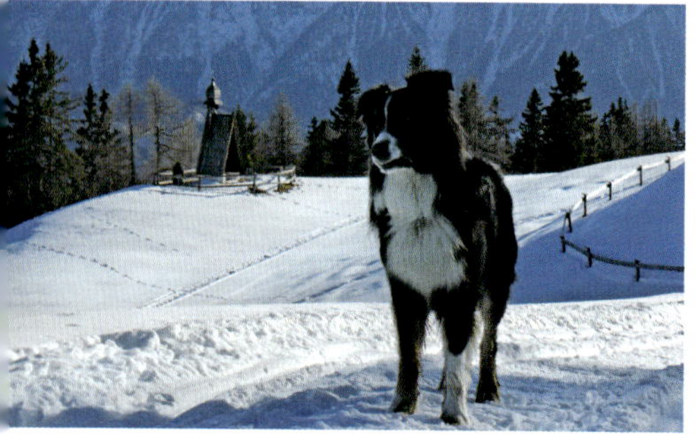

Wegverlauf: Den Ausflug zur Simmeringalm starten Sie in **Obsteig**, in unmittelbarer Nähe des Grünbergliftes. Ein stattlicher Aufstieg ist dem genussreichen Ausblick oben auf der Simmeringalm vorangestellt. Rodelfreunde können/sollten ihr Sportgerät bei dieser Tour trotz einiger Flachstücke mitbringen.

Der erste Abschnitt am gewalzten Forstweg kreuzt zweimal die Skipiste und erreicht den **Zwischensimmering**, den langgezogenen, flachen Sattel zwischen Grünberg und Simmering. Wenig romantisch ist dieser Einschnitt auch von der alles andere als dezenten Hochspannungsleitung genützt, die hier den Stromtransit nach bzw. von Deutschland ermöglicht. Mit Ansteigen des Weges entschwindet die unentbehrliche Infra-

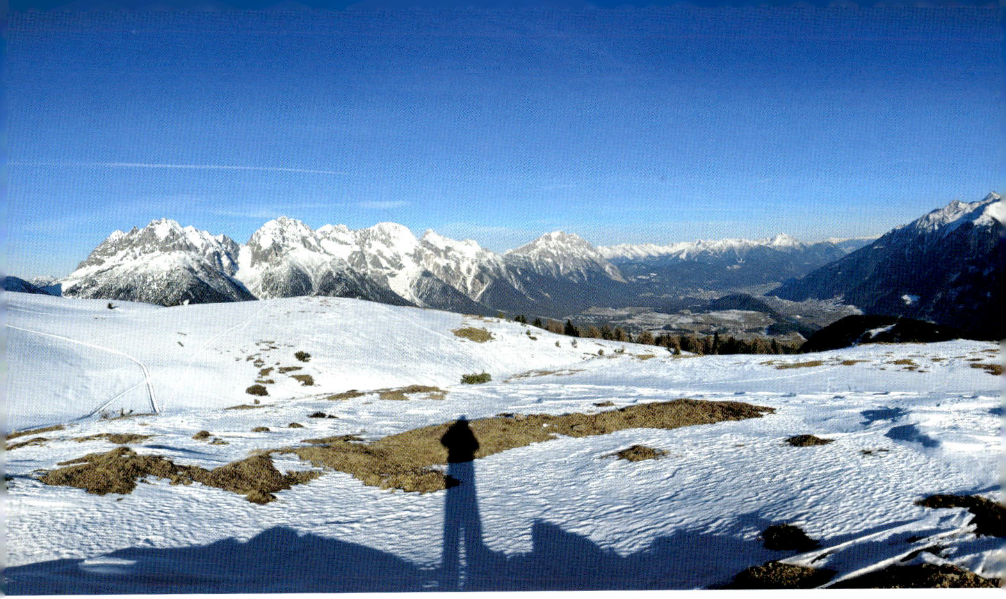

Beim Wetterkreuz oberhalb der Simmeringalm öffnet sich der Blick übers Mieminger Plateau.

struktur bald schon den Blicken und die Mieminger Bergkette bringt dem Auge einen erfreulichen Ersatz.

In sieben Kehren schrauben Sie sich nun stetig ansteigend im Wald zur freien Almfläche der **Simmeringalm** hinauf. Nach gut 2 Stunden und 6,3 km öffnet sich der Blick ostwärts auf das weitläufige Mieminger Plateau mit einer kleinen Kapelle im Vordergrund und weit darüber hinaus. Oft angespurt und ohne Ski und Schneeschuhe machbar, lässt sich das oberhalb der Alm gelegene **Wetterkreuz** (1942 m) erwandern.

Alternativ zur Forststraße können Sie die Simmeringalm auch auf direkterem Weg – am **Alpsteig** – erreichen. Kurz nach dem Start am Parkplatz leiten Wegweiser zu diesem Steig, der der Alm zielstrebig entgegensteuert und von Schneeschuhwanderern und Fußgängern gut ausgetreten ist. Die Rückkehr erfolgt am meist bestens zum Rodeln präparierten Forstweg.

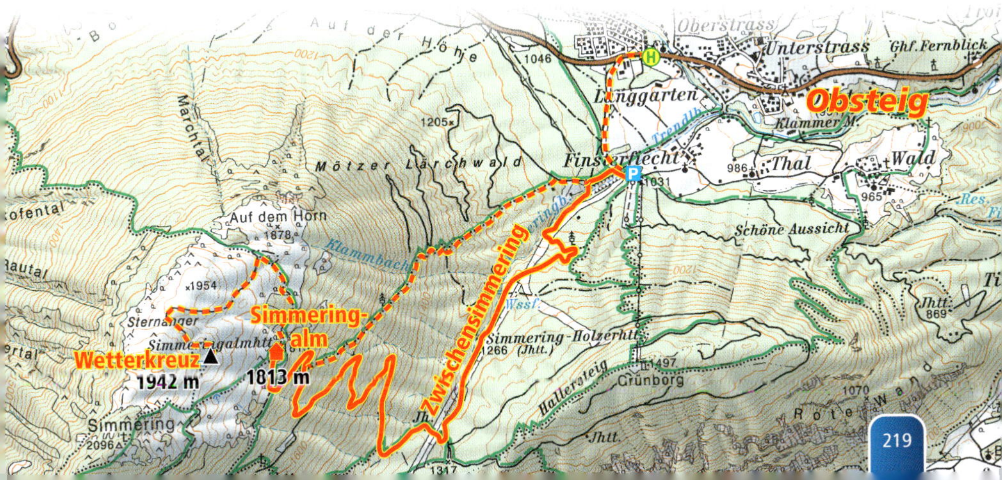

96 Wettersteinhütte (1717 m)

Ein sonniger Logenplatz mit unglaublicher Fernsicht

P Stupfer 1200 m	Abzweig Sommerweg 1460 m	Wettersteinhütte 1717 m	Forststraße 1460 m	P Stupfer 1200 m
2,0 km, ¾ Std. ↑ 260 Hm	2,1 km, ¾ Std. (Forststraße) ↑ 260 Hm	1,1 km, ½ Std. ↓ 260 Hm	2,0 km, ½ Std. ↓ 260 Hm	

2½ Std. | 8,2 km | ↑↓ 520 Hm

Ausgangsort: Leutasch, Eingang Gaistal, Parkplatz Stupfer (der zweite gebührenpflichtige Parkplatz)

Anfahrt mit Öffis: Regionalbus 4184 (von Seefeld), Haltestelle „Klamm"

Anfahrt mit Pkw: Von Telfs oder Seefeld nach Leutasch in den nordwestlichsten Ortsteil Klamm und dort ins Gaistal bis zum zweiten der gebührenpflichtigen Parkplätze

Charakter: sonnige, aussichtsreiche Tour – auch ohne Schneeschuhe machbar

Einkehrmöglichkeit: Wettersteinhütte, www.wettersteinhuette.at, im Winter von ca. Mitte Dezember bis ca. Ostern geöffnet, Tel. +43/664/89 58 227

„Da hat sich der Herrgott was gedacht, als er dieses Platzl erschaffen hat", meint der Hüttenwirt der Wettersteinhütte. Man kann ihm nicht widersprechen, wenn man bei Sonnenschein von der Hüttenterrasse „ins weiße Land" schaut. Im Herzen des Wettersteingebirges, auf einem Hügel an der Sonnenseite logierend, schweift der Blick von der nahen Hohen Munde südwärts zu den Stubaier Alpen mit den Kalkkögeln, zu den Zillertaler Alpen und dem Karwendelgebirge. Als Rodelausflug ist die Wettersteinhütte bedingt geeignet, denn die stets geöffnete Abfahrt am Sommerweg ist zum Rodeln extrem steil und schmal. Ist die ausholende Forststraße geöffnet, ist die Rodel eher angebracht, wobei neben steilen Abschnitten dort leider auch sehr flache Stellen (mit Ziehen) warten.

Wegverlauf: Das Gaistal im nordwestlichen Eck der weit verstreuten Weiler von Leutasch ist der Ausgangspunkt. Vom Ortsteil **Klamm** geht's ca. 1,4 km bis zum zweiten gebührenpflichtigen Parkplatz beim Stupfer, wo gut beschildert der Aufstieg beginnt. Wer öffentlich anreist, kann direkt von der Haltestelle „Klamm" rechts

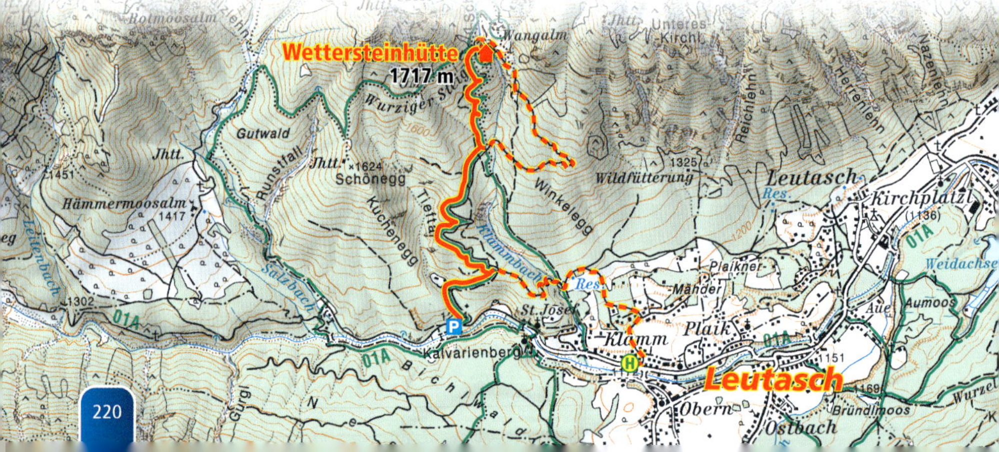

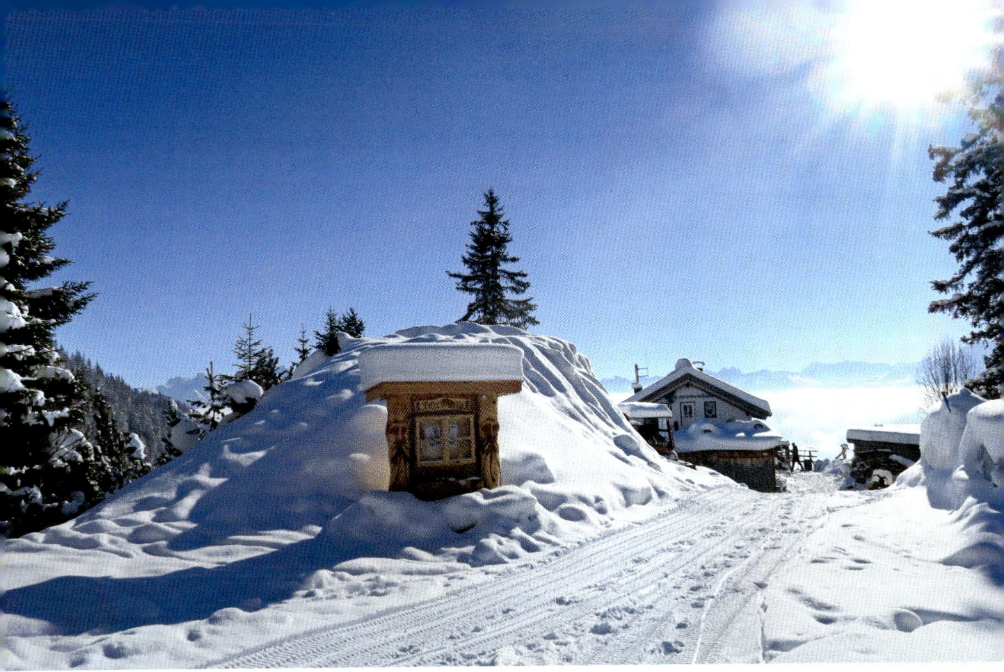

Ein paar Schritte noch, dann heißt's auf der Terrasse der Wettersteinhütte rasten und „sonnelen".

vom „Fiaker" bei den Schildern starten und trifft nach leichtem Anstieg und Querung später mit der Route der „Autoangereisten" zusammen. Letztere haben gleich zu Beginn eine flotte Steigung zu absolvieren: ein kleiner Vorgeschmack für den Großteil der verbleibenden 500 Höhenmeter, speziell dann, wenn der ausholende Forstweg – wie mehrmals in jedem Winter – im oberen Teil lawinenbedingt gesperrt ist und nur der steile Sommerweg zur Verfügung steht.

Die Aufstiegsroute verläuft stets im Wald, wobei es aber doch immer wieder Ausblicke gibt, wie zum Beispiel hinüber zur Hohen Munde und in das Gaistal. Der oberste Abschnitt muss, wie bereits erwähnt, immer wieder auf dem ansehnlich steilen Steig bewältigt werden. Dabei macht man auf kurzer Strecke ordentlich Höhenmeter. Dieser **„Sommerweg"** wird vom Hüttenwirt mit dem Schneewiesel stets bestens präpariert. Die Wanderung kann daher problemlos ohne Schneeschuhe unternommen werden. Zum Rodeln eignet sich diese Strecke aufgrund der Steilheit und der geringen Breite kaum. Man würde nicht nur sich selbst, sondern auch aufsteigende Wanderer gefährden.

Weniger schweißtreibend, aber 1 km länger ist der weitausholende Forstweg. Nach 1½ bis 2 Stunden Aufstieg erreichen Sie die **Wettersteinhütte**, die knapp über der Waldgrenze mit freiem Blick nach Süden residiert. Oberhalb der Hütte ist ein weiter Kessel, der von den Felswänden des Oberreintalschrofens und der Scharnitzspitze gekrönt wird.

Zurück geht's auf bekanntem Weg, wobei für den Zufuß-Abstieg auf alle Fälle der direkte Sommerweg vorteilhaft ist.

97 Von Niederthai ins Horlachtal

Winteridylle über dem Ötztal

Niederthai 1545 m		Larstigalm 1777 m		Schweinfurter Hütte 2034 m		Larstigalm 1777 m		Niederthai 1545 m
	3,3 km, 1 Std. ↑ 230 Hm		2,7 km, 1 Std. ↑ 260 Hm		2,7 km, ¾ Std. ↓ 260 Hm		3,3 km, ¾ Std. ↓ 230 Hm	

3½ Std. | 12 km | ↑↓ 490 Hm

Ausgangsort: Niederthai (1545 m), gebührenpflichtiger Parkplatz

Anfahrt mit Öffis: Regionalbus 4194 (von Ötztal Bahnhof) bis Haltestelle „Umhausen Feuerwehrhaus"; von dort mit dem Ski- und Langlaufbus bis Niederthai

Anfahrt mit Pkw: Im Ötztal bis nach Umhausen, von dort über die Bergstraße nach Niederthai (7 km)

Charakter: Einfache Wanderung in ein wunderbares Hochtal des Ötztales. Option zum Rodeln, wobei der Schlussteil aufgrund fehlender Steilheit wegfällt.

Einkehrmöglichkeiten: Larstigalm, Infos zu Öffnungszeiten auf Facebook „Jausenstation Larstighof", Tel. +43/664/39 40 787; Schweinfurter Hütte, www.dav-schweinfurt.de, geöffnet nach Weihnachten bis ca. Heilige Drei Könige sowie Anfang Feber bis Mitte/Ende April je nach Schneelage, Tel. +43/664/92 57 659

Das Horlachtal ist ein Seitental des Ötztales und gerade ab der Ortschaft Niederthai ungemein idyllisch und einsam, ganz besonders im Winter. Winterwanderer, Skitourengeher, Rodler und Langläufer suchen in den kalten Wochen des Jahres im Horlachtal Entspannung, Ausgleich und Ruhe. Mit zwei Einkehrmöglichkeiten kommt dabei auch das leibliche Wohl nicht zu kurz. Der Winterwanderweg ist stets gewalzt und zieht entlang des Horlachbaches taleinwärts.

Die Horlachalm im Winterschlaf

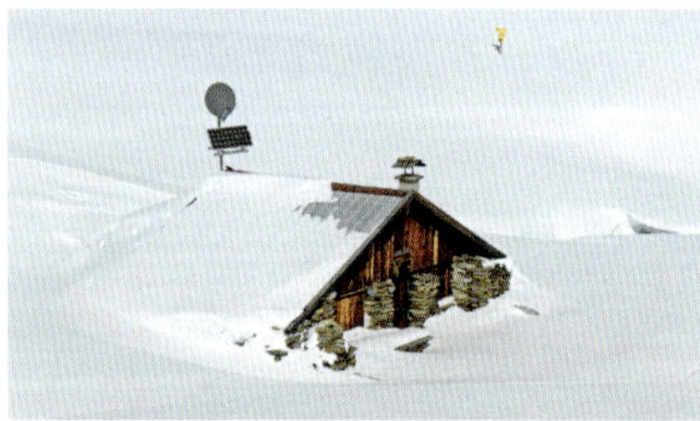

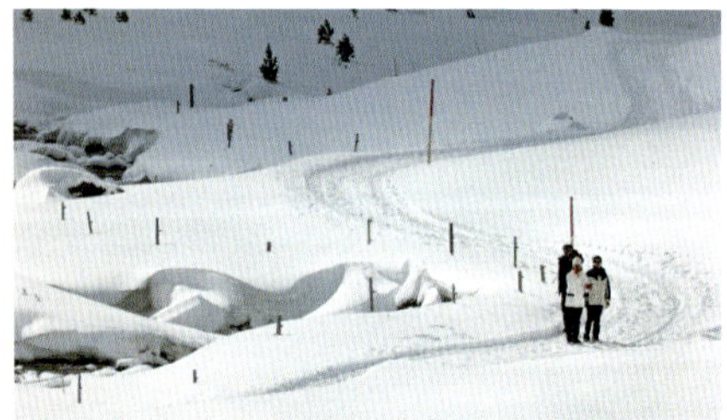

Wegverlauf: Startpunkt ist der große gebührenpflichtige Parkplatz in **Niederthai**. Anfangs nahezu ohne Steigung, erst später mit etwas mehr Anstrengung wandern Sie in das **Horlachtal** und genießen dabei stets den Ausblick auf stolze Berggestalten, die links und rechts des Tales hoch aufragen. Nach rund einer Stunde erreichen Sie die Jausenstation **Larstigalm** (1777 m) – mit der kleinen Kapelle vor der Alm ergibt sich ein seelenschmeichelndes Winteridyll.

Nach der Larstigalm wird's deutlich steiler am Weg zur Schweinfurter Hütte. Der

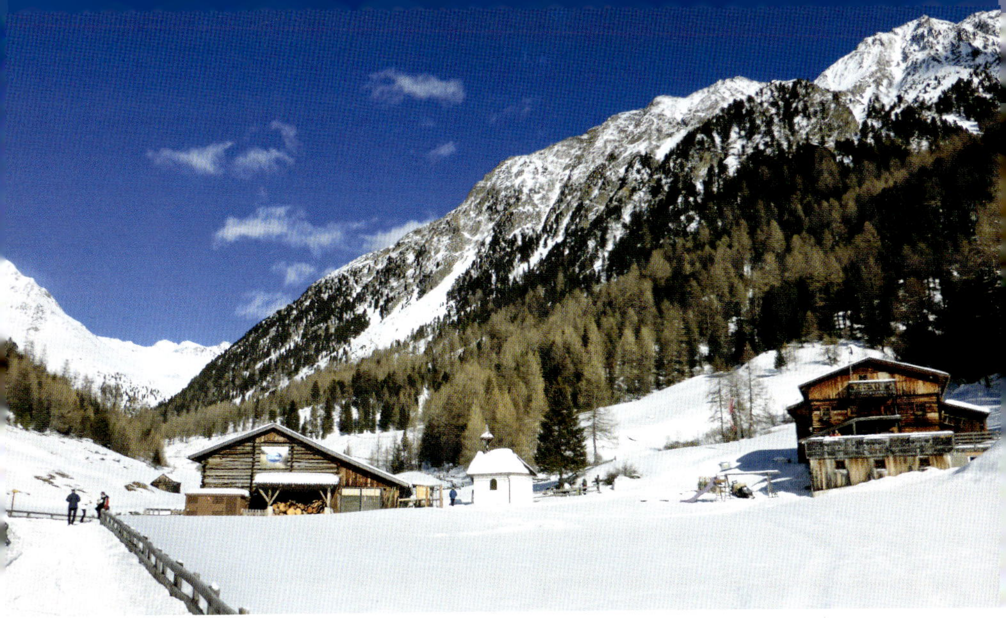

Bis zur Larstigalm ist der Weg noch flach.

Winterwanderweg wechselt die Bachseite, zieht an der nur im Sommer bewirtschafteten **Horlachalm** vorbei und erreicht schließlich die **Schweinfurter Hütte**. In der Alpenvereins-Schutzhütte teilen sich dann Skitourengeher, Rodler, Wanderer und hin und wieder sogar einige Langläufer die gemütliche Gaststube. Der Ausblick auf die umgebenden Gipfel, von denen zahlreiche die 3000-Meter-Marke überragen, gibt der Wanderung eine besondere, hochalpine Note.

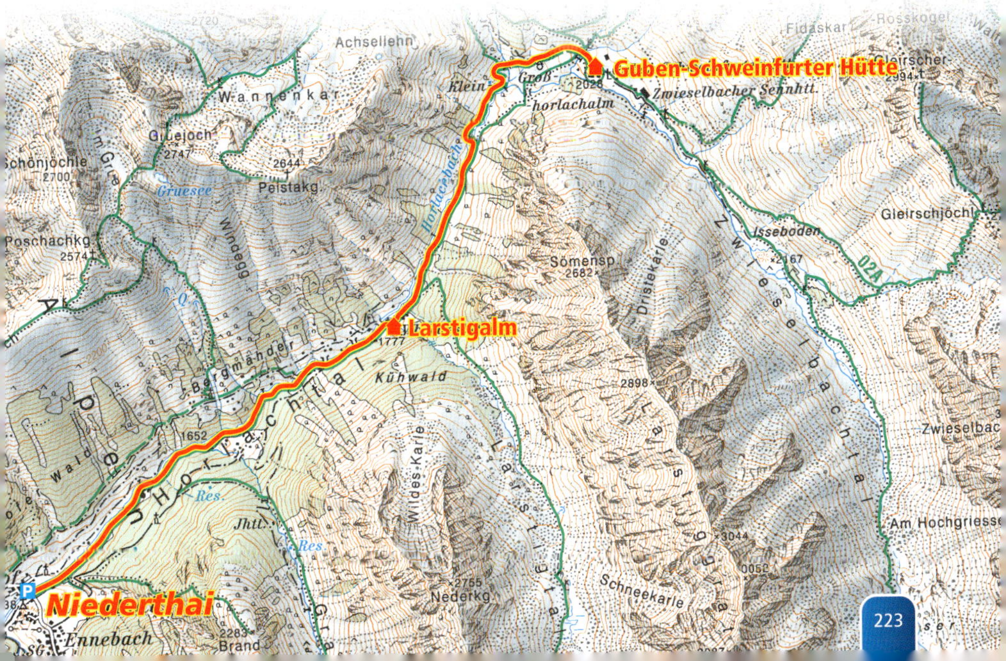

98 Latschenhütte (1623 m)

Eine heimelige Pilgerstätte der Imster

Rastbühel 980 m		Abzweig Hochimst 1035 m		Freies Almgelände 1550 m		Latschenhütte 1623 m		Rastbühel 980 m
	0,8 km, ¼ Std. ↑ 55 Hm		4,4 km, 1½ Std. ↑ 515 Hm		0,6 km, ¼ Std. ↑ 75 Hm		5,8 km, 1½ Std. (zu Fuß) ↓ 645 Hm	

3½ Std. | 11,6 km | ↑↓ 645 Hm

Ausgangsort: Imst, Rastbühel

Anfahrt mit Öffis: Regionalbus Imst 1/Imst 2 bis Haltestelle „Imst/Rastbühel-Hochbehälter" (von Imst/Postterminal, dorthin von Bahnhof Imst z. B. mit Imst 4 oder Regionalbus 4204)

Anfahrt mit Pkw: Von Imst in Richtung Hahntennjoch (während der Wintermonate sind die Richtungspfeile durchgestrichen) fahren – so kommt man oberhalb der Siedlung zum Parkplatz beim Hochwasserbehälter.

Charakter: Lange, sanft ansteigende Wanderung, lange Zeit im Wald und abschließend in der eindrucksvollen Bergkulisse der Imster Hausberge; Rodelbahn, für Schneeschuhgeher gibt es eine empfehlenswerte Variante.

Einkehrmöglichkeit: Latschenhütte, www.latschen.at, geöffnet ab 26.12. bis Ostern, nach den Weihnachtsferien Montag Ruhetag, Tel.: +43/664/98 59 424

Das alpine Naherholungsgebiet der Imster ist das Ruhegebiet Muttekopf, ein weitläufiger Talkessel, der sich nördlich von Imst befindet. Steht in den Sommermonaten die 350 Höhenmeter höher gelegene Muttekopfhütte im Fokus der Imster Bergler, ist es im Winter die Latschenhütte. Eindrucksvolle Berggestalten reihen sich im fast geschlossenen Kreis „hinter" der Latschenhütte aneinander. Fast wirkt es, als ob sich die Hütte in Anbetracht der eindrucksvollen Berge, ganz untertänig in die Landschaft duckt.

Nein, kein Sitzstreik – nur eine kleine Pause, denn es ist ja soo weit!

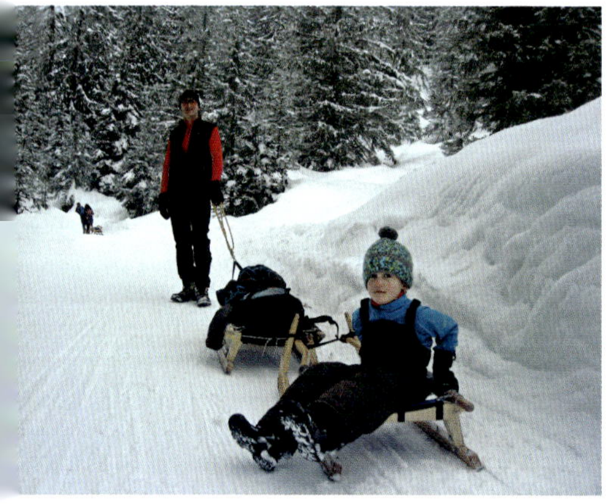

Wegverlauf: In der unübersichtlichen Kreisverkehrwelt von Imst hält man sich an die im Winter mit dem Vermerk „gesperrt" versehenen Wegweiser in Richtung „Hahntennjoch". So kommt man am östlichen Stadtrand von Imst entlang zum Gasthof Hirschen im nördlichen Zentrum und von dort weiter durch die Siedlung hinauf zum gebührenfreien Parkplatz beim Hochwasserbehälter im Ortsteil **Rastbühel** (= Rastbichl).

Gut beschildert geht's nun zu Fuß durch den lichten Wald in gutmütiger Steigung bergwärts. Die Ausblicke sind lange Zeit bescheiden, nur ab und an gibt es einen

Blick auf Imst oder auf die Berge oberhalb des angepeilten Ziels. Schneeschuhwanderer verlassen die Rodelbahn nach ca. ¼ Stunde in Richtung Hoch-Imst, um dann nach weiteren 20 Minuten auf den alten Fußweg (Nr. 17) zur Latschenhütte einzubiegen. Dieser alte Almweg ist die Strecke der Tourengeher und Schneeschuhwanderer. Ein Wegkreuz auf einem großen Stein am Beginn des freien Almgeländes der **Obermarkter Alm** vereint den Aufstieg der Wanderer, Rodler, Schneeschuhgeher und Skitourengeher. Wer sich über das etwas eigenwillig platzierte Wegkreuz wundert, dem sei verraten, dass dieser Platz sich angeboten hat, nachdem mit dem Bau des breiten Almweges der angestammte Platz verloren ging – so zumindest die Erzählung von Waltraud Nothdurfter, der legendären Hüttenwirtin der Latschenhütte.

Bei diesem Kreuz öffnet sich der Blick auf die imposante Bergkulisse des Muttekopf-Gebietes und es verbleibt noch etwa ¼ Stunde Gehzeit, bis Sie die Hüttenwirtin persönlich kennenlernen. Die **Latschenhütte** ist allerdings kein sich abzeichnender Blickfang, denn die Hütte duckt sich förmlich in den Hang und zeigt sich damit leider als Fotomotiv eher widerspenstig. Umso herzlicher ist meist die Stimmung in der Hütte.

Der **Rückweg** nach Imst erfolgt auf bekanntem Weg. Die Rodelstrecke ist nicht besonders steil und lässt sich auch von Kindern gut meistern.

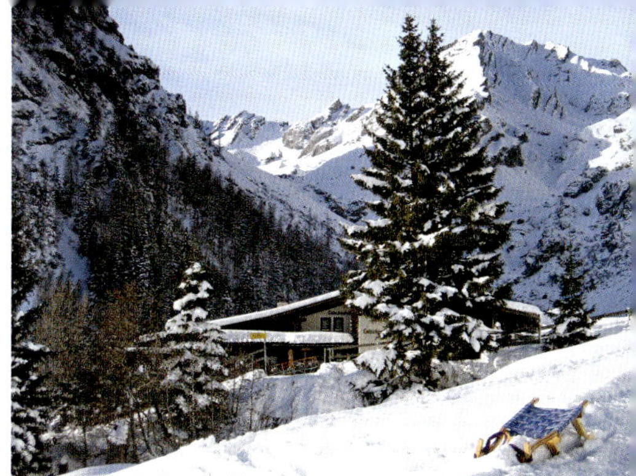

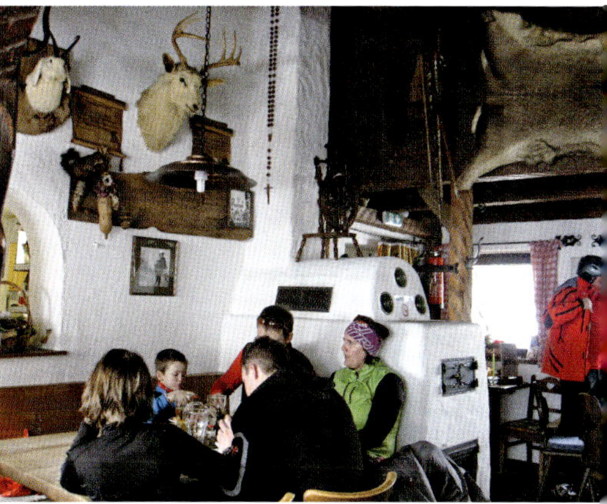

In der Latschenhütte (oben) sind die Plätze am Ofen sehr begehrt.

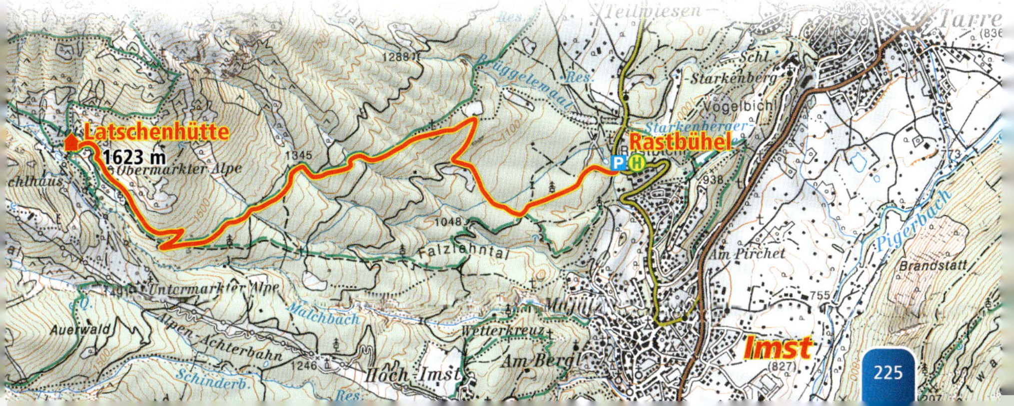

99 Sinnesbrunn (1520 m)

Wo einst schon die Knappen hinpilgerten

Obtarrenz 1018 m	Kappakreuz 1240 m	Sinnesbrunn 1520 m	Sinnesgatterl 1680 m	Sinnesbrunn 1520 m	Obtarrenz 1018 m
2,0 km, 40 Min. ↑ 220 Hm	2,0 km, 50 Min. ↑ 280 Hm	1,6 km, ½ Std. ↑ 160 Hm	1,6 km, 20 Min. ↓ 160 Hm	4,0 km, 1 Std. ↓ 500 Hm	

3 Std. | 11,2 km | ↑↓ 660 Hm

Ausgangsort: Obtarrenz

Anfahrt mit Öffis: Regionalbus 4206 (von Landeck über Imst) bis Haltestelle „Obtarrenz"; nur sehr wenige Verbindungen, an Wochenden keine. Alternativ bis Tarrenz Ort fahren und dann zu Fuß nach Obtarrenz. Man muss dabei nicht den gesamten Weg auf der öffentlichen Straße gehen. Rund 300 m nach der Querung des Salvesenbaches zweigt links ein schöner Steig zum Ort ab.

Anfahrt mit Pkw: Von Imst in Richtung Fernpass ins Gurgltal bis zum ersten Ort Tarrenz. Im Ortszentrum links aufwärts nach Obtarrenz. In Obtarrenz entweder in der Nähe der kleinen Kapelle parken oder vorher links aufwärts abbiegen und in der Nähe von Feuerwehrhaus und Bushaltestelle parken.

Charakter: Ruhige Winterwanderung durch schönen Wald auf meist angetretenem Pfad, am Sinnesgatterl herrliche Ausblicke

Wo einst Bergknappen ein Gnadenbild Marias schon lange Zeit verehrt haben, wurde 1777 eine erste kleine Kapelle erbaut, die 1829 durch eine kleine Wallfahrtskirche ersetzt wurde. Der Wallfahrtsort gewann somit deutlich an Bekanntheit. Neben Wallfahrern sind es nun vor allem Wanderer, die inzwischen das ganze Jahr über, auch speziell im Winter, nach Sinnesbrunn pilgern. Die südseitige Lage ermöglicht oft nahezu schneefreies Winterwandern. Bei Schneelage sind Schneeschuhwanderer unterwegs, die stets für einen gut angetretenen

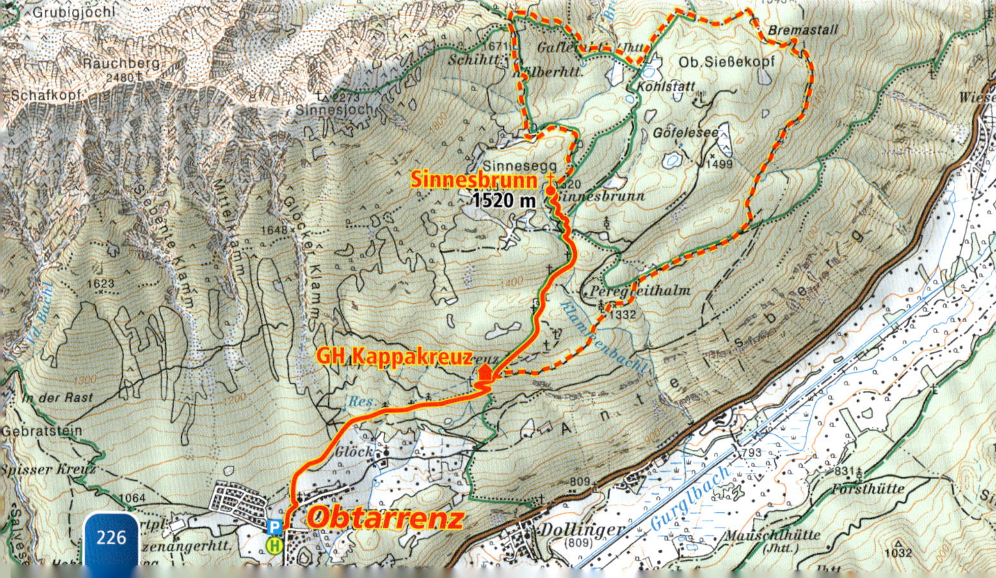

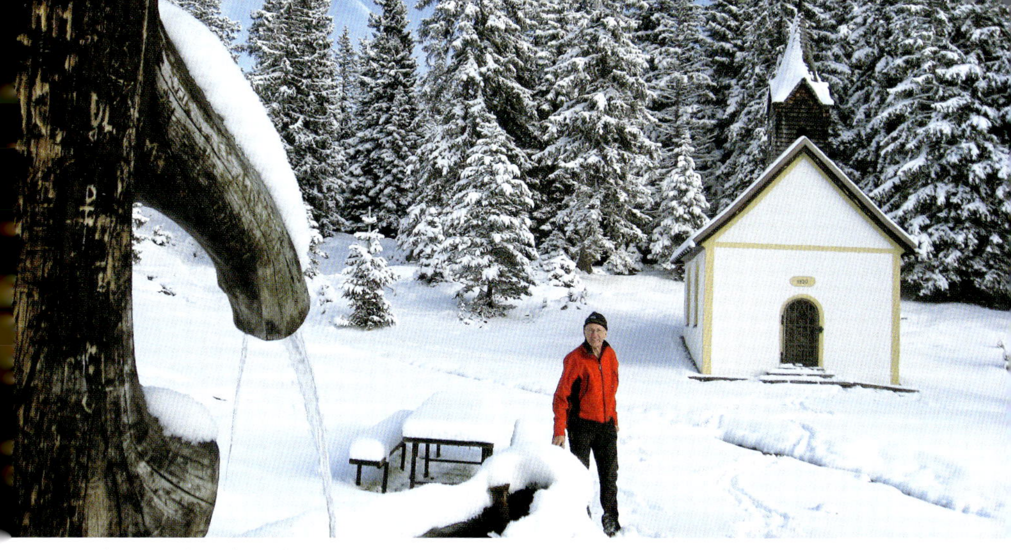

Sinnesbrunn: ein besonderer Platz mitten im Wald

„Wallfahrtsweg" auch für jene ohne Schneeschuhe sorgen. Der erste Teil des Anstieges bis zum Kappakreuz wird, wenn es die Verhältnisse zulassen, auch als Rodelbahn präpariert.

Wegverlauf: Die Wanderung startet in **Obtarrenz** – entweder im Bereich der kleinen Kapelle im Ort oder parktechnisch besser im Bereich der Feuerwehrhalle/Bushaltestelle. Zu Beginn folgen Sie dem Forstweg über Wiesen in den Wald nach **Kappakreuz** (ehemals Gh. Waldrast, 1240 m). Dieser Abschnitt wird auch immer wieder zum Rodeln präpariert.

Ab dem Kappakreuz wählen Sie für den weiteren Aufstieg den breiten Steig mit den Kreuzwegstationen. Gemütlich ansteigend gewinnen Sie im lichten Wald an Höhe. Mehrmals gibt es Ausblicke ins Gurgltal und auf das Sinnesjoch (2273 m). Gerade nach ersten Schneefällen ist die Wanderung im Wald äußerst romantisch und beschaulich. Nach insgesamt ca. 1½ Stunden erreichen Sie die freie Lichtung mit der **Wallfahrtskirche Sinnesbrunn** (1520 m). Für einige ist dies das Ziel der Wanderung, allerdings ist der weitere Aufstieg zum sogenannten Sinnesgatterl (1680 m) auf der östlichen Gratschulter des Sinnesjochs (2273 m) absolut empfehlenswert und meist als eigentliches Ziel auserkoren.

Über einen ehemaligen Erzbringungsweg kommen Sie auf den flachen **Sinnesboden**. Von dort geht's am Pfad an der Bergwachthütte vorbei hinauf zum **Sinnesgatterl** (1680 m) auf dem Grathausläufer, wo der Sommersteig sich verzweigt: einmal am Grat zum Sinnesjoch links aufwärts und weiters leicht fallend nordwärts in Richtung Alpleskopf. Am Sinnesgatterl präsentiert sich ein wunderbarer Ausblick: Zum Beispiel zeigen sich die Zugspitze, die Hohe Munde und der Große Solstein mit Blick nach Nordosten/Osten.

Zurück geht's auf bekanntem Weg, wobei sich für Ausdauernde die Runde über Kohlstatt, Bramastall und dann am Forstweg zurück nach Kappakreuz anbietet.

100 Gogles Alm (2017 m)

Auf der aussichtsreichen Südseite des Venet

P Abzweig Gogles Alm 1510 m	Obere Höhe 1640 m	Gogles Alm 2017 m	P Sportcafé 990 m
1,3 km, 25 Min. ↑ 130 Hm	3,7 km, 1 Std. 20 Min. ↑ 380 Hm	5,0 km, ½ Std. (Rodel) ↓ 510 Hm	

2¼ Std. | 10,0 km | ↑↓ 510 Hm

Ausgangsort: Fließ, Parkplatz kurz vor der Pillerhöhe

Anfahrt mit Öffis: Kein Bus-Winterbetrieb von Fließ. Von Imst kommend verkehrt aber der Regionalbus 4204 nach Piller (Haltestelle „Oberpiller"). Von dort gibt es eine interessante Variante zur Gogles Alm.

Anfahrt mit Pkw: Auf der Autobahn durch den Landecker Tunnel, unmittelbar danach nach Fließ abzweigen, hinauf in den Ort und dann weiter in Richtung Pillerhöhe/Naturparkhaus. Kurz vor Erreichen des Naturparkhauses kommt man zum geräumigen, gebührenfreien Parkplatz rechts der Straße. Alternativ kann man auch von Imst ins Pitztal bis Wenns und dann über Piller zum Ausgangspunkt gelangen.

Charakter: Die herrliche Lage der Alm lockt Winterwanderer, Rodler, Schneeschuhgeher und Tourengeher. Entlang der Rodelbahn einfacher, über den Steig ein etwas anspruchsvollerer Aufstieg

Einkehrmöglichkeit: Gogles Alm, www.gogles-alm.at , ab 26. 12. bis zum Ende der Weihnachtsferien täglich geöffnet, danach bis Ostern jeweils an den Wochenenden von Freitag bis Sonntag, Tel. +43/660/54 99 084

Auf der Südseite des Venet in sonniger Lage gelegen, besticht die Gogles Alm mit einem unvergleichlichen Ausblick, der von den Lechtaler Alpen über das Verwall und die Silvretta bis zu den Ötztaler Alpen reicht. Besonders eindrucksvoll zeigen sich die die sägezahnartigen Bergzacken des Kaunergrates. Im Blick sind neben den vielen Bergen auch fünf Täler oder zumindest Teile davon: Pitztal, Kaunertal, Oberinntal (Oberes Gericht), Paznauntal, Stanzertal. Der Aufstieg folgt entweder der präparierten Rodelbahn oder bei entsprechenden Verhältnissen und je nach Sportgerät auch dem deutlich steileren Sommersteig.

Wegverlauf: Von Fließ kommend ist der große Parkplatz an der Straße kurz vor der **Pillerhöhe** nicht zu verfehlen. Vom Pitztal, von Piller anreisend, müssen Sie

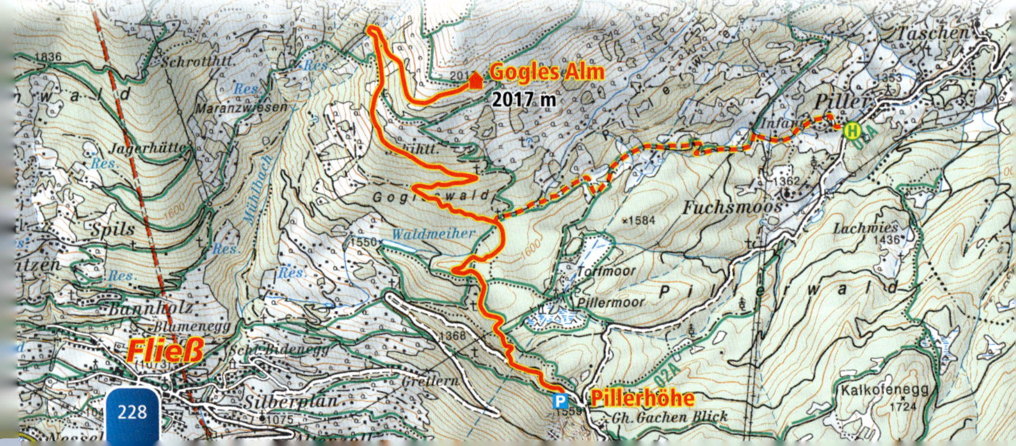

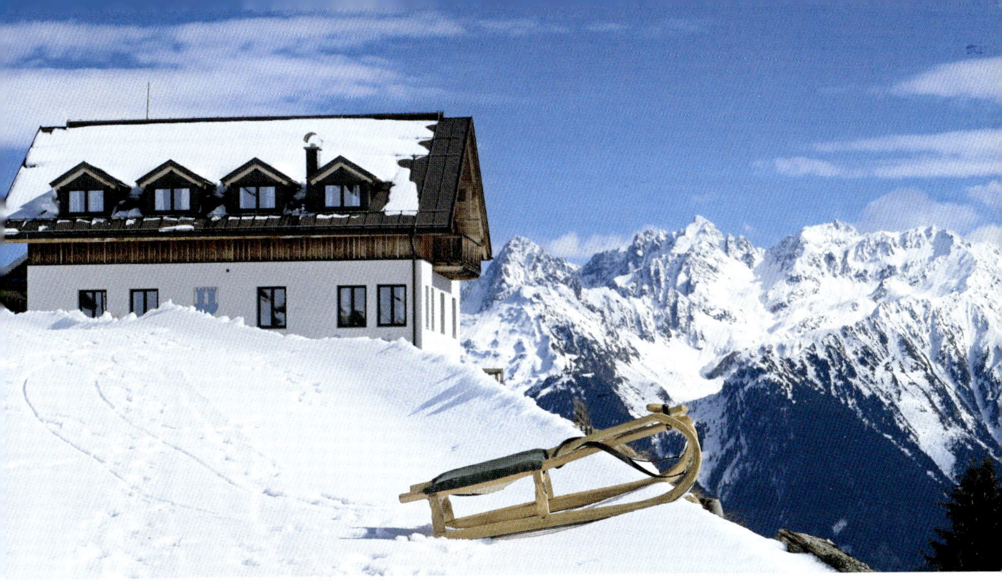

Auch die Rodel scheint sich am Ausblick zum Kaunergrat zu erfreuen.

ein kurzes Stück in Richtung Fließ talwärts fahren. Die Rodelbahn beginnt wenige Meter unterhalb des Parkplatzes beim großen **Wegweiser** Gogles Alm. Gegenüber vom Startpunkt gibt es auch einen stets angetretenen Pfad, der wenig später in den präparierten Forstweg mündet. Bis zur **Oberen Höhe** (Wegkreuz, Hochwasserbehälter) geht's auf der Rodelbahn bergwärts. Dort zweigt der teils ansehnlich steile Sommerweg in direkterer Linie zur Alm ab. Meist ist dieser Weg von Schneeschuhwanderern und Skitourengehern fest angetreten, sodass diese Variante oftmals auch ohne Sportgeräte an den Füßen problemlos zu meistern ist. Gemütlicher und deshalb von Winterwanderern und Rodlern meist gewählt, geht's weiter auf der Rodelbahn bergan. Auch noch im Wald gibt es dabei bereits genussvolle Ausblicke, die dann ab der Waldgrenze hellauf begeistern. Der Blickfang im Westen ist dabei der Hohe Riffler (3164 m), im Nordwesten zeigt sich im Blick vom Skigebiet am Krahberg hinweg der einzige Dreitausender der Nördlichen Kalkalpen: die Parseierspitze (3036 m). Südwärts sind die Gipfel des Glockturms und Kaunergrates beherrschend. Dieser Teil der Aussicht bleibt auch erste Reihe fußfrei nach Erreichen der Gogles Alm auf der sonnigen Terrasse erhalten. Wer keine Rodel mitgenommen hat, bekommt vom Wirt für die flotte Talfahrt eine unentgeltlich geliehen.

Variante mit Öffis: Wer öffentlich anreist, fährt von Imst mit dem Regionalbus 4204 bis nach **Oberpiller**, folgt dort den Wegweisern zur Rodelbahn beim Fischteich/Infang und gelangt auf selbiger bis zu deren Ende bei der **Refenal-Hochwiese**. Von dort rechts aufwärts am beschilderten Steig bis zu einer Forststraße und auf dieser westwärts zum Wegkreuz **„Obere Höhe"** (ab Haltestelle 330 Hm, 3,2 km, ca. 1 Std., Schneeschuhe sehr empfehlenswert). Von dort, wie oben beschrieben, weiter zur **Gogles Alm**.

101 Adlerhorst (1320 m)

Der Haldensee in Vogelperspektive samt Uferspaziergang

Grän P Schachenlifte 1155 m		Adlerhorst 1320 m		Haldensee/Haller 1124 m		Grän P Schachenlifte 1155 m
	2,5 km, 1¼ Std. ↑ 280 Hm ↓ 110 Hm		2,0 km, ½ Std. ↓ 200 Hm		3,5 km, 1¼ Std. ↑ 60 Hm ↓ 30 Hm	

3 Std. | 8 km | ↑↓ 340 Hm

Ausgangsort: Grän, Parkplatz Schachenlifte (1155 m)

Anfahrt mit Öffis: Postbus Linie 4262 ab Reutte bis Haltestelle „Grän Kohlbichl"

Anfahrt mit Pkw: Vom Haldensee kommend beim MPreis rechts ab nach Grän und dann nichts links ins Zentrum, sondern rechts zum Liftparkplatz Schachenlift beim Hotel Sonnenhof

Charakter: Einfache und beliebte Rundwanderung mit wunderbaren Ausblicken auf das Tannheimer Tal und den Haldensee

Einkehrmöglichkeit: Berggasthof Adlerhorst, www.adlerhorst-haldensee.at, geöffnet vom 25. 12. bis kurz nach Ostern, Dienstag und Mittwoch Ruhetag, Tel. +43/5675/8224

Der 1956 erbaute Berggasthof Adlerhorst steht in exponierter und sonniger Lage 200 Höhenmeter oberhalb des östlichen Endes vom malerischen Haldensee. Die Einkehr bietet, wie schon der Name verrät, nahezu eine Greifvogelperspektive auf den See, besonders von der Terrasse aus. Mit dem wohl idealsten Startpunkt in Grän ergibt sich eine wunderbare Rundwanderung mit Besuch des Adlerhorstes und dem Rückweg entlang des Sees.

Dem Haldensee entlang geht's zurück nach Grän.

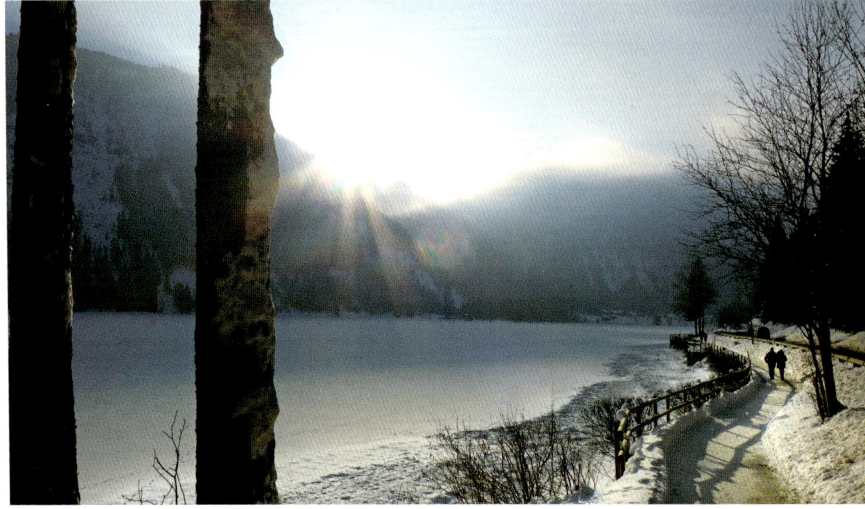

Wegverlauf: Vom **Gratisparkplatz** des Schachenliftes (Skigebiet Füssener Jöchl) leitet mit Start beim Trafohäuschen ein Steig zum Gh. Adlerhorst. Er verläuft rechts der Skipiste über den Bergrücken, der steil zum Haldensee abfällt. Besonders schön sind dabei die Ausblicke westwärts über das Tannheimer Tal und nach Nordosten, wo die Rote Flüh und der Gimpel ihre markanten Felsgipfel ins Firmament recken.

Nach schönen Aussichtswarten erreicht der Steig nahezu am höchsten Punkt der Wanderung einen Forstweg, auf dem es schon bald leicht abwärts zum Gasthaus **Adlerhorst** geht. Die sonnige Lage der luftigen Einkehr hoch überm Haldensee begeistert vor allem auch auf der Terrasse. Die Wirtsstube bietet viel Federvieh: Eine beachtliche Sammlung präparierter Vögel wartet dort, wobei ein Adler mit einem Jungfuchs in den Fängen der absolute „Höhepunkt" dieser ungewohnten Vogelschau ist. Daneben zeugen aber auch handgefertigte Schnitzereien, dass die Wirtsfamilie kulinarische mit handwerklichen Fähigkeiten vereint.

Für den **Abstieg** zum Weiler Haller am Haldensee empfiehlt sich eine Rodel auszuleihen. Von **Haller** spazieren Sie auf der Uferpromenade des zugefrorenen Sees westwärts und sind so schon bald im Weiler **Haldensee**. Kurz nach dem Hotel Liebes Rot-Flüh biegen Sie rechts ab, um sich auf dem Winterwanderweg wieder Grän zu nähern.

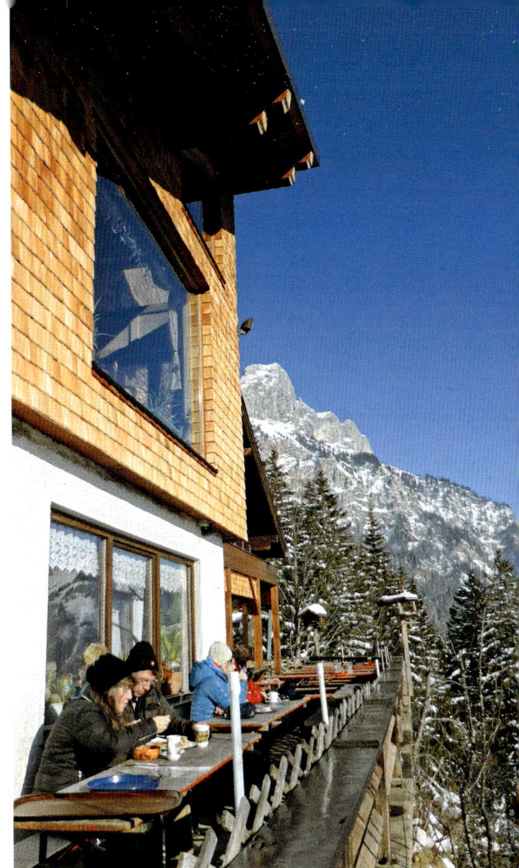

Sonnig und fußfrei im Adlerhorst

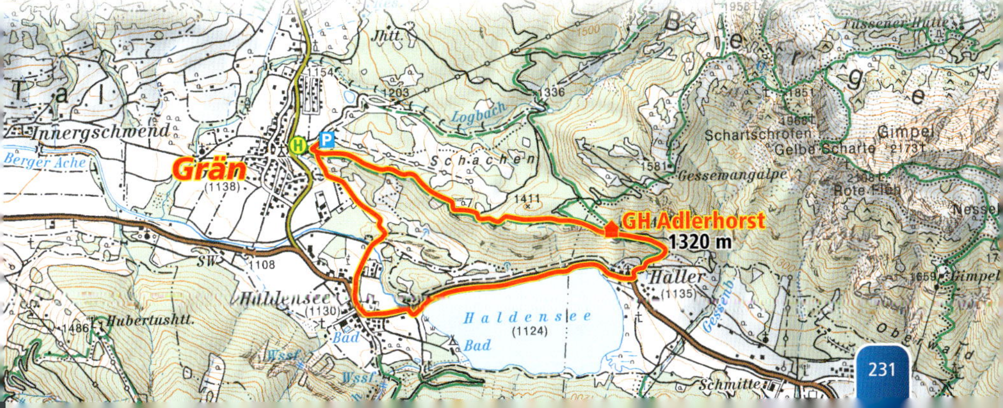

102 Stablalm (1412 m)

Der Balkon vom Lechtal

Elmen P Edelbach 1010 m		Almgelände 1340 m		Stablalm 1412 m		Almgelände 1340 m		Elmen P Edelbach 1010 m
	1,4 km, 1 Std., ↑ 330 Hm 4,0 km, 1½ Std., ↑ 355 Hm		1 km, ¼ Std., ↑ 75 Hm		1 km, ¼ Std. ↓ 75 Hm		1,4 km, ¾ Std., ↓ 330 Hm 4,0 km, 1 Std., ↓ 355 Hm	

2¼ Std. 3 Std.	4,8 km 8 km	↑↓ 400 Hm ↑↓ 425 Hm

Ausgangsort: Elmen (976 m) im Lechtal; Parkplatz am oberen Dorfende beim Edelbach (1010 m)

Anfahrt mit Öffis: Linie 4268 (ab Bahnhof Reutte) bis Haltestelle „Elmen, Hinterweidig"

Anfahrt mit Pkw: Durch das Lechtal nach Elmen und im Bereich der Pfarrkirche nordostwärts den Wegweisern folgend zum geräumigen Parkplatz am Edelbach

Charakter: Beliebte Winterwanderung auf präpariertem Forstweg, alternativ ist im ersten Abschnitt der Aufstieg auch auf schmalem, ansprechend steilem Steig möglich.

Einkehrmöglichkeit: Stablalm, www.stablalm.at, geöffnet vom 26. 12. bis 7. 1. sowie ab ca. 20. 1. bis eine Woche nach Ostern; Sommersaison vom 1. 5. bis ca. 15. 11., Dienstag Ruhetag, Kontakt: +43/676/90 77 525

„Der Balkon vom Lechtal" – damit ist über die Lage der Stablalm schon alles gesagt. Wunderbar sonnig gelegen, begeistert die Alm mit einer einzigartigen Aussicht auf das obere Lechtal. Von der Aussichtsterrasse fängt der Blick 450 m tief unten das kompakte Dörfchen Elmen ein und schweift über den breiten Lechtaler Talboden talaufwärts bis nach Stockach (Bach). Die sonnseitige Lage ist gerade bei Winterwanderungen eine Wohltat und besonderer Genuss. Auch für Rodler ist der Ausflug bei entsprechender Schneelage sehr empfehlenswert, mit der Einschränkung, dass der letzte Teil der Abfahrt größtenteils zu flach zum Rodeln ist.

Beim Bummelaufstieg wartet auch ein Tunneldurchgang.

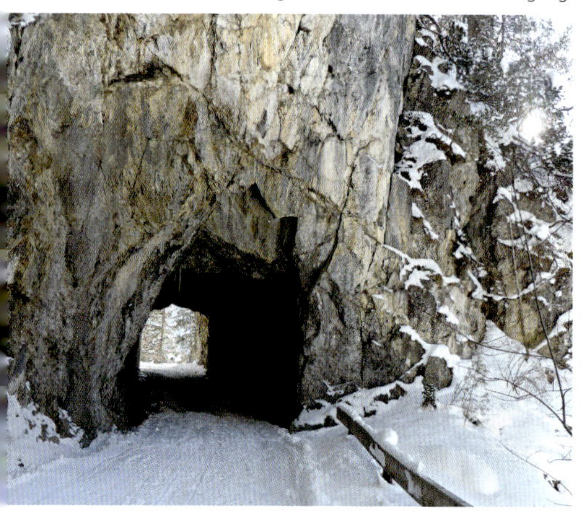

Wegverlauf: Der Aufstieg zur Stablalm bietet eine anspruchsvollere und eine leichte Variante. Vom **Parkplatz am Edelbach**, den Sie zu Fuß in ca. 10 Minuten von der Haltestelle Hinterweidig aus erreichen, folgen Sie dazu entweder dem planierten Forstweg oder dem den ganzen Winter über ausgetretenen Steig links vom Edelbach. Dieser **Steilaufstieg**, der unmittelbar am Parkplatz bergwärts leitet, ist anspruchsvoller,

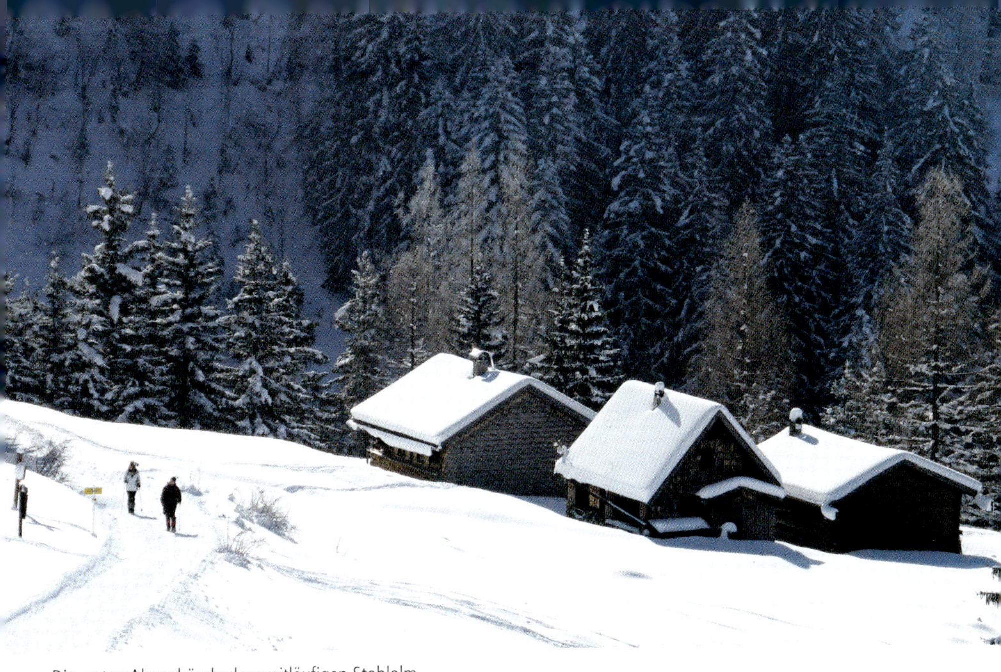

Die ersten Almgebäude der weitläufigen Stablalm

führt aber bei entsprechender Kondition auch schneller ans Ziel. Nach 1,4 km und 330 Höhenmetern mündet der Steig in den deutlich längeren, einfacheren Weg.

Der gemütliche, breite **„Bummelaufstieg"** holt anfangs kaum ansteigend weit aus, mit der ersten „Auftaktkehre" wird es steiler. Vor dem Eintritt ins Almgelände wartet ein kurzer **Felstunnel**, der für Kinder eine besondere Attraktion ist. Später tauchen die ersten urigen Almhütten der **Stablalm** auf – hier öffnet sich auch der Blick auf das freie Almgelände, das von den extrem steilen Flanken der Elmer Kreuzspitze überragt wird. Bei diesen ersten Almen mündet der Steilaufstieg in den breiten Weg ein.

Der letzte Kilometer durch das Almgebiet bringt Sie in Kürze zur bewirtschafteten **Stablalm**. Nach ca. 2 Stunden Aufstieg (Steilaufstieg ca. 1½ Std.) erfahren Sie mit eigenen Augen, dass die Stablalm den Beinamen „Balkon vom Lechtal" zu Recht trägt. Mit der Alm verbunden ist auch eine tragische Geschichte: Am 25. Jänner 1664 hat eine Lawine 40 Männer aus Elmen (bei 135 Einwohnern!) beim Heuziehen von der Stablalm getötet. In den darauf folgenden Jahren sollen, bedingt durch den Männermangel, die Männer der Nachbargemeinde Häselgehr hier geheut und später die Mähder nicht mehr zurückgegeben haben.

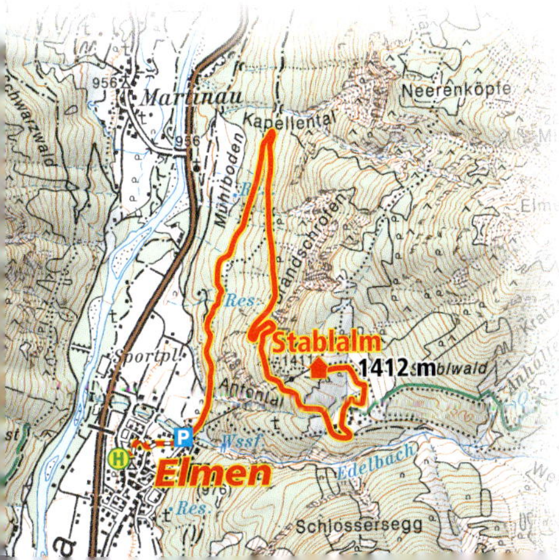

Ortsregister

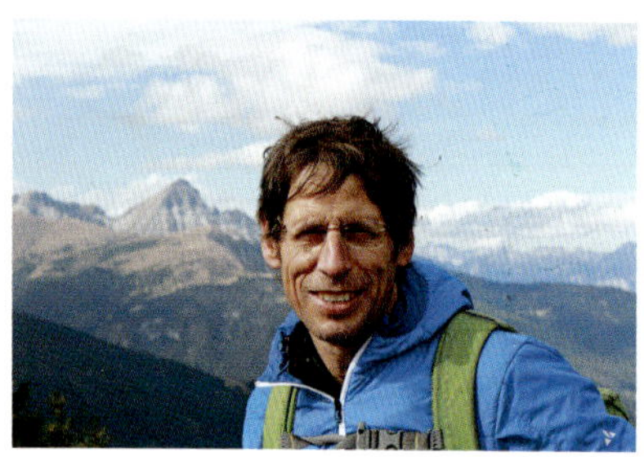

Der Autor

Hubert Gogl, geb. 1966, ist seit 1999 tirolweit den HörerInnen von ORF-Radio Tirol durch die beliebten wöchentlichen Berg-Freizeittipps in Radio und Internet bekannt. Der staatlich geprüfte Berg- und Skiführer und passionierte Allround-Bergsteiger aus St. Jodok am Brenner kennt die Berge seiner Heimat von Kindesbeinen an. Beste Voraussetzungen also für eine umfassende, gediegene Tourenauswahl, zuverlässige Wegbeschreibungen und so manchen Geheimtipp. Bei Tyrolia veröffentlichte er bereits den „Rodelführer Tirol" sowie das „Wipptaler Wanderbuch".

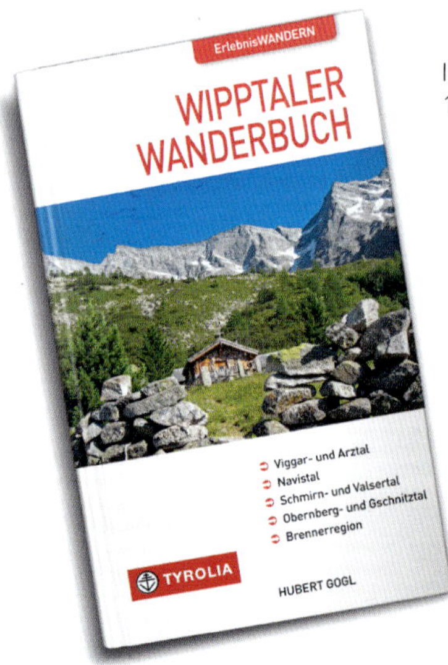

ISBN 978-3-7022-3122-4
17,95 €

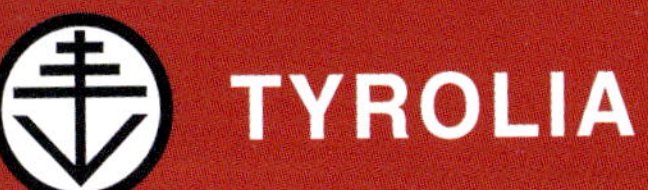

www.tyrolia-verlag.at

Unterwegs in Tirol

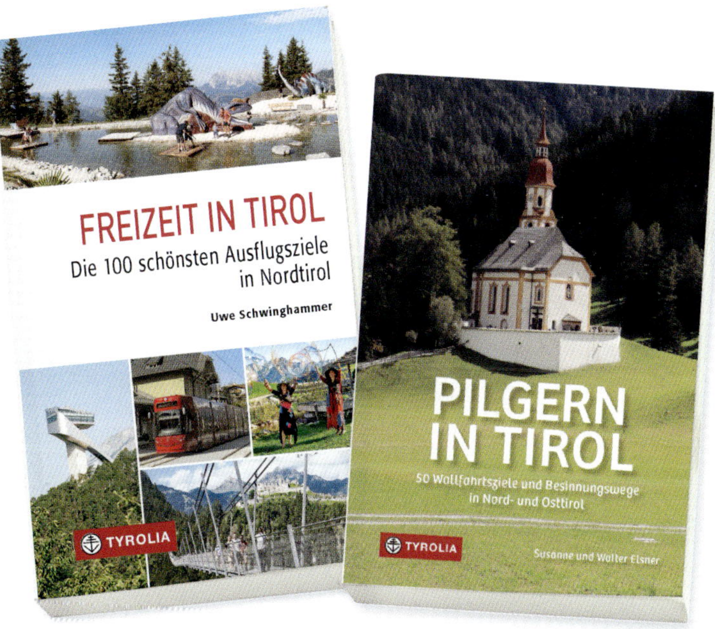

Uwe Schwinghammer
Freizeit in Tirol
Die 100 schönsten Ausflugsziele in Nordtirol

Die 100 sorgfältig recherchierten und handverlesenen Freizeittipps in allen Bezirken eignen sich ideal für Halbtages- oder Tagesausflüge. Mit attraktiven Zielen aus den Bereichen Natur und Kultur – Aha-Erlebnisse garantiert!

256 Seiten, Klappenbroschur
234 farb. Abb., 1 Übersichtskarte
ISBN 978-3-7022-3847-6

Susanne und Walter Elsner
Pilgern in Tirol
50 Wallfahrtsziele und Besinnungswege in Nord- und Osttirol

Der perfekte Begleiter für alle, die Tirols Berge auch von ihrer spirituellen Seite kennenlernen wollen. Mit einfachen Wanderungen zu Stiften und Kapellen in Tallagen, aber auch anspruchsvolleren Touren zu alpinen Pilgerzielen im Hochgebirge.

288 Seiten, Klappenbroschur
319 farb. Abb., 50 Kartenausschnitte, 1 Übersichtskarte
ISBN 978-3-7022-3891-9

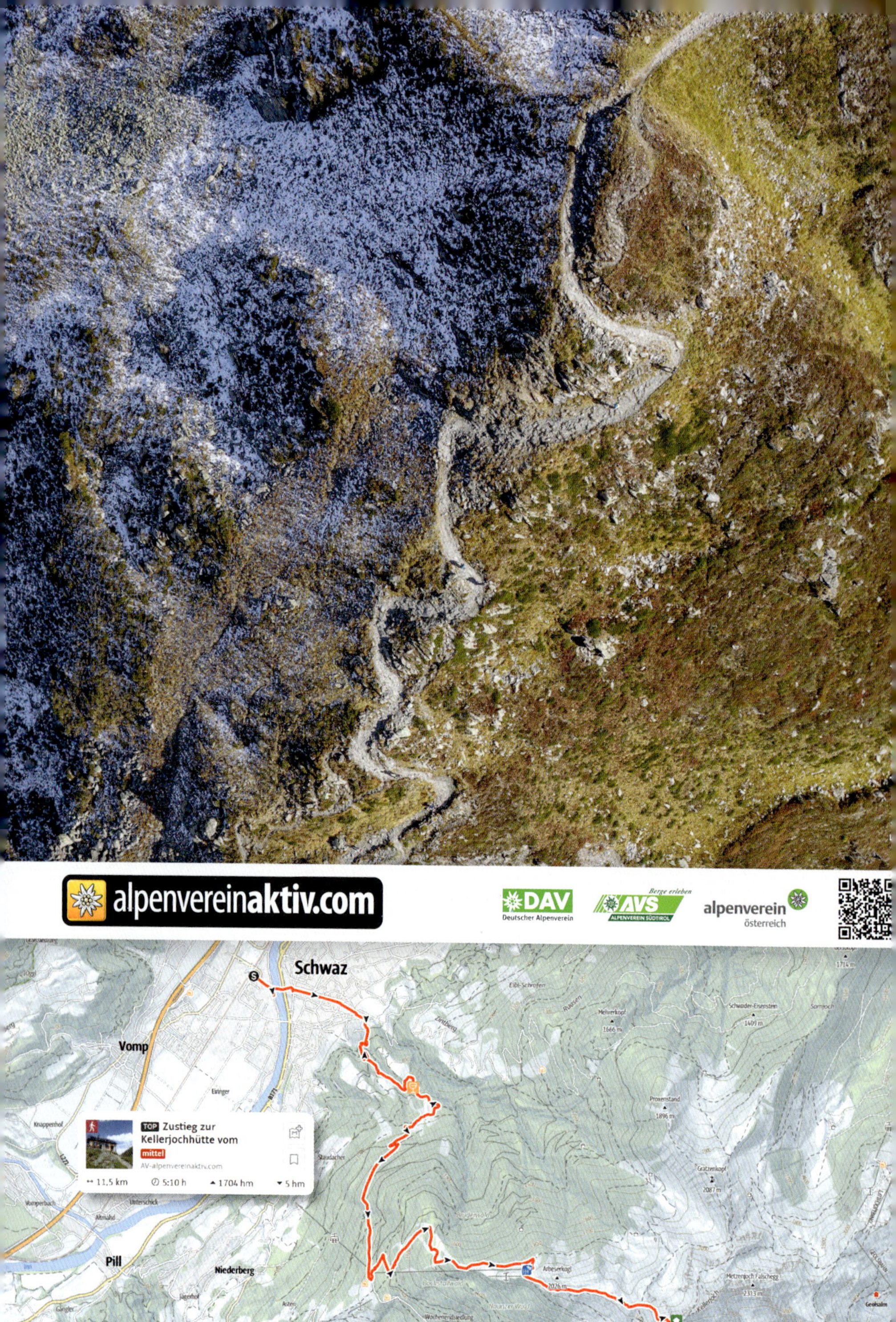

alpenvereinaktiv.com
DAV
Deutscher Alpenverein
Berge erleben
AVS
ALPENVEREIN SÜDTIROL
alpenverein
österreich
Schwaz
Vomp
Pill
Niederberg
TOP Zustieg zur
Kellerjochhütte vom
mittel
AV-alpenvereinaktiv.com
11,5 km
5:10 h
1704 hm
5 hm
Kellerjochhütte

3. Aktualisierte Auflage 2021

Umschlaggestaltung, Layout und digitale Gestaltung: Studio HM, Hall in Tirol
Titelbild: Am Weg vom Neunerköpfle zur Landsberger Hütte; etwas unterhalb der Schochenspitze mit Blick auf die Lache. Im Bild: Elmar Rief aus Tannheim
Alle Abbildungen, soweit nicht anders angegeben © Hubert Gogl; Bild S. 53 © Tirol Werbung, Foto: T. Madörin; Bild S. 94 links unten, Foto H. Triendl
Kartenausschnitte: Aus dem kartographischen Modell im Maßstab 1:50.000 des © BEV, Bundesamt für Eich- und Vermessungswesen in Wien, bev.gv.at; Routeneinträge von Studio HM, Hall in Tirol, nach den Vorgaben des Autors.
Lithografie: Artilitho, Trento
Druck und Bindung: Alcione, Lavis (I)
ISBN 978-3-7022-3659-5
E-Mail: buchverlag@tyrolia.at
Internet: www.tyrolia-verlag.at

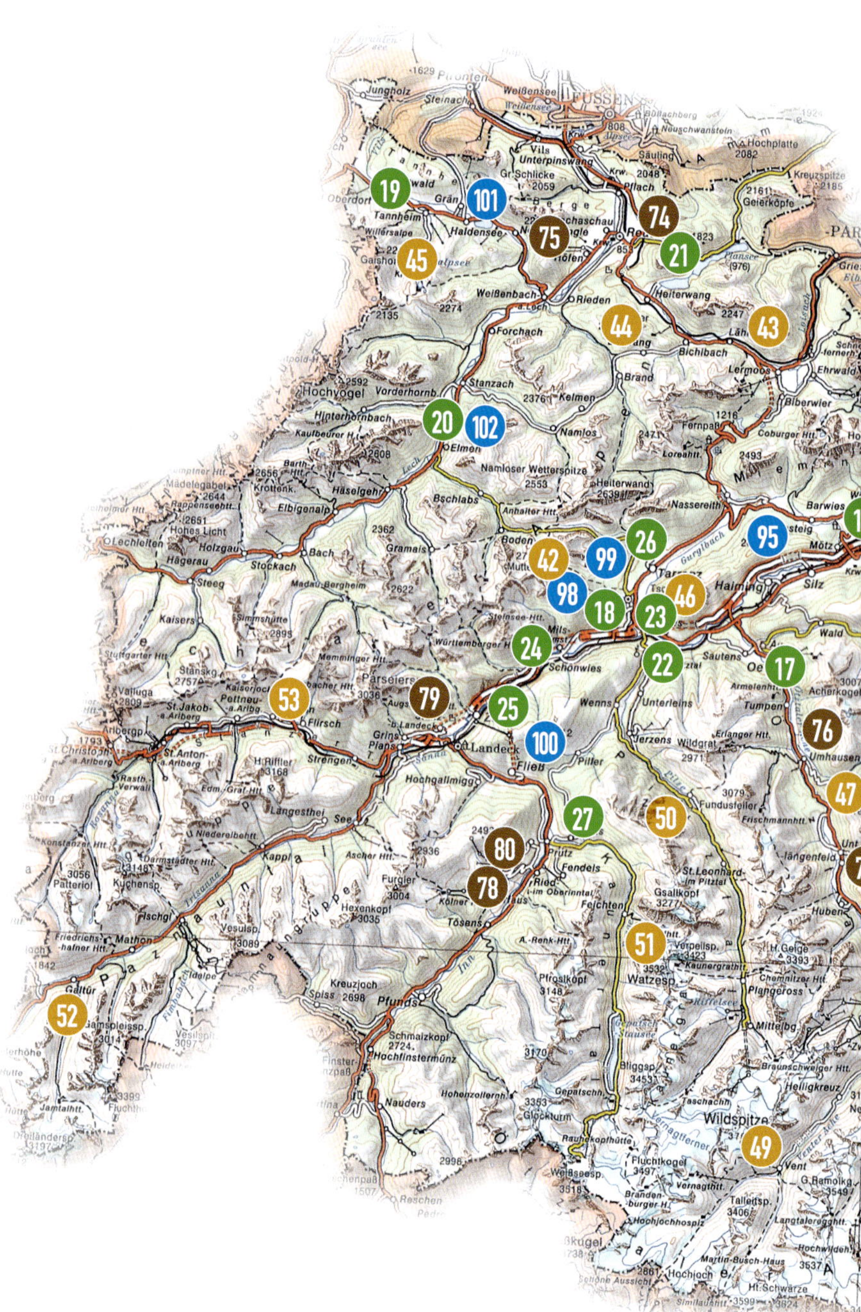

Pfronten
Jungholz
Steinach
Weißensee
Füssen
Bullachberg
Neuschwanstein
Hochplatte
2082
Vils
Unterpinswang
Säuling
2048
Pflach
Gr. Schlicke
2059
Kreuzspitze
2185
Geierköpfe
Oberdorf
Tannheim
Gran
Haldensee
Willersalpe
Gaishorn
Plansee
Heiterwang
Weißenbach a. Lech
Rieden
Forchach
Bichlbach
Lermoos
Ehrwald
Hochvogel
Vorderhornb.
Stanzach
Kelmen
Brand
Biberwier
Hinterhornbach
Namlos
Fernpaß
Coburger Htt.
Kaufbeurer H.
Elmen
Loreahtt.
Mädelegabel
2644
Namloser Wetterspitze
2553
Heiterwand
Häselgehr
Bschlabs
Nassereith
Barwies
Rappenseehtt.
Hohes Licht
Elbigenalp
Anhalter Htt.
Lechleiten
Holzgau
Bach
Gramais
Boden
Mötz
Hägerau
Stockach
Steeg
Madau
Bergheim
Haiming
Silz
Kaisers
Simmshütte
Steinsee-Htt.
Wald
Württemberger H.
Stuttgarter Htt.
Memminger Htt.
Schönwies
Sautens
Oetz
Parseierspitze
3036
Valluga
2809
St. Jakob a. Arlberg
Pettneu a. Arlbg.
Flirsch
Wenns
Armelenhtt.
Acherkogel
3007
Tumpen
Arlbergp.
Grins
Landeck
Unterleins
Jerzens
Wildgrat
2971
Erlanger Htt.
Umhausen
St. Christoph a. Arlberg
St. Anton a. Arlberg
H. Riffler
3168
Strengen
Fließ
Piller
Rasth. Verwall
Edm.-Graf-Htt.
Hochgallmigg
Langesthei
See
Fundusfeiler
3079
Frischmannhtt.
Niedereibehtt.
Konstanzer Htt.
Kappl
Ascher Htt.
2936
Prutz
Fendels
Längenfeld
Darmstädter Htt.
3056
Patteriol
Kuchensp.
Furgler
3004
Ried i. im Oberinntal
St. Leonhard im Pitztal
Gsallkopf
3277
Ischgl
Hexenkopf
3035
Feichten
Huben
Vesulsp.
3089
Tösens
Friedrichshafner Htt.
Mathon
A.-Renk-Htt.
Verpeilsp.
3423
H. Geige
3393
Kaunergrathtt.
Chemnitzer Htt.
Galtür
Kreuzjoch
2698
Spiss
Pfunds
Pfroslkopf
3148
Watzesp.
Plangeross
Rifflsee
Mittelbg.
Gamspleissp.
3014
Schmalzkopf
2724
Hochfinstermünz
Gepatsch Stausee
3170
Braunschweiger Htt.
Bliggsp.
3453
Jamtalhtt.
Hohenzollernh.
Gepatschh.
Taschachh.
Heiligkreuz
Nauders
Glockturm
3353
Wildspitze
Dreiländersp.
3197
Rauhekopfhütte
Vent
Fluchtkogel
3497
2996
Weißseesp.
3518
Vernagthtt.
G. Ramolkg.
3549
Reschen
Brandenburger H.
Talleitsp.
3406
Langtalereggtt.
Hochjochhospiz
Hochwilden
Kugel
Martin-Busch-Haus
Hochjoch
Schöne Aussicht
Ht. Schwarze
Similaun
Similaunhtt.
3599